# LES POSSÉDÉS

L'auteur et les éditeurs déclarent réserver leurs droits de traduction et de reproduction à l'étranger.

Cet ouvrage a été déposé au ministère de l'intérieur (section de la librairie) en octobre 1886.

PARIS. TYPOGRAPHIE E. PLON, NOURRIT ET C$^{ie}$, RUE GARANCIÈRE, 8.

TH. DOSTOÏEVSKY

# LES POSSÉDÉS

## (BÉSI)

TRADUIT DU RUSSE PAR VICTOR DERÉLY

TOME SECOND

PARIS
LIBRAIRIE PLON
E. PLON, NOURRIT et C<sup>ie</sup>, IMPRIMEURS-ÉDITEURS
RUE GARANCIÈRE, 10

*Tous droits réservés*

# LES POSSÉDÉS

## DEUXIÈME PARTIE

(Suite.)

### CHAPITRE VI

PIERRE STÉPANOVITCH SE REMUE.

I

Le jour de la fête avait été définitivement fixé, mais Von Lembke allait s'assombrissant de plus en plus. Il était rempli de pressentiments étranges et sinistres, ce qui inquiétait fort Julie Mikhaïlovna. A la vérité, tout ne marchait pas le mieux du monde. Notre ancien gouverneur, l'aimable Ivan Osipovitch, avait laissé l'administration dans un assez grand désordre; en ce moment on redoutait le choléra; la peste bovine faisait de grands ravages dans certaines localités; pendant tout l'été les villes et les villages avaient été désolés par une foule d'incendies où le peuple s'obstinait à voir la main d'une bande noire; le brigandage avait pris des proportions vraiment anormales. Mais tout cela, bien entendu, était trop ordinaire pour troubler la sérénité d'André Antonovitch, s'il n'avait eu d'autres et plus sérieux sujets de préoccupation.

Ce qui frappait surtout Julie Mikhaïlovna, c'était la taciturnité croissante de son mari, qui, chose singulière, devenait de jour en jour plus dissimulé. Pourtant qu'avait-il à cacher? Il est vrai qu'il faisait rarement de l'opposition à sa femme, et que la plupart du temps il lui obéissait en aveugle. Ce fut, par exemple, sur les instances de Julie Mikhaïlovna qu'on prit deux ou trois mesures très-risquées et presque illégales qui tendaient à augmenter le pouvoir du gouverneur. On fit dans le même but plusieurs compromis fâcheux. On porta pour des récompenses telles gens qui méritaient de passer en jugement et d'être envoyés en Sibérie, on décida systématiquement d'écarter certaines plaintes, de jeter au panier certaines réclamations. Tous ces faits, aujourd'hui connus, furent dus à l'action prédominante de Julie Mikhaïlovna. Lembke non-seulement signait tout, mais ne discutait même pas le droit de sa femme à s'immiscer dans l'exercice de ses fonctions. Parfois, en revanche, à propos de « pures bagatelles », il se rebellait d'une façon qui étonnait la gouvernante. Sans doute, après des jours de soumission, il sentait le besoin de se dédommager par de petits moments de révolte. Malheureusement, Julie Mikhaïlovna, malgré toute sa pénétration, ne pouvait comprendre ces résistances inattendues. Hélas! elle ne s'en inquiétait pas, et il résulta de là bien des malentendus.

Je ne m'étendrai pas sur le chapitre des erreurs administratives, tel n'est pas l'objet que je me suis proposé en commençant cette chronique, mais il était nécessaire de donner quelques éclaircissements à ce sujet pour l'intelligence de ce qui va suivre. Je reviens à Julie Mikhaïlovna.

La pauvre dame (je la plains fort) aurait pu atteindre tout ce qu'elle poursuivait avec tant d'ardeur (la gloire et le reste), sans se livrer aux agissements excentriques par lesquels elle se signala dès son arrivée chez nous. Mais, soit surabondance de poésie, soit effet des longs et cruels déboires dont avait été remplie sa première jeunesse, toujours est-il qu'en changeant de fortune elle se crut soudain une mission, elle se figura qu'une « langue de feu » brillait sur sa tête. Par malheur, quand une femme s'imagine avoir ce rare chignon, il n'est pas de tâche plus ingrate que de la détromper, et au contraire rien n'est plus facile que de la confirmer dans son illusion. Tout le monde flatta à l'envi celle de Julie Mikhaïlovna. La pauvrette se trouva du coup le jouet des influences les plus diverses, alors même qu'elle pensait être profondément originale. Pendant le peu de temps que nous l'eûmes pour gouvernante, nombre d'aigrefins surent exploiter sa naïveté au mieux de leurs intérêts. Et, déguisé sous le nom d'indépendance, quel incohérent pêle-mêle d'inclinations contradictoires! Elle aimait à la fois la grande propriété, l'élément aristocratique, l'accroissement des pouvoirs du gouverneur, l'élément démocratique, les nouvelles institutions, l'ordre, la libre pensée, les idées sociales, l'étiquette sévère d'un salon du grand monde et le débraillé des jeunes gens qui l'entouraient. Elle rêvait de *donner le bonheur* et de concilier des inconciliables, plus exactement, de réunir tous les partis dans la commune adoration de sa personne. Elle avait aussi des favoris; Pierre Stépanovitch qui l'accablait des plus grossières flatteries était vu par elle d'un très-bon œil. Mais il lui plaisait encore pour une autre raison fort bizarre, et ici se montrait bien le caractère de la pauvre dame : elle espérait toujours qu'il lui révélerait un vaste complot politique! Quelque étrange que cela puisse paraître, il en était ainsi. Il semblait, je ne sais pourquoi, à Julie Mikhaïlovna que dans la province se tramait une conspiration contre la sûreté de l'État. Pierre Stépanovitch, par son silence dans certains cas et par de petits mots énigmatiques dans d'autres, contribuait à enraciner chez elle cette singulière idée. Elle le supposait en relation avec tous les groupes révolutionnaires de la Russie, mais en même temps dévoué à sa personne jusqu'au fanatisme. Découvrir un complot, mériter la reconnaissance de Pétersbourg, procurer de l'avancement à son mari, « caresser » la jeunesse pour la retenir sur le bord de l'abîme, telles étaient les chimères dont se berçait l'esprit fantastique de la gouvernante. Puisqu'elle avait sauvé et conquis Pierre Stépanovitch (à cet égard elle n'avait pas le moindre doute), elle sauverait tout aussi bien les autres. Aucun d'eux ne périrait, elle les préserverait tous de leur perte, elle les remettrait dans la bonne voie, elle appellerait sur eux la bienveillance du gouvernement, elle agirait en s'inspirant d'une justice supérieure, peut-être même l'histoire et tout le libéralisme russe béniraient son nom; et cela n'empêcherait pas le complot d'être découvert. Tous les profits à la fois.

Mais il était nécessaire qu'au moment de la fête André Antonovitch eût un visage un peu plus riant. Il fallait absolument lui rendre le calme et la sérénité. A cette fin, Julie Mikhaïlovna envoya à son mari Pierre Stépanovitch, espérant que ce dernier, par quelque moyen connu de lui, peut-être même par quelque confidence officieuse, saurait triompher de l'abattement du gouverneur. Elle avait toute confiance dans l'habileté du jeune homme. Depuis longtemps Pierre Stépanovitch n'avait pas mis le pied dans le cabinet de Von Lembke. Lorsqu'il y entra, sa victime ordinaire était justement de fort mauvaise humeur.

II

Une complication avait surgi qui causait le plus grand embarras à M. Von Lembke. Dans un district (celui-là même que Pierre Stépanovitch avait visité dernièrement) un sous-lieutenant avait reçu devant toute sa compagnie un blâme verbal de son supérieur immédiat. L'officier, récemment arrivé de Pétersbourg, était un homme jeune encore; toujours silencieux et morose, il ne laissait pas d'avoir un aspect assez imposant, quoiqu'il fût petit, gros et rougeaud. S'entendant réprimander, il avait poussé un cri qui avait stupéfié toute la compagnie, s'était jeté tête baissée sur son chef et l'avait furieusement mordu à l'épaule, on n'avait pu qu'à grand'peine lui faire lâcher prise. A n'en pas douter, ce sous-lieutenant était fou; du moins l'enquête révéla que depuis quelque temps il faisait des choses fort étranges. Ainsi il avait jeté hors de son logement deux icones appartenant à son propriétaire et brisé l'un d'eux à coups de hache; dans sa chambre il avait placé sur trois supports disposés en forme de lutrins les ouvrages de Vogt, de Moleschott et de Buchner; devant chacun de ces lutrins il brûlait des bougies de cire comme on en allume dans les églises. Le nombre des livres trouvés chez lui donnait lieu de penser que cet homme lisait énormément. S'il avait eu cinquante mille francs, il se serait peut-être embarqué pour les îles Marquises, comme ce « cadet » dont M. Hertzen raconte quelque part l'histoire avec une verve si humouristique. Quand on l'arrêta, on saisit sur lui et dans son logement quantité de proclamations des plus subversives.

En soi cette découverte ne signifiait rien, et, à mon avis, elle ne méritait guère qu'on s'en préoccupât. Était-ce la première fois que nous voyions des écrits séditieux? Ceux-ci, d'ailleurs, n'étaient pas nouveaux : c'étaient, comme on le dit plus tard, les mêmes qui avaient été répandus récemment dans la province de Kh..., et Lipoutine assurait avoir vu de petites feuilles toutes pareilles à celles-là pendant un voyage qu'il avait fait dans un gouvernement voisin six semaines auparavant. Mais il se produisit une coïncidence dont André Antonovitch fut très-frappé : dans le même temps en effet l'intendant des Chpigouline apporta à la police deux ou trois liasses de proclamations qu'on avait introduites de nuit dans la fabrique, et qui étaient identiques avec celles du sous-lieutenant. Les paquets n'avaient pas encore été défaits, et aucun ouvrier n'en avait pris connaissance. La chose était sans importance, néanmoins elle parut louche au gouverneur et le rendit très-soucieux.

Alors venait de commencer cette « affaire Chpigouline » dont on a tant parlé chez nous et que les journaux de la capitale ont racontée avec de telles variantes. Trois semaines auparavant, le choléra asiatique avait fait invasion parmi les ouvriers de l'usine; il y avait eu un décès et plusieurs cas. L'inquiétude s'empara de notre ville, car le choléra sévissait déjà dans une province voisine. Je ferai remarquer qu'en prévision de l'arrivée du fléau notre administration avait pris des mesures prophylactiques aussi satisfaisantes que possible. Mais les Chpigouline étant millionnaires et possédant de hautes relations, on avait négligé d'appliquer à leur fabrique les règlements sanitaires. Soudain des plaintes universelles s'élevèrent contre cette usine qu'on accusait d'être un foyer d'épidémie : elle était si mal tenue, disait-on, les locaux affectés aux ouvriers, notamment, étaient si sales, que cette malpropreté devait suffire, en l'absence de toute autre cause, pour engendrer le choléra. Des ordres furent immédiatement donnés en conséquence, et André Antonovitch veilla à ce qu'ils fussent promptement exécutés. Pendant trois semaines on nettoya la fabrique, mais les Chpigouline, sans qu'on sût pourquoi, y arrêtèrent le travail. L'un des deux frères résidait constamment à Pétersbourg; l'autre, à la suite des mesures de désinfection prises par l'autorité, se rendit à Moscou. L'intendant chargé de régler les comptes vola effrontément les ouvriers; ceux-ci commencèrent à murmurer, voulurent toucher ce qui leur était dû et allèrent bêtement se plaindre à la police; du reste, ils ne criaient pas trop et présentaient leurs réclamations avec assez de calme. Ce fut sur ces entrefaites qu'on remit au gouverneur les proclamations trouvées par l'intendant.

Pierre Stépanovitch ne se fit point annoncer et pénétra dans le cabinet d'André Antonovitch avec le sans façon d'un ami, d'un intime; d'ailleurs, en ce moment, c'était Julie Mikhaïlovna qui l'avait envoyé. En l'apercevant, Von Lembke laissa voir un mécontentement très-marqué, et, au lieu d'aller au-devant de lui, s'arrêta près de la table. Avant l'arrivée du visiteur, il se promenait dans la chambre, où il s'entretenait en tête-à-tête avec un employé de sa chancellerie, un gauche et maussade Allemand du nom de Blum, qu'il avait amené de Pétersbourg, malgré la très-vive opposition de Julie Mikhaïlovna. A l'apparition de Pierre Stépanovitch, l'employé se dirigea vers la porte, mais il ne sortit pas. Le jeune homme crut même remarquer qu'il échangeait un regard d'intelligence avec son supérieur.

— Oh! oh! je vous y prends, administrateur sournois! cria gaiement Pierre Stépanovitch, et il couvrit avec sa main une proclamation qui se trouvait sur la table, — cela va augmenter votre collection, hein?

André Antonovitch rougit, et sa physionomie prit une expression de mauvaise humeur plus accentuée encore.

— Laissez, laissez cela tout de suite! cria-t-il tremblant de colère, — et ne vous avisez pas, monsieur...

— Qu'est-ce que vous avez? On dirait que vous êtes fâché?

— Permettez-moi de vous faire observer, monsieur, que désormais je suis décidé à ne plus tolérer votre sans façon, je vous prie de vous en souvenir...

— Ah! diable, c'est qu'il est fâché en effet!

— Taisez-vous donc, taisez-vous! vociféra Von Lembke en frappant du pied, — n'ayez pas l'audace...

Dieu sait quelle tournure les choses menaçaient de prendre. Hélas! il y avait ici une circonstance ignorée de Pierre Stépanovitch et de Julie Mikhaïlovna elle-même. Depuis quelques jours, le malheureux André Antonovitch avait l'esprit si dérangé qu'il en était venu à soupçonner *in petto* Pierre Stépanovitch d'être l'amant de sa femme. Lorsqu'il se trouvait seul, la nuit surtout, cette pensée le faisait cruellement souffrir.

— Je pensais que quand un homme vous retient deux soirs de suite jusqu'après minuit pour vous lire son roman en tête-à-tête, il oublie lui-même la distance qui le sépare de vous... Julie Mikhaïlovna me reçoit sur un pied d'intimité; comment vous déchiffrer? répliqua non sans dignité Pierre

Stépanovitch. — A propos, voici votre roman, ajouta-t-il en déposant sur la table un gros cahier roulé en forme de cylindre et soigneusement enveloppé dans un papier bleu.

Lembke rougit et se troubla.

— Où donc l'avez-vous trouvé? demanda-t-il aussi froidement qu'il le put, mais sa joie était visible malgré tous les efforts qu'il faisait pour la cacher.

— Figurez-vous qu'il avait roulé derrière la commode. Quand je suis rentré l'autre jour, je l'aurai jeté trop brusquement sur ce meuble. C'est avant-hier seulement qu'on l'a retrouvé, en lavant les parquets, mais vous m'avez donné bien de l'ouvrage.

Le gouverneur, voulant conserver un air de sévérité, baissa les yeux.

— Vous êtes cause que depuis deux nuits je n'ai pas dormi. —Voilà déjà deux jours que le manuscrit est retrouvé; si je ne vous l'ai pas rendu tout de suite, c'est parce que je tenais à le lire d'un bout à l'autre, et, comme je n'ai pas le temps pendant la journée, j'ai dû y consacrer mes nuits. Eh bien, je suis mécontent de ce roman : l'idée ne me plaît pas. Peu importe après tout, je n'ai jamais été un critique; d'ailleurs, quoique mécontent, batuchka, je n'ai pas pu m'arracher à cette lecture! Les chapitres IV et V, c'est... c'est... le diable sait quoi! Et que d'humour vous avez fourré là dedans! j'ai bien ri. Comme vous savez pourtant provoquer l'hilarité sans que cela paraisse! Dans les chapitres IX et X il n'est question que d'amour, ce n'est pas mon affaire, mais cela produit tout de même de l'effet. Pour ce qui est de la fin, oh! je vous battrais volontiers. Voyons, quelle est votre conclusion? Toujours l'éternelle balançoire, la glorification du bonheur domestique : vos personnages se marient, ont beaucoup d'enfants et font bien leurs affaires! Vous enchantez le lecteur, car moi-même, je le répète, je n'ai pas pu m'arracher à votre roman, mais vous n'en êtes que plus coupable. Le public est bête, les hommes intelligents devraient l'éclairer, et vous au contraire... Allons, assez, adieu. Une autre fois ne vous fâchez pas; j'étais venu pour vous dire deux petits mots urgents; mais vous êtes si mal disposé...

André Antonovitch, pendant ce temps, avait serré son manuscrit dans une bibliothèque en bois de chêne et fait signe à Blum de se retirer. L'employé obéit d'un air chagrin.

— Je ne suis pas mal disposé, seulement... j'ai toujours des ennuis, grommela le gouverneur.

Quoiqu'il eût prononcé ces mots en fronçant les sourcils, sa colère avait disparu; il s'assit près de la table.

— Asseyez-vous, continua-t-il, — et dites-moi vos deux mots. Je ne vous avais pas vu depuis longtemps, Pierre Stépanovitch; seulement, à l'avenir, n'entrez plus brusquement comme cela... on est quelquefois occupé...

— C'est une habitude que j'ai...

— Je le sais et je crois que vous n'y mettez aucune mauvaise intention, mais parfois on a des soucis... Asseyez-vous donc.

Pierre Stépanovitch s'assit à la turque sur le divan.


### III

— Ainsi vous avez des soucis; est-il possible que ce soit à cause de ces niaiseries? dit-il en montrant la proclamation.

— Je vous apporterai de ces petites feuilles autant que vous en voudrez, j'ai fait connaissance avec elles dans le gouvernement de Kh...

— Pendant que vous étiez là?

— Naturellement, ce n'était pas en mon absence. Elle a aussi une vignette, une hache est dessinée au haut de la page. Permettez (il prit la proclamation); en effet, la hache y est bien, c'est exactement la même.

— Oui, il y a une hache. Vous voyez la hache.

— Eh bien, c'est là ce qui vous fait peur ?

— Il ne s'agit pas de la hache... du reste, je n'ai pas peur, mais cette affaire... c'est une affaire telle, il y a ici des circonstances...

— Lesquelles ? Parce que cela a été apporté de la fabrique ? Hé, hé. Mais, vous savez, bientôt les ouvriers de cette fabrique rédigeront eux-mêmes des proclamations.

— Comment cela ? demanda sévèrement Von Lembke.

— C'est ainsi. Ayez l'œil sur eux. Vous êtes un homme trop mou, André Antonovitch ; vous écrivez des romans. Or, ici, il faudrait procéder à l'ancienne manière.

— Comment, à l'ancienne manière ? Que me conseillez-vous ? On a nettoyé la fabrique, j'ai donné des ordres, et ils ont été exécutés.

— Mais les ouvriers s'agitent. Vous devriez les faire fustiger tous, ce serait une affaire finie.

— Ils s'agitent ? C'est une absurdité ; j'ai donné des ordres, et l'on a désinfecté la fabrique.

— Eh ! André Antonovitch, vous êtes un homme mou !

— D'abord je suis loin d'être aussi mou que vous le dites, et ensuite... répliqua Von Lembke froissé. Il ne se prêtait à cette conversation qu'avec répugnance et seulement dans l'espoir que le jeune homme lui dirait quelque chose de nouveau.

— A—ah ! encore une vieille connaissance ! interrompit Pierre Stépanovitch en dirigeant ses regards vers un autre document placé sous un presse-papier ; c'était une petite feuille qui ressemblait aussi à une proclamation et qui avait été évidemment imprimée à l'étranger, mais elle était en vers ; — celle-là, je la sais par cœur : *Une personnalité éclairée !* Voyons un peu ; en effet, c'est la *Personnalité éclairée.* J'étais encore à l'étranger quand j'ai fait la connaissance de cette personnalité. Où l'avez-vous dénichée ?

— Vous dites que vous l'avez vue à l'étranger ? demanda vivement Von Lembke.

— Oui, il y a de cela quatre mois, peut-être même cinq.

— Que de choses vous avez vues à l'étranger! observa avec un regard sondeur André Antonovitch.

Sans l'écouter, le jeune homme déplia le papier et lut tout haut la poésie suivante :

### UNE PERSONNALITÉ ÉCLAIRÉE.

Issu d'une obscure origine,
Au milieu du peuple il grandit;
Sur lui le tzar et le barine
Firent peser leur joug maudit.
Mais, bravant toutes les menaces
D'un gouvernement détesté,
Cet homme fut parmi les masses
L'apôtre de la liberté.

Dès le début de sa carrière,
Pour se dérober au bourreau,
Il dut sur la terre étrangère
Aller planter son fier drapeau.
Et le peuple rempli de haines,
Depuis Smolensk jusqu'à Tachkent,
Attendait pour briser ses chaînes
Le retour de l'étudiant.

La multitude impatiente
N'attendait de lui qu'un appel
Pour engager la lutte ardente,
Renverser le trône et l'autel,
Puis, en tout lieu, village ou ville,
Abolir la propriété,
Le mariage et la famille,
Ces fléaux de l'humanité!

— Sans doute on a pris cela chez l'officier, hein? demanda Pierre Stépanovitch.

— Vous connaissez aussi cet officier?

— Certainement. J'ai banqueté avec lui pendant deux jours. Il faut qu'il soit devenu fou.

— Il n'est peut-être pas fou.

— Comment ne le serait-il pas, puisqu'il s'est mis à mordre?

— Mais, permettez, si vous avez vu ces vers à l'étranger et qu'ensuite on les trouve ici chez cet officier...

— Eh bien? C'est ingénieux! Il me semble, André Antonovitch, que vous me faites subir un interrogatoire? Écoutez, commença soudain Pierre Stépanovitch avec une gravité extraordinaire. — Ce que j'ai vu à l'étranger, je l'ai fait connaître à quelqu'un lorsque je suis rentré en Russie, et mes explications ont été jugées satisfaisantes, autrement votre ville n'aurait pas en ce moment le bonheur de me posséder. Je considère que mon passé est liquidé et que je n'ai de compte à en rendre à personne. Je l'ai liquidé non en me faisant dénonciateur, mais en agissant comme ma situation me forçait d'agir. Ceux qui ont écrit à Julie Mikhaïlovna connaissent la chose, et ils m'ont représenté à elle comme un honnête homme... Allons, au diable tout cela! J'étais venu pour vous entretenir d'une affaire sérieuse, et vous avez bien fait de renvoyer votre ramoneur. L'affaire a de l'importance pour moi, André Antonovitch; j'ai une prière instante à vous adresser.

— Une prière? Hum, parlez, je vous écoute, et, je l'avoue, avec curiosité. Et j'ajoute qu'en général vous m'étonnez passablement, Pierre Stépanovitch.

Von Lembke était assez agité. Pierre Stépanovitch croisa ses jambes l'une sur l'autre.

— A Pétersbourg, commença-t-il, — j'ai été franc sur beaucoup de choses, mais sur d'autres, celle-ci, par exemple (il frappa avec son doigt sur la *Personnalité éclairée*), j'ai gardé le silence, d'abord parce que ce n'était pas la peine d'en parler, ensuite parce que je me suis borné à donner les éclaircissements qu'on m'a demandés. Je n'aime pas, en pareil cas, à aller moi-même au-devant des questions; c'est, à mes yeux, ce qui fait la différence entre le coquin et l'honnête homme obligé de céder aux circonstances... Eh bien, en un mot, laissons cela de côté. Mais maintenant... maintenant que ces imbéciles... puisque aussi bien cela est découvert, qu'ils sont dans vos mains et que, je le vois, rien ne saurait vous échapper, — car vous êtes un homme vigilant, — je... je... eh bien, oui, je... en un mot, je suis venu vous demander la grâce de l'un d'eux, un imbécile aussi, disons même un fou; je vous la demande au nom de sa jeunesse, de ses malheurs, au nom de votre humanité... Ce n'est pas seulement dans vos romans que vous êtes humain, je suppose! acheva-t-il avec une sorte d'impatience brutale.

Bref, le visiteur avait l'air d'un homme franc, mais maladroit, inhabile, trop exclusivement dominé par des sentiments généreux et par une délicatesse peut-être excessive; surtout il paraissait borné : ainsi en jugea tout de suite Von Lembke. Depuis longtemps, du reste, c'était l'idée qu'il se faisait de Pierre Stépanovitch, et, durant ces derniers huit jours notamment, il s'était maintes fois demandé avec colère, dans la solitude de son cabinet, comment un garçon si peu intelligent avait pu si bien réussir auprès de Julie Mikhaïlovna.

— Pour qui donc intercédez-vous, et que signifient vos paroles? questionna-t-il en prenant un ton majestueux pour cacher la curiosité qui le dévorait.

— C'est... c'est... diable... Ce n'est pas ma faute si j'ai confiance en vous! Ai-je tort de vous considérer comme un homme plein de noblesse, et surtout sensé... je veux dire capable de comprendre... diable...

Le malheureux, évidemment, avait bien de la peine à accoucher.

— Enfin comprenez, poursuivit-il, — comprenez qu'en vous le nommant, je vous le livre; c'est comme si je le dénonçais, n'est-ce pas? N'est-il pas vrai?

— Mais comment puis-je deviner, si vous ne vous décidez pas à parler plus clairement?

— C'est vrai, vous avez toujours une logique écrasante, diable... eh bien, diable... cette « personnalité éclairée », cet « étudiant », c'est Chatoff... vous savez tout!

— Chatoff? Comment, Chatoff?

— Chatoff, c'est l' « étudiant » dont, comme vous voyez, il est question dans cette poésie. Il demeure ici; c'est un ancien serf; tenez, c'est lui qui a donné un soufflet...

— Je sais, je sais! fit le gouverneur en clignant les yeux, — mais, permettez, de quoi donc, à proprement parler, est-il accusé, et quel est l'objet de votre démarche?

— Eh bien, je vous prie de le sauver, comprenez-vous? Il y a huit ans que je le connais, et j'ai peut-être été son ami, répondit avec véhémence Pierre Stépanovitch. — Mais je n'ai pas à vous rendre compte de ma vie passée, poursuivit-il en agitant le bras, — tout cela est insignifiant, ils sont au nombre de trois et demi, et en y ajoutant ceux de l'étranger, on n'arriverait pas à la dizaine. L'essentiel, c'est que j'ai mis mon espoir dans votre humanité, dans votre intelligence. Vous comprendrez la chose et vous la présenterez sous son vrai jour, comme le sot rêve d'un insensé... d'un homme égaré par le malheur, notez, par de longs malheurs, et non comme une redoutable conspiration contre la sûreté de l'État!...

Il étouffait presque.

— Hum. Je vois qu'il est coupable des proclamations qui portent une hache en frontispice, observa presque majestueusement André Antonovitch; — permettez pourtant, s'il est seul, comment a-t-il pu les répandre tant ici que dans les provinces et même dans le gouvernement de Kh...? Enfin, ce qui est le point le plus important, où se les est-il procurées?

— Mais je vous dis que, selon toute apparence, ils se réduisent à cinq, mettons dix, est-ce que je sais?

— Vous ne le savez pas?

— Comment voulez-vous que je le sache, le diable m'emporte?

— Cependant vous savez que Chatoff est un des conjurés?

— Eh! fit Pierre Stépanovitch avec un geste de la main comme pour détourner le coup droit que lui portait Von Lembke; — allons, écoutez, je vais vous dire toute la vérité: pour ce qui est des proclamations, je ne sais rien, c'est-à-dire absolument rien, le diable m'emporte, vous comprenez ce que signifie le mot rien?... Eh bien, sans doute, il y a ce sous-lieutenant et un ou deux autres... peut-être aussi Chatoff et encore un cinquième, voilà tout, c'est une misère,.. Mais c'est pour Chatoff que je suis venu vous implorer, il faut le sauver parce que cette poésie est de lui, c'est son œuvre personnelle, et il l'a fait imprimer à l'étranger; voilà ce que je sais de science certaine. Quant aux proclamations, je ne sais absolument rien.

— Si les vers sont de lui, les proclamations en sont certainement aussi. Mais sur quelles données vous fondez-vous pour soupçonner M. Chatoff?

Comme un homme à bout de patience, Pierre Stépanovitch tira vivement de sa poche un portefeuille et y prit une lettre.

— Voici mes données! cria-t-il en la jetant sur la table.

Le gouverneur la déplia; c'était un simple billet écrit six mois auparavant et adressé de Russie à l'étranger; il ne contenait que les deux lignes suivantes :

« Je ne puis imprimer ici la *Personnalité éclairée*, pas plus qu'autre chose; imprimez à l'étranger.

« Iv. CHATOFF. »

Von Lembke regarda fixement Pierre Stépanovitch. Barbara Pétrovna avait dit vrai : les yeux du gouverneur ressemblaient un peu à ceux d'un mouton, dans certains moments surtout.

— C'est-à-dire qu'il a écrit ces vers ici il y a six mois, se hâta d'expliquer Pierre Stépanovitch, — mais qu'il n'a pu les y imprimer clandestinement, voilà pourquoi il demande qu'on les imprime à l'étranger... Est-ce clair?

— Oui, c'est clair, mais à qui demande-t-il cela? Voilà ce qui n'est pas encore clair, observa insidieusement Von Lembke.

— Mais à Kiriloff donc, enfin; la lettre a été adressée à Kiriloff à l'étranger... Est-ce que vous ne le saviez pas? Tenez, ce qui me vexe, c'est que peut-être vous faites l'ignorant vis-à-vis de moi, alors que vous êtes depuis longtemps instruit de tout ce qui concerne ces vers ! Comment donc se trouvent-ils sur votre table ? Vous avez bien su vous les procurer ! Pourquoi me mettez-vous à la question, s'il en est ainsi ?

Il essuya convulsivement avec son mouchoir la sueur qui ruisselait de son front.

— Je sais peut-être bien quelque chose... répondit vaguement André Antonovitch; — mais qui donc est ce Kiriloff ?

— Eh bien ! mais c'est un ingénieur arrivé depuis peu ici, il a servi de témoin à Stavroguine, c'est un maniaque, un fou; dans le cas de votre sous-lieutenant il n'y a peut-être, en effet, qu'un simple accès de fièvre chaude, mais celui-là, c'est un véritable aliéné, je vous le garantis. Eh ! André Antonovitch, si le gouvernement savait ce que sont ces gens, il ne sévirait pas contre eux. Ce sont tous autant d'imbéciles : j'ai eu l'occasion de les voir en Suisse et dans les congrès.

— C'est de là qu'ils dirigent le mouvement qui se produit ici?

— Mais à qui donc appartient cette direction? Ils sont là trois individus et demi. Rien qu'à les voir, l'ennui vous prend. Et qu'est-ce que ce mouvement d'ici? Il se réduit à des proclamations, n'est-ce pas? Quant à leurs adeptes, quels sont-ils? Un sous-lieutenant atteint de *delirium tremens* et deux ou trois étudiants ! Vous êtes un homme intelligent, voici une question que je vous soumets : Pourquoi ne recrutent-ils pas des individualités plus marquantes? Pourquoi sont-ce toujours des jeunes gens qui n'ont pas atteint leur vingt-deuxième année? Et encore sont-ils nombreux? Je suis sûr qu'on a lancé à leurs trousses un million de limiers, or combien en a-t-on découvert? Sept. Je vous le dis, c'est ennuyeux.

Lembke écoutait attentivement, mais l'expression de son visage pouvait se traduire par ces mots : « On ne nourrit pas un rossignol avec des fables. »

— Permettez, pourtant : vous affirmez que le billet a été envoyé à l'étranger, mais il n'y a pas ici d'adresse, comment donc savez-vous que le destinataire était M. Kiriloff, que le billet a été adressé à l'étranger et... et... qu'il a été écrit en effet par M. Chatoff?

— Vous n'avez qu'à comparer l'écriture de ce billet avec celle de Chatoff. Quelque signature de lui doit certainement se trouver parmi les papiers de votre chancellerie. Quant à ce fait que le billet était adressé à Kiriloff, je n'en puis douter, c'est lui-même qui me l'a montré.

— Alors vous-même...

— Eh! oui, moi-même... On m'a montré bien des choses pendant mon séjour là-bas. Pour ce qui est de ces vers, ils sont censés avoir été adressés par feu Hertzen à Chatoff, lorsque celui-ci errait à l'étranger. Hertzen les aurait écrits soit en mémoire d'une rencontre avec lui, soit par manière d'éloge, de recommandation, que sais-je? Chatoff lui-même répand ce bruit parmi les jeunes gens : Voilà, dit-il, ce que Hertzen pensait de moi.

La lumière se fit enfin dans l'esprit du gouverneur.

— Te-te-te, je me disais : Des proclamations, cela se comprend, mais des vers, pourquoi?

— Eh! qu'y a-t-il là d'étonnant pour vous? Et le diable sait pourquoi je me suis mis à jaser ainsi! Écoutez, accordez-moi la grâce de Chatoff, et que le diable emporte tous les autres, y compris même Kiriloff qui, maintenant, se tient caché dans la maison Philippoff où Chatoff habite aussi. Ils ne m'aiment pas, parce que je suis revenu... mais promettez-moi le salut de Chatoff, et je vous les servirai tous sur la même assiette. Je vous serai utile, André Antonovitch! J'estime que ce misérable petit groupe se compose de neuf ou dix individus. Moi-même, je les recherche, c'est une enquête que j'ai entreprise de mon propre chef. Nous en connaissons déjà trois : Chatoff, Kiriloff et le sous-lieutenant. Pour les autres, je n'ai encore que des soupçons... du reste, je ne suis pas tout à fait myope. C'est comme dans le gouvernement de Kh...: les propagateurs d'écrits séditieux qu'on a arrêtés étaient deux étudiants, un collégien, deux gentilshommes de douze ans, un professeur de collége, et un ancien major, sexagénaire abruti par la boisson; voilà tout, et croyez bien qu'il n'y en avait pas d'autres; on s'est même étonné qu'ils fussent si peu nombreux... Mais il faut six jours. J'ai déjà tout calculé: six jours, pas un de moins. Si vous voulez arriver à un résultat, laissez-les tranquilles encore pendant six jours, et je vous les livrerai tous dans le même paquet; mais si vous bougez avant l'expiration de ce délai, la nichée s'envolera. Seulement donnez-moi Chatoff, je m'intéresse à Chatoff... Le mieux serait de le faire venir secrètement ici, dans votre cabinet, et d'avoir avec lui un entretien amical; vous l'interrogeriez, vous lui déclareriez que vous savez tout... A coup sûr, lui-même se jettera à vos pieds en pleurant! C'est un homme nerveux, accablé par le malheur; sa femme s'amuse avec Stavroguine. Caressez-le, et il vous fera les aveux les plus complets, mais il faut six jours... Et surtout, surtout pas une syllabe à Julie Mikhaïlovna. Le secret. Pouvez-vous me promettre que vous vous tairez?

— Comment? fit Von Lembke en ouvrant de grands yeux, — mais est-ce que vous n'avez rien... révélé à Julie Mikhaïlovna?

— A elle? Dieu m'en préserve! E—eh, André Antonovitch! Voyez-vous, j'ai pour elle une grande estime, j'apprécie fort son amitié... tout ce que vous voudrez... mais je ne suis pas un niais. Je ne la contredis pas, car il est dangereux de la contredire, vous le savez vous-même. Je lui ai peut-être dit un petit mot, parce qu'elle aime cela; mais quant à m'ouvrir à elle comme je m'ouvre maintenant à vous, quant à lui confier les noms et les circonstances, pas de danger, batuchka! Pourquoi en ce moment m'adressé-je à vous? Parce que, après tout, vous êtes un homme, un homme sérieux et possédant une longue expérience du service. Vous avez appris à Pétersbourg comment il faut procéder dans de pareilles affaires. Mais si, par exemple, je révélais ces deux noms à Julie Mikhaïlovna, elle se mettrait tout de suite à battre la grosse caisse... Elle veut esbrouffer la capitale. Non, elle est trop ardente, voilà!

— Oui, il y a en elle un peu de cette fougue... murmura non sans satisfaction André Antonovitch, mais en même temps il trouvait de fort mauvais goût la liberté avec laquelle ce malappris s'exprimait sur le compte de Julie Mikhaïlovna. Cependant Pierre Stépanovitch jugea sans doute qu'il n'en avait pas encore dit assez, et qu'il devait insister davantage sur ce point pour achever la conquête de Lembke.

— Oui, comme vous dites, elle a trop de fougue, reprit-il; — qu'elle soit une femme de génie, une femme littéraire, c'est possible, mais elle effraye les moineaux. Elle ne pourrait attendre, je ne dis pas six jours, mais six heures. E—ch! André Antonovitch, gardez-vous d'imposer à une femme un délai de six jours! Voyons, vous me reconnaissez quelque expérience, du moins dans ces affaires-là; je sais certaines choses, et vous-même n'ignorez pas que je puis les savoir. Si je vous demande six jours, ce n'est point par caprice, mais parce que la circonstance l'exige.

— J'ai ouï dire... commença avec hésitation le gouverneur, — j'ai ouï dire qu'à votre retour de l'étranger vous aviez témoigné à qui de droit... comme un regret de vos agissements passés?

— Eh bien?

— Naturellement, je n'ai pas la prétention de m'immiscer... mais il m'a toujours semblé qu'ici vous parliez dans un tout autre style, par exemple, sur la religion chrétienne, sur les institutions sociales, et, enfin, sur le gouvernement...

— Eh! j'ai dit bien des choses! Je suis toujours dans les mêmes idées, seulement je désapprouve la manière dont ces imbéciles les appliquent, voilà tout. Cela a-t-il le sens commun de mordre les gens à l'épaule? Réserve faite de la question d'opportunité, vous avez reconnu vous-même que j'étais dans le vrai.

— Ce n'est pas sur ce point proprement dit que je suis tombé d'accord avec vous.

— Vous pesez chacune de vos paroles, hé, hé! Homme circonspect! observa gaiement Pierre Stépanovitch. — Écoutez, mon père, il fallait que j'apprisse à vous connaître, eh bien, voilà pourquoi je vous ai parlé dans mon style. Ce n'est pas seulement avec vous, mais avec bien d'autres que j'en use ainsi. J'avais peut-être besoin de connaître votre caractère.

— Pourquoi?

— Est-ce que je sais pourquoi? répondit avec un nouveau rire le visiteur. — Voyez-vous, cher et très-estimé André Antonovitch, vous êtes rusé, mais pas encore assez pour deviner *cela*, comprenez-vous? Peut-être que vous comprenez? Quoique, à mon retour de l'étranger, j'aie donné des explications à qui de droit (et vraiment je ne sais pourquoi un homme dévoué à certaines idées ne pourrait pas agir dans l'intérêt de ses convictions...), cependant personne *là* ne m'a encore chargé d'étudier votre caractère, et je n'ai encore reçu *de là* aucune mission semblable. Examinez vous-même : au lieu de réserver pour vous la primeur de mes révélations, n'aurais-je pas pu les adresser directement *là*, c'est-à-dire aux gens à qui j'ai fait mes premières déclarations? Certes, si j'avais en vue un profit pécuniaire ou autre, ce serait de ma part un bien sot calcul que d'agir comme je le fais, car, maintenant, c'est à vous et non à moi qu'on saura gré en haut lieu de la découverte du complot. Je ne me préoccupe ici que de Chatoff, ajouta noblement Pierre Stépanovitch, — mon seul motif est l'intérêt que m'inspire un ancien ami... Mais n'importe, quand vous prendrez la plume pour écrire *là*, eh bien, louez-moi, si vous voulez... je ne vous contredirai pas, hé, hé! Adieu pourtant, je me suis éternisé chez vous, et je n'aurais pas dû tant bavarder, s'excusa-t-il non sans grâce.

En achevant ces mots, il se leva.

— Au contraire, je suis enchanté que l'affaire soit, pour

ainsi dire, précisé, répondit d'un air non moins aimable Von Lembke qui s'était levé aussi; les dernières paroles de son interlocuteur l'avaient visiblement rasséréné. — J'accepte vos services avec reconnaissance, et soyez sûr que de mon côté je ne négligerai rien pour appeler sur votre zèle l'attention du gouvernement...

— Six jours, l'essentiel, c'est ce délai de six jours; durant ce laps de temps ne bougez pas, voilà ce qu'il me faut.

— Bien.

— Naturellement, je ne vous lie pas les mains, je ne me le permettrais pas. Vous ne pouvez vous dispenser de faire des recherches; seulement n'effrayez pas la nichée avant le moment voulu, je compte pour cela sur votre intelligence et votre habileté pratique. Mais vous devez avoir un joli stock de mouchards et de limiers de toutes sortes, hé, hé! remarqua d'un ton badin Pierre Stépanovitch.

— Pas tant que cela, dit agréablement le gouverneur. — C'est un préjugé chez les jeunes gens de croire que nous en avons une si grande quantité... Mais, à propos, permettez-moi une petite question : si ce Kiriloff a été le témoin de Stavroguine, alors M. Stavroguine se trouve aussi dans le même cas...

— Pourquoi Stavroguine?

— Puisqu'ils sont si amis?

— Eh! non, non, non! Ici vous faites fausse route, tout malin que vous êtes. Et même vous m'étonnez. Je pensais que sur celui-là vous n'étiez pas sans renseignements... Hum, Stavroguine, c'est tout le contraire, je dis : tout le contraire... Avis au lecteur.

— Vraiment! Est-ce possible? fit Von Lembke d'un ton d'incrédulité. — Julie Mikhaïlovna m'a dit avoir reçu de Pétersbourg des informations donnant à croire qu'il a été envoyé ici, pour ainsi dire, avec certaines instructions...

— Je ne sais rien, rien, absolument rien. Adieu. Avis au lecteur!

Sur ce, le jeune homme s'élança vers la porte.

— Permettez, Pierre Stépanovitch, permettez, cria le gouverneur, — deux mots encore au sujet d'une niaiserie, ensuite je ne vous retiens plus.

Il ouvrit un des tiroirs de son bureau et y prit un pli.

— Voici un petit document qui se rapporte à la même affaire; je vous prouve par cela même que j'ai en vous la plus grande confiance. Tenez, vous me direz votre opinion.

Ce pli était à l'adresse de Von Lembke qui l'avait reçu la veille, et il contenait une lettre anonyme fort étrange. Pierre Stépanovitch lut avec une extrême colère ce qui suit :

« Excellence !

« Car votre tchin vous donne droit à ce titre. Par la présente je vous informe d'un attentat tramé contre la vie des hauts fonctionnaires et de la patrie, car cela y mène directement. Moi-même j'en ai distribué pendant une multitude d'années. C'est aussi de l'impiété. Un soulèvement se prépare, et il y a plusieurs milliers de proclamations, chacune d'elles mettra en mouvement cent hommes tirant la langue, si l'autorité ne prend des mesures, car on promet une foule de récompenses, et la populace est bête, sans compter l'eau-de-vie. Si vous voulez une dénonciation pour le salut de la patrie ainsi que des églises et des icones, seul je puis la faire. Mais à condition que seul entre tous je recevrai immédiatement de la troisième section mon pardon par le télégraphe; quant aux autres, qu'ils soient livrés à la justice. Pour signal, mettez chaque soir, à sept heures, une bougie à la fenêtre de la loge du suisse. En l'apercevant, j'aurai confiance et je viendrai baiser la main miséricordieuse envoyée de la capitale, mais à condition que j'obtiendrai une pension, car autrement avec quoi vivrai-je? Vous n'aurez pas à vous en repentir, vu que le gouvernement vous donnera une plaque. Motus, sinon ils me tordront le cou.

« L'homme lige de Votre Excellence, qui baise la trace de vos pas, le libre penseur repentant,

« Incognito. »

Von Lembke expliqua que la lettre avait été déposée la veille dans la loge en l'absence du suisse.

— Eh bien, qu'est-ce que vous en pensez? demanda presque brutalement Pierre Stépanovitch.

— J'incline à la considérer comme l'œuvre d'un mauvais plaisant, d'un farceur anonyme.

— C'est la conjecture la plus vraisemblable. On ne vous monte pas le coup.

— Ce qui me fait croire cela, c'est surtout la bêtise de cette lettre.

— Vous en avez déjà reçu de semblables depuis que vous êtes ici?

— J'en ai reçu deux, également sans signature.

— Naturellement, les auteurs de ces facéties ne tiennent pas à se faire connaître. D'écritures et de styles différents?

— Oui.

— Et bouffonnes comme celle-ci?

— Oui, bouffonnes, et, vous savez... dégoûtantes.

— Eh bien, puisque ce n'est pas la première fois qu'on vous adresse de pareilles pasquinades, cette lettre-ci doit sûrement provenir d'une officine analogue.

— D'autant plus qu'elle est idiote. Ces gens-là sont instruits, et, à coup sûr, ils n'écrivent pas aussi bêtement.

— Sans doute, sans doute.

— Mais si cette lettre émanait en effet de quelqu'un qui offrît réellement ses services comme dénonciateur?

— C'est invraisemblable, répliqua sèchement Pierre Stépanovitch. — Ce pardon que la troisième section doit envoyer par le télégraphe, cette demande d'une pension, qu'est-ce que cela signifie? La mystification est évidente.

— Oui, oui, reconnut Von Lembke honteux de la supposition qu'il venait d'émettre.

— Savez-vous ce qu'il faut faire? Laissez-moi cette lettre. Je vous en découvrirai certainement l'auteur. Je le trouverai plus vite qu'aucun de vos agents.

— Prenez-la, consentit André Antonovitch, non sans quelque hésitation, il est vrai.

— Vous l'avez montrée à quelqu'un?

— A personne; comment donc?

— Pas même à Julie Mikhaïlovna?

— Ah! Dieu m'en préserve! Et, pour l'amour de Dieu, ne la lui montrez pas non plus! s'écria Von Lembke effrayé. — Elle serait si agitée... et elle se fâcherait terriblement contre moi.

— Oui, vous seriez le premier à avoir sur les doigts, elle dirait que si l'on vous écrit ainsi, c'est parce que vous l'avez mérité. Nous connaissons la logique des femmes. Allons, adieu. D'ici à trois jours peut-être j'aurai découvert votre correspondant anonyme. Surtout n'oubliez pas de quoi nous sommes convenus!

## IV

Pierre Stépanovitch n'était peut-être pas bête, mais Fedka l'avait bien jugé en disant qu'il « se représentait l'homme à sa façon, et qu'ensuite il ne démordait plus de son idée ». Le jeune homme quitta le gouverneur, persuadé qu'il l'avait pleinement mis en repos au moins pour six jours, délai dont il avait absolument besoin. Or il se trompait, et cela parce que dès l'abord il avait décidé une fois pour toutes qu'André Antonovitch était un fieffé nigaud.

Comme tous les martyrs du soupçon, André Antonovitch croyait toujours volontiers dans le premier moment ce qui semblait de nature à fixer ses incertitudes. La nouvelle tournure des choses commença par s'offrir à lui sous un aspect assez agréable, malgré certaines complications qui ne laissaient pas de le préoccuper. Du moins ses anciens doutes s'évanouirent. D'ailleurs, depuis quelques jours il était si las, il sentait un tel accablement qu'en dépit d'elle-même son âme avait soif de repos. Mais, hélas! il n'était pas encore tranquille. Un long séjour à Pétersbourg avait laissé dans son esprit des traces ineffaçables. L'histoire officielle et même secrète de la « jeune génération » lui était assez connue, — c'était un homme curieux, et il collectionnait les proclamations, — mais jamais il n'en avait compris le premier mot. A présent il était comme dans un bois : tous ses instincts lui faisaient pressentir dans les paroles de Pierre Stépanovitch quelque chose d'absurde, quelque chose qui était en dehors de toutes les formes et de toutes les conventions, — « pourtant le diable sait ce qui peut arriver dans cette « nouvelle génération », et comment s'y font les affaires », se disait-il fort perplexe.

Sur ces entrefaites, Blum qui avait guetté le départ de Pierre Stépanovitch rentra dans le cabinet de son patron. Ce Blum appartenait à la catégorie, fort restreinte en Russie, des Allemands qui n'ont pas de chance. Parent éloigné et ami d'enfance de Von Lembke, il lui avait voué un attachement sans bornes. Du reste, André Antonovitch était le seul homme au monde qui aimât Blum; il l'avait toujours protégé, et, quoique d'ordinaire très-soumis aux volontés de son épouse, il s'était toujours refusé à lui sacrifier cet employé qu'elle détestait. Dans les premiers temps de son mariage Julie Mikhaïlovna avait eu beau jeter feu et flamme, recourir même à l'évanouissement, Von Lembke était resté inébranlable.

Physiquement, Blum était un homme roux, grand, voûté, à la physionomie maussade et triste. Il joignait à une extrême humilité un entêtement de taureau. Chez nous il vivait fort retiré, ne faisait point de visites et ne s'était lié qu'avec un pharmacien allemand. Depuis longtemps Von Lembke l'avait mis dans la confidence de ses peccadilles littéraires. Durant des six heures consécutives le pauvre employé était condamné à entendre la lecture du roman de son supérieur, il suait à grosses gouttes, luttait de son mieux contre le sommeil et s'efforçait de sourire; puis, de retour chez lui, il déplorait avec sa grande perche de femme la malheureuse faiblesse de leur bienfaiteur pour la littérature russe.

Lorsque Blum entra, André Antonovitch le regarda d'un air de souffrance.

— Je te prie, Blum, de me laisser en repos, se hâta-t-il de lui dire, voulant évidemment l'empêcher de reprendre la conversation que l'arrivée de Pierre Stépanovitch avait interrompue.

— Et pourtant cela pourrait se faire de la façon la plus discrète, sans attirer aucunement l'attention; vous avez de pleins pouvoirs, insista avec une fermeté respectueuse l'employé qui, l'échine courbée, s'avançait à petits pas vers le gouverneur.

— Blum, tu m'es tellement dévoué que ton zèle m'épouvante.

— Vous dites toujours des choses spirituelles, et, satisfait de vos paroles, vous vous endormez tranquillement, mais par cela même vous vous nuisez.

— Blum, je viens de me convaincre que ce n'est pas du tout cela, pas du tout.

— N'est-ce pas d'après les paroles de ce jeune homme fourbe et dépravé que vous-même soupçonnez? Il vous a amadoué en faisant l'éloge de votre talent littéraire.

— Blum, tu dérailles; ton projet est une absurdité, te dis-je. Nous ne trouverons rien, nous provoquerons un vacarme terrible, ensuite on se moquera de nous, et puis Julie Mikhaïlovna...

L'employé, la main droite appuyée sur son cœur, s'approcha d'un pas ferme de Von Lembke.

— ous trouverons incontestablement tout ce que nous cherchons, répondit-il; — la descente se fera à l'improviste, de grand matin; nous aurons tous les ménagements voulus pour la personne, et nous respecterons strictement les formes légales. Des jeunes gens qui sont allés là plus d'une fois

Liamchine et Téliatnikoff, assurent que nous y trouverons tout ce que nous désirons. Personne ne s'intéresse à M. Verkhovensky. La générale Stavroguine lui a ouvertement retiré sa protection, et tous les honnêtes gens, si tant est qu'il en existe dans cette ville de brutes, sont convaincus que là s'est toujours cachée la source de l'incrédulité et du socialisme. Il a chez lui tous les livres défendus, les *Pensées* de Ryléieff [1], les œuvres complètes de Hertzen... A tout hasard j'ai un catalogue approximatif...

— O mon Dieu, ces livres sont dans toutes les bibliothèques ; que tu es simple, mon pauvre Blum !

— Et beaucoup de proclamations, continua l'employé sans écouter son supérieur. — Nous finirons par découvrir infailliblement l'origine des écrits séditieux qui circulent maintenant ici. Le jeune Verkhovensky me paraît très-sujet à caution.

— Mais tu confonds le père avec le fils. Ils ne s'entendent pas ; le fils se moque du père au vu et au su de tout le monde.

— Ce n'est qu'une frime.

— Blum, tu as juré de me tourmenter ! songes-y, c'est un personnage en vue ici. Il a été professeur, il est connu, il criera, les plaisanteries pleuvront sur nous, et nous manquerons tout... pense un peu aussi à l'effet que cela produira sur Julie Mikhaïlovna !

Blum ne voulut rien entendre.

— Il n'a été que *docent*, rien que *docent*, et il a quitté le service sans autre titre que celui d'assesseur de collége, répliqua-t-il en se frappant la poitrine, — il ne possède aucune distinction honorifique, on l'a relevé de ses fonctions parce qu'on le soupçonnait de nourrir des desseins hostiles au gouvernement. Il a été sous la surveillance de la police, et il est plus que probable qu'il y est encore. En présence des désordres qui se produisent aujourd'hui, vous avez incon-

---

[1] Un des cinq conjurés qui furent pendus après l'insurrection du 14 décembre 1825.

testablement le devoir d'agir. Au contraire, vous manqueriez aux obligations de votre charge si vous vous montriez indulgent pour le vrai coupable.

— Julie Mikhaïlovna! Décampe, Blum! cria tout à coup Von Lembke qui avait entendu la voix de sa femme dans la pièce voisine.

Blum frissonna, mais il tint bon.

— Autorisez-moi donc, autorisez-moi, insista-t-il en pressant ses deux mains contre sa poitrine.

— Décampe! répéta en grinçant des dents André Antonovitch, — fais ce que tu veux... plus tard... O mon Dieu!

La portière se souleva, et Julie Mikhaïlovna parut. Elle s'arrêta majestueusement à la vue de Blum qu'elle toisa d'un regard dédaigneux et offensé, comme si la seule présence de cet homme en pareil lieu eût été une insulte pour elle. Sans rien dire, l'employé s'inclina profondément devant la gouvernante; puis, le corps plié en deux, il se dirigea vers la porte en marchant sur la pointe des pieds et en écartant un peu les bras.

Blum interpréta-t-il comme une autorisation formelle la dernière parole échappée à l'impatience de Von Lembke, ou bien ce trop zélé serviteur crut-il pouvoir prendre sous sa propre responsabilité une mesure qui lui paraissait impérieusement commandée par l'intérêt de son patron? quoi qu'il en soit, comme nous le verrons plus loin, de cet entretien du gouverneur avec son subordonné résulta une chose fort inattendue qui fit scandale, suscita maintes railleries et exaspéra Julie Mikhaïlovna, bref, une chose qui eut pour effet de dérouter définitivement André Antonovitch, en le jetant, au moment le plus critique, dans la plus lamentable irrésolution.

## V

Pierre Stépanovitch se donna beaucoup de mouvement durant cette journée. A peine eut-il quitté Von Lembke qu'il se mit en devoir d'aller rue de l'Épiphanie, mais, en passant rue des Bœufs devant la demeure où logeait Karmazinoff, il s'arrêta brusquement, sourit et entra dans la maison. On lui répondit qu'il était attendu, ce qui l'étonna fort, car il n'avait nullement annoncé sa visite.

Mais le grand écrivain l'attendait en effet et même depuis l'avant-veille. Quatre jours auparavant il lui avait confié son *Merci* (le manuscrit qu'il se proposait de lire à la matinée littéraire), et cela par pure amabilité, convaincu qu'il flattait agréablement l'amour-propre de Pierre Stépanovitch en lui donnant la primeur d'une grande chose. Depuis longtemps le jeune homme s'était aperçu que ce monsieur vaniteux, gâté par le succès et inabordable pour le commun des mortels, cherchait, à force de gentillesses, à s'insinuer dans ses bonnes grâces. Il avait fini, je crois, par se douter que Karmazinoff le considérait sinon comme le principal meneur de la révolution russe, du moins comme une des plus fortes têtes du parti et un des guides les plus écoutés de la jeunesse. Il n'était pas sans intérêt pour Pierre Stépanovitch de savoir ce que pensait « l'homme le plus intelligent de la Russie », mais jusqu'alors, pour certains motifs, il avait évité toute explication avec lui.

Le grand écrivain logeait chez sa sœur qui avait épousé un chambellan et qui possédait des propriétés dans notre province. Le mari et la femme étaient pleins de respect pour leur illustre parent, mais, quand il vint leur demander l'hospitalité, tous deux, à leur extrême regret, se trouvaient à Moscou, en sorte que l'honneur de le recevoir échut à une vieille cousine du chambellan, une parente pauvre qui depuis longtemps remplissait chez les deux époux l'office de femme de charge. Tout le monde dans la maison marchait sur la pointe du pied depuis l'arrivée de M. Karmazinoff. Presque chaque jour la vieille écrivait à Moscou pour faire savoir comment il avait passé la nuit et ce qu'il avait mangé; une fois elle télégraphia qu'après un dîner chez le maire de la ville il avait dû prendre une cuillerée d'un médicament. Elle se permettait rarement d'entrer dans la chambre de son hôte, il était cependant poli avec elle, mais il lui parlait d'un ton sec et seulement dans les cas de nécessité. Lorsque entra Pierre Stépanovitch, il était en train de manger sa côtelette du matin avec un demi-verre de vin rouge. Le jeune homme était déjà allé chez lui plusieurs fois et l'avait toujours trouvé à table, mais jamais Karmazinoff ne l'avait invité à partager son repas. Après la côtelette, on apporta une toute petite tasse de café. Le domestique qui servait avait des gants, un frac et des bottes molles dont on n'entendait pas le bruit.

— A—ah! fit Karmazinoff qui se leva, s'essuya avec sa serviette et, de la façon la plus cordiale en apparence, s'apprêta à embrasser le visiteur. Mais celui-ci savait par expérience que, quand le grand écrivain embrassait quelqu'un, il avait coutume de présenter la joue et non les lèvres [1]; aussi lui-même, dans la circonstance présente, en usa de cette manière : le baiser se borna à une rencontre des deux joues. Sans paraître remarquer cela, Karmazinoff reprit sa place sur le divan et indiqua aimablement à Pierre Stépanovitch un fauteuil en face de lui. Le jeune homme s'assit sur le siége qu'on lui montrait.

— Vous ne... Vous ne voulez pas déjeuner? demanda le romancier contrairement à son habitude, toutefois on voyait bien qu'il comptait sur un refus poli. Son attente fut trompée : Pierre Stépanovitch s'empressa de répondre affirmativement.

[1] On sait que les Russes ont l'habitude de s'embrasser sur la bouche.

L'expression d'une surprise désagréable parut sur le visage de Karmazinoff, mais elle n'eut que la durée d'un éclair; il sonna violemment, et, malgré sa parfaite éducation, ce fut d'un ton bourru qu'il ordonna au domestique de dresser un second couvert.

— Que prendrez-vous : une côtelette ou du café? crut-il devoir demander.

— Une côtelette et du café, faites aussi apporter du vin, j'ai une faim canine, répondit Pierre Stépanovitch qui examinait tranquillement le costume de son amphitryon. M. Karmazinoff portait une sorte de jaquette en ouate à boutons de nacre, mais trop courte, ce qui faisait un assez vilain effet, vu la rotondité de son ventre. Quoiqu'il fît chaud dans la chambre, sur ses genoux était déployé un plaid en laine, d'une étoffe quadrillée, qui traînait jusqu'à terre.

— Vous êtes malade? observa Pierre Stépanovitch.

— Non, mais j'ai peur de le devenir dans ce climat, répondit l'écrivain de sa voix criarde; du reste, il scandait délicatement chaque mot et susseyait à la façon des barines; — je vous attendais déjà hier.

— Pourquoi donc? je ne vous avais pas promis ma visite.

— C'est vrai, mais vous avez mon manuscrit. Vous..... l'avez lu?

— Un manuscrit? Comment?

Cette question causa le plus grand étonnement à Karmazinoff; son inquiétude fut telle qu'il en oublia sa tasse de café.

— Mais pourtant vous l'avez apporté avec vous? reprit-il en regardant Pierre Stépanovitch d'un air épouvanté.

— Ah! c'est de ce *Bonjour* que vous parlez, sans doute...

— *Merci*.

— N'importe. Je l'avais tout à fait oublié et je ne l'ai pas lu, je n'ai pas le temps. Vraiment, je ne sais ce que j'en ai fait, il n'est pas dans mes poches... je l'aurai laissé sur ma table. Ne vous inquiétez pas, il se retrouvera.

— Non, j'aime mieux envoyer tout de suite chez vous. Il peut se perdre ou être volé.

— Allons donc, qui est-ce qui le volerait? Mais pourquoi êtes-vous si inquiet? Julie Mikhaïlovna prétend que vous avez toujours plusieurs copies de chaque manuscrit : l'une est déposée chez un notaire à l'étranger, une autre est à Pétersbourg, une troisième à Moscou; vous envoyez aussi un exemplaire à une banque...

— Mais Moscou peut brûler, et avec elle mon manuscrit. Non, il vaut mieux que je l'envoie chercher tout de suite.

—Attendez, le voici! dit Pierre Stépanovitch, et il tira d'une poche de derrière un rouleau de papier à lettres de petit format, — il est un peu chiffonné. Figurez-vous que depuis le jour où vous me l'avez donné, il est resté tout le temps dans ma poche avec mon mouchoir; je n'y avais plus pensé du tout.

Karmazinoff saisit d'un geste rapide son manuscrit, l'examina avec sollicitude, s'assura qu'il n'y manquait aucune page, puis le déposa respectueusement sur une table particulière, mais assez près de lui pour l'avoir à chaque instant sous les yeux.

— A ce qu'il paraît, vous ne lisez pas beaucoup? remarqua-t-il d'une voix sifflante.

— Non, pas beaucoup.

— Et en fait de littérature russe, — rien?

— En fait de littérature russe? Permettez, j'ai lu quelque chose... *Le long du chemin...* ou *En chemin...* ou *Au passage*, je ne me rappelle plus le titre. Il y a longtemps que j'ai lu cela, cinq ans. Je n'ai pas le temps de lire.

La conversation fut momentanément suspendue.

— A mon arrivée ici, j'ai assuré à tout le monde que vous étiez un homme extrêmement intelligent, et maintenant, paraît-il, toute la ville raffole de vous.

— Je vous remercie, répondit froidement le visiteur.

On apporta le déjeuner. Pierre Stépanovitch ne fit qu'une

bouchée de sa côtelette; quant au vin et au café, il n'en laissa pas une goutte.

« Sans doute ce malappris a senti toute la finesse du trait que je lui ai décoché », se disait Karmazinoff en le regardant de travers; « je suis sûr qu'il a dévoré avec avidité mon manuscrit, seulement il veut se donner l'air de ne l'avoir pas lu. Mais il se peut aussi qu'il ne mente pas, et qu'il soit réellement bête. J'aime chez un homme de génie un peu de bêtise. Au fait, parmi eux n'est-ce pas un génie? Du reste, que le diable l'emporte! »

Il se leva et commença à se promener d'un bout de la chambre à l'autre, exercice hygiénique auquel il se livrait toujours après son déjeuner.

Pierre Stépanovitch ne quitta point son fauteuil et alluma une cigarette.

— Vous n'êtes pas ici pour longtemps? demanda-t-il.

— Je suis venu surtout pour vendre un bien, et maintenant je dépends de mon intendant.

— Il paraît que vous êtes revenu en Russie parce que vous vous attendiez à voir là-bas une épidémie succéder à la guerre?

— N-non, ce n'est pas tout à fait pour cela, répondit placidement M. Karmazinoff qui, à chaque nouveau tour dans la chambre, brandillait son pied droit d'un air gaillard. — Le fait est que j'ai l'intention de vivre le plus longtemps possible, ajouta-t-il avec un sourire fielleux. — Dans la noblesse russe il y a quelque chose qui s'use extraordinairement vite sous tous les rapports. Mais je veux m'user le plus tard possible, et maintenant je vais me fixer pour toujours à l'étranger; le climat y est meilleur et l'édifice plus solide. L'Europe durera bien autant que moi, je pense. Quel est votre avis?

— Je n'en sais rien.

— Hum. Si là-bas, en effet, Babylone s'écroule, sa chute sera un grand événement (là-dessus je suis entièrement d'accord avec vous, quoique je ne voie pas la chose si prochaîne); mais ici, en Russie, ce qui nous menace, ce n'est même pas un écroulement, c'est une dissolution. La sainte Russie est le pays du monde qui offre le moins d'éléments de stabilité. Le populaire reste encore plus ou moins attaché au dieu russe, mais, aux dernières nouvelles, le dieu russe était bien malade, à peine s'il a pu résister à l'affranchissement des paysans, du moins il a été fort ébranlé. Et puis les chemins de fer, et puis vous... je ne crois plus du tout au dieu russe.

— Et au dieu européen?

— Je ne crois à aucun dieu. On m'a calomnié auprès de la jeunesse russe. J'ai toujours été sympathique à chacun de ses mouvements. On m'a montré les proclamations qui circulent ici. Leur forme effraye le public, mais il n'est personne qui, sans oser se l'avouer, ne soit convaincu de leur puissance; depuis longtemps la société périclite, et depuis longtemps aussi elle sait qu'elle n'a aucun moyen de salut. Ce qui me fait croire au succès de cette propagande clandestine, c'est que la Russie est maintenant dans le monde entier la nation où un soulèvement rencontrerait le moins d'obstacles. Je comprends trop bien pourquoi tous les Russes qui ont de la fortune filent à l'étranger, et pourquoi cette émigration prend d'année en année des proportions plus considérables. Il y a là un simple instinct. Quand un navire va sombrer, les rats sont les premiers à le quitter. La sainte Russie est un pays plein de maisons de bois, de mendiants et... de dangers, un pays où les hautes classes se composent de mendiants vaniteux et où l'immense majorité de la population crève de faim dans des chaumières. Qu'on lui montre n'importe quelle issue, elle l'accueillera avec joie, il suffit de la lui faire comprendre. Seul le gouvernement veut encore résister, mais il brandit sa massue dans les ténèbres et frappe sur les siens. Ici tout est condamné. La Russie, telle qu'elle est, n'a pas d'avenir. Je suis devenu Allemand, et je m'en fais honneur.

— Non, mais tout à l'heure vous parliez des proclamations, dites-moi ce que vous en pensez.

— On en a peur, cela prouve leur puissance. Elles déchirent tous les voiles et montrent que chez nous on ne peut s'appuyer sur rien. Elles parlent haut dans le silence universel. En laissant de côté la forme, ce qui doit surtout leur assurer la victoire, c'est l'audace, jusqu'ici sans précédent, avec laquelle leurs auteurs envisagent en face la vérité. C'est là un trait qui n'appartient qu'à la génération contemporaine. Non, en Europe on n'est pas encore aussi hardi, l'autorité y est solidement établie, il y a encore là des éléments de résistance. Autant que j'en puis juger, tout le fond de l'idée révolutionnaire russe consiste dans la négation de l'honneur. Je suis bien aise que ce principe soit aussi crânement affirmé. En Europe, ils ne comprendront pas encore cela, mais chez nous rien ne réussira mieux que cette idée. Pour le Russe l'honneur n'est qu'un fardeau superflu, et il en a toujours été ainsi à tous les moments de son histoire. Le plus sûr moyen de l'entraîner, c'est de revendiquer carrément le droit au déshonneur. Moi, je suis un homme de l'ancienne génération, et, je l'avoue, je tiens encore pour l'honneur, mais c'est seulement par habitude. Je garde un reste d'attachement aux vieilles formes; mettons cela, si vous voulez, sur le compte de la pusillanimité; à mon âge on ne renonce pas facilement à des préjugés invétérés.

Il s'arrêta tout à coup.

« Je parle, je parle », pensa-t-il, « et il écoute toujours sans rien dire. J'ai pourtant une question à lui adresser, c'est pour cela qu'il est venu. Je vais la lui faire. »

— Julie Mikhaïlovna m'a prié de vous interroger adroitement afin de savoir quelle est la surprise que vous préparez pour le bal d'après-demain, fit soudain Pierre Stépanovitch.

— Oui, ce sera en effet une surprise, et j'étonnerai..., répondit Karmazinoff en prenant un air de dignité, — mais je ne vous dirai pas mon secret.

Pierre Stépanovitch n'insista pas.

— Il y a ici un certain Chatoff, poursuivit le grand écrivain, — et, figurez-vous, je ne l'ai pas encore vu.

— C'est un fort brave homme. Eh bien?

— Oh! rien; il parle ici de certaines choses. C'est lui qui a donné un soufflet à Stavroguine?

— Oui.

— Et Stavroguine, qu'est-ce que vous pensez de lui?

— Je ne sais pas; c'est un viveur.

Karmazinoff haïssait Nicolas Vsévolodovitch, parce que ce dernier avait pris l'habitude de ne faire aucune attention à lui.

— Si ce qu'on prêche dans les proclamations se réalise un jour chez nous, observa-t-il en riant, — ce viveur sera sans doute le premier pendu à une branche d'arbre.

— Peut-être même le sera-t-il avant cela, dit brusquement Pierre Stépanovitch.

— C'est ce qu'il faudrait, reprit Karmazinoff, non plus en riant, mais d'un ton très-sérieux.

— Vous avez déjà dit cela, et, vous savez, je le lui ai répété.

— Vraiment, vous le lui avez répété? demanda avec un nouveau rire Karmazinoff.

— Il a dit que si on le pendait à un arbre, vous, ce serait assez de vous fesser, non pas, il est vrai, pour la forme, mais vigoureusement, comme on fesse un moujik.

Pierre Stépanovitch se leva et prit son chapeau. Karmazinoff lui tendit ses deux mains.

— Dites-moi donc, commença-t-il tout à coup d'une voix mielleuse et avec une intonation particulière, tandis qu'il tenait les mains du visiteur dans les siennes, — si tout ce qu'on... projette est destiné à se réaliser, eh bien... quand cela pourra-t-il avoir lieu?

— Est-ce que je sais? répondit d'un ton un peu brutal Pierre Stépanovitch.

Tous deux se regardèrent fixement.

— Approximativement? A peu près? insista Karmazinoff de plus en plus câlin.

— Vous aurez le temps de vendre votre bien et de filer, grommela le jeune homme avec un accent de mépris.

Les deux interlocuteurs attachèrent l'un sur l'autre un regard pénétrant. Il y eut une minute de silence.

— Cela commencera dans les premiers jours de mai, et pour la fête de l'Intercession[1] tout sera fini, déclara brusquement Pierre Stépanovitch.

— Je vous remercie sincèrement, dit d'un ton pénétré Karmazinoff en serrant les mains du visiteur.

« Tu auras le temps de quitter le navire, rat ! » pensa Pierre Stépanovitch quand il fut dans la rue. « Allons, si cet « homme d'État » est si soucieux de connaître le jour et l'heure, si le renseignement que je lui ai donné lui a fait tant de plaisir, nous ne pouvons plus, après cela, douter de nous. (Il sourit.) Hum. Au fait, il compte parmi leurs hommes intelligents, et... il ne songe qu'à déguerpir; ce n'est pas lui qui nous dénoncera ! »

Il courut à la maison Philippoff, rue de l'Épiphanie.

## VI

Pierre Stépanovitch passa d'abord chez Kiriloff. Celui-ci, seul comme de coutume, faisait cette fois de la gymnastique au milieu de la chambre, c'est-à-dire qu'il écartait les jambes et tournait ses bras au-dessus de lui d'une façon particulière. La balle était par terre. Le déjeuner n'avait pas encore été desservi, et il restait du thé froid sur la table. Avant d'entrer, Pierre Stépanovitch s'arrêta un instant sur le seuil.

— Tout de même vous vous occupez beaucoup de votre santé, dit-il d'une voix sonore et gaie en pénétrant dans la chambre; — quelle belle balle! oh! comme elle rebondit! c'est aussi pour faire de la gymnastique?

---

[1] 1/13 octobre.

Kiriloff mit sa redingote.

— Oui, c'est pour ma santé, murmura-t-il d'un ton sec; — asseyez-vous.

— Je ne resterai qu'une minute. Du reste, je vais m'asseoir, reprit Pierre Stépanovitch; puis, sans transition, il passa à l'objet de sa visite : — C'est bien de soigner sa santé, mais je suis venu vous rappeler notre convention. L'échéance approche « en un certain sens ».

— Quelle convention?

— Comment, quelle convention? fit le visiteur inquiet.

— Ce n'est ni une convention, ni un engagement, je ne me suis pas lié, vous vous trompez.

— Écoutez, que comptez-vous donc faire? demanda en se levant brusquement Pierre Stépanovitch.

— Ma volonté.

— Laquelle?

— L'ancienne.

— Comment dois-je comprendre vos paroles? C'est-à-dire que vous êtes toujours dans les mêmes idées?

— Oui. Seulement il n'y a pas de convention et il n'y en a jamais eu, je ne me suis lié par rien. Maintenant, comme autrefois, je n'entends faire que ma volonté.

Kiriloff donna cette explication d'un ton roide et méprisant.

Pierre Stépanovitch se rassit satisfait.

— Soit, soit, dit-il, — faites votre volonté, du moment que cette volonté n'a pas varié. Vous vous fâchez pour un mot. Vous êtes devenu fort irascible depuis quelque temps. C'est pour cela que j'évitais de venir vous voir. Du reste, j'étais bien sûr que vous ne trahiriez pas.

— Je suis loin de vous aimer, mais vous pouvez être parfaitement tranquille, quoique pourtant je trouve les mots de trahison et de non-trahison tout à fait déplacés dans la circonstance.

— Cependant, répliqua Pierre Stépanovitch de nouveau pris d'inquiétude, — il faudrait préciser pour éviter toute erreur. C'est une affaire où l'exactitude est nécessaire, et votre langage m'abasourdit positivement. Voulez-vous me permettre de parler?

— Parlez! répondit l'ingénieur en regardant dans le coin.

— Depuis longtemps déjà vous avez résolu de vous ôter la vie... c'est-à-dire que vous aviez cette idée. Est-ce vrai? N'y a-t-il pas d'erreur dans ce que je dis?

— J'ai toujours la même idée.

— Très-bien. Remarquez, en outre, que personne ne vous y a forcé.

— Il ne manquerait plus que cela! quelle bêtise vous dites!

— Soit, soit! je me suis fort bêtement exprimé. Sans doute il aurait été très-bête de vous forcer à cela. Je continue : Vous avez fait partie de la société dès sa fondation, et vous vous êtes ouvert de votre projet à un membre de la société.

— Je ne me suis pas ouvert, j'ai dit cela tout bonnement.

— Soit. Je me suis encore servi d'une expression impropre; il aurait été ridicule, en effet, de révéler cela comme on fait une confession. Vous avez dit cela tout bonnement. Très-bien.

— Non, ce n'est pas très-bien, car je n'aime pas à vous voir éplucher ainsi mes actions. Je n'ai pas de compte à vous rendre, et vous ne pouvez comprendre mes desseins. Je veux m'ôter la vie parce que c'est mon idée, parce que je n'admets pas la peur de la mort, parce que... vous n'avez pas besoin de savoir pourquoi... Qu'est-ce qu'il vous faut? Vous voulez boire du thé? Il est froid. Laissez, je vais vous donner un autre verre.

Pierre Stépanovitch avait, en effet, saisi la théière et cherchait dans quoi il pourrait se verser à boire. Kiriloff alla à l'armoire et en rapporta un verre propre.

— J'ai déjeuné tout à l'heure chez Karmazinoff, et ses discours m'ont fait suer, observa le visiteur; — ensuite j'ai couru ici, ce qui m'a de nouveau mis en sueur, je meurs de soif.

— Buvez. Le thé froid n'est pas mauvais.

Kiriloff reprit sa place et se remit à regarder dans le coin.

— La société a pensé, poursuivit-il du même ton, — que mon suicide pourrait être utile, et que, quand vous auriez fait ici quelques sottises dont on rechercherait les auteurs, si tout à coup je me brûlais la cervelle en laissant une lettre où je me déclarerais coupable de tout, cela vous mettrait à l'abri du soupçon pendant toute une année.

— Du moins pendant quelques jours; en pareil cas c'est déjà beaucoup que d'avoir vingt-quatre heures devant soi.

— Bien. On m'a donc demandé si je ne pouvais pas attendre. J'ai répondu que j'attendrais aussi longtemps qu'il plairait à la société, vu que cela m'était égal.

— Oui, mais rappelez-vous que vous avez pris l'engagement de rédiger de concert avec moi la lettre dont il s'agit, et de vous mettre, dès votre arrivée en Russie, à ma... en un mot, à ma disposition, bien entendu pour cette affaire seulement, car, pour tout le reste, il va de soi que vous êtes libre, ajouta presque aimablement Pierre Stépanovitch.

— Je ne me suis pas engagé, j'ai consenti parce que cela m'était égal.

— Très-bien, très-bien, je n'ai nullement l'intention de froisser votre amour-propre, mais...

— Il n'est pas question ici d'amour-propre.

— Mais souvenez-vous qu'on vous a donné cent vingt thalers pour votre voyage, par conséquent vous avez reçu de l'argent.

— Pas du tout, répliqua en rougissant Kiriloff, — l'argent ne m'a pas été donné à cette condition. On n'en reçoit pas pour cela.

— Quelquefois.

— Vous mentez. J'ai écrit de Pétersbourg une lettre très-explicite à cet égard, et à Pétersbourg même je vous ai remboursé les cent vingt thalers, je vous les ai remis en mains propres..... et ils ont reçu cet argent, si toutefois vous ne l'avez pas gardé dans votre poche.

— Bien, bien, je ne conteste rien, je leur ai envoyé l'argent. L'essentiel, c'est que vous soyez toujours dans les mêmes dispositions qu'auparavant.

— Mes dispositions n'ont pas changé. Quand vous viendrez me dire : « Il est temps », je m'exécuterai. Ce sera bientôt?

— Le jour n'est plus fort éloigné..... Mais rappelez-vous que nous devons faire la lettre ensemble la veille au soir.

— Quand ce serait le jour même? Il faudra que je me déclare l'auteur des proclamations?

— Et de quelques autres choses encore.

— Je ne prendrai pas tout sur moi.

— Pourquoi donc? demanda Pierre Stépanovitch alarmé de ce refus.

— Parce que je ne veux pas; assez. Je ne veux plus parler de cela.

Ces mots causèrent une vive irritation à Pierre Stépanovitch, mais il se contint et changea la conversation.

— Ma visite a encore un autre objet, reprit-il, — vous viendrez ce soir chez les nôtres? C'est aujourd'hui la fête de Virguinsky, ils se réuniront sous ce prétexte.

— Je ne veux pas.

— Je vous en prie, venez. Il le faut. Nous devons imposer et par le nombre et par l'aspect..... Vous avez une tête..... disons le mot, une tête fatale.

— Vous trouvez? dit en riant Kiriloff, — c'est bien, j'irai; mais je ne poserai pas pour la tête. Quand?

— Oh! de bonne heure, à six heures et demie. Vous savez, vous pouvez entrer, vous asseoir et ne parler à personne, quelque nombreuse que soit l'assistance. Seulement n'oubliez pas de prendre avec vous un crayon et un morceau de papier.

— Pourquoi?

— Cela vous est égal, et je vous le demande instamment. Vous n'aurez qu'à rester là sans parler à personne, vous écouterez et, de temps à autre, vous ferez semblant de prendre des notes; libre à vous, d'ailleurs, de crayonner des croquis sur votre papier.

— Quelle bêtise! A quoi bon?

— Mais puisque cela vous est égal? Vous ne cessez de dire que tout vous est indifférent.

— Non, je veux savoir pourquoi.

— Eh bien, voici : le membre de la société qui remplit les fonctions de reviseur, s'est arrêté à Moscou, et j'ai fait espérer sa visite à quelques-uns des nôtres; ils penseront que vous êtes ce reviseur; or, comme vous vous trouvez ici déjà depuis trois semaines, l'effet sera encore plus grand.

— C'est de la farce. Vous n'avez aucun reviseur à Moscou.

— Allons, soit, nous n'en avons pas, mais qu'est-ce que cela vous fait, et comment ce détail peut-il vous arrêter? Vous-même êtes membre de la société.

— Dites-leur que je suis le reviseur; je m'assiérai et je me tiendrai coi, mais je ne veux ni papier ni crayon.

— Mais pourquoi?

— Je ne veux pas.

Pierre Stépanovitch blêmit de colère; néanmoins cette fois encore il se rendit maître de lui, se leva et prit son chapeau.

— L'*homme* est chez vous? demanda-t-il soudain à demi-voix.

— Oui.

— C'est bien. Je ne tarderai pas à vous débarrasser de lui, soyez tranquille.

— Il ne me gêne pas. Je ne l'ai que la nuit. La vieille est à l'hôpital, sa belle-fille est morte; depuis deux jours je suis seul. Je lui ai montré l'endroit de la cloison où il y a une planche facile à déplacer; il s'introduit par là, personne ne le voit.

— Je le retirerai bientôt de chez vous.

— Il dit qu'il ne manque pas d'endroits où il peut aller coucher.

— Il ment, on le cherche, et ici, pour le moment, il est en sûreté. Est-ce que vous causez avec lui?

— Oui, tout le temps. Il dit beaucoup de mal de vous. La nuit dernière, je lui ai lu l'Apocalypse et lui ai fait boire du thé. Il a écouté attentivement, fort attentivement même, toute la nuit.

— Ah! diable, mais vous allez le convertir à la religion chrétienne!

— Il est déjà chrétien. Ne vous inquiétez pas, il tuera. Qui voulez-vous faire assassiner?

— Non, ce n'est pas pour cela que j'ai besoin de lui..... Chatoff sait-il que vous donnez l'hospitalité à Fedka?

— Je ne vois pas Chatoff, et nous n'avons pas de rapports ensemble.

— Vous êtes fâchés l'un contre l'autre?

— Non, nous ne sommes pas fâchés, mais nous ne nous parlons pas. Nous avons couché trop longtemps côte à côte en Amérique.

— Je passerai chez lui tout à l'heure.

— Comme vous voudrez.

— Vers les dix heures, en sortant de chez Virguinsky, je viendrai peut-être chez vous avec Stavroguine.

— Venez.

— Il faut que j'aie un entretien sérieux avec lui..... Vous savez, donnez-moi donc votre balle; quel besoin en avez-vous maintenant? Je fais aussi de la gymnastique. Si vous voulez, je vous l'achèterai.

— Prenez-la, je vous la donne.

Pierre Stépanovitch mit la balle dans sa poche.

— Mais je ne vous fournirai rien contre Stavroguine, murmura Kiriloff en reconduisant le visiteur, qui le regarda avec étonnement et ne répondit pas.

Les dernières paroles de l'ingénieur agitèrent extrêmement Pierre Stépanovitch; il y réfléchissait encore en montant l'escalier de Chatoff, quand il songea qu'il devait donner à son visage mécontent une expression plus avenante. Chatoff se trouvait chez lui; un peu souffrant, il était couché, tout habillé, sur son lit.

— Quel guignon! s'écria en entrant dans la chambre Pierre Stépanovitch; — vous êtes sérieusement malade?

Ses traits avaient tout à coup perdu leur amabilité d'emprunt, un éclair sinistre brillait dans ses yeux.

Chatoff sauta brusquement à bas de son lit.

— Pas du tout, répondit-il d'un air effaré, — je ne suis pas malade, j'ai seulement un peu mal à la tête...

L'apparition inattendue d'un tel visiteur l'avait positivement effrayé.

— Je viens justement pour une affaire qui n'admet pas la maladie, commença d'un ton presque impérieux Pierre Stépanovitch; — permettez-moi de m'asseoir (il s'assit), et vous, reprenez place sur votre lit, c'est bien. Aujourd'hui une réunion des nôtres aura lieu chez Virguinsky sous prétexte de fêter l'anniversaire de sa naissance; les mesures sont prises pour qu'il n'y ait pas d'intrus. Je viendrai avec Nicolas Stavroguine. Sans doute, connaissant vos opinions actuelles, je ne vous inviterais pas à assister à cette soirée... non que nous craignions d'être dénoncés par vous, mais pour vous épargner un ennui. Cependant votre présence est indispensable. Vous rencontrerez là ceux avec qui nous déciderons définitivement de quelle façon doit s'opérer votre sortie de la société, et entre quelles mains vous aurez à remettre ce qui se trouve chez vous. Nous ferons cela sans bruit, je vous emmènerai à l'écart, dans quelque coin; l'assistance sera nombreuse, et il n'est pas nécessaire d'initier tout le monde à ces détails. J'avoue que j'ai eu beaucoup de peine à triompher de leur résistance; mais maintenant, paraît-il, ils consentent, à condition, bien entendu, que vous vous dessaisirez de l'imprimerie et de tous les papiers. Alors vous serez parfaitement libre de vos agissements.

Tandis que Pierre Stépanovitch parlait, Chatoff l'écoutait les sourcils froncés. Sa frayeur de tantôt avait disparu pour faire place à la colère.

— Je ne me crois aucunement tenu de rendre des comptes le diable sait à qui, déclara-t-il tout net; — je n'ai besoin de l'agrément de personne pour reprendre ma liberté.

— Ce n'est pas tout à fait exact. On vous a confié beaucoup de secrets. Vous n'aviez pas le droit de rompre de but en blanc. Et, enfin, vous n'avez jamais manifesté nettement l'intention de vous retirer, de sorte que vous les avez mis dans une fausse position.

— Dès mon arrivée ici j'ai fait connaître mes intentions par une lettre fort claire.

— Non, pas fort claire, contesta froidement Pierre Stépanovitch; — par exemple, je vous ai envoyé, pour les imprimer ici, la *Personnalité éclairée*, ainsi que deux proclamations. Vous m'avez retourné le tout avec une lettre équivoque, ne précisant rien.

— J'ai carrément refusé d'imprimer.

— Vous avez refusé, mais pas carrément. Vous avez répondu : « Je ne puis pas », sans expliquer pour quel motif. Or « je ne puis pas » n'a jamais voulu dire « je ne veux pas ». On pouvait supposer que vous étiez simplement empêché par des obstacles matériels, et c'est ainsi que votre lettre a été comprise. Ils ont cru que vous n'aviez pas rompu vos liens avec la société, dès lors ils ont pu vous continuer leur confiance et par suite se compromettre. Ici l'on croit que vous vous êtes servi avec intention de termes vagues : vous vouliez, dit-on, tromper vos coassociés, pour les dénoncer quand vous auriez reçu d'eux quelque communication importante. Je vous ai défendu de toutes mes forces, et j'ai montré comme pièce à l'appui de votre innocence les deux lignes de réponse que vous m'avez adressées. Mais j'ai dû moi-même reconnaître, après les avoir relues, que ces deux lignes ne sont pas claires et peuvent induire en erreur.

— Vous aviez conservé si soigneusement cette lettre par devers vous?

— Qu'est-ce que cela fait que je l'aie conservée? elle est encore chez moi.

— Peu m'importe! cria Chatoff avec irritation. — Libre à vos imbéciles de croire que je les ai dénoncés, je m'en moque! Je voudrais bien voir ce que vous pouvez me faire!

— On vous noterait, et, au premier succès de la révolution, vous seriez pendu.

— Quand vous aurez conquis le pouvoir suprême et que vous serez les maîtres de la Russie?

— Ne riez pas. Je le répète, j'ai pris votre défense. Quoi qu'il en soit, je vous conseille de venir aujourd'hui à la réunion. A quoi bon de vaines paroles dictées par un faux orgueil? Ne vaut-il pas mieux se séparer amicalement? En tout cas, il faut que vous rendiez le matériel typographique, nous aurons aussi à parler de cela.

— J'irai, grommela Chatoff, qui, la tête baissée, semblait absorbé dans ses réflexions. Pierre Stépanovitch le considérait d'un œil malveillant.

— Stavroguine y sera? demanda tout à coup Chatoff en relevant la tête.

— Il y sera certainement.

— Hé, hé!

Il y eut une minute de silence. Un sourire de colère et de mépris flottait sur les lèvres de Chatoff.

— Et votre misérable *Personnalité éclairée* dont j'ai refusé l'impression ici, elle est imprimée?

— Oui.

— On fait croire aux collégiens que Hertzen lui-même a écrit cela sur votre album?

— Oui, c'est Hertzen lui-même.

Ils se turent encore pendant trois minutes. A la fin, Chatoff quitta son lit.

— Allez-vous-en loin de moi, je ne veux pas me trouver avec vous.

Pierre Stépanovitch se leva aussitôt.

— Je m'en vais, dit-il avec une sorte de gaieté, — un mot seulement : Kiriloff, à ce qu'il paraît, est maintenant tout seul dans le pavillon, sans servante?

— Il est tout seul. Allez-vous-en, je ne puis rester dans la même chambre que vous.

« Allons, tu es très-bien maintenant! » pensa joyeusement

Pierre Stépanovitch quand il fut hors de la maison; « tu seras aussi très-bien ce soir, j'ai justement besoin que tu sois comme cela, et je ne pouvais rien désirer de mieux! Le dieu russe lui-même me vient en aide! »

## VII

Il fit beaucoup de courses durant cette journée et sans doute ne perdit pas ses peines, car sa figure était rayonnante quand le soir, à six heures précises, il se présenta chez Nicolas Vsévolodovitch. On ne l'introduisit pas tout de suite : Stavroguine se trouvait dans son cabinet en tête-à-tête avec Maurice Nikolaïévitch qui venait d'arriver. Cette nouvelle intrigua Pierre Stépanovitch. Il s'assit tout près de la porte du cabinet pour attendre le départ du visiteur. De l'antichambre on entendait le bruit de la conversation, mais sans pouvoir rien saisir des paroles prononcées. La visite ne dura pas longtemps; bientôt retentit une voix extraordinairement forte et vibrante, immédiatement après la porte s'ouvrit, et Maurice Nikolaïévitch sortit avec un visage livide. Il ne remarqua pas Pierre Stépanovitch et passa rapidement à côté de lui. Le jeune homme s'élança aussitôt dans la chambre.

Je me crois obligé de raconter en détail l'entrevue fort courte des deux « rivaux », — entrevue que tout semblait devoir rendre impossible, et qui eut lieu néanmoins.

Après son dîner, Nicolas Vsévolodovitch sommeillait sur une couchette dans son cabinet, lorsque Alexis Égorovitch lui annonça l'arrivée de Maurice Nikolaïévitch. A ce nom, Stavroguine tressaillit, il croyait avoir mal entendu. Mais bientôt se montra sur ses lèvres un sourire de triomphe hautain en même temps que de vague surprise. En entrant, Maurice Nikolaïévitch fut sans doute frappé de ce sourire du moins il s'arrêta tout à coup au milieu de la chambre et parut se demander s'il ferait un pas de plus en avant ou s'il se retirerait sur l'heure. A l'instant même la physionomie de Nicolas Vsévolodovitch changea d'expression, d'un air sérieux et étonné il s'avança vers le visiteur. Ce dernier ne prit pas la main qui lui était tendue, et, sans dire un mot, il s'assit avant que le maître de la maison lui en eût donné l'exemple ou lui eût offert un siége. Nicolas Vsévolodovitch s'assit sur le bord de sa couchette et attendit en silence, les yeux fixés sur Maurice Nikolaïévitch.

— Si vous le pouvez, épousez Élisabeth Nikolaïevna, commença brusquement le capitaine d'artillerie, et le plus curieux, c'est qu'on n'aurait pu deviner, d'après l'intonation de la voix, si ces mots étaient une prière, une recommandation, une concession ou un ordre.

Nicolas Vsévolodovitch resta silencieux, mais le visiteur, ayant dit évidemment tout ce qu'il avait à dire, le regardait avec persistance, dans l'attente d'une réponse.

— Si je ne me trompe (du reste, ce n'est que trop vrai), Élisabeth Nikolaïevna est votre fiancée, observa enfin Stavroguine.

— Oui, elle est ma fiancée, déclara d'un ton ferme le visiteur.

— Vous... vous êtes brouillés ensemble?... Excusez-moi, Maurice Nikolaïévitch.

— Non, elle m' « aime » et m' « estime », dit-elle. Ses paroles sont on ne peut plus précieuses pour moi.

— Je n'en doute pas.

— Mais, sachez-le, elle serait sous la couronne et vous l'appelleriez, qu'elle me planterait là, moi ou tout autre, pour aller à vous.

— Étant sous la couronne?

— Et après la couronne.

— Ne vous trompez-vous pas?

— Non. Sous la haine incessante, sincère et profonde qu'elle vous témoigne, perce à chaque instant un amour insensé, l'amour le plus sincère, le plus excessif et..... le plus fou! Par contre, sous l'amour non moins sincère qu'elle ressent pour moi perce à chaque instant la haine la plus violente! Je n'aurais jamais pu imaginer auparavant toutes ces... métamorphoses.

— Mais je m'étonne pourtant que vous veniez m'offrir la main d'Élisabeth Nikolaïevna! En avez-vous le droit? Vous y a-t-elle autorisé?

Maurice Nikolaïévitch fronça le sourcil et pendant une minute baissa la tête.

— De votre part ce ne sont là que des mots, dit-il brusquement, — des mots où éclate la rancune triomphante; je suis sûr que vous savez lire entre les lignes, et se peut-il qu'il y ait place ici pour une vanité mesquine? N'êtes-vous pas assez victorieux? Faut-il donc que je mette les points sur les i? Soit, je les mettrai, si vous tenez tant à m'humilier : j'agis sans droit, je ne suis aucunement autorisé; Élisabeth Nikolaïevna ne sait rien, mais son fiancé a complètement perdu la raison, il mérite d'être enfermé dans une maison de fous, et, pour comble, lui-même vient vous le déclarer. Seul dans le monde entier vous pouvez la rendre heureuse, et moi je ne puis que faire son malheur. Vous la lutinez, vous la pourchassez, mais, — j'ignore pourquoi, — vous ne l'épousez pas. S'il s'agit d'une querelle d'amoureux née à l'étranger, et si, pour y mettre fin, mon sacrifice est nécessaire, — immolez-moi. Elle est trop malheureuse, et je ne puis supporter cela. Mes paroles ne sont ni une permission ni une injonction, par conséquent elles n'ont rien d'offensant pour votre amour-propre. Si vous voulez prendre ma place sous la couronne, vous n'avez nul besoin pour cela de mon consentement, et, sans doute, il était inutile que je vinsse étaler ma folie à vos yeux. D'autant plus qu'après ma démarche actuelle notre mariage est impossible. Si à présent je la conduisais à l'autel, je serais un misérable. L'acte que j'accomplis en vous la livrant, à vous peut-être son plus irréconciliable ennemi, est, à mon point de vue, une infamie dont certainement je ne supporterai pas le fardeau.

— Vous vous brûlerez la cervelle, quand on nous mariera?

— Non, beaucoup plus tard. A quoi bon mettre une éclaboussure de sang sur sa robe nuptiale? Peut-être même ne me brûlerai-je la cervelle ni maintenant ni plus tard.

— Vous dites cela, sans doute, pour me tranquilliser?

— Vous? Ma mort doit vous être bien indifférente.

Un silence d'une minute suivit ces paroles. Maurice Nikolaïévitch était pâle, et ses yeux étincelaient.

— Pardonnez-moi les questions que je vous ai adressées, dit Stavroguine; — plusieurs d'entre elles étaient fort indiscrètes, mais il est une chose que j'ai, je pense, parfaitement le droit de vous demander : pour que vous ayez pris sur vous de venir me faire une proposition aussi... risquée, il faut que vous soyez bien convaincu de mes sentiments à l'égard d'Élisabeth Nikolaïevna; or, quelles données vous ont amené à cette conviction?

— Comment? fit avec un léger frisson Maurice Nikolaïévitch; — est-ce que vous n'avez pas prétendu à sa main? N'y prétendez-vous pas maintenant encore?

— En général, je ne puis parler à un tiers de mes sentiments pour une femme; excusez-moi, c'est une bizarrerie d'organisation. Mais, pour le reste, je vous dirai toute la vérité : je suis marié, il ne m'est donc plus possible ni d'épouser Élisabeth Nikolaïevna, ni de « prétendre à sa main ».

Maurice Nikolaïévitch fut tellement stupéfait qu'il se renversa sur le dossier de son fauteuil; pendant un certain temps ses yeux ne quittèrent pas le visage de Stavroguine.

— Figurez-vous que cette idée ne m'était pas venue, balbutia-t-il; — vous avez dit l'autre jour que vous n'étiez pas marié... je croyais que vous ne l'étiez pas...

Il pâlit affreusement et soudain déchargea un violent coup de poing sur la table.

— Si, après un tel aveu, vous ne laissez pas tranquille Élisabeth Nikolaïevna, si vous la rendez vous-même malheureuse, je vous tuerai à coups de bâton comme un chien !

Sur ce, il sortit précipitamment de la chambre. Pierre Stépanovitch, qui y entra aussitôt après, trouva le maître du logis dans une disposition d'esprit fort inattendue.

— Ah ! c'est vous ! fit Stavroguine avec un rire bruyant qui semblait n'avoir pour cause que la curiosité empressée de Pierre Stépanovitch. — Vous écoutiez derrière la porte ? Attendez, pourquoi êtes-vous venu ? Je vous avais promis quelque chose... Ah, bah ! je me rappelle : la visite « aux nôtres » ! Partons, je suis enchanté, vous ne pouviez rien me proposer de plus agréable en ce moment.

Il prit son chapeau, et tous deux sortirent immédiatement.

— Vous riez d'avance à l'idée de voir « les nôtres » ? observa avec enjouement Pierre Stépanovitch qui tantôt s'efforçait de marcher à côté de son compagnon sur l'étroit trottoir pavé en briques, tantôt descendait sur la chaussée et trottait en pleine boue, parce que Stavroguine, sans le remarquer, occupait à lui seul toute la largeur du trottoir.

— Je ne ris pas du tout, répondit d'une voix sonore et gaie Nicolas Vsévolodovitch ; — au contraire, je suis convaincu que je trouverai là les gens les plus sérieux.

— De « mornes imbéciles », comme vous les avez appelés un jour.

— Rien n'est parfois plus amusant qu'un morne imbécile.

— Ah ! vous dites cela à propos de Maurice Nikolaïévitch ! Je suis sûr qu'il est venu tout à l'heure vous offrir sa fiancée, hein ? Figurez-vous, c'est moi qui l'ai poussé indirectement à faire cette démarche. D'ailleurs, s'il ne la cède pas, nous la lui prendrons nous-mêmes, pas vrai ?

Sans doute Pierre Stépanovitch savait qu'il jouait gros jeu en mettant la conversation sur ce sujet ; mais lorsque sa curiosité était vivement excitée, il aimait mieux tout risquer que de rester dans l'incertitude. Nicolas Vsévolodovitch se contenta de sourire.

— Vous comptez toujours m'aider? demanda-t-il.

— Si vous faites appel à mon aide. Mais vous savez qu'il n'y a qu'un bon moyen.

— Je connais votre moyen.

— Non, c'est encore un secret. Seulement rappelez-vous que ce secret coûte de l'argent.

— Je sais même combien il coûte, grommela à part soi Stavroguine.

Pierre Stépanovitch tressaillit.

— Combien? Qu'est-ce que vous avez dit?

— J'ai dit : Allez-vous-en au diable avec votre secret! Apprenez-moi plutôt qui nous verrons là. Je sais que Virguinsky reçoit à l'occasion de sa fête, mais quels sont ses invités?

— Oh! il y aura là une société des plus variées! Kiriloff lui-même y sera.

— Tous membres de sections?

— Peste, comme vous y allez! Jusqu'à présent il n'existe pas encore ici une seule section organisée.

— Comment donc avez-vous fait pour répandre tant de proclamations?

— Là où nous allons, il n'y aura en tout que quatre sectionnaires. En attendant, les autres s'espionnent à qui mieux mieux, et chacun d'eux m'adresse des rapports sur ses camarades. Ces gens-là donnent beaucoup d'espérances. Ce sont des matériaux qu'il faut organiser. Du reste, vous-même avez rédigé le statut, il est inutile de vous expliquer les choses.

— Eh bien, ça ne marche pas? Il y a du tirage?

— Ça marche on ne peut mieux. Je vais vous faire rire : le premier moyen d'action, c'est l'uniforme. Il n'y a rien de plus puissant que la livrée bureaucratique. J'invente exprès des titres et des emplois : j'ai des secrétaires, des émissaires secrets, des caissiers, des présidents, des registrateurs; ce truc réussit admirablement. Vient ensuite, naturellement, la sentimentalité, qui chez nous est le plus efficace agent de la propagande socialiste. Le malheur, ce sont ces sous-lieutenants qui mordent. Et puis il y a les purs coquins; ces derniers sont parfois fort utiles, mais avec eux on perd beaucoup de temps, car ils exigent une surveillance continuelle. Enfin la principale force, le ciment qui relie tout, c'est le respect humain, la peur d'avoir une opinion à soi. Oui, c'est justement avec de pareilles gens que le succès est possible. Je vous le dis, ils se jetteraient dans le feu à ma voix : je n'aurais qu'à leur dire qu'ils manquent de libéralisme. Des imbéciles me blâment d'avoir trompé tous mes associés d'ici en leur parlant de comité central et de « ramifications innombrables ». Vous-même vous m'avez une fois reproché cela, mais où est la tromperie? Le comité central, c'est moi et vous; quant aux ramifications, il y en aura autant qu'on voudra.

— Et toujours de la racaille semblable?

— Ce sont des matériaux. Ils sont bons tout de même.

— Vous n'avez pas cessé de compter sur moi?

— Vous serez le chef, la force dirigeante; moi, je ne serai que votre second, votre secrétaire. Vous savez, nous voguerons portés sur un esquif aux voiles de soie, aux rames d'érable; à la poupe sera assise une belle demoiselle, Élisabeth Nikolaïevna... est-ce qu'il n'y a pas une chanson comme cela?...

Stavroguine se mit à rire.

— Non, je préfère vous donner un bon conseil. Vous venez d'énumérer les procédés dont vous vous servez pour cimenter vos groupes, ils se réduisent au fonctionnarisme et à la sentimentalité, tout cela n'est pas mauvais comme clystère, mais il y a quelque chose de meilleur encore : persuadez à quatre membres d'une section d'assassiner le cinquième sous prétexte que c'est un mouchard, et aussitôt le sang versé les liera tous indissolublement à vous. Ils deviendront vos esclaves, ils n'oseront ni se mutiner, ni vous demander des comptes. Ha, ha, ha!

« Toi pourtant, il faudra que tu me payes cela », pensa à part soi Pierre Stépanovitch, « et pas plus tard que ce soir. Tu te permets beaucoup trop. »

Voilà où à peu près ce que dut se dire Pierre Stépanovitch. Du reste, ils approchaient déjà de la maison de Virguinsky.

— Vous m'avez probablement fait passer auprès d'eux pour quelque membre arrivé de l'étranger, en rapport avec l'Internationale, pour un reviseur? demanda tout à coup Stavroguine.

— Non, le reviseur, ce sera un autre; vous, vous êtes un des membres qui ont fondé la société à l'étranger, et vous connaissez les secrets les plus importants — voilà votre rôle. Vous parlerez sans doute?

— Où avez-vous pris cela?

— Maintenant vous êtes tenu de parler.

Dans son étonnement, Nicolas Vsévolodovitch s'arrêta au milieu de la rue, non loin d'un réverbère. Pierre Stépanovitch soutint avec une tranquille assurance le regard de son compagnon. Celui-ci lança un jet de salive et se remit en marche.

— Et vous, est-ce que vous prendrez la parole? demanda-t-il brusquement à Pierre Stépanovitch.

— Non, je vous écouterai.

— Que le diable vous emporte! Au fait, vous me donnez une idée.

— Laquelle? fit vivement Pierre Stépanovitch.

— Soit, je parlerai peut-être là, mais ensuite je vous flanquerai une rossée, et, vous savez, une rossée sérieuse.

— Dites donc, tantôt j'ai répété à Karmazinoff le propos que vous avez tenu sur son compte, à savoir qu'il faudrait le fesser, non pas seulement pour la forme, mais vigoureusement, comme on fesse un moujik.

— Mais je n'ai jamais dit cela, ha, ha!

— N'importe. *Se non è vero.....*

— Eh bien, merci, je vous suis très-obligé.

— Savez-vous ce que dit Karmazinoff? D'après lui, notre doctrine est, au fond, la négation de l'honneur, et affirmer franchement le droit au déshonneur, c'est le plus sûr moyen d'avoir les Russes pour soi.

— Paroles admirables! Paroles d'or! s'écria Stavroguine; — il a dit le vrai mot! Le droit au déshonneur, — mais, avec cela, tout le monde viendra à nous, il ne restera plus personne dans l'autre camp! Écoutez pourtant, Verkhovensky, vous ne faites pas partie de la haute police, hein?

— Celui qui se pose de pareilles questions les garde généralement pour lui.

— Sans doute, mais nous sommes entre nous.

— Non, jusqu'à présent je ne sers pas dans la haute police. Assez, nous voici arrivés. Composez votre physionomie, Stavroguine; moi, j'ai toujours soin de me faire une tête quand je vais chez eux. Il faut se donner un air un peu sombre, voilà tout; ce n'est pas bien malin.

## CHAPITRE VII

### CHEZ LES NÔTRES.

I

Virguinsky demeurait rue de la Fourmi, dans une maison à lui, ou plutôt à sa femme. C'était une construction en bois, à un seul étage, où n'habitaient que l'employé et sa famille. Une quinzaine de personnes s'étaient réunies là sous couleur de fêter le maître du logis; mais la soirée ne ressemblait pas du tout à celles qu'on a coutume de donner en province à l'occasion d'un anniversaire de naissance. Dès les premiers temps de leur mariage, les époux Virguinsky avaient décidé d'un commun accord, une fois pour toutes, que c'était une grande sottise de recevoir en pareille circonstance, vu qu'il n'y avait pas là de quoi se réjouir. En quelques années ils avaient réussi à s'isoler complétement de la société. Quoique Virguinsky ne manquât pas de moyens et fût loin d'être ce qu'on appelle un « pauvre homme », il faisait à tout le monde l'effet d'un original, aimant la solitude et, de plus, parlant « avec hauteur ». Quant à madame Virguinsky, son métier de sage-femme suffisait pour la placer au plus bas degré de l'échelle sociale, au-dessous même d'une femme de pope, nonobstant la position que son mari occupait dans le service. Il est vrai que si sa profession était humble, on ne pouvait en dire autant de son caractère. Depuis sa liaison stupide et affichée effrontément (par principe) avec un coquin comme le capitaine Lébiadkine, les plus indulgentes de nos dames l'avaient elles-mêmes mise à l'index et ne lui cachaient pas leur mépris. Mais tout cela était bien égal à madame Virguinsky. Chose à noter, les dames même les plus prudes, quand elles se trouvaient dans une position intéressante, s'adressaient de préférence à Arina Prokhorovna (madame Virguinsky), bien que notre ville possédât trois autres accoucheuses. Dans tout le district, les femmes des propriétaires ruraux la faisaient demander, tant elle était renommée pour son habileté professionnelle. Comme elle aimait beaucoup l'argent, elle avait fini par limiter sa clientèle aux personnes les plus riches. Se sentant nécessaire, elle ne se gênait pas du tout, et, dans les maisons les plus aristocratiques, elle semblait faire exprès d'agiter les nerfs délicats de ses clientes par un grossier oubli de toutes les convenances ou par des railleries sur les choses saintes. Notre chirurgien-major Rosanoff racontait à ce propos un fait curieux : un jour qu'une femme en couches invoquait avec force gémissements le secours divin, Arina Prokhorovna avait tout à coup lâché une grosse impiété qui, en épouvantant la malade, avait eu pour effet d'activer puissamment sa délivrance. Mais, quoique nihiliste, madame Virguinsky savait fort bien, lorsque ses intérêts le lui commandaient, transiger avec les préjugés vulgaires. Ainsi, elle ne manquait jamais d'assister au baptême des nouveau-nés dont elle avait facilité la venue au monde; dans ces occasions-là, elle se coiffait avec goût et mettait une robe de soie verte à traîne, alors qu'en tout autre temps sa mise était extrêmement négligée. Pendant la cérémonie religieuse, elle conservait « l'air le plus effronté », au point de scandaliser les ministres du culte; mais, après le baptême, elle offrait toujours du champagne, et il n'aurait pas fallu, en prenant un verre de cliquot, oublier les épingles de l'accoucheuse.

La société (presque exclusivement masculine) réunie cette fois chez Virguinsky présentait un aspect assez exceptionnel. Il n'y avait pas de collation, et l'on ne jouait pas aux cartes. Au milieu d'un spacieux salon dont les murs étaient garnis d'une vieille tapisserie bleue, se trouvaient deux tables rapprochées l'une de l'autre de façon à n'en former qu'une seule; une grande nappe, d'ailleurs d'une propreté douteuse, couvrait ces deux tables sur lesquelles bouillaient deux samovars; au bout étaient placés un vaste plateau chargé de vingt-cinq verres et une corbeille contenant du pain blanc coupé par tranches, comme cela se pratique dans les pensionnats. Le thé était versé par la sœur d'Arina Prokhorovna, une fille de trente ans, blonde et privée de sourcils. Cette créature, taciturne et venimeuse, partageait les idées nouvelles; Virguinsky lui-même, dans son ménage, avait grand'peur d'elle. Trois dames seulement se trouvaient dans la chambre : la maîtresse de la maison, sa sœur dont je viens de parler, et la sœur de Virguinsky, étudiante nihiliste, tout récemment arrivée de Pétersbourg. Arina Prokhorovna, belle femme de vingt-sept ans, n'avait pas fait toilette pour la circonstance; elle portait une robe de laine d'une nuance verdâtre, et le regard hardi qu'elle promenait sur l'assistance semblait dire : « Voyez comme je me moque de tout. » On remarquait à côté d'elle sa belle-sœur qui n'était pas mal non plus; petite et grassouillette, avec des joues très-colorées, mademoiselle Virguinsky était encore, pour ainsi dire, en tenue de voyage; elle avait à la main un rouleau de papier, et ses yeux allaient sans cesse d'un visiteur à l'autre. Ce soir-là, Virguinsky se sentait un peu souffrant; néanmoins il avait quitté sa chambre, et maintenant il était assis sur un fauteuil devant la table autour de laquelle tous ses invités avaient pris place sur des chaises dans un ordre qui faisait prévoir une séance. En attendant, on causait à haute voix de choses indifférentes. Lorsque parurent Stavroguine et Verkhovensky, le silence s'établit soudain.

Mais je demande la permission de donner quelques explications préalables. Je crois que tous ces messieurs s'étaient réunis dans l'espoir d'apprendre quelque chose de particulièrement curieux. Ils représentaient la fine fleur du libéralisme local, et Virguinsky les avait triés sur le volet en vue de cette « séance ». Je remarquerai encore que plusieurs d'entre eux (un très-petit nombre, du reste) n'étaient jamais allés chez lui auparavant. Sans doute la plupart ne se rendaient pas un compte bien clair de l'objet pour lequel on les avait convoqués. A la vérité, tous prenaient alors Pierre Stépanovitch pour un émissaire arrivé de l'étranger et muni de pleins pouvoirs; dès le début, cette idée s'était enracinée dans leur esprit, et naturellement les flattait. Mais, parmi les citoyens rassemblés en ce moment chez Virguinsky sous prétexte de fêter l'anniversaire de sa naissance, il s'en trouvait quelques-uns à qui des ouvertures précises avaient été faites. Pierre Stépanovitch avait réussi à créer chez nous un « conseil des cinq » à l'instar des quinquévirats déjà organisés par lui à Moscou, et (le fait est maintenant prouvé) parmi les officiers de notre district. On prétend qu'il en avait aussi institué un dans le gouvernement de Kh... Assis à la table commune, les quinquévirs mettaient tous leurs soins à dissimuler leur importance, en sorte que personne n'aurait pu les reconnaître. A présent, leurs noms ne sont plus un mystère : c'étaient d'abord Lipoutine, ensuite Virguinsky lui-même, puis Chigaleff, le frère de madame Virguinsky, Liamchine, et enfin un certain Tolkatchenko. Ce dernier, déjà quadragénaire, passait pour connaître à fond le peuple, surtout les filous et les voleurs de grand chemin, qu'il allait étudier dans les cabarets (du reste, il ne s'y rendait pas que pour cela). Avec sa mise incorrecte, ses bottes de roussi, ses clignements d'yeux malicieux et les phrases populaires dont il panachait sa conversation, Tolkatchenko était un type à part au milieu des nôtres. Une ou deux fois Liamchine l'avait mené aux soirées de Stépan Trophimovitch, mais il n'y avait pas produit beaucoup d'effet. On le voyait en ville de temps à autre, surtout quand il se trouvait sans place; il était employé de chemin de fer. Ces cinq hommes d'action avaient constitué leur groupe, pleinement convaincus que celui-ci n'était qu'une unité parmi des centaines et des milliers d'autres quinquévirats semblables disséminés sur toute la surface de la Russie, et dépendant d'un mystérieux comité central en rapport lui-même avec la révolution européenne universelle. Malheureusement, je dois avouer que des froissements avaient déjà commencé à se manifester entre eux et Pierre Stépanovitch. Le fait est qu'ils l'avaient attendu depuis le printemps, sa prochaine arrivée leur ayant été annoncée d'abord par Tolkatchenko et ensuite par Chigaleff; vu la haute opinion qu'ils se faisaient de lui, tous s'étaient docilement groupés à son premier appel; mais à peine le quinquévirat venait-il d'être organisé, que la discorde éclatait dans son sein. Je suppose que ces messieurs regrettaient d'avoir donné si vite leur adhésion. Bien entendu, ils avaient cédé, dans cette circonstance, à un généreux sentiment de honte : ils avaient craint qu'on ne les accusât plus tard d'avoir cané. Mais Pierre Stépanovitch aurait dû apprécier leur héroïsme et les en récompenser par quelque confidence importante. Or, loin de songer à satisfaire la légitime curiosité de ses associés, Verkhovensky les traitait en général avec une sévérité remarquable, et même avec mépris. C'était vexant, on en conviendra; aussi le membre Chigaleff poussait ses collègues à « réclamer des comptes », pas maintenant, il est vrai, car il y avait en ce moment trop d'étrangers chez Virguinsky.

Si je ne me trompe, les quinquévirs déjà nommés soupçonnaient vaguement que parmi ces étrangers se trouvaient des membres d'autres groupes inconnus d'eux et secrètement organisés dans la ville par le même Verkhovensky; aussi tous les visiteurs s'observaient-ils les uns les autres d'un air défiant, ce qui donnait à la réunion une physionomie fort énigmatique et jusqu'à un certain point romanesque. Du reste, il y avait aussi là des gens à l'abri de tout soupçon, par exemple, un major, proche parent de Virguinsky; cet homme parfaitement inoffensif n'avait même pas été invité, mais il était venu de son propre mouvement fêter le maître de la maison, en sorte qu'il avait été impossible de ne pas le recevoir. Virguinsky savait, d'ailleurs, qu'il n'y avait à craindre aucune délation de la part du major, car ce dernier, tout bête qu'il était, avait toujours aimé à fréquenter les libéraux avancés; sans sympathiser personnellement avec eux, il les écoutait très-volontiers. Bien plus, lui-même avait été compromis : on s'était servi de lui pour répandre des ballots de proclamations et de numéros de la *Cloche*; il n'aurait pas osé jeter le moindre coup d'œil sur ces écrits, mais refuser de les distribuer lui eût paru le comble de la lâcheté. Encore à présent il ne manque pas en Russie de gens qui ressemblent à ce major. Les autres visiteurs offraient le type de l'amour-propre aigri ou de l'exaltation juvénile : c'étaient deux ou trois professeurs et un nombre égal d'officiers. Parmi les premiers se faisait surtout remarquer un boiteux âgé de quarante-cinq ans qui enseignait au gymnase; cet homme était extrêmement venimeux et d'une vanité peu commune. Dans le groupe des officiers je dois signaler un très-jeune enseigne d'artillerie sorti récemment de l'école militaire et arrivé depuis peu dans notre ville où il ne connaissait encore personne. Durant cette soirée il avait un crayon à la main, ne prenait presque aucune part à la conversation, et écrivait à chaque instant quelque chose sur son carnet. Tout le monde voyait cela, mais on feignait de ne pas s'en apercevoir. Au nombre des invités de Virguinsky figurait aussi le séminariste désœuvré qui, conjointement avec Liamchine, avait joué un si vilain tour à la colporteuse d'évangiles; ce gros garçon, aux manières très-dégagées, montrait dans toute sa personne la conscience qu'il avait de son mérite supérieur. A cette réunion assistait également, je ne sais pourquoi, le fils de notre maire, jeune homme prématurément usé par le vice, et dont le nom avait déjà été mêlé à des aventures scandaleuses. Il ne dit pas un mot de toute la soirée. Enfin je ne puis passer sous silence un collégien de dix-huit ans qui paraissait fort échauffé; ce morveux, — on l'apprit plus tard avec stupéfaction, — était à la tête d'un groupe de conspirateurs recrutés parmi les *grands* du gymnase. Chatoff dont je n'ai pas encore parlé était assis à un coin de la table, un peu en arrière des autres; silencieux, les yeux fixés à terre, il refusa de prendre du thé et garda tout le temps sa casquette à la main, comme pour montrer qu'il n'était pas venu en visiteur, mais pour affaire, et qu'il s'en irait quand il voudrait. Non loin de lui avait pris place Kiriloff; muet aussi, l'ingénieur tenait son regard terne obstinément attaché sur chacun de ceux qui prenaient la parole, et il écoutait tout sans donner la moindre marque d'émotion ou d'étonnement. Plusieurs des invités, qui ne l'avaient jamais vu auparavant, l'observaient à la dérobée d'un air soucieux. Madame Virguinsky connaissait-elle l'existence du quinquévirat? Je suppose que son mari ne lui avait rien laissé ignorer. L'étudiante, naturellement, était étrangère à tout cela, mais elle avait aussi sa tâche; elle comptait ne rester chez nous qu'un jour ou deux, ensuite son intention était de se rendre successivement dans toutes les villes universitaires pour « prendre part aux souffrances des pauvres étudiants et susciter chez eux l'esprit de protestation ». Dans ce but, elle avait rédigé un appel qu'elle avait fait lithographier à quelques centaines d'exemplaires. Chose curieuse, le collégien et l'étudiante qui ne s'étaient jamais rencontrés jusqu'alors se sentirent, à première vue, des plus mal disposés l'un pour l'autre. Le major était l'oncle de la jeune fille, et il ne l'avait pas vue depuis dix ans. Quand entrèrent Stavroguine et Verkhovensky, mademoiselle Virguinsky était rouge comme un coquelicot; elle venait d'avoir une violente dispute avec son oncle au sujet de la question des femmes.

## II

Sans presque dire bonjour à personne, Verkhovensky alla s'asseoir fort négligemment au haut bout de la table. Un insolent dédain se lisait sur son visage. Stavroguine s'inclina poliment. On n'attendait qu'eux; néanmoins, comme si une consigne avait été donnée dans ce sens, tout le monde feignit de remarquer à peine leur arrivée. Dès que Nicolas Vsévolodovitch se fut assis, la maîtresse de la maison s'adressa à lui d'un ton sévère :

— Stavroguine, voulez-vous du thé?

— Oui, répondit-il.

— Du thé à Stavroguine, ordonna madame Virguinsky. — Et vous, est-ce que vous en voulez? (Ces derniers mots étaient adressés à Verkhovensky.)

— Sans doute; qui est-ce qui demande cela à ses invités? Mais donnez aussi de la crème, ce qu'on sert chez vous sous le nom de thé est toujours quelque chose de si infect; et un jour de fête encore..

— Comment, vous aussi vous admettez les fêtes? fit en riant l'étudiante; — on parlait de cela tout à l'heure.

— Vieillerie! grommela le collégien à l'autre bout de la table.

— Qu'est-ce qui est une vieillerie? Fouler aux pieds les préjugés, fussent-ils les plus innocents, n'est pas une vieillerie; au contraire, il faut le dire à notre honte, c'est jusqu'à présent une nouveauté, déclara aussitôt la jeune fille qui, en parlant, gesticulait avec véhémence. — D'ailleurs, il n'y a pas de préjugés innocents, ajouta-t-elle d'un ton aigre.

— J'ai seulement voulu dire, répliqua avec agitation le collégien, — que, quoique les préjugés soient sans doute des vieilleries et qu'il faille les extirper, cependant, en ce qui concerne les anniversaires de naissance, la stupidité de ces fêtes est trop universellement reconnue pour perdre un temps précieux et déjà sans cela perdu par tout le monde, en sorte qu'on pourrait employer son esprit à traiter un sujet plus urgent...

— Vous n'en finissez plus, on ne comprend rien, cria l'étudiante.

— Il me semble que chacun a le droit de prendre la parole, et si je désire exprimer mon opinion, comme tout autre...

— Personne ne vous conteste le droit de prendre la parole, interrompit sèchement la maîtresse de la maison, — on vous invite seulement à ne pas mâchonner, attendu que personne ne peut vous comprendre.

— Pourtant permettez-moi de vous faire observer que vous me témoignez peu d'estime ; si je n'ai pu achever ma pensée, ce n'est pas parce que je n'ai pas d'idées, mais plutôt parce que j'en ai trop... balbutia le pauvre jeune homme qui pataugeait de plus en plus.

— Si vous ne savez pas parler, eh bien, taisez-vous, lui envoya l'étudiante.

A ces mots, le collégien se leva soudain, comme mû par un ressort.

— Je voulais seulement dire, vociféra-t-il rouge de honte et sans oser regarder autour de lui, — que si vous vous êtes tant pressée de montrer votre esprit, c'est tout bonnement parce que M. Stavroguine vient d'arriver — voilà !

— Votre idée est ignoble et immorale, elle prouve combien vous êtes peu développé. Je vous prie de ne plus m'adresser la parole, repartit violemment la jeune fille.

— Stavroguine, commença la maîtresse de la maison, — avant votre arrivée, cet officier (elle montra le major, son parent) parlait ici des droits de la famille. Sans doute, je ne vous ennuierai pas avec une sottise si vieille et depuis longtemps percée à jour. Mais, pourtant, où a-t-on pu prendre les droits et les devoirs de la famille, entendus dans le sens que le préjugé courant donne à ces mots? Voilà la question. Quel est votre avis?

— Comment, où l'on a pu les prendre? demanda Nicolas Vsévolodovitch.

— Nous savons, par exemple, que le préjugé de Dieu est venu du tonnerre et de l'éclair, s'empressa d'ajouter l'étudiante en dardant ses yeux sur Stavroguine; — personne n'ignore que les premiers hommes, effrayés par la foudre, ont divinisé l'ennemi invisible devant qui ils sentaient leur faiblesse. Mais d'où est né le préjugé de la famille? D'où a pu provenir la famille elle-même?

— Ce n'est pas tout à fait la même chose..., voulut faire observer madame Virguinsky.

— Je suppose que la réponse à une telle question serait indécente, dit Stavroguine.

— Allons donc! protesta l'étudiante.

Dans le groupe des professeurs éclatèrent des rires auxquels firent écho, à l'autre bout de la table, Liamchine et le collégien; le major pouffait.

— Vous devriez écrire des vaudevilles, remarqua la maîtresse de la maison en s'adressant à Stavroguine.

— Cette réponse ne vous fait guère honneur; je ne sais comment on vous appelle, déclara l'étudiante positivement indignée.

— Mais, toi, ne saute pas comme cela! cria le major à sa nièce, — tu es une demoiselle, tu devrais avoir un maintien modeste, et l'on dirait que tu es assise sur une aiguille.

— Veuillez vous taire et ne pas m'interpeller avec cette familiarité, épargnez-moi vos ignobles comparaisons. Je vous vois pour la première fois, et ne veux pas savoir si vous êtes mon parent.

— Mais, voyons, je suis ton oncle; je t'ai portée dans mes bras quand tu n'étais encore qu'un enfant à la mamelle!

— Et quand même vous m'auriez portée dans vos bras, voilà-t-il pas une affaire! Je ne vous l'avais pas demandé;

4.

si donc vous l'avez fait, monsieur l'officier impoli, c'est que cela vous plaisait. Et permettez-moi de vous faire observer que vous ne devez pas me tutoyer, si ce n'est par civisme; autrement je vous le défends une fois pour toutes.

Le major frappa du poing sur la table.

— Voilà comme elles sont toutes! dit-il à Stavroguine assis en face de lui. — Non, permettez, j'aime le libéralisme et les idées modernes, je goûte fort les propos intelligents, mais, entendons-nous, ils ne me plaisent que dans la bouche des hommes, et le libéralisme en jupons fait mon supplice! Ne te tortille donc pas ainsi! cria-t-il à la jeune fille qui se démenait sur sa chaise. — Non, je demande aussi la parole, je suis offensé.

— Vous ne faites que gêner les autres, et vous-même vous ne savez rien dire, bougonna la maîtresse de la maison.

— Si, je vais m'expliquer, reprit en s'échauffant le major. — Je m'adresse à vous, monsieur Stavroguine, parce que vous venez d'arriver, quoique je n'aie pas l'honneur de vous connaître. Sans les hommes, elles ne peuvent rien, — voilà mon opinion. Toute leur question des femmes n'est qu'un emprunt qu'elles nous ont fait; je vous l'assure, c'est nous autres qui la leur avons inventée et qui nous sommes bêtement mis cette pierre au cou. Si je remercie Dieu d'une chose, c'est d'être resté célibataire! Pas le plus petit grain d'originalité; elles ne sont même pas capables de créer une façon de robe, il faut que les hommes inventent des patrons pour elles! Tenez, celle-ci, je l'ai portée dans mes bras, j'ai dansé la mazurka avec elle quand elle avait dix ans; aujourd'hui elle arrive de Pétersbourg, naturellement je cours l'embrasser, et quelle est la seconde parole qu'elle me dit? « Dieu n'existe pas! » Si encore ç'avait été la troisième; mais non, c'est la seconde, la langue lui démangeait! Allons, lui dis-je, j'admets que les hommes intelligents ne croient pas, cela peut tenir à leur intelligence; mais toi, tête vide, qu'est-ce que tu comprends à la question de l'existence de Dieu? Tu répètes ce qu'un étudiant t'a seriné; s'il t'avait dit d'allumer des lampes devant les icones, tu en allumerais.

— Vous mentez toujours, vous êtes un fort méchant homme, et tout à l'heure je vous ai péremptoirement démontré votre insolvabilité, répondit l'étudiante d'un ton dédaigneux, comme si elle trouvait au-dessous d'elle d'entrer dans de longues explications avec un pareil interlocuteur. — Tantôt je vous ai dit notamment qu'au catéchisme on nous avait à tous enseigné ceci : « Si tu honores ton père et tes parents, tu vivras longtemps, et la richesse te sera donnée. » C'est dans les dix commandements. Si Dieu a cru nécessaire de promettre à l'amour filial une récompense, alors votre Dieu est immoral. Voilà dans quels termes je me suis exprimée tantôt, et ce n'a pas été ma seconde parole; c'est vous qui, en parlant de vos droits, m'avez amenée à vous tenir ce langage. A qui la faute si vous êtes bouché et si vous ne comprenez pas encore? Cela vous vexe, et vous vous fâchez, — voilà le mot de toute votre génération.

— Sotte! proféra le major.

— Vous, vous êtes un imbécile.

— C'est cela, injurie-moi !

— Mais permettez, Kapiton Maximovitch, vous m'avez dit vous-même que vous ne croyez pas en Dieu, cria du bout de la table Lipoutine.

— Qu'importe que j'aie dit cela? moi, c'est autre chose! Peut-être même que je crois, seulement ma foi n'est pas entière. Mais, quoique je ne croie pas tout à fait, je ne dis pas qu'il faille fusiller Dieu. Déjà, quand je servais dans les hussards, cette question me préoccupait fort. Pour tous les poëtes il est admis que le hussard est un buveur et un noceur. En ce qui me concerne, je n'ai peut-être pas fait mentir la légende; mais, le croirez-vous? je me relevais la nuit et j'allais m'agenouiller devant un icone, demandant à Dieu avec force signes de croix qu'il voulût bien m'envoyer la foi, tant j'étais, dès cette époque, tourmenté par la question de savoir si, oui ou non, Dieu existe. Le matin venu, sans doute, vous avez des distractions, et les sentiments religieux s'évanouissent; en général, j'ai remarqué que la foi est toujours plus faible pendant la journée.

Pierre Stépanovitch bâillait à se décrocher la mâchoire.

— Est-ce qu'on ne va pas jouer aux cartes? demanda-t-il à madame Virguinsky.

— Je m'associe entièrement à votre question! déclara l'étudiante qui était devenue pourpre d'indignation en entendant les paroles du major.

— On perd un temps précieux à écouter des conversations stupides, observa la maîtresse de la maison, et elle regarda sévèrement son mari.

— Je me proposais, dit mademoiselle Virguinsky, — de signaler à la réunion les souffrances et les protestations des étudiants; mais, comme le temps se passe en conversations immorales...

— Rien n'est moral, ni immoral! interrompit avec impatience le collégien.

— Je savais cela, monsieur le gymnasiste, longtemps avant qu'on vous l'ait enseigné.

— Et moi, j'affirme, répliqua l'adolescent irrité, — que vous êtes un enfant venu de la capitale pour nous éclairer tous, alors que nous en savons autant que vous. Depuis Biélinsky, nul n'ignore en Russie l'immoralité du précepte : « Honore ton père et ta mère », que, par parenthèse, vous avez cité en l'estropiant.

— Est-ce que cela ne finira pas? dit résolûment Arina Prokhorovna à son mari.

Comme maîtresse de maison, elle rougissait de ces conversations insignifiantes, d'autant plus qu'elle remarquait des sourires et même des marques de stupéfaction parmi les invités qui n'étaient pas des visiteurs habituels.

Virguinsky éleva soudain la voix :

— Messieurs, si quelqu'un a une communication à faire ou désire traiter un sujet se rattachant plus directement à l'œuvre commune, je l'invite à commencer sans retard.

— Je prendrai la liberté de faire une question, dit d'une

voix douce le professeur boiteux, qui jusqu'alors n'avait pas prononcé un mot et s'était distingué par sa bonne tenue :
— je désirerais savoir si nous sommes ici en séance, ou si nous ne formons qu'une réunion de simples mortels venus en visite. Je demande cela plutôt pour l'ordre, et afin de ne pas rester dans l'incertitude.

Cette « malicieuse » question produisit son effet; tous se regardèrent les uns les autres, chacun paraissant attendre une réponse de son voisin; puis, brusquement, comme par un mot d'ordre, tous les yeux se fixèrent sur Verkhovensky et sur Stavroguine.

— Je propose simplement de voter sur la question de savoir si nous sommes, oui ou non, en séance, déclara madame Virguinsky.

— J'adhère complétement à la proposition, dit Lipoutine, — quoiqu'elle soit un peu indéterminée.

— Moi aussi, moi aussi, entendit-on de divers côtés.

— Il me semble en effet que ce sera plus régulier, approuva à son tour Virguinsky.

— Ainsi aux voix! reprit Arina Prokhorovna. — Liamchine, mettez-vous au piano, je vous prie; cela ne vous empêchera pas de voter au moment du scrutin.

— Encore! cria Liamchine; — j'ai déjà fait assez de tapage comme cela.

— Je vous en prie instamment, jouez; vous ne voulez donc pas être utile à l'œuvre commune?

— Mais je vous assure, Arina Prokhorovna, que personne n'est aux écoutes. C'est seulement une idée que vous avez. D'ailleurs, les fenêtres sont hautes, et lors même que quelqu'un chercherait à nous entendre, cela lui serait impossible.

— Nous ne nous entendons pas nous-mêmes, grommela un des visiteurs.

— Et moi, je vous dis que les précautions sont toujours bonnes. Pour le cas où il y aurait des espions, expliqua-t-elle à Verkhovensky, — il faut que nous ayons l'air d'être en fête et que la musique s'entende de la rue.

— Eh, diable! murmura Liamchine avec colère, puis il s'assit devant le piano, et commença à jouer une valse en frappant sur les touches comme s'il eût voulu les briser.

— J'invite ceux qui désirent qu'il y ait séance à lever la main droite, proposa madame Virguinsky.

Les uns firent le mouvement indiqué, les autres s'en abstinrent. Il y en eut qui, ayant levé la main, la baissèrent aussitôt après; plusieurs qui l'avaient baissée la relevèrent ensuite.

— Oh! diable! Je n'ai rien compris! cria un officier.

— Moi non plus, ajouta un autre.

— Si, moi, je comprends, fit un troisième; — si c'est *oui*, on lève la main.

— Mais qu'est-ce que signifie *oui?*

— Cela signifie la séance.

— Non, cela signifie qu'on n'en veut pas.

— J'ai voté la séance, cria le collégien à madame Virguinsky.

— Alors, pourquoi n'avez-vous pas levé la main?

— Je vous ai regardée tout le temps, vous n'avez pas levé la main, je vous ai imitée.

— Que c'est bête! C'est moi qui ai fait la proposition, par conséquent je ne pouvais pas lever la main. Messieurs, je propose de recommencer l'épreuve inversement : que ceux qui veulent une séance restent immobiles, et que ceux qui n'en veulent pas lèvent la main droite.

— Qui est-ce qui ne veut pas? demanda le collégien.

— Vous le faites exprès, n'est-ce pas? répliqua avec irritation madame Virguinsky.

— Non, permettez, qui est-ce qui veut et qui est-ce qui ne veut pas? Il faut préciser cela un peu mieux, firent deux ou trois voix.

— Celui qui ne veut pas ne veut pas.

— Eh! oui, mais qu'est-ce qu'il faut faire si l'on ne veut pas? Doit-on lever la main ou ne pas la lever? cria un officier.

— Eh ! nous n'avons pas encore l'habitude du régime parlementaire ! observa le major.

— Monsieur Liamchine, ne faites pas tant de bruit, s'il vous plaît, on ne s'entend pas ici, dit le professeur boiteux.

Liamchine quitta brusquement le piano.

— En vérité, Arina Prokhorovna, il n'y a aucun espion aux écoutes, et je ne veux plus jouer ! C'est comme visiteur et non comme pianiste que je suis venu chez vous !

— Messieurs, proposa Virguinsky, — répondez tous verbalement : sommes-nous, oui ou non, en séance ?

— En séance, en séance ! cria-t-on de toutes parts.

— En ce cas, il est inutile de voter, cela suffit. N'est-ce pas votre avis, messieurs ? Faut-il encore procéder à un vote ?

— Non, non, c'est inutile, on a compris !

— Peut-être quelqu'un est-il contre la séance ?

— Non, non, nous la voulons tous !

— Mais qu'est-ce que c'est qu'une séance ? cria un des assistants. Il n'obtint pas de réponse.

— Il faut nommer un président, firent un grand nombre de voix.

— Le maître de la maison, naturellement, le maître de la maison !

Élu par acclamation, Virguinsky prit la parole :

— Messieurs, puisqu'il en est ainsi, je renouvelle ma proposition primitive : si quelqu'un a une communication à faire ou désire traiter un sujet se rapportant plus directement à l'œuvre commune, qu'il commence sans perdre de temps.

Silence général. Tous les regards se portèrent de nouveau sur Stavroguine et Pierre Stépanovitch.

— Verkhovensky, vous n'avez rien à déclarer ? demanda carrément Arina Prokhorovna.

L'interpellé s'étira sur sa chaise.

— Absolument rien, répondit-il en bâillant. — Du reste, je désirerais un verre de cognac.

— Et vous, Stavroguine ?

— Je vous remercie, je ne boirai pas.

— Je vous demande si vous désirez parler, et non si vous voulez du cognac.

— Parler? Sur quoi? Non, je n'y tiens pas.

— On va vous apporter du cognac, répondit madame Virguinsky à Pierre Stépanovitch.

L'étudiante se leva. Depuis longtemps on voyait qu'elle attendait avec impatience le moment de placer un discours.

— Je suis venue faire connaître les souffrances des malheureux étudiants et les efforts tentés partout pour éveiller en eux l'esprit de protestation.....

Force fut à mademoiselle Virguinsky d'en rester là, car à l'autre bout de la salle lui surgit un concurrent qui attira aussitôt l'attention générale. Sombre et morne comme toujours, Chigaleff, l'homme aux longues oreilles, se leva lentement, et, d'un air chagrin, posa sur la table un gros cahier tout couvert d'une écriture extrêmement fine. Il ne se rassit point et garda le silence. Plusieurs jetaient des regards inquiets sur le volumineux manuscrit; au contraire, Lipoutine, Virguinsky et le professeur boiteux paraissaient éprouver une certaine satisfaction.

— Je demande la parole, fit d'une voix mélancolique, mais ferme, Chigaleff.

— Vous l'avez, répondit Virguinsky.

L'orateur s'assit, se recueillit pendant une demi-minute et commença gravement :

— Messieurs.....

— Voilà le cognac! dit d'un ton méprisant la demoiselle sans sourcils qui avait servi le thé; en même temps, elle plaçait devant Pierre Stépanovitch un carafon de cognac et un verre à liqueur qu'elle avait apportés sans plateau ni assiette, se contentant de les tenir à la main.

L'orateur interrompu attendit silencieux et digne.

— Cela ne fait rien, continuez, je n'écoute pas, cria Verkhovensky en se versant un verre de cognac.

— Messieurs, reprit Chigaleff, — en m'adressant à votre attention, et, comme vous le verrez plus loin, en sollicitant le secours de vos lumières sur un point d'une importance majeure, je dois commencer par une préface.....

— Arina Prokhorovna, n'avez-vous pas des ciseaux? demanda à brûle-pourpoint Pierre Stépanovitch.

Madame Virguinsky le regarda avec de grands yeux.

— Pourquoi vous faut-il des ciseaux? voulut-elle savoir.

— J'ai oublié de me couper les ongles, voilà trois jours que je me propose de le faire, répondit-il tranquillement, les yeux fixés sur ses ongles longs et sales.

Arina Prokhorovna rougit de colère, mais mademoiselle Virguinsky parut goûter ce langage.

— Je crois en avoir vu tout à l'heure sur la fenêtre, dit-elle; ensuite, quittant sa place, elle alla chercher les ciseaux et les apporta à Verkhovensky. Sans même accorder un regard à la jeune fille, il les prit et commença à se couper les ongles.

Arina Prokhorovna comprit que c'était du réalisme en action, et elle eut honte de sa susceptibilité. Les assistants se regardèrent en silence. Quant au professeur boiteux, il observait Pierre Stépanovitch avec des yeux où se lisaient la malveillance et l'envie. Chigaleff poursuivit son discours :

— Après avoir consacré mon activité à étudier la question de savoir comment doit être organisée la société qui remplacera celle d'aujourd'hui, je me suis convaincu que tous les créateurs de systèmes sociaux, depuis les temps les plus reculés jusqu'à la présente année 187., ont été des rêveurs, des songe-creux, des niais, des esprits en contradiction avec eux-mêmes, ne comprenant absolument rien ni aux sciences naturelles, ni à cet étrange animal qu'on appelle l'homme. Platon, Rousseau, Fourier sont des colonnes d'aluminium; leurs théories peuvent être bonnes pour des moineaux, mais non pour la société humaine. Or, comme il est nécessaire d'être fixé sur la future forme sociale, maintenant surtout que tous nous sommes enfin décidés à passer de la spéculation à l'action, je propose mon propre système concernant l'organisation du monde. Le voici. (Ce disant, il frappa avec son doigt sur son cahier). J'aurais voulu le présenter à la réunion sous une forme aussi succincte que possible; mais je vois que, loin de comporter des abréviations, mon livre exige encore une multitude d'éclaircissements oraux; c'est pourquoi l'exposé demandera au moins dix soirées, d'après le nombre des chapitres que renferme l'ouvrage. (Des rires se firent entendre.) De plus, j'avertis que mon système n'est pas achevé. (Nouveaux rires.) Je me suis embarrassé dans mes propres données, et ma conclusion est en contradiction directe avec mes prémisses. Partant de la liberté illimitée, j'aboutis au despotisme illimité. J'ajoute pourtant qu'aucune solution du problème social ne peut exister en dehors de la mienne.

L'hilarité redoubla, mais les auditeurs qui riaient étaient surtout les plus jeunes et, pour ainsi dire, les profanes. Arina Prokhorovna, Lipoutine et le professeur boiteux laissaient voir sur leurs visages une certaine colère.

— Si vous-même n'avez pas su coordonner votre système, et si vous êtes arrivé au désespoir, qu'est-ce que nous y ferons? se hasarda à observer un des militaires.

Chigaleff se tourna brusquement vers l'interrupteur.

— Vous avez raison, monsieur l'officier, d'autant plus raison que vous parlez de désespoir. Oui, je suis arrivé au désespoir. Néanmoins, je défie qui que ce soit de remplacer ma solution par aucune autre : on aura beau chercher, on ne trouvera rien. C'est pourquoi, sans perdre de temps, j'invite toute la société à émettre son avis, lorsqu'elle aura écouté durant dix soirées la lecture de mon livre. Si les membres refusent de m'entendre, nous nous séparerons tout de suite, — les hommes pour aller à leur bureau, les femmes pour retourner à leur cuisine, car, du moment que l'on repousse mon système, il faut renoncer à découvrir une autre issue, il n'en existe pas!

L'auditoire commençait à devenir tumultueux : « Qu'est-ce que c'est que cet homme-là? Un fou, sans doute? » se demandait-on à haute voix.

— En résumé, il ne s'agit que du désespoir de Chigaleff, conclut Liamchine, — toute la question est celle-ci : le désespoir de Chigaleff est-il ou non fondé ?

— Le désespoir de Chigaleff est une question personnelle, déclara le collégien.

— Je propose de mettre aux voix la question de savoir jusqu'à quel point le désespoir de Chigaleff intéresse l'œuvre commune ; le scrutin décidera en même temps si c'est, ou non, la peine de l'entendre, opina un loustic dans le groupe des officiers.

— Il y a ici autre chose, messieurs, intervint le boiteux ; un sourire équivoque errait sur ses lèvres, en sorte qu'on ne pouvait pas trop savoir s'il plaisantait ou s'il parlait sérieusement. — Ces lazzi sont déplacés ici. M. Chigaleff a étudié trop consciencieusement son sujet, et, de plus, il est trop modeste. Je connais son livre. Ce qu'il propose comme solution finale de la question, c'est le partage de l'espèce humaine en deux groupes inégaux. Un dixième seulement de l'humanité possédera les droits de la personnalité et exercera une autorité illimitée sur les neuf autres dixièmes. Ceux-ci perdront leur personnalité, deviendront comme un troupeau ; astreints à l'obéissance passive, ils seront ramenés à l'innocence première, et, pour ainsi dire, au paradis primitif, où, du reste, ils devront travailler. Les mesures proposées par l'auteur pour supprimer le libre arbitre chez les neuf dixièmes de l'humanité et transformer cette dernière en troupeau par de nouvelles méthodes d'éducation, — ces mesures sont très-remarquables, fondées sur les données des sciences naturelles, et parfaitement logiques. On peut ne pas admettre certaines conclusions, mais il est difficile de contester l'intelligence et le savoir de l'écrivain. C'est dommage que les circonstances ne nous permettent pas de lui accorder les dix soirées qu'il demande, sans cela nous pourrions entendre beaucoup de choses curieuses.

Madame Virguinsky s'adressa au boiteux d'un ton qui trahissait une certaine inquiétude :

— Parlez-vous sérieusement? Est-il possible que cet homme, ne sachant que faire des neuf dixièmes de l'humanité, les réduise en esclavage? Depuis longtemps je le soupçonnais.

— C'est de votre frère que vous parlez ainsi? demanda le boiteux.

— La parenté? Vous moquez-vous de moi, oui ou non?

— D'ailleurs, travailler pour des aristocrates et leur obéir comme à des dieux, c'est une lâcheté! observa l'étudiante irritée.

— Ce que je propose n'est point une lâcheté, j'offre en perspective le paradis, un paradis terrestre, et il ne peut pas y en avoir un autre sur la terre, répliqua d'un ton d'autorité Chigaleff.

— Moi, cria Liamchine, — si je ne savais que faire des neuf dixièmes de l'humanité, au lieu de leur ouvrir le paradis, je les ferais sauter en l'air, et je ne laisserais subsister que le petit groupe des hommes éclairés, qui ensuite se mettraient à vivre selon la science.

— Il n'y a qu'un bouffon qui puisse parler ainsi! fit l'étudiante pourpre d'indignation.

— C'est un bouffon, mais il est utile, lui dit tout bas madame Virguinsky.

Chigaleff se tourna vers Liamchine.

— Ce serait peut-être la meilleure solution du problème! répondit-il avec chaleur; — sans doute, vous ne savez pas vous-même, monsieur le joyeux personnage, combien ce que vous venez de dire est profond. Mais comme votre idée est presque irréalisable, il faut se borner au paradis terrestre, puisqu'on a appelé cela ainsi.

— Voilà passablement d'absurdités! laissa, comme par mégarde, échapper Verkhovensky. Du reste, il ne leva pas les yeux et continua, de l'air le plus indifférent, à se couper les ongles.

Le boiteux semblait n'avoir attendu que ces mots pour *empoigner* Pierre Stépanovitch.

— Pourquoi donc sont-ce des absurdités? demanda-t-il aussitôt. — M. Chigaleff est jusqu'à un certain point un fanatique de philanthropie; mais rappelez-vous que dans Fourier, dans Cabet surtout, et jusque dans Proudhon lui-même, on trouve quantité de propositions tyranniques et fantaisistes au plus haut degré. M. Chigaleff résout la question d'une façon peut-être beaucoup plus raisonnable qu'ils ne le font. Je vous assure qu'en lisant son livre il est presque impossible de ne pas admettre certaines choses. Il s'est peut-être moins éloigné de la réalité qu'aucun de ses prédécesseurs, et son paradis terrestre est presque le vrai, celui-là même dont l'humanité regrette la perte, si toutefois il a jamais existé.

— Allons, je savais bien que j'allais m'ennuyer ici, murmura Pierre Stépanovitch.

— Permettez, reprit le boiteux en s'échauffant de plus en plus, — les entretiens et les considérations sur la future organisation sociale sont presque un besoin naturel pour tous les hommes réfléchis de notre époque. Hertzen ne s'est occupé que de cela toute sa vie. Biélinsky, je le tiens de bonne source, passait des soirées entières à discuter avec ses amis les détails les plus minces, les plus terre à terre, pourrait-on dire, du futur ordre de choses.

— Il y a même des gens qui en deviennent fous, observa brusquement le major.

— Après tout, on arrive peut-être encore mieux à un résultat quelconque par ces conversations que par un majestueux silence de dictateur, glapit Lipoutine osant enfin ouvrir le feu.

— Le mot d'absurdité ne s'appliquait pas, dans ma pensée, à Chigaleff, dit en levant à peine les yeux Pierre Stépanovitch. — Voyez-vous, messieurs, continua-t-il négligemment, — à mon avis, tous ces livres, les Fourier, les Cabet, tous ces « droits au travail », le *chigalévisme*, ce ne sont que des romans comme on peut en écrire des centaines de mille. C'est un passe-temps esthétique. Je comprends que vous

vous ennuyiez dans ce méchant petit trou, et que, pour vous distraire, vous vous précipitiez sur le papier noirci.

— Permettez, répliqua le boiteux en s'agitant sur sa chaise, — quoique nous ne soyons que de pauvres provinciaux, nous savons pourtant que jusqu'à présent il ne s'est rien produit de si nouveau dans le monde que nous ayons beaucoup à nous plaindre de ne l'avoir pas vu. Voici que de petites feuilles clandestines imprimées à l'étranger nous invitent à former des groupes ayant pour seul programme la destruction universelle, sous prétexte que tous les remèdes sont impuissants à guérir le monde, et que le plus sûr moyen de franchir le fossé, c'est d'abattre carrément cent millions de têtes. Assurément l'idée est belle, mais elle est pour le moins aussi incompatible avec la réalité que le « chigalévisme » dont vous parliez tout à l'heure en termes si méprisants.

— Eh bien, mais je ne suis pas venu ici pour discuter, lâcha immédiatement Verkhovensky, et, sans paraître avoir conscience de l'effet que cette parole imprudente pouvait produire, il approcha de lui la bougie afin d'y voir plus clair.

— C'est dommage, grand dommage que vous ne soyez pas venu pour discuter, et il est très-fâcheux aussi que vous soyez en ce moment si occupé de votre toilette.

— Que vous importe ma toilette ?

Lipoutine vint de nouveau à la rescousse du boiteux :

— Abattre cent millions de têtes n'est pas moins difficile que de réformer le monde par la propagande ; peut-être même est-ce plus difficile encore, surtout en Russie.

— C'est sur la Russie que l'on compte à présent, déclara un des officiers.

— Nous avons aussi entendu dire que l'on comptait sur elle, répondit le professeur. — Nous savons qu'un doigt mystérieux a désigné notre belle patrie comme le pays le plus propice à l'accomplissement de la grande œuvre. Seulement voici une chose : si je travaille à résoudre graduellement la question sociale, cette tâche me rapporte quelques avantages personnels ; j'ai le plaisir de bavarder, et je reçois du gouvernement un tchin en récompense de mes efforts pour le bien public. Mais si je me rallie à la solution rapide, à celle qui réclame cent millions de têtes, qu'est-ce que j'y gagne personnellement? Dès que vous vous mettez à faire de la propagande, on vous coupe la langue.

— A vous on la coupera certainement, dit Verkhovensky.

— Vous voyez. Or, comme, en supposant les conditions les plus favorables, un pareil massacre ne sera pas achevé avant cinquante ans, n'en mettons que trente si vous voulez (vu que ces gens-là ne sont pas des moutons et ne se laisseront pas égorger sans résistance), ne vaudrait-il pas mieux prendre toutes ses affaires et se transporter dans quelque île de l'océan Pacifique pour y finir tranquillement ses jours? Croyez-le, ajouta-t-il en frappant du doigt sur la table, — par une telle propagande vous ne ferez que provoquer l'émigration, rien de plus!

Le boiteux prononça ces derniers mots d'un air triomphant. C'était une des fortes têtes de la province. Lipoutine souriait malicieusement, Virguinsky avait écouté avec une certaine tristesse; tous les autres, surtout les dames et les officiers, avaient suivi très-attentivement la discussion. Chacun comprenait que l'homme aux cent millions de têtes était collé au mur, et l'on se demandait ce qui allait résulter de là.

— Au fait, vous avez raison, répondit d'un ton plus indifférent que jamais, et même avec une apparence d'ennui, Pierre Stépanovitch. — L'émigration est une bonne idée. Pourtant, si, malgré tous les désavantages évidents que vous prévoyez, l'œuvre commune recrute de jour en jour un plus grand nombre de champions, elle pourra se passer de votre concours. Ici, batuchka, c'est une religion nouvelle qui se substitue à l'ancienne, voilà pourquoi les recrues sont si nombreuses, et ce fait a une grande importance. Émigrez. Vous savez, je vous conseillerais de vous retirer à Dresde plutôt que dans une île de l'océan Pacifique. D'abord, c'est une ville qui n'a jamais vu aucune épidémie, et, en votre qualité d'homme éclairé, vous avez certainement peur de la mort; en second lieu, Dresde n'étant pas loin de la frontière russe, on peut recevoir plus vite les revenus envoyés de la chère patrie; troisièmement, il y a là ce qu'on appelle des trésors artistiques, et vous êtes un esthéticien, un ancien professeur de littérature, si je ne me trompe; enfin le paysage environnant est une Suisse en miniature qui vous fournira des inspirations poétiques, car vous devez faire des vers. En un mot, cette résidence vous offrira tous les avantages réunis.

Un mouvement se produisit dans l'assistance, surtout parmi les officiers. Un moment encore, et tout le monde aurait parlé à la fois. Mais, sous l'influence de l'irritation, le boiteux donna tête baissée dans le traquenard qui lui était tendu :

— Non, dit-il, — peut-être n'abandonnons-nous pas encore l'œuvre commune; il faut comprendre cela...

— Comment, est-ce que vous entreriez dans la section, si je vous le proposais? répliqua soudain Verkhovensky, et il posa les ciseaux sur la table.

Tous eurent comme un frisson. L'homme énigmatique se démasquait trop brusquement, il n'avait même pas hésité à prononcer le mot de « section ».

Le professeur essaya de s'échapper par la tangente.

— Chacun se sent honnête homme, répondit-il, — et reste attaché à l'œuvre commune, mais...

— Non, il ne s'agit pas de *mais*, interrompit d'un ton tranchant Pierre Stépanovitch : — je déclare, messieurs, que j'ai besoin d'une réponse franche. Je comprends trop qu'étant venu ci et vous ayant moi-même rassemblés, je vous dois des explications (nouvelle surprise pour l'auditoire), mais je ne puis en donner aucune avant de savoir à quel parti vous vous êtes arrêtés. Laissant de côté les conversations, — car voilà trente ans qu'on bavarde, et il est inutile de bavarder encore pendant trente années, — je vous demande ce qui vous agrée le plus : êtes-vous partisans de la méthode lente qui consiste à écrire des romans sociaux et à régler sur le papier à mille ans de distance les destinées de l'humanité, alors que dans l'intervalle le despotisme avalera les bons morceaux qui passeront à portée de votre bouche et que vous laisserez échapper? Ou bien préférez-vous la solution prompte qui, n'importe comment, mettra enfin l'humanité à même de s'organiser socialement non pas sur le papier, mais en réalité? On fait beaucoup de bruit à propos des « cent millions de têtes »; ce n'est peut-être qu'une métaphore, mais pourquoi reculer devant ce programme si, en s'attardant aux rêveries des barbouilleurs de papier, on permet au despotisme de dévorer durant quelques cent ans non pas cent millions de têtes, mais cinq cents millions? Remarquez encore qu'un malade incurable ne peut être guéri, quelques remèdes qu'on lui prescrive sur le papier; au contraire, si nous n'agissons pas tout de suite, la contagion nous atteindra nous-mêmes, elle empoisonnera toutes les forces fraîches sur lesquelles on peut encore compter à présent, et enfin c'en sera fait de nous tous. Je reconnais qu'il est extrêmement agréable de pérorer avec éloquence sur le libéralisme, et qu'en agissant on s'expose à recevoir des horions... Du reste, je ne sais pas parler, je suis venu ici parce que j'ai des communications à faire; en conséquence, je prie l'honorable société, non pas de voter, mais de déclarer franchement et simplement ce qu'elle préfère : marcher dans le marais avec la lenteur de la tortue, ou le traverser à toute vapeur.

— Je suis positivement d'avis qu'on le traverse à toute vapeur! cria le collégien dans un transport d'enthousiasme.

— Moi aussi, opina Liamchine.

— Naturellement le choix ne peut être douteux, murmura un officier; un autre en dit autant, puis un troisième. L'assemblée, dans son ensemble, était surtout frappée de ce fait que Verkhovensky avait promis des « communications ».

— Messieurs, je vois que presque tous se décident dans le sens des proclamations, dit-il en parcourant des yeux la société.

— Tous, tous! crièrent la plupart des assistants.

— J'avoue que je suis plutôt partisan d'une solution humaine, déclara le major, — mais, comme l'unanimité est acquise à l'opinion contraire, je me range à l'avis de tous.

Pierre Stépanovitch s'adressa au boiteux :

— Alors, vous non plus, vous ne faites pas d'opposition?

— Ce n'est pas que je... balbutia en rougissant l'interpellé, — mais si j'adhère maintenant à l'opinion qui a rallié tous les suffrages, c'est uniquement pour ne pas rompre...

— Voilà comme vous êtes tous! Des gens qui discuteraient volontiers six mois durant pour faire de l'éloquence libérale, et qui, en fin de compte, votent avec tout le monde! Messieurs, réfléchissez pourtant, est-il vrai que vous soyez tous prêts?

(Prêts à quoi? la question était vague, mais terriblement captieuse.)

— Sans doute, tous...

Du reste, tout en répondant de la sorte, les assistants ne laissaient pas de se regarder les uns les autres.

— Mais peut-être qu'après vous m'en voudrez d'avoir obtenu si vite votre consentement? C'est presque toujours ainsi que les choses se passent avec vous.

L'assemblée était fort émue, et des courants divers commençaient à s'y dessiner. Le boiteux livra un nouvel assaut à Verkhovensky.

— Permettez-moi, cependant, de vous faire observer que les réponses à de semblables questions sont conditionnelles. En admettant même que nous ayons donné notre adhésion, remarquez pourtant qu'une question posée d'une façon si étrange...

— Comment, d'une façon étrange?

— Oui, ce n'est pas ainsi qu'on pose de pareilles questions.

— Alors, apprenez-moi, s'il vous plaît, comment on les pose. Mais, vous savez, j'étais sûr que vous vous rebifferiez le premier.

— Vous avez tiré de nous une réponse attestant que nous sommes prêts à une action immédiate. Mais, pour en user ainsi, quels droits avez-vous? Quels pleins pouvoirs vous autorisaient à poser de telles questions?

— Vous auriez dû demander cela plus tôt. Pourquoi donc avez-vous répondu? Vous avez consenti, et maintenant vous vous ravisez.

— La franchise étourdie avec laquelle vous avez posé votre principale question me donne à penser que vous n'avez ni droits, ni pleins pouvoirs, et que vous avez simplement satisfait une curiosité personnelle.

— Mais qu'est-ce qui vous fait dire cela? Pourquoi parlez-vous ainsi? répliqua Pierre Stépanovitch, qui, semblait-il, commençait à être fort inquiet.

— C'est que, quand on pratique des affiliations, quelles qu'elles soient, on fait cela du moins en tête-à-tête et non dans une société de vingt personnes inconnues les unes aux autres! lâcha tout net le professeur. Emporté par la colère, il mettait les pieds dans le plat. Verkhovensky, l'inquiétude peinte sur le visage, se retourna vivement vers l'assistance :

— Messieurs, je considère comme un devoir de déclarer à tous que ce sont là des sottises, et que notre conversation a dépassé la mesure. Je n'ai encore affilié absolument personne, et nul n'a le droit de dire que je pratique des affiliations, nous avons simplement exprimé des opinions. Est-ce vrai? Mais, n'importe, vous m'alarmez, ajouta-t-il en s'adressant au boiteux : — je ne pensais pas qu'ici le tête-à-tête fût nécessaire pour causer de choses si innocentes, à vrai dire. Ou bien craignez-vous une dénonciation? Se peut-il que parmi nous il y ait en ce moment un mouchard?

Une agitation extraordinaire suivit ces paroles; tout le monde se mit à parler en même temps.

— Messieurs, s'il en est ainsi, poursuivit Pierre Stépanovitch, — je me suis plus compromis qu'aucun autre; par conséquent, je vous prie de répondre à une question, si vous le voulez bien, s'entend. Vous êtes parfaitement libres.

— Quelle question? quelle question? cria-t-on de toutes parts.

— Une question après laquelle on saura si nous devons rester ensemble ou prendre silencieusement nos chapkas et aller chacun de son côté.

— La question, la question?

— Si l'un de vous avait connaissance d'un assassinat politique projeté, irait-il le dénoncer, prévoyant toutes les conséquences, ou bien resterait-il chez lui à attendre les événements? Sur ce point les manières de voir peuvent être différentes. La réponse à la question dira clairement si nous devons nous séparer ou rester ensemble, et pas seulement durant cette soirée. Permettez-moi de m'adresser d'abord à vous, dit-il au boiteux.

— Pourquoi d'abord à moi?

— Parce que c'est vous qui avez donné lieu à l'incident. Je vous en prie, ne biaisez pas, ici les faux-fuyants seraient inutiles. Mais, du reste, ce sera comme vous voudrez; vous êtes parfaitement libre.

— Pardonnez-moi, mais une semblable question est offensante.

— Permettez, ne pourriez-vous pas répondre un peu plus nettement?

— Je n'ai jamais servi dans la police secrète, dit le boiteux, cherchant toujours à éviter une réponse directe.

— Soyez plus précis, je vous prie, ne me faites pas attendre.

Le boiteux fut si exaspéré qu'il cessa de répondre. Silencieux, il regardait avec colère par-dessous ses lunettes le visage de l'inquisiteur.

— Un oui ou un non? Dénonceriez-vous ou ne dénonceriez-vous pas? cria Verkhovensky.

— Naturellement je ne dénoncerais pas! cria deux fois plus fort le boiteux.

— Et personne ne dénoncera, sans doute, personne! firent plusieurs voix.

— Permettez-moi de vous interroger, monsieur le major, dénonceriez-vous ou ne dénonceriez-vous pas? poursuivit

Pierre Stépanovitch. — Et, remarquez, c'est exprès que je m'adresse à vous.

— Je ne dénoncerais pas.

— Mais si vous saviez qu'un autre, un simple mortel, fût sur le point d'être volé et assassiné par un malfaiteur, vous préviendriez la police, vous dénonceriez?

— Sans doute, parce qu'ici ce serait un crime de droit commun, tandis que dans l'autre cas, il s'agirait d'une dénonciation politique. Je n'ai jamais été employé dans la police secrète.

— Et personne ici ne l'a jamais été, déclarèrent nombre de voix. — Inutile de questionner, tous répondront de même. Il n'y a pas ici de délateurs!

— Pourquoi ce monsieur se lève-t-il? cria l'étudiante.

— C'est Chatoff. Pourquoi vous êtes-vous levé, Chatoff? demanda madame Virguinsky.

Chatoff s'était levé en effet, il tenait sa chapka à la main et regardait Verkhovensky. On aurait dit qu'il voulait lui parler, mais qu'il hésitait. Son visage était pâle et irrité. Il se contint toutefois, et, sans proférer un mot, se dirigea vers la porte.

— Cela ne sera pas avantageux pour vous, Chatoff! lui cria Pierre Stépanovitch.

Chatoff s'arrêta un instant sur le seuil :

— En revanche, un lâche et un espion comme toi en fera son profit! vociféra-t-il en réponse à cette menace obscure, après quoi il sortit.

Ce furent de nouveau des cris et des exclamations.

— L'épreuve est faite!

— Elle n'était pas inutile!

— N'est-elle pas venue trop tard?

— Qui est-ce qui l'a invité? — Qui est-ce qui l'a laissé entrer? — Qui est-il? — Qu'est-ce que ce Chatoff? — Dénoncera-t-il ou ne dénoncera-t-il pas?

On n'entendait que des questions de ce genre.

— Si c'était un dénonciateur, il aurait caché son jeu au

lieu de s'en aller, comme il l'a fait, en lançant un jet de salive, observa quelqu'un.

— Voilà aussi Stavroguine qui se lève. Stavroguine n'a pas répondu non plus à la question, cria l'étudiante.

Effectivement, Stavroguine s'était levé, et aussi Kiriloff, qui se trouvait à l'autre bout de la table.

— Permettez, monsieur Stavroguine, dit d'un ton roide Arina Prokhorovna, — tous ici nous avons répondu à la question, tandis que vous vous en allez sans rien dire?

— Je ne vois pas la nécessité de répondre à la question qui vous intéresse, murmura Nicolas Vsévolodovitch.

— Mais nous nous sommes compromis, et vous pas, crièrent quelques-uns.

— Et que m'importe que vous vous soyez compromis? répliqua Stavroguine en riant, mais ses yeux étincelaient.

— Comment, que vous importe? Comment, que vous importe? s'exclama-t-on autour de lui. Plusieurs se levèrent précipitamment.

— Permettez, messieurs, permettez, dit très-haut le boiteux, — M. Verkhovensky n'a pas répondu non plus à la question, il s'est contenté de la poser.

Cette remarque produisit un effet extraordinaire. Tout le monde se regarda. Stavroguine éclata de rire au nez du boiteux et sortit, Kiriloff le suivit. Verkhovensky s'élança sur leurs pas et les rejoignit dans l'antichambre.

— Que faites-vous de moi? balbutia-t-il en saisissant la main de Nicolas Vsévolodovitch qu'il serra de toutes ses forces. Stavroguine ne répondit pas et dégagea sa main.

— Allez tout de suite chez Kiriloff, j'irai vous y retrouver... Il le faut pour moi, il le faut!

— Pour moi ce n'est pas nécessaire, répliqua Stavroguine.

— Stavroguine y sera, décida Kiriloff. — Stavroguine, cela est nécessaire pour vous. Je vous le prouverai quand vous serez chez moi.

Ils sortirent.

## CHAPITRE VIII

### LE TZARÉVITCH IVAN.

Le premier mouvement de Pierre Stépanovitch fut de retourner à la « séance » pour y rétablir l'ordre, mais, jugeant que cela n'en valait pas la peine, il planta là tout, et, deux minutes après, il volait sur les traces de ceux qui venaient de partir. En chemin il se rappela un péréoulok qui abrégeait de beaucoup sa route; enfonçant dans la boue jusqu'aux genoux, il prit cette petite rue et arriva à la maison Philippoff au moment même où Stavroguine et Kiriloff pénétraient sous la grand'porte.

— Vous êtes déjà ici? observa l'ingénieur; — c'est bien. Entrez.

— Comment donc disiez-vous que vous viviez seul? demanda Stavroguine qui, en passant dans le vestibule, avait remarqué un samovar en train de bouillir.

— Vous verrez tout à l'heure avec qui je vis, murmura Kiriloff, — entrez.

Dès qu'ils furent dans la chambre, Verkhovensky tira de sa poche la lettre anonyme qu'il avait emportée tantôt de chez Lembke, et la mit sous les yeux de Stavroguine. Tous trois s'assirent. Nicolas Vsévolodovitch lut silencieusement la lettre.

— Eh bien? demanda-t-il.

— Ce que ce gredin écrit, il le fera, expliqua Pierre Stépanovitch. — Puisqu'il est dans votre dépendance, apprenez-lui comment il doit se comporter. Je vous assure que demain peut-être il ira chez Lembke.

— Eh bien, qu'il y aille.

— Comment, qu'il y aille? Il ne faut pas tolérer cela, surtout si l'on peut l'empêcher.

— Vous vous trompez, il ne dépend pas de moi. D'ailleurs, cela m'est égal; moi, il ne me menace nullement, c'est vous seul qui êtes visé dans sa lettre.

— Vous l'êtes aussi.

— Je ne crois pas.

— Mais d'autres peuvent ne pas vous épargner, est-ce que vous ne comprenez pas cela? Écoutez, Stavroguine, c'est seulement jouer sur les mots. Est-il possible que vous regardiez à la dépense?

— Est-ce qu'il faut de l'argent?

— Assurément, deux mille roubles ou, au minimum, quinze cents. Donnez-les-moi demain ou même aujourd'hui, et demain soir je vous l'expédie à Pétersbourg; du reste, il a envie d'y aller. Si vous voulez, il partira avec Marie Timoféievna, notez cela.

Pierre Stépanovitch était fort troublé, il ne surveillait plus son langage, et des paroles inconsidérées lui échappaient. Stavroguine l'observait avec étonnement.

— Je n'ai pas de raison pour éloigner Marie Timoféievna.

— Peut-être même ne voulez-vous pas qu'elle s'en aille? dit avec un sourire ironique Pierre Stépanovitch.

— Peut-être que je ne le veux pas.

Verkhovensky perdit patience et se fâcha.

— En un mot, donnerez-vous l'argent ou ne le donnerez-vous pas? demanda-t-il en élevant la voix comme s'il eût parlé à un subordonné. Nicolas Vsévolodovitch le regarda sérieusement.

— Je ne le donnerai pas.

— Eh! Stavroguine! Vous savez quelque chose, ou vous avez déjà donné de l'argent! Vous... vous amusez!

Le visage de Pierre Stépanovitch s'altéra, les coins de sa bouche s'agitèrent, et tout à coup il partit d'un grand éclat de rire qui n'avait aucune raison d'être.

— Vous avez reçu de votre père de l'argent pour votre domaine, observa avec calme Nicolas Vsévolodovitch. — Maman vous a versé six ou huit mille roubles pour Stépan Trophimovitch. Eh bien, payez ces quinze cents roubles de votre poche. Je ne veux plus payer pour les autres, j'ai déjà assez déboursé comme cela, c'est ennuyeux à la fin... acheva-t-il en souriant lui-même de ses paroles.

— Ah! vous commencez à plaisanter...

Stavroguine se leva, Verkhovensky se dressa d'un bond et machinalement se plaça devant la porte comme s'il eût voulu en défendre l'approche. Nicolas Vsévolodovitch faisait déjà un geste pour l'écarter, quand soudain il s'arrêta.

— Je ne vous céderai pas Chatoff, dit-il.

Pierre Stépanovitch frissonna; ils se regardèrent l'un l'autre.

— Je vous ai dit tantôt pourquoi vous avez besoin du sang de Chatoff, poursuivit Stavroguine dont les yeux lançaient des flammes. — C'est le ciment avec lequel vous voulez rendre indissoluble l'union de vos groupes. Tout à l'heure vous vous y êtes fort bien pris pour expulser Chatoff : vous saviez parfaitement qu'il se refuserait à dire : « Je ne dénoncerai pas », et qu'il ne s'abaisserait point à mentir devant vous. Mais moi, pour quel objet vous suis-je nécessaire maintenant? Depuis mon retour de l'étranger, je n'ai pas cessé d'être en butte à vos obsessions. Les explications que jusqu'à présent vous m'avez données de votre conduite sont de pures extravagances. En ce moment vous insistez pour que je donne quinze cents roubles à Lébiadkine, afin de fournir à Fedka l'occasion de l'assassiner. Je le sais, vous supposez que je veux en même temps me débarrasser de ma femme. En me liant par une solidarité criminelle, vous espérez prendre de l'empire sur moi, n'est-ce pas? Vous comptez me dominer? Pourquoi y tenez-vous? A quoi, diable, vous suis-je bon? Regardez-moi bien une fois pour toutes : est-ce que je suis votre homme? Laissez-moi en repos.

— Fedka lui-même est allé vous trouver? articula avec effort Pierre Stépanovitch.

— Oui, je l'ai vu; son prix est aussi quinze cents roubles... Mais, tenez, il va lui-même le confirmer, il est là... dit en tendant le bras Nicolas Vsévolodovitch.

Pierre Stépanovitch se retourna vivement. Sur le seuil émergeait de l'obscurité une nouvelle figure, celle de Fedka. Le vagabond était vêtu d'une demi-pelisse, mais sans chapka, comme un homme qui est chez lui; un large rire découvrait ses dents blanches et bien rangées; ses yeux noirs à reflet jaune furetaient dans la chambre et observaient les « messieurs ». Il y avait quelque chose qu'il ne comprenait pas; évidemment Kiriloff était allé le chercher tout à l'heure; Fedka l'interrogeait du regard et restait debout sur le seuil qu'il semblait ne pouvoir se résoudre à franchir.

— Sans doute il ne se trouve pas ici par hasard : vous vouliez qu'il nous entendît débattre notre marché, ou même qu'il me vît vous remettre l'argent, n'est-ce pas? demanda Stavroguine, et, sans attendre la réponse, il sortit. En proie à une sorte de folie, Verkhovensky se mit à sa poursuite et le rejoignit sous la porte cochère.

— Halte! Pas un pas! cria-t-il en lui saisissant le coude.

Stavroguine essaya de se dégager par une brusque saccade, mais il n'y réussit point. La rage s'empara de lui : avec sa main gauche il empoigna Pierre Stépanovitch par les cheveux, le lança de toute sa force contre le sol et s'éloigna. Mais il n'avait pas fait trente pas que son persécuteur le rattrapait de nouveau.

— Réconcilions-nous, réconcilions-nous, murmura Pierre Stépanovitch d'une voix tremblante.

Nicolas Vsévolodovitch haussa les épaules, mais il continua de marcher sans retourner la tête.

— Écoutez, demain je vous amènerai Élisabeth Nikolaïevna, voulez-vous? Non? Pourquoi donc ne répondez-vous pas? Parlez, ce que vous voudrez, je le ferai. Écoutez : je vous accorderai la grâce de Chatoff, voulez-vous?

— C'est donc vrai que vous avez résolu de l'assassiner? s'écria Nicolas Vsévolodovitch.

— Eh bien, que vous importe Chatoff? De quel intérêt est-il pour vous? répliqua Verkhovensky d'une voix étranglée; il était hors de lui, et, probablement sans le remarquer, avait saisi Stavroguine par le coude. — Écoutez, je vous le céderai, réconcilions-nous. Votre compte est fort chargé, mais... réconcilions-nous!

Nicolas Vsévolodovitch le regarda enfin et resta stupéfait. Combien Pierre Stépanovitch différait maintenant de ce qu'il avait toujours été, de ce qu'il était tout à l'heure encore dans l'appartement de Kiriloff! Non-seulement son visage n'était plus le même, mais sa voix aussi avait changé: il priait, implorait. Il ressemblait à un homme qui vient de se voir enlever le bien le plus précieux et qui n'a pas encore eu le temps de reprendre ses esprits.

— Mais qu'avez-vous? cria Stavroguine.

Pierre Stépanovitch ne répondit point, et continua à le suivre en fixant sur lui son regard suppliant, mais en même temps inflexible.

— Réconcilions-nous! répéta-t-il de nouveau à voix basse. — Écoutez, j'ai, comme Fedka, un couteau dans ma botte, mais je veux me réconcilier avec vous.

— Mais pourquoi vous accrochez-vous ainsi à moi, à la fin, diable? vociféra Nicolas Vsévolodovitch aussi surpris qu'irrité. — Il y a là quelque secret, n'est-ce pas? Vous avez trouvé en moi un talisman?

— Écoutez, nous susciterons des troubles, murmura rapidement et presque comme dans un délire Pierre Stépanovitch. — Vous ne croyez pas que nous en provoquions? Nous produirons une commotion qui fera trembler jusque dans ses fondements tout l'ordre de choses. Karmazinoff a raison de dire qu'on ne peut s'appuyer sur rien. Karmazinoff est fort intelligent. Que j'aie en Russie seulement dix sections comme celle-ci, et je suis insaisissable.

— Ces sections seront toujours composées d'imbéciles comme ceux-ci, ne put s'empêcher d'observer Stavroguine.

— Oh! soyez vous-même un peu plus bête, Stavroguine!

Vous savez, vous n'êtes pas tellement intelligent qu'il faille vous souhaiter cela; vous avez peur, vous ne croyez pas, les dimensions vous effrayent. Et pourquoi sont-ils des imbéciles? Ils ne le sont pas tant qu'il vous plaît de le dire; à présent chacun pense d'après autrui, les esprits individuels sont infiniment rares. Virguinsky est un homme très-pur, dix fois plus pur que les gens comme nous. Lipoutine est un coquin, mais je sais par où le prendre. Il n'y a pas de coquin qui n'ait son côté faible. Liamchine seul n'en a point; en revanche, il est à ma discrétion. Encore quelques groupes pareils, et je suis en mesure de me procurer partout des passe-ports et de l'argent; c'est toujours cela. Et des places de sûreté qui me rendront imprenable. Brûlé ici, je me réfugie là. Nous susciterons des troubles... Croyez-vous, vraiment, que ce ne soit pas assez de nous deux?

— Prenez Chigaleff, et laissez-moi tranquille...

— Chigaleff est un homme de génie! Savez-vous que c'est un génie dans le genre de Fourier, mais plus hardi, plus fort que Fourier? Je m'occuperai de lui. Il a inventé l' « égalité » !

Pierre Stépanovitch avait la fièvre et délirait; quelque chose d'extraordinaire se passait en lui; Stavroguine le regarda encore une fois. Tous deux marchaient sans s'arrêter.

— Il y a du bon dans son manuscrit, poursuivit Verkhovensky, — il y a l'espionnage. Dans son système, chaque membre de la société a l'œil sur autrui, et la délation est un devoir. Chacun appartient à tous, et tous à chacun. Tous sont esclaves et égaux dans l'esclavage. La calomnie et l'assassinat dans les cas extrêmes, mais surtout l'égalité. D'abord abaisser le niveau de la culture des sciences et des talents. Un niveau scientifique élevé n'est accessible qu'aux intelligences supérieures, et il ne faut pas d'intelligences supérieures! Les hommes doués de hautes facultés se sont toujours emparés du pouvoir, et ont été des despotes. Ils ne peuvent pas ne pas être des despotes, et ils ont toujours fait plus de mal que de bien; on les expulse ou on les livre au supplice. Couper la langue à Cicéron, crever les yeux à Copernie, lapider Shakespeare, voilà le chigalévisme! Des esclaves doivent être égaux : sans despotisme il n'y a encore eu ni liberté ni égalité, mais dans un troupeau doit régner l'égalité, et voilà le chigalévisme! Ha, ha, ha! vous trouvez cela drôle? Je suis pour le chigalévisme!

Stavroguine hâtait le pas, voulant rentrer chez lui au plus tôt. « Si cet homme est ivre, où donc a-t-il pu s'enivrer? » se demandait-il; « serait-ce l'effet du cognac qu'il a bu chez Virguinsky? »

— Écoutez, Stavroguine : aplanir les montagnes est une idée belle, et non ridicule. Je suis pour Chigaleff! A bas l'instruction et la science! Il y en a assez comme cela pour un millier d'années; mais il faut organiser l'obéissance, c'est la seule chose qui fasse défaut dans le monde. La soif de l'étude est une soif aristocratique. Avec la famille ou l'amour apparaît le désir de la propriété. Nous tuerons ce désir : nous favoriserons l'ivrognerie, les cancans, la délation; nous propagerons une débauche sans précédents, nous étoufferons les génies dans leur berceau. Réduction de tout au même dénominateur, égalité complète. « Nous avons appris un métier et nous sommes d'honnêtes gens, il ne nous faut rien d'autre », voilà la réponse qu'ont faite dernièrement les ouvriers anglais. Le nécessaire seul est nécessaire, telle sera désormais la devise du globe terrestre. Mais il faut aussi des convulsions; nous pourvoirons à cela, nous autres gouvernants. Les esclaves doivent avoir des chefs. Obéissance complète, impersonnalité complète, mais, une fois tous les trente ans, Chigaleff donnera le signal des convulsions, et tous se mettront subitement à se manger les uns les autres, jusqu'à un certain point toutefois, à seule fin de ne pas s'ennuyer. L'ennui est une sensation aristocratique; dans le chigalévisme il n'y aura pas de désirs. Nous nous réserverons le désir et la souffrance, les esclaves auront le chigalévisme.

— Vous vous exceptez? laissa échapper malgré lui Nicolas Vsévolodovitch.

— Et vous aussi. Savez-vous, j'avais pensé à livrer le

monde au pape. Qu'il sorte pieds nus de son palais, qu'il se montre à la populace en disant : « Voilà à quoi l'on m'a réduit ! » et tout, même l'armée, se prosternera à ses genoux. Le pape en haut, nous autour de lui, et au-dessous de nous le chigalévisme. Il suffit que l'Internationale s'entende avec le pape, et il en sera ainsi. Quant au vieux, il consentira tout de suite; c'est la seule issue qui lui reste ouverte. Vous vous rappellerez mes paroles, ha, ha, ha! C'est bête? Dites, est-ce bête, oui ou non?

— Assez, grommela avec colère Stavroguine.

— Assez! Écoutez, j'ai lâché le pape! Au diable le chigalévisme! Au diable le pape! Ce qui doit nous occuper, c'est le mal du jour, et non le chigalévisme, car ce système est un article de bijouterie, un idéal réalisable seulement dans l'avenir. Chigaleff est un joaillier, et il est bête comme tout philanthrope. Il faut faire le gros ouvrage, et Chigaleff le méprise. Écoutez : à l'Occident il y aura le pape, et ici, chez nous, il y aura vous!

— Laissez-moi, homme ivre! murmura Stavroguine, et il pressa le pas.

— Stavroguine, vous êtes beau! s'écria avec une sorte d'exaltation Pierre Stépanovitch, — savez-vous que vous êtes beau? Ce qu'il y a surtout d'exquis en vous, c'est que parfois vous l'oubliez. Oh! je vous ai bien étudié! Souvent je vous observe du coin de l'œil, à la dérobée! Il y a même en vous de la bonhomie et de la naïveté, savez-vous cela? Oui, il y en a encore! Vous souffrez sans doute, et vous souffrez profondément, à cause de cette bonhomie. J'aime la beauté. Je suis nihiliste, mais j'aime la beauté. Est-ce que les nihilistes ne l'aiment pas? Ce qu'ils n'aiment pas, c'est seulement les idoles; eh bien, moi, j'aime les idoles; vous êtes la mienne! Vous n'offensez personne, et vous êtes universellement détesté; vous considérez tous les hommes comme vos égaux, et tous ont peur de vous; c'est bien. Personne n'ira vous frapper sur l'épaule. Vous êtes un terrible aristocrate, et, quand il vient à la démocratie, l'aristo-

crate est un charmeur! Il vous est également indifférent de
sacrifier votre vie et celle d'autrui. Vous êtes précisément
l'homme qu'il faut. C'est de vous que j'ai besoin. En dehors
de vous je ne connais personne. Vous êtes un chef, un
soleil; moi, je ne suis à côté de vous qu'un ver de terre.....

Tout à coup il baisa la main de Nicolas Vsévolodovitch.
Ce dernier sentit un froid lui passer dans le dos; effrayé, il
retira vivement sa main. Les deux hommes s'arrêtèrent.

— Insensé! fit à voix basse Stavroguine.

— Je délire peut-être, reprit aussitôt Verkhovensky, — oui,
je bats peut-être la campagne, mais j'ai imaginé de faire le
premier pas. C'est une idée que Chigaleff n'aurait jamais
eue. Il ne manque pas de Chigaleffs! Mais un homme, un
seul homme en Russie s'est avisé de faire le premier pas, et il
sait comment s'y prendre. Cet homme, c'est moi. Pourquoi
me regardez-vous? Vous m'êtes indispensable; sans vous,
je suis un zéro, une mouche, je suis une idée dans un flacon,
un Colomb sans Amérique.

Stavroguine regardait fixement les yeux égarés de son
interlocuteur.

— Écoutez, nous commencerons par fomenter le désordre, poursuivit avec une volubilité extraordinaire Pierre
Stépanovitch, qui, à chaque instant, prenait Nicolas Vsévolodovitch par la manche gauche de son vêtement. — Je vous
l'ai déjà dit : nous pénétrerons dans le peuple même. Savez-
vous que déjà maintenant nous sommes terriblement forts?
Les nôtres ne sont pas seulement ceux qui égorgent, qui
incendient, qui font des coups classiques ou qui mordent.
Ceux-là ne sont qu'un embarras. Je ne comprends rien sans
discipline. Moi, je suis un coquin et non un socialiste, ha,
ha! Écoutez, je les ai tous comptés. Le précepteur qui se
moque avec les enfants de leur dieu et de leur berceau, est
des nôtres. L'avocat qui défend un assassin bien élevé en
prouvant qu'il était plus instruit que ses victimes et que, pour
se procurer de l'argent, il ne pouvait pas ne pas tuer, est des
nôtres. Les écoliers qui, pour éprouver une sensation, tuent

un paysan, sont des nôtres. Les jurés qui acquittent systématiquement tous les criminels sont des nôtres. Le procureur qui, au tribunal, tremble de ne pas se montrer assez libéral, est des nôtres. Parmi les administrateurs, parmi les gens de lettres un très-grand nombre sont des nôtres, et ils ne le savent pas eux-mêmes! D'un autre côté, l'obéissance des écoliers et des imbéciles a atteint son apogée; chez les professeurs la vésicule biliaire a crevé; partout une vanité démesurée, un appétit bestial, inouï... Savez-vous combien nous devrons rien qu'aux théories en vogue? Quand j'ai quitté la Russie, la thèse de Littré qui assimile le crime à une folie faisait fureur; je reviens, et déjà le crime n'est plus une folie, c'est le bon sens même, presque un devoir, à tout le moins une noble protestation. « Eh bien, comment un homme éclairé n'assassinerait-il pas, s'il a besoin d'argent? » Mais ce n'est rien encore. Le dieu russe a cédé la place à la boisson. Le peuple est ivre, les mères sont ivres, les enfants sont ivres, les églises sont désertes, et, dans les tribunaux, on n'entend que ces mots : « Deux cents verges, ou bien paye un védro[1]. » Oh! laissez croître cette génération! Il est fâcheux que nous ne puissions pas attendre, ils seraient encore plus ivres! Ah! quel dommage qu'il n'y ait pas de prolétaires! Mais il y en aura, il y en aura, le moment approche...

— C'est dommage aussi que nous soyons devenus stupides, murmura Stavroguine, et il se remit en marche.

— Écoutez, j'ai vu moi-même un enfant de six ans qui ramenait au logis sa mère ivre, et elle l'accablait de grossières injures. Vous pensez si cela m'a fait plaisir? Quand nous serons les maîtres, eh bien, nous les guérirons... si besoin est, nous les reléguerons pour quarante ans dans une Thébaïde... Mais maintenant la débauche est nécessaire pendant une ou deux générations, — une débauche inouïe, ignoble, sale, voilà ce qu'il faut! Pourquoi riez-vous? Je ne suis pas en contradiction avec moi-même, mais seulement

[1] Mesure de capacité pour les liquides qui équivaut à 12 l. 2.

avec les philanthropes et le chigalévisme. Je suis un coquin, et non un socialiste. Ha, ha, ha! C'est seulement dommage que le temps nous manque. J'ai promis à Karmazinoff de commencer en mai et d'avoir fini pour la fête de l'Intercession. C'est bientôt? Ha, ha! Savez-vous ce que je vais vous dire, Stavroguine? jusqu'à présent le peuple russe, malgré la grossièreté de son vocabulaire injurieux, n'a pas connu le cynisme. Savez-vous que le serf se respectait plus que Karmazinoff ne se respecte? Battu, il restait fidèle à ses dieux, et Karmazinoff a abandonné les siens.

— Eh bien, Verkhovensky, c'est la première fois que je vous entends, et votre langage me confond, dit Nicolas Vsévolodovitch; — ainsi, réellement, vous n'êtes pas un socialiste, mais un politicien quelconque... un ambitieux?

— Un coquin, un coquin. Vous désirez savoir qui je suis? Je vais vous le dire, c'est à cela que je voulais arriver. Ce n'est pas pour rien que je vous ai baisé la main. Mais il faut que le peuple croie que nous seuls avons conscience de notre but, tandis que le gouvernement « agite seulement une massue dans les ténèbres et frappe sur les siens ». Eh! si nous avions le temps! Le malheur, c'est que nous sommes pressés. Nous prêcherons la destruction... cette idée est si séduisante! Nous appellerons l'incendie à notre aide... Nous mettrons en circulation des légendes... Ces « sections » de rogneux auront ici leur utilité. Dès qu'il y aura un coup de pistolet à tirer, je vous trouverai dans ces mêmes « sections » des hommes de bonne volonté qui même me remercieront de les avoir désignés pour cet honneur. Eh bien, le désordre commencera! Ce sera un bouleversement comme le monde n'en a pas encore vu... La Russie se couvrira de ténèbres, la terre pleurera ses anciens dieux... Eh bien, alors nous lancerons... qui?

— Qui?
— Le tzarévitch Ivan.
— Qui?
— Le tzarévitch Ivan; vous, vous!

Stavroguine réfléchit une minute.

— Un imposteur? demanda-t-il tout à coup en regardant avec un profond étonnement Pierre Stépanovitch. — Eh! ainsi voilà enfin votre plan!

— Nous dirons qu'il « se cache », susurra d'une voix tendre Verkhovensky dont l'aspect était, en effet, celui d'un homme ivre. — Comprenez-vous la puissance de ces trois mots : « il se cache » ? Mais il apparaîtra, il apparaîtra. Nous créerons une légende qui dégotera celle des Skoptzi[1]. Il existe, mais personne ne l'a vu. Oh! quelle légende on peut répandre! Et, surtout, ce sera l'avénement d'une force nouvelle dont on a besoin, après laquelle on soupire. Qu'y a-t-il dans le socialisme? Il a ruiné les anciennes forces, mais il ne les a pas remplacées. Ici il y aura une force, une force inouïe même! Il nous suffit d'un levier pour soulever la terre. Tout se soulèvera!

— Ainsi c'est sérieusement que vous comptiez sur moi? fit Stavroguine avec un méchant sourire.

— Pourquoi cette amère dérision? Ne m'effrayez pas. En ce moment je suis comme un enfant, c'est assez d'un pareil sourire pour me causer une frayeur mortelle. Écoutez, je ne vous montrerai à personne : il faut que vous soyez invisible. Il existe, mais personne ne l'a vu, il se cache. Vous savez, vous pourrez vous montrer, je suppose, à un individu sur cent mille. « On l'a vu, on l'a vu », se répétera-t-on dans tout le pays. Ils ont bien vu « de leurs propres yeux » Ivan Philippovitch[2], le dieu Sabaoth, enlevé au ciel dans un char. Et vous, vous n'êtes pas Ivan Philippovitch, vous êtes un beau jeune homme, fier comme un dieu, ne cherchant rien pour lui, paré de l'auréole du sacrifice, « se cachant ». L'essentiel, c'est la légende! Vous les fascinerez, un regard

---

[1] Les Skoptzi (Eunuques) prétendent avoir pour grand-prêtre le tzar Pierre III, toujours vivant et présent au milieu d'eux.
[2] Ivan Sousloff, paysan de Vladimir, fut adopté par Daniel Philippovitch, fondateur de la secte des Flagellants, et contribua puissamment aux progrès de cette hérésie.

de vous fera leur conquête. Il apporte une vérité nouvelle et « il se cache ». Nous rendrons deux ou trois jugements de Salomon dont le bruit se répandra partout. Avec des sections et des quinquévirats, pas besoin de journaux ! Si, sur dix mille demandes, nous donnons satisfaction à une seule, tout le monde viendra nous solliciter. Dans chaque canton, chaque moujik saura qu'il y a quelque part un endroit écarté où les suppliques sont bien accueillies. Et la terre saluera l'avénement de la « nouvelle loi », de la « justice nouvelle », et la mer se soulèvera, et la baraque s'écroulera, et alors nous aviserons au moyen d'élever un édifice de pierre, — le premier ! c'est *nous* qui le construirons, *nous*, nous seuls !

— Frénésie ! dit Stavroguine.

— Pourquoi, pourquoi ne voulez-vous pas ? Vous avez peur ? C'est parce que vous ne craignez rien que j'ai jeté les yeux sur vous. Mon idée vous paraît absurde, n'est-ce pas ? Mais, pour le moment, je suis encore un Colomb sans Amérique : est-ce qu'on trouvait Colomb raisonnable avant que le succès lui eût donné raison ?

Nicolas Vsévolodovitch ne répondit pas. Arrivés à la maison Stavroguine, les deux hommes s'arrêtèrent devant le perron.

— Écoutez, fit Verkhovensky en se penchant à l'oreille de Nicolas Vsévolodovitch : — je vous servirai sans argent : demain j'en finirai avec Marie Timoféievna... sans argent, et demain aussi je vous amènerai Lisa. Voulez-vous Lisa, demain ?

Stavroguine sourit : « Est-ce que réellement il serait devenu fou ? » pensa-t-il.

Les portes du perron s'ouvrirent.

— Stavroguine, notre Amérique ? dit Verkhovensky en saisissant une dernière fois la main de Nicolas Vsévolodovitch.

— A quoi bon ? répliqua sévèrement celui-ci.

— Vous n'y tenez pas, je m'en doutais ! cria Pierre Stépanovitch dans un violent transport de colère. — Vous mentez, aristocrate vicieux, je ne vous crois pas, vous avez un appétit de loup !... Comprenez donc que votre compte est maintenant trop chargé et que je ne puis vous lâcher ! Vous n'avez pas votre pareil sur la terre ! Je vous ai inventé à l'étranger ; c'est en vous considérant que j'ai songé à ce rôle pour vous. Si je ne vous avais pas vu, rien ne me serait venu à l'esprit !...

Nicolas Vsévolodovich monta l'escalier sans répondre.

— Stavroguine ! lui cria Verkhovensky, — je vous donne un jour... deux... allons, trois ; mais je ne puis vous accorder un plus long délai, il me faut votre réponse d'ici à trois jours !

## CHAPITRE IX[1]

### UNE PERQUISITION CHEZ STÉPAN TROPHIMOVITCH.

Sur ces entrefaites se produisit un incident qui m'étonna, et qui mit sens dessus dessous Stépan Trophimovitch. A huit heures du matin, Nastasia accourut chez moi et m'apprit qu'une perquisition avait eu lieu dans le domicile de son maître. D'abord je ne pus rien comprendre aux paroles de la servante, sinon que des employés étaient venus saisir des papiers, qu'un soldat en avait fait un paquet et l'avait « emporté dans une brouette ». Je me rendis aussitôt chez Stépan Trophimovitch.

Je le trouvai dans un singulier état : il était défait et agité, mais en même temps son visage offrait une incontestable expression de triomphe. Sur la table, au milieu de la chambre, bouillait le samovar à côté d'un verre de thé auquel on n'avait pas encore touché. Stépan Trophimovitch allait d'un coin à l'autre sans se rendre compte de ses mouvements. Il portait sa camisole rouge accoutumée, mais, en m'apercevant, il se hâta de passer son gilet et sa redingote, ce qu'il ne faisait jamais quand un de ses intimes le surprenait en déshabillé. Il me serra chaleureusement la main.

— *Enfin un ami!* (il soupira profondément.) *Cher,* je n'ai envoyé que chez vous, personne ne sait rien. Il faut dire à Nastasia de fermer la porte et de ne laisser entrer personne, excepté, bien entendu, ces gens-là.. *Vous comprenez?*

Il me regarda d'un air inquiet, comme s'il eût attendu une

---

[1] Toutes les phrases soulignées dans ce chapitre sont en français dans le texte.

réponse. Naturellement, je m'empressai de le questionner ; son récit incohérent, souvent interrompu et rempli de détails inutiles, m'apprit tant bien que mal qu'à sept heures du matin était « brusquement » arrivé chez lui un employé du gouverneur...

— *Pardon, j'ai oublié son nom. Il n'est pas du pays*, mais il paraît que Lembke l'a amené avec lui ; *quelque chose de bête et d'allemand dans la physionomie. Il s'appelle Rosenthal.*

— N'est-ce pas Blum ?

— Blum. En effet, c'est ainsi qu'il s'est nommé. *Vous le connaissez ? Quelque chose d'hébété et de très-content dans la figure, pourtant très-sévère, roide et sérieux.* Un type de policier subalterne, *je m'y connais.* Je dormais encore, et, figurez-vous, il a demandé à « jeter un coup d'œil » sur mes livres et sur mes manuscrits, *oui, je m'en souviens, il a employé ces mots.* Il ne m'a pas arrêté, il s'est borné à saisir des livres... *Il se tenait à distance*, et, quand il s'est mis à m'expliquer l'objet de sa visite, il paraissait craindre que je... *enfin il avait l'air de croire que je tomberais sur lui immédiatement, et que je commencerais à le battre comme plâtre. Tous ces gens de bas étage sont comme ça*, quand ils ont affaire à un homme comme il faut. Il va de soi que j'ai tout compris aussitôt. *Voilà vingt ans que je m'y prépare.* Je lui ai ouvert tous mes tiroirs et lui ai remis toutes mes clefs ; je les lui ai données moi-même, je lui ai tout donné. *J'étais digne et calme.* En fait de livres, il a pris les ouvrages de Hertzen publiés à l'étranger, un exemplaire relié de la « Cloche », quatre copies de mon poëme, *et enfin tout ça.* Ensuite, des papiers, des lettres, *et quelques-unes de mes ébauches historiques, critiques et politiques.* Ils se sont emparés de tout cela. Nastasia dit que le soldat a chargé sur une brouette les objets saisis et qu'on a mis dessus la couverture du traîneau ; *oui, c'est cela,* la couverture.

C'était une hallucination. Qui pouvait y comprendre quelque chose ? De nouveau je l'accablai de questions : Blum était-il venu seul ou avec d'autres ? Au nom de qui avait-il agi? De quel droit? Comment s'était-il permis cela? Quelles explications avait-il données?

— *Il était seul, bien seul; du reste, il y avait encore quelqu'un dans l'antichambre, oui, je m'en souviens, et puis...* Du reste, il me semble qu'il y avait encore quelqu'un, et que dans le vestibule se tenait un garde. Il faut demander à Nastasia; elle sait tout cela mieux que moi. *J'étais surexcité, voyez-vous. Il parlait, il parlait... un tas de choses;* du reste, il a très-peu parlé, et c'est moi qui ai parlé tout le temps... J'ai raconté ma vie, naturellement, à ce seul point de vue..... *J'étais surexcité, mais digne, je vous l'assure.* Cependant je crois avoir pleuré, j'en ai peur. La brouette, ils l'ont prise chez un boutiquier, ici, à côté.

— Oh! Seigneur, comment tout cela a-t-il pu se faire! Mais, pour l'amour de Dieu, soyez plus précis, Stépan Trophimovitch; voyons, c'est un rêve, ce que vous racontez là!

— *Cher, je suis moi-même comme dans un rêve... Savez-vous, il a prononcé le nom de Téliatnikoff,* et je pense que celui-là était aussi caché dans le vestibule. Oui, je me rappelle, il a parlé du procureur et, je crois, de Dmitri Mitritch... *qui me doit encore quinze roubles que je lui ai gagnés au jeu, soit dit en passant. Enfin je n'ai pas trop compris.* Mais j'ai été plus rusé qu'eux, et que m'importe Dmitri Mitritch? Je crois que je l'ai instamment prié de ne pas ébruiter l'affaire, je l'ai sollicité à plusieurs reprises, je crains même de m'être abaissé, *comment croyez-vous? Enfin il a consenti...* Oui, je me rappelle, c'est lui-même qui m'a demandé cela : il m'a dit qu'il valait mieux tenir la chose secrète, parce qu'il était venu seulement pour « jeter un coup d'œil » *et rien de plus...* et que si l'on ne trouvait rien, il n'y aurait rien... Si bien que nous avons tout terminé *en amis, je suis tout à fait content.*

— Ainsi, il vous avait offert les garanties d'usage en pareil cas, et c'est vous-même qui les avez refusées! m'écriai-je dans un accès d'amicale indignation.

— Oui, l'absence de garanties est préférable. Et pourquoi

faire du scandale? Jusqu'à présent nous avons procédé en *amis*, cela vaut mieux... Vous savez, si l'on apprend dans notre ville... *mes ennemis*... *et puis à quoi bon ce procureur, ce cochon de notre procureur, qui deux fois m'a manqué de politesse et qu'on a rossé à plaisir l'autre année chez cette charmante et belle Nathalie Pavlovna, quand il se cacha dans son boudoir? Et puis, mon ami*, épargnez-moi vos observations et ne me démoralisez pas, je vous prie, car, quand un homme est malheureux, il n'y a rien de plus insupportable pour lui que de s'entendre dire par cent amis qu'il a fait une sottise. Asseyez-vous pourtant, et buvez une tasse de thé; j'avoue que je suis fort fatigué... si je me couchais pour un moment et si je m'appliquais autour de la tête un linge trempé dans du vinaigre, qu'en pensez-vous?

— Vous ferez très-bien, répondis-je, — vous devriez même vous mettre de la glace sur la tête. Vous avez les nerfs très-agités, vous êtes pâle, et vos mains tremblent. Couchez-vous, reposez-vous un peu, vous reprendrez votre récit plus tard. Je resterai près de vous en attendant.

Il hésitait à suivre mon conseil, mais j'insistai. Nastasia apporta une tasse remplie de vinaigre, je mouillai un essuie-mains et j'en entourai la tête de Stépan Trophimovitch. Ensuite Nastasia monta sur la table et se mit en devoir d'allumer une lampe dans le coin devant l'icone. Le fait m'étonna, car rien de semblable n'avait jamais eu lieu dans la maison.

— J'ai donné cet ordre tantôt, immédiatement après leur départ, murmura Stépan Trophimovitch en me regardant d'un air fin : — *quand on a de ces choses-là dans sa chambre et qu'on vient vous arrêter*, cela impose, et ils doivent rapporter ce qu'ils ont vu...

Lorsqu'elle eut allumé la lampe, la servante appuya sa main droite sur sa joue, et, debout sur le seuil, se mit à considérer son maître d'un air attristé...

Il m'appela d'un signe près du divan sur lequel il était couché :

— *Éloignez-la* sous un prétexte quelconque, je ne puis souffrir cette pitié russe, *et puis ça m'embête.*

Mais Nastasia se retira sans qu'il fût besoin de l'inviter à sortir. Je remarquai qu'il avait toujours les yeux fixés sur la porte et qu'il prêtait l'oreille au moindre bruit arrivant de l'antichambre.

— *Il faut être prêt, voyez-vous,* me dit-il avec un regard significatif, — *chaque moment...* on vient, on vous prend, et ff...uit — voilà un homme disparu !

— Seigneur ! Qui est-ce qui viendra ? Qui est-ce qui peut vous prendre ?

— *Voyez-vous, mon cher,* quand il est parti, je lui ai carrément demandé ce qu'on allait faire de moi.

— Vous auriez mieux fait de lui demander où l'on vous déportera ! répliquai-je ironiquement.

— C'est aussi ce qui était sous-entendu dans ma question, mais il est parti sans répondre. *Voyez-vous :* en ce qui concerne le linge, les effets et surtout les vêtements chauds, c'est comme ils veulent : ils peuvent vous les laisser prendre ou vous emballer vêtu seulement d'un manteau de soldat. Mais, ajouta-t-il en baissant tout à coup la voix et en regardant vers la porte par où Nastasia était sortie, — j'ai glissé secrètement trente-cinq roubles dans la doublure de mon gilet, tenez, tâtez... Je pense qu'ils ne me feront pas ôter mon gilet ; pour la frime j'ai laissé sept roubles dans mon porte-monnaie, et il y a là, sur la table, de la monnaie de cuivre bien en évidence ; ils croiront que c'est là tout ce que je possède, et ils ne devineront pas que j'ai caché de l'argent. Dieu sait où je coucherai la nuit prochaine.

Je baissai la tête devant une telle folie. Évidemment on ne pouvait opérer ni perquisition ni saisie dans des conditions semblables, et à coup sûr il battait la campagne. Il est vrai que tout cela se passait avant la mise en vigueur de la législation actuelle. Il est vrai aussi (lui-même le reconnaissait) qu'on lui avait offert de procéder plus régulièrement ; mais, « par ruse », il avait repoussé cette proposition... Sans doute, il n'y a pas encore bien longtemps, le gouverneur avait le droit, dans les cas urgents, de recourir à une procédure expéditive... Mais, encore une fois, quel cas urgent pouvait-il y avoir ici? Voilà ce qui me confondait.

— On aura certainement reçu un télégramme de Pétersbourg, dit soudain Stépan Trophimovitch.

— Un télégramme! A votre sujet? A cause de votre poëme et des ouvrages de Hertzen? Vous êtes fou : est-ce que cela peut motiver une arrestation?

Je prononçai ces mots avec une véritable colère. Il fit la grimace, évidemment je l'avais blessé en lui disant qu'il n'y avait pas de raison pour l'arrêter.

— A notre époque on peut être arrêté sans savoir pourquoi, murmura-t-il d'un air mystérieux.

Une supposition saugrenue me vint à l'esprit.

— Stépan Trophimovitch, parlez-moi comme à un ami, criai-je, — comme à un véritable ami, je ne vous trahirai pas : oui ou non, appartenez-vous à quelque société secrète?

Grande fut ma surprise en constatant l'embarras dans lequel le jeta cette question : il n'était pas bien sûr de ne pas faire partie d'une société secrète.

— Cela dépend du point de vue où l'on se place, *voyez-vous*..

— Comment, « cela dépend du point de vue » ?

— Quand on appartient de tout son cœur au progrès et... qui peut répondre... on croit ne faire partie de rien, et, en y regardant bien, on découvre qu'on fait partie de quelque chose.

— Comment est-ce possible? On est d'une société secrète ou l'on n'en est pas!

— *Cela date de Pétersbourg*, du temps où elle et moi nous voulions fonder là une revue. Voilà le point de départ. Alors nous leur avons glissé dans les mains, et ils nous ont oubliés; mais maintenant ils se souviennent. *Cher, cher,* est-ce que vous ne savez pas? s'écria-t-il douloureusement : — on nous rendra à notre tour, on nous fourrera dans une kibitka, et en route pour la Sibérie; ou bien on nous oubliera dans une casemate.....

Et soudain il fondit en larmes. Portant à ses yeux son foulard rouge, il sanglota convulsivement pendant cinq minutes. J'éprouvai une sensation pénible. Cet homme, depuis vingt ans notre prophète, notre oracle, notre patriarche, ce fier vétéran du libéralisme devant qui nous nous étions toujours inclinés avec tant de respect, voilà qu'à présent il sanglotait comme un petit enfant qui craint d'être fouetté par son précepteur en punition de quelque gaminerie. Il me faisait pitié. Nul doute qu'il ne crût à la « kibitka » aussi fermement qu'à ma présence auprès de lui; il s'attendait à être transporté ce matin même, dans un instant, et tout cela à cause de son poëme et des ouvrages de Hertzen! Si touchante qu'elle fût, cette phénoménale ignorance de la réalité pratique avait quelque chose de crispant.

A la fin il cessa de pleurer, se leva et recommença à se promener dans la pièce en s'entretenant avec moi, mais à chaque instant il regardait par la fenêtre et tendait l'oreille dans la direction de l'antichambre. Nous causions à bâtons rompus. En vain je m'évertuais à lui remonter le moral, autant eût valu jeter des pois contre un mur. Quoiqu'il ne m'écoutât guère, il avait pourtant un besoin extrême de m'entendre lui répéter sans cesse des paroles rassurantes. Je voyais qu'en ce moment il ne pouvait se passer de moi, et que pour rien au monde il ne m'aurait laissé partir. Je prolongeai ma visite, et nous restâmes plus de deux heures ensemble. Au cours de la conversation, il se rappela que Blum avait emporté deux proclamations trouvées chez lui.

— Comment, des proclamations? m'écriai-je pris d'une sotte inquiétude : — est-ce que vous...

— Eh! on m'en a fait parvenir dix, répondit-il d'un ton vexé (son langage était tantôt dépité et hautain, tantôt plaintif et humble à l'excès), — mais huit avaient déjà trouvé leur emploi, et Blum n'en a saisi que deux...

La rougeur de l'indignation colora tout à coup son visage,

— Vous me mettez avec ces gens-là? Pouvez-vous supposer que je sois avec ces drôles, avec ces folliculaires, avec mon fils Pierre Stépanovitch, avec ces esprits forts de la lâcheté? O Dieu!

— Bah, mais ne vous aurait-on pas confondu... Du reste, c'est absurde, cela ne peut pas être! observai-je.

— *Savez-vous*, éclata-t-il brusquement, — il y a des minutes où je sens *que je ferai là-bas quelque esclandre*. Oh! ne vous en allez pas, ne me laissez pas seul! *Ma carrière est finie aujourd'hui, je le sens*. Vous savez, quand je serai là, je m'élancerai peut-être sur quelqu'un et je le mordrai, comme ce sous-lieutenant...

Il fixa sur moi un regard étrange où se lisaient à la fois la frayeur et le désir d'effrayer. A mesure que le temps s'écoulait sans qu'on vît apparaître la « kilitka », son irritation grandissait de plus en plus et devenait même de la fureur. Tout à coup un bruit se produisit dans l'antichambre : c'était Nastasia qui, par mégarde, avait fait tomber un portemanteau. Stépan Trophimovitch trembla de tous ses membres et pâlit affreusement; mais, quand il sut à quoi se réduisait le fait qui lui avait causé une telle épouvante, peu s'en fallut qu'il ne renvoyât brutalement la servante à la cuisine. Cinq minutes après il reprit la parole en me regardant avec une expression de désespoir.

— Je suis perdu! gémit-il, et il s'assit soudain à côté de moi; — *cher*, je ne crains pas la Sibérie, *oh! je vous le jure*, ajouta-t-il les larmes aux yeux, — c'est autre chose qui me fait peur...

Je devinai à sa physionomie qu'une confidence d'une nature particulièrement pénible allait s'échapper de ses lèvres.

— Je crains la honte, fit-il à voix basse.

— Quelle honte? Mais, au contraire, soyez persuadé, Stépan Trophimovitch, que tout cela s'éclaircira aujourd'hui même, et que cette affaire se terminera à votre avantage...

— Vous êtes si sûr qu'on me pardonnera?

— Que vient faire ici le mot « pardonner »? Quelle expression! De quoi êtes-vous coupable pour qu'on vous pardonne? Je vous assure que vous n'êtes coupable de rien!

— *Qu'en savez-vous?* toute ma vie a été... *cher*... Ils se rappelleront tout... et s'ils ne trouvent rien, ce sera encore pire, ajouta-t-il brusquement.

— Comment, encore pire?

— Oui.

— Je ne comprends pas.

— Mon ami, mon ami, qu'on m'envoie en Sibérie, à Arkhangel, qu'on me prive de mes droits civils, soit — s'il faut périr, j'accepte ma perte! Mais... c'est autre chose que je crains, acheva-t-il en baissant de nouveau la voix.

— Eh bien, quoi, quoi?

— On me fouettera, dit-il, et il me considéra d'un air égaré.

— Qui vous fouettera? Où? Pourquoi? répliquai-je, me demandant avec inquiétude s'il n'avait pas perdu l'esprit.

— Où? Eh bien, là... où cela se fait.

— Mais où cela se fait-il?

— Eh! *cher*, répondit-il d'une voix qui s'entendait à peine, — une trappe s'ouvre tout à coup sous vos pieds et vous engloutit jusqu'au milieu du corps... Tout le monde sait cela.

— Ce sont des fables! m'écriai-je, — se peut-il que jusqu'à présent vous ayez cru à ces vieux contes?

Je me mis à rire.

— Des fables! Pourtant il n'y a pas de fumée sans feu; un homme qui a été fouetté ne va pas le raconter. Dix mille fois je me suis représenté cela en imagination!

— Mais vous, vous, pourquoi vous fouetterait-on? Vous n'avez rien fait.

— Tant pis, on verra que je n'ai rien fait, et l'on me fouettera.

— Et vous êtes sûr qu'on vous emmènera ensuite à Pétersbourg?

— Mon ami, j'ai déjà dit que je ne regrettais rien, *ma carrière est finie*. Depuis l'heure où elle m'a dit adieu à Skvorechniki, j'ai cessé de tenir à la vie... mais la honte, le déshonneur, *que dira-t-elle*, si elle apprend cela?

Le pauvre homme fixa sur moi un regard navré. Je baissai les yeux.

— Elle n'apprendra rien, parce qu'il ne vous arrivera rien. En vérité, je ne vous reconnais plus, Stépan Trophimovitch, tant vous m'étonnez ce matin.

— Mon ami, ce n'est pas la peur. Mais en supposant même qu'on me pardonne, qu'on me ramène ici et qu'on ne me fasse rien, — je n'en suis pas moins perdu. *Elle me soupçonnera toute sa vie*... moi, moi, le poëte, le penseur, l'homme qu'elle a adoré pendant vingt-deux ans!

— Elle n'en aura même pas l'idée.

— Si, elle en aura l'idée, murmura-t-il avec une conviction profonde. — Elle et moi nous avons parlé de cela plus d'une fois à Pétersbourg pendant le grand carême, à la veille de notre départ, quand nous craignions tous deux... *Elle me soupçonnera toute sa vie*... et comment la détromper? D'ailleurs, ici, dans cette petite ville, qui ajoutera foi à mes paroles? Tout ce que je pourrai dire paraîtra invraisemblable... *Et puis les femmes*... Cela lui fera plaisir. Elle sera désolée, très-sincèrement désolée, comme une véritable amie, mais au fond elle sera bien aise... Je lui fournirai une arme contre moi pour toute la vie. Oh! c'en est fait de mon existence! Vingt ans d'un bonheur si complet avec elle... et voilà!

Il couvrit son visage de ses mains.

— Stépan Trophimovitch, si vous faisiez savoir tout de suite à Barbara Pétrovna ce qui s'est passé? conseillai-je.

Il se leva frissonnant.

— Dieu m'en préserve! Pour rien au monde, jamais, après ce qui a été dit au moment des adieux à Skvorechniki, jamais!

Ses yeux étincelaient.

Nous restâmes encore une heure au moins dans l'attente

de quelque chose. Il se recoucha sur le divan, ferma les yeux, et durant vingt minutes ne dit pas un mot; je crus même qu'il s'était endormi. Tout à coup il se souleva sur son séant, arracha la compresse nouée autour de sa tête et courut à une glace. Ses mains tremblaient tandis qu'il mettait sa cravate. Ensuite, d'une voix de tonnerre, il cria à Nastasia de lui donner son paletot, son chapeau et sa canne.

— Je ne puis plus y tenir, prononça-t-il d'une voix saccadée, — je ne le puis plus, je ne le puis plus!... J'y vais moi-même.

— Où? demandai-je en me levant aussi.

— Chez Lembke. *Cher*, je le dois, j'y suis tenu. C'est un devoir. Je suis un citoyen, un homme, et non un petit copeau, j'ai des droits, je veux mes droits... Pendant vingt ans je n'ai pas réclamé mes droits, toute ma vie je les ai criminellement oubliés... mais maintenant je les revendique. Il faut qu'il me dise tout, tout. Il a reçu un télégramme. Qu'il ne s'avise pas de me faire languir dans l'incertitude, qu'il me mette plutôt en état d'arrestation, oui, qu'il m'arrête, qu'il m'arrête!

Il frappait du pied tout en proférant ces exclamations.

— Je vous approuve, dis-je aussi tranquillement que possible, quoique son état m'inspirât de vives inquiétudes, — après tout, cela vaut mieux que de rester dans une pareille angoisse, mais je n'approuve pas votre surexcitation; voyez un peu à qui vous ressemblez et comment vous irez là. *Il faut être digne et calme avec Lembke*. Réellement vous êtes capable à présent de vous précipiter sur quelqu'un et de le mordre.

— J'irai me livrer moi-même. Je me jetterai dans la gueule du lion.

— Je vous accompagnerai.

— Je n'attendais pas moins de vous, j'accepte votre sacrifice, le sacrifice d'un véritable ami, mais jusqu'à la maison seulement, je ne souffrirai pas que vous alliez plus loin que la porte : vous ne devez pas, vous n'avez pas le droit de vous compromettre davantage dans ma compagnie. *Oh! croyez-moi, je serai calme! Je me sens en ce moment à la hauteur de ce qu'il y a de plus sacré...*

— Peut-être entrerai-je avec vous dans la maison, interrompis-je. — Hier, leur imbécile de comité m'a fait savoir par Vysotzky que l'on comptait sur moi et que l'on me priait de prendre part à la fête de demain en qualité de commissaire : c'est ainsi qu'on appelle les six jeunes gens désignés pour veiller au service des consommations, s'occuper des dames et placer les invités; comme marque distinctive de leurs fonctions, ils porteront sur l'épaule gauche un nœud de rubans blancs et rouges. Mon intention était d'abord de refuser, mais maintenant cela me fournit un prétexte pour pénétrer dans la maison : je dirai que j'ai à parler à Julie Mikhaïlovna... Comme cela, nous entrerons ensemble.

Il m'écouta en inclinant la tête, mais sans paraître rien comprendre. Nous nous arrêtâmes sur le seuil.

— *Cher,* dit-il en me montrant la lampe allumée dans le coin, — *cher,* je n'ai jamais cru à cela, mais... soit, soit! (Il se signa.) *Allons!*

« Au fait, cela vaut mieux », pensai-je, comme nous nous approchions du perron, — « l'air frais lui fera du bien, il se calmera un peu, rentrera chez lui et se couchera... »

Mais je comptais sans mon hôte. En chemin nous arriva une aventure qui acheva de bouleverser mon malheureux ami...

## CHAPITRE X

### LES FLIBUSTIERS. UNE MATINÉE FATALE.

I

Une heure avant que je sortisse avec Stépan Trophimovitch, on vit non sans surprise défiler dans les rues de notre ville une bande de soixante-dix ouvriers au moins, appartenant à la fabrique des Chpigouline, qui en comptait environ neuf cents. Ils marchaient en bon ordre, presque silencieusement. Plus tard on a prétendu que ces soixante-dix hommes étaient les mandataires de leurs camarades, qu'ils avaient été choisis pour aller trouver le gouverneur et lui demander justice contre l'intendant qui, en l'absence des patrons, avait fermé l'usine et volé effrontément le personnel congédié. D'autres chez nous se refusent à admettre que les soixante-dix aient été délégués par l'ensemble des travailleurs de la fabrique, ils soutiennent qu'une députation comprenant soixante-dix membres n'aurait pas eu le sens commun. A en croire les partisans de cette opinion, la bande se composait tout bonnement des ouvriers qui avaient le plus à se plaindre de l'intendant, et qui s'étaient réunis pour porter au gouverneur leurs doléances particulières et non celles de toute l'usine. Dans l'hypothèse que je viens d'indiquer, la « révolte » générale de la fabrique, dont on a tant parlé depuis, n'aurait été qu'une invention des nouvellistes. Enfin, suivant une troisième version, il faudrait voir dans la manifestation ouvrière non le fait de simples tapageurs, mais un mouvement politique provoqué par des écrits clandestins. Bref, on ne sait pas encore au juste si les excitations des nihilistes ont été pour quelque chose dans cette affaire. Mon sentiment personnel est que les ouvriers n'avaient pas lu les proclamations, et que, les eussent-ils lues, ils n'en auraient pas compris un mot, attendu que les rédacteurs de ces papiers, nonobstant la crudité de leur style, écrivent d'une façon extrêmement obscure. Mais les ouvriers de la fabrique se trouvant réellement lésés, et la police à qui ils s'étaient adressés d'abord refusant d'intervenir en leur faveur, il est tout naturel qu'ils aient songé à se rendre en masse auprès du « général lui-même » pour lui exposer respectueusement leurs griefs. Selon moi, on n'avait affaire ici ni à des séditieux, ni même à une députation élue, mais à des gens qui suivaient une vieille tradition russe : de tout temps, en effet, notre peuple a aimé les entretiens avec « le général lui-même », bien qu'il n'ait jamais retiré aucun avantage de ces colloques.

Des indices sérieux donnent à penser que Pierre Stépanovitch, Lipoutine et peut-être encore un autre, sans compter Fedka, avaient cherché au préalable à se ménager des intelligences dans l'usine; mais je tiens pour certain qu'ils ne s'abouchèrent pas avec plus de deux ou trois ouvriers, mettons cinq, si l'on veut, et que ces menées n'aboutirent à aucun résultat. La propagande des agitateurs ne pouvait guère être comprise dans un pareil milieu. Fedka, il est vrai, semble avoir mieux réussi que Pierre Stépanovitch. Il est prouvé aujourd'hui que deux hommes de la fabrique prirent part, conjointement avec le galérien, à l'incendie de la ville survenu trois jours plus tard; un mois après, on a aussi arrêté dans le district trois anciens ouvriers de l'usine sous l'inculpation d'incendie et de pillage. Mais ces cinq individus paraissent être les seuls qui aient prêté l'oreille aux instigations de Fedka.

Quoi qu'il en soit, arrivés sur l'esplanade qui s'étend devant la maison du gouverneur, les ouvriers se rangèrent silencieusement vis-à-vis du perron; ensuite ils attendirent bouche béante. On m'a dit qu'à peine en place ils avaient ôté leurs bonnets, et cela avant l'apparition de Von Lembke, qui, comme par un fait exprès, ne se trouvait pas chez lui en ce moment. La police se montra bientôt, d'abord par petites escouades, puis au grand complet. Comme toujours, elle commença par sommer les manifestants de se disperser. Ils n'en firent rien, et répondirent laconiquement qu'ils avaient à parler au « *général* lui-même »; leur attitude dénotait une résolution énergique; le calme dont ils ne se départaient point, et qui semblait l'effet d'un mot d'ordre, inquiéta l'autorité. Le maître de police crut devoir attendre l'arrivée de Von Lembke. Les faits et gestes de ce personnage ont été racontés de la façon la plus fantaisiste. Ainsi, il est absolument faux qu'il ait fait venir la troupe baïonnette au fusil, et qu'il ait télégraphié quelque part pour demander de l'artillerie et des Cosaques. Ce sont des fables dont se moquent à présent ceux même qui les ont inventées. Non moins absurde est l'histoire des pompes à incendie, avec lesquelles on aurait douché la foule. Ce qui a pu donner naissance à ce bruit, c'est qu'Ilia Ilitch, fort échauffé, criait aux ouvriers : « Pas un de vous ne sortira sec de l'eau[1]. » De là sans doute la légende des pompes à incendie, qui a trouvé un écho dans les correspondances adressées aux journaux de la capitale. En réalité, le maître de police se borna à faire cerner le rassemblement par tout ce qu'il avait d'hommes disponibles, et à dépêcher au gouverneur le commissaire du premier arrondissement; celui-ci monta dans le drojki d'Ilia Ilitch et partit en toute hâte pour Skvorechniki, sachant qu'une demi-heure auparavant Von Lembke s'était mis en route dans cette direction...

Mais un point, je l'avoue, reste encore obscur pour moi :

---

[1] Locution proverbiale qui revient à dire : « Pas un de vous ne sortira blanc de cette affaire. »

comment transforma-t-on tout d'abord une paisible réunion de solliciteurs en une émeute menaçante pour l'ordre social? Comment Lembke lui-même, qui arriva au bout de vingt minutes, adopta-t-il d'emblée cette manière de voir? Je présume (mais c'est encore une opinion personnelle) qu'Ilia Ilitch, acquis aux intérêts de l'intendant, présenta exprès au gouverneur la situation sous un jour faux pour l'empêcher d'examiner sérieusement les réclamations des ouvriers. L'idée de donner le change à son supérieur fut sans doute suggérée au maître de police par André Antonovitch lui-même. La veille et l'avant-veille, dans deux entretiens confidentiels que ce dernier avait eus avec son subordonné, il s'était montré fort préoccupé des proclamations et très-disposé à admettre l'existence d'un complot tramé par les nihilistes avec les ouvriers de l'usine Chpigouline; il semblait même que Son Excellence aurait été désolée si l'événement avait donné tort à ses conjectures. « Il veut attirer sur lui l'attention du ministère », se dit notre rusé Ilia Ilitch en sortant de chez le gouverneur; « eh bien, cela tombe à merveille. »

Mais je suis persuadé que le pauvre André Antonovitch n'aurait pas désiré une émeute, même pour avoir l'occasion de se distinguer. C'était un fonctionnaire extrêmement consciencieux, et jusqu'à son mariage il avait été irréprochable. Était-ce même sa faute, à cet Allemand simple et modeste, si une princesse quadragénaire l'avait élevé jusqu'à elle? Je sais à peu près positivement que de cette matinée fatale datent les premiers symptômes irrécusables du dérangement intellectuel pour lequel l'infortuné Von Lembke suit aujourd'hui un traitement dans un établissement psychiatrique de la Suisse; mais on peut supposer que, la veille déjà, l'altération de ses facultés mentales s'était manifestée par certains signes. Je tiens de bonne source que la nuit précédente, à trois heures du matin, il se rendit dans l'appartement de sa femme, la réveilla et la somma d'entendre « son ultimatum ». Il parlait d'un ton si impérieux que Julie Mikhaïlovna dut obéir; elle se leva indignée, s'assit sur une couchette sans prendre le temps de défaire ses papillottes, et s'apprêta à écouter d'un air sarcastique. Alors, pour la première fois, elle comprit dans quel état d'esprit se trouvait André Antonovitch, et elle s'en effraya à part soi. Mais, au lieu de rentrer en elle-même, de s'humaniser, elle affecta de se montrer plus intraitable que jamais. Chaque femme a sa manière de mettre son mari à la raison. Le procédé de Julie Mikhaïlovna consistait dans un dédaigneux silence qu'elle observait pendant une heure, deux heures, vingt-quatre heures, parfois durant trois jours; André Antonovitch pouvait dire ou faire tout ce qu'il voulait, menacer même de se jeter par la fenêtre d'un troisième étage, sa femme n'ouvrait pas la bouche, — pour un homme sensible il n'y a rien d'insupportable comme un pareil mutisme! La gouvernante était-elle fâchée contre un époux qui, non content d'accumuler depuis quelques jours bévues sur bévues, prenait ombrage des capacités administratives de sa femme? Avait-elle sur le cœur les reproches qu'il lui avait adressés au sujet de sa conduite avec les jeunes gens et avec toute notre société, sans comprendre les hautes et subtiles considérations politiques dont elle s'inspirait? Se sentait-elle offensée de la sotte jalousie qu'il témoignait à l'égard de Pierre Stépanovitch? Quoi qu'il en soit, maintenant encore Julie Mikhaïlovna résolut de tenir rigueur à son mari, nonobstant l'agitation inaccoutumée à laquelle elle le voyait en proie.

Tandis qu'il arpentait de long en large le boudoir de sa femme, Von Lembke se répandit en récriminations aussi décousues que violentes. Il commença par déclarer que tout le monde se moquait de lui et le « menait par le nez ». — « Qu'importe la vulgarité de l'expression! vociféra-t-il en surprenant un sourire sur les lèvres de sa femme, — le mot n'y fait rien, la vérité est qu'on me mène par le nez!... Non, madame, le moment est venu; sachez qu'à présent il ne s'agit plus de rire et que les manéges de la coquetterie féminine ne sont plus de saison. Nous ne sommes pas dans le boudoir d'une petite-maîtresse, nous sommes en quelque sorte deux êtres abstraits se rencontrant en ballon pour dire la vérité. » (Comme on le voit, le trouble de ses idées se trahissait dans l'incohérence de ses images.) « C'est vous, vous, madame, qui m'avez fait quitter mon ancien poste: je n'ai accepté cette place que pour vous, pour satisfaire votre ambition.... Vous souriez ironiquement? Ne vous hâtez pas de triompher. Sachez, madame, sachez que je pourrais, que je saurais me montrer à la hauteur de cette place, que dis-je? de dix places semblables à celle-ci, car je ne manque pas de capacités; mais avec vous, madame, c'est impossible, attendu que vous me faites perdre tous mes moyens. Deux centres ne peuvent coexister, et vous en avez organisé deux : l'un chez moi, l'autre dans votre boudoir, — deux centres de pouvoir, madame, mais je ne permets pas cela, je ne le permets pas! Dans le service comme dans le ménage l'autorité doit être une, elle ne peut se scinder.... Comment m'avez-vous récompensé? s'écria-t-il ensuite, — quelle a été notre vie conjugale? Sans cesse, à toute heure, vous me démontriez que j'étais un être nul, bête et même lâche; moi, j'étais réduit à la nécessité de vous démontrer sans cesse, à toute heure, que je n'étais ni une nullité, ni un imbécile, et que j'étonnais tout le monde par ma noblesse : — eh bien, n'était-ce pas une situation humiliante de part et d'autre? » En prononçant ces mots, il frappait du pied sur le tapis. Julie Mikhaïlovna se redressa d'un air de dignité hautaine. André Antonovitch se calma aussitôt; mais sa colère fit place à un débordement de sensibilité. Pendant cinq minutes environ, il sanglota (oui, il sanglota) et se frappa la poitrine: le silence obstiné de sa femme le mettait hors de lui. A la fin, il s'oublia au point de laisser percer sa jalousie à l'endroit de Pierre Stépanovitch; puis, sentant combien il avait été bête, il entra dans une violente colère. « Je ne permettrai pas la négation de Dieu, cria-t-il, — je fermerai votre salon aussi antinational qu'antireligieux; croire en Dieu est une obligation pour un gouverneur, et par conséquent aussi pour sa femme; je ne souffrirai plus de jeunes gens autour de vous.... Par dignité personnelle, vous auriez dû, madame, vous intéresser à votre mari et ne pas laisser mettre en doute son intelligence, lors même qu'il aurait été un homme de peu de moyens (ce qui n'est pas du tout mon cas); or vous êtes cause, au contraire, que tout le monde ici me méprise; c'est vous qui avez ainsi disposé l'esprit public... Je supprimerai la question des femmes, poursuivit-il avec véhémence, — je purifierai l'atmosphère de ce miasme; demain, je vais interdire la sotte fête au profit des institutrices (que le diable les emporte!). Gare à la première qui se présentera demain matin, je la ferai reconduire à la frontière de la province par un Cosaque! Exprès, exprès! Savez-vous, savez-vous que vos vauriens fomentent le désordre parmi les ouvriers de l'usine, et que je n'ignore pas cela? Savez-vous qu'ils distribuent exprès des proclamations, exprès? Savez-vous que je connais les noms de quatre de ces vauriens, et que je perds la tête; je la perds définitivement, définitivement!!!... »

A ces mots, Julie Mikhaïlovna, sortant soudain de son mutisme, déclara sèchement qu'elle-même était depuis longtemps instruite des projets de complot, et que c'était une bêtise à laquelle André Antonovitch attachait trop d'importance; quant aux polissons, elle connaissait non-seulement ces quatre-là, mais tous les autres (en parlant ainsi, elle mentait); du reste, elle comptait bien ne pas perdre l'esprit à propos de cela; au contraire, elle était plus sûre que jamais de son intelligence, et avait le ferme espoir de tout terminer heureusement, grâce à l'application de son programme : témoigner de l'intérêt aux jeunes gens, leur faire entendre raison, les surprendre en leur prouvant tout d'un coup qu'on a éventé leurs desseins, et ensuite offrir à leur activité un objectif plus sage.

Oh! que devint en ce moment André Antonovitch! Ainsi il avait encore été berné par Pierre Stépanovitch; ce dernier s'était grossièrement moqué de lui, il n'avait révélé quelque chose au gouverneur qu'après avoir fait des confidences beaucoup plus détaillées à la gouvernante, et enfin ce même

Pierre Stépanovitch était peut-être l'âme de la conspiration ! Cette pensée exaspéra Von Lembke. « Sache, femme insensée mais venimeuse, répliqua-t-il avec fureur, — sache que je vais faire arrêter à l'instant même ton indigne amant; je le chargerai de chaînes et je l'enverrai dans un ravelin, à moins que... à moins que moi-même, sous tes yeux, je ne me jette par la fenêtre ! » Julie Mikhaïlovna, blême de colère, accueillit cette tirade par un rire sonore et prolongé, comme celui qu'on entend au Théâtre-Français, quand une actrice parisienne, engagée aux appointements de cent mille roubles pour jouer les grandes coquettes, rit au nez du mari qui ose suspecter sa fidélité. André Antonovitch fit mine de s'élancer vers la fenêtre, mais il s'arrêta soudain comme cloué sur place; une pâleur cadavérique couvrit son visage, il croisa ses bras sur sa poitrine, et regardant sa femme d'un air sinistre : « Sais-tu, sais-tu, Julie... proféra-t-il d'une voix étouffée et suppliante, — sais-tu, que dans l'état où je suis, je puis tout entreprendre ? » A cette menace, l'hilarité de la gouvernante redoubla, ce que voyant, Von Lembke serra les lèvres et s'avança, le poing levé, vers la rieuse. Mais, au moment de frapper, il sentit ses genoux se dérober sous lui, s'enfuit dans son cabinet et se jeta tout habillé sur son lit. Pendant deux heures, le malheureux resta couché à plat ventre, ne dormant pas, ne réfléchissant à rien, hébété par l'écrasant désespoir qui pesait sur son cœur comme une pierre. De temps à autre, un tremblement fiévreux secouait tout son corps. Des idées incohérentes, tout à fait étrangères à sa situation, traversaient son esprit : tantôt il se rappelait la vieille pendule qu'il avait à Pétersbourg quinze ans auparavant, et dont la grande aiguille était cassée; tantôt il songeait au joyeux employé Millebois, avec qui il avait un jour attrapé des moineaux dans le parc Alexandrovsky : pendant que les deux fonctionnaires s'amusaient de la sorte, ils avaient observé en riant que l'un d'eux était assesseur de collége. A sept heures, André Antonovitch s'endormit, et des rêves agréables le visitèrent durant son sommeil. Il était env' ou dix heures quand il s'éveilla; il sauta brusquement à bas de son lit, se rappela soudain tout ce qui s'était passé et se frappa le front avec force. On vint lui dire que le déjeuner était servi; successivement se présentèrent Blum, le maître de police, et un employé chargé d'annoncer à Son Excellence que telle assemblée l'attendait. Le gouverneur ne voulut point déjeuner, ne reçut personne, et courut comme un fou à l'appartement de sa femme. Là, Sophie Antropovna, vieille dame noble, qui depuis longtemps déjà demeurait chez Julie Mikhaïlovna, lui apprit que celle-ci, à dix heures, était partie en grande compagnie pour Skvorechniki : il avait été convenu avec Barbara Pétrovna qu'une seconde fête serait donnée dans quinze jours chez cette dame, et l'on était allé visiter la maison pour prendre sur les lieux les dispositions nécessaires. Cette nouvelle impressionna André Antonovitch; il rentra dans son cabinet, et commanda aussitôt sa voiture. A peine même put-il attendre que les chevaux fussent attelés. Son âme avait soif de Julie Mikhaïlovna; — s'il pouvait seulement la voir, passer cinq minutes auprès d'elle! Peut-être qu'elle lui accorderait un regard, qu'elle remarquerait sa présence, lui sourirait comme autrefois, lui pardonnerait — o-oh! « Mais pourquoi faire atteler? » Machinalement il ouvrit un gros volume placé sur la table (parfois il cherchait des inspirations dans un livre en l'ouvrant au hasard, et en lisant les trois premières lignes de la page droite). C'étaient les *Contes* de Voltaire qui se trouvaient sur la table. « Tout est pour le mieux dans le meilleur des mondes possibles... » lut le gouverneur. Il lança un jet de salive, et se hâta de monter en voiture : « A Skvorechniki! » Le cocher raconta que pendant toute la route le barine s'était montré fort impatient d'arriver, mais qu'au moment où l'on approchait de la maison de Barbara Pétrovna, il avait brusquement donné l'ordre de le ramener à la ville. « Plus vite, je te prie, plus vite! ne cessait-il de répéter. Nous n'étions plus qu'à une petite distance du rempart quand il fit arrêter, descendit et prit un chemin à travers champs. Ensuite, il s'arrêta et se mit à examiner de petites fleurs. Il les contempla si longtemps que je me demandai même ce que cela voulait dire. » Tel fut le récit du cocher. Je me rappelle le temps qu'il faisait ce jour-là : c'était par une matinée de septembre, froide et claire, mais venteuse; devant André Antonovitch s'étendait un paysage d'un aspect sévère; la campagne, d'où l'on avait depuis longtemps enlevé les récoltes, n'offrait plus que quelques petites fleurs jaunes dont le vent agitait les tiges... Le gouverneur comparait-il mentalement sa destinée à celle de ces pauvres plantes flétries par le froid de l'automne? Je ne le crois pas. Les objets qu'il avait sous les yeux étaient, je suppose, fort loin de son esprit, nonobstant le témoignage du cocher et celui du commissaire de police, qui déclara plus tard avoir trouvé Son Excellence tenant à la main un petit bouquet de fleurs jaunes. Ce commissaire, Basile Ivanovitch Flibustiéroff, était arrivé depuis peu chez nous; mais il avait déjà su se distinguer par l'intempérance de son zèle. Lorsqu'il eut mis pied à terre, il ne douta point, en voyant ce à quoi s'occupait le gouverneur, que celui-ci ne fût fou; néanmoins, il lui annonça de but en blanc que la ville n'était pas tranquille.

— Hein? Quoi? fit Von Lembke en tournant vers le commissaire de police un visage sévère, mais sans manifester le moindre étonnement; il semblait se croire dans son cabinet, et avoir perdu tout souvenir de la voiture et du cocher.

— Le commissaire de police du premier arrondissement, Flibustiéroff, Excellence. Il y a une émeute en ville.

— Des flibustiers? demanda André Antonovitch songeur.

— Précisément, Excellence. Les ouvriers de la fabrique des Chpigouline sont en insurrection.

— Les ouvriers des Chpigouline!

Ces mots parurent lui rappeler quelque chose. Il frissonna même et porta le doigt à son front : « Les ouvriers des Chpigouline! » Silencieux, mais toujours songeur, il regagna lentement sa calèche, y monta et se fit conduire à la ville. Le commissaire de police le suivit en drojki.

J'imagine que nombre de choses fort intéressantes se présentèrent, durant la route, à la pensée du gouverneur, toutefois c'est bien au plus s'il avait pris une décision quelconque lorsqu'il arriva sur la place située devant sa demeure. Mais tout son sang reflua vers son cœur dès qu'il eut vu le groupe résolu des « émeutiers », le cordon des sergents de ville, le désarroi (peut-être plus apparent que réel) du maître de police, enfin l'attente qui se lisait dans tous les regards fixés sur lui. Il était livide en descendant de voiture.

— Découvrez-vous! dit-il d'une voix étranglée et presque inintelligible. — A genoux! ajouta-t-il avec un emportement qui fut une surprise pour tout le monde et peut-être pour lui-même. Toute sa vie André Antonovitch s'était distingué par l'égalité de son caractère, jamais on ne l'avait vu tempêter contre personne, mais ces gens calmes sont les plus à craindre, si par hasard quelque chose les met hors des gonds. Tout commençait à tourner autour de lui.

— Flibustiers! vociféra-t-il; après avoir proféré cette exclamation insensée, il se tut et resta là, ignorant encore ce qu'il ferait, mais sachant et sentant dans tout son être qu'il allait immédiatement faire quelque chose.

« Seigneur! » entendit-on dans la foule. Un gars se signa, trois ou quatre hommes voulurent se mettre à genoux, mais tous les autres firent trois pas en avant et soudain remplirent l'air de leurs cris : « Votre Excellence... on nous a engagés à raison de quarante... l'intendant... tu ne peux pas dire... » etc., etc. Il était impossible de découvrir un sens à ces clameurs confuses.

D'ailleurs, André Antonovitch n'aurait rien pu y comprendre : le malheureux avait toujours les fleurs dans ses mains. L'émeute était évidente pour lui comme la kibitka l'avait été tout à l'heure pour Stépan Trophimovitch. Et dans la foule des « émeutiers » qui le regardaient en

ouvrant de grands yeux il croyait voir aller et venir le
« boute-en-train » du désordre, Pierre Stépanovitch dont la
pensée ne l'avait pas quitté un seul instant depuis la veille,
— l'exécré Pierre Stépanovitch...

— Des verges! cria-t-il brusquement.

Ces mots furent suivis d'un silence de mort.

La relation qui précède a été écrite d'après les informations les plus exactes. Pour la suite, mes renseignements ne sont pas aussi précis. Cependant on possède certains faits.

D'abord, les verges firent leur apparition trop vite; évidemment elles avaient été tenues en réserve, à tout hasard, par le prévoyant maître de police. Du reste, on ne fouetta pas plus de deux ou trois ouvriers. J'insiste sur ce point, car le bruit a couru que tous les manifestants ou du moins la moitié d'entre eux avaient été fustigés. Ce n'est pas le seul canard qui, de notre ville, se soit envolé dans les gazettes pétersbourgeoises. On a beaucoup parlé chez nous de l'aventure prétendument arrivée à une pensionnaire d'un hospice, Avdotia Pétrovna Tarapyguine : cette dame, pauvre, mais noble, était sortie, disait-on, pour aller faire des visites; en passant sur la place elle se serait écriée avec indignation : « Quelle honte! » sur quoi, on l'aurait arrêtée et fouettée. Non-seulement l'histoire a été mise dans les journaux, mais encore on a organisé en ville une souscription au profit de la victime pour protester contre les agissements de la police. J'ai moi-même souscrit pour vingt kopeks. Eh bien, il est prouvé maintenant que cette dame Tarapyguine est un mythe! Je suis allé m'informer à l'hospice où elle était censée habiter, et l'on m'a répondu que l'établissement n'avait jamais eu aucune pensionnaire de ce nom.

Dès que nous fûmes arrivés sur la place, Stépan Trophimovitch échappa, je ne sais comment, à ma surveillance. Ne pressentant rien de bon, je voulais l'empêcher de traverser la foule, et mon intention était de le conduire chez le gouverneur en lui faisant faire le tour de la place. Mais, poussé par la curiosité, je m'arrêtai une minute pour questionner un badaud, et quand ensuite je promenai mes yeux autour de moi, je n'aperçus plus Stépan Trophimovitch. Instinctivement je me mis tout de suite à le chercher dans l'endroit le plus dangereux; je devinais que lui aussi était hors de ses gonds. Je le découvris en effet au beau milieu de la bagarre. Je me rappelle que je le saisis par le bras, mais il me regarda avec une dignité calme et imposante :

— Cher, dit-il d'une voix où vibrait une corde prête à se briser, — si, ici, sur la place, devant nous, ils procèdent avec un tel sans gêne, qu'attendre de *ce*... dans le cas où il agirait sans contrôle?

Et, tremblant d'indignation, il montra avec un geste de défi le commissaire de police qui, debout à deux pas, nous faisait de gros yeux.

— *De ce!* s'écria Flibustiéroff, ivre de colère. — Ce, quoi? Et toi, qui es-tu? En prononçant ces mots, il fermait les poings et s'avançait vers nous. — Qui es-tu? répéta-t-il avec rage. (Je noterai que le visage de Stépan Trophimovitch était loin de lui être inconnu.) Encore un moment, et sans doute il aurait pris au collet mon audacieux compagnon; par bonheur, Lembke tourna la tête de notre côté en entendant crier le commissaire de police. Le gouverneur attacha sur Stépan Trophimovitch un regard indécis, mais attentif, comme s'il eût cherché à recueillir ses idées, puis il fit tout à coup un geste d'impatience. Flibustiéroff ne dit plus mot. J'entraînai Stépan Trophimovitch hors de la foule. Du reste, lui-même peut-être avait envie de battre en retraite.

— Rentrez chez vous, rentrez chez vous, insistai-je, — si l'on ne nous a pas battus, c'est sans doute grâce à Lembke.

— Allez-vous-en, mon ami, je me reproche de vous faire courir des dangers. Vous êtes jeune, vous avez de l'avenir; moi, mon heure a sonné.

Il monta d'un pas ferme le perron de la maison du gouverneur. Le suisse me connaissait, je lui dis que nous nous rendions tous deux chez Julie Mikhaïlovna. Nous attendîmes dans le salon de réception. Je ne voulais pas abandonner mon ami, mais je jugeais inutile de lui faire encore des observations. Il avait l'air d'un homme qui se prépare à accomplir le sacrifice de Décius. Nous nous assîmes non à côté l'un de l'autre, mais chacun dans un coin différent, moi tout près de la porte d'entrée, lui du côté opposé. Tenant dans sa main gauche son chapeau à larges bords, il inclinait pensivement la tête et appuyait ses deux mains sur la pomme de sa canne. Nous restâmes ainsi pendant dix minutes.

## II

Tout à coup Lembke accompagné du maître de police entra d'un pas rapide; il nous regarda à peine, et, sans faire attention à nous, se dirigea vers son cabinet, mais Stépan Trophimovitch se campa devant lui pour lui barrer le passage. La haute mine de cet homme qui ne ressemblait pas au premier venu produisit son effet : Lembke s'arrêta.

— Qui est-ce? murmura-t-il d'un air étonné; quoique cette question parût s'adresser au maître de police, il ne tourna pas la tête vers lui et continua d'examiner Stépan Trophimovitch.

— L'ancien assesseur de collège Stépan Trophimovitch Verkhovensky, Excellence, répondit Stépan Trophimovitch en s'inclinant avec dignité devant le gouverneur qui ne cessait de fixer sur lui un œil du reste complétement atone.

— De quoi? fit avec un laconisme autoritaire André Antonovitch, et il tendit dédaigneusement l'oreille vers Stépan Trophimovitch qu'il avait fini par prendre pour un vulgaire solliciteur.

— Aujourd'hui un employé agissant au nom de Votre Excellence est venu faire une perquisition chez moi; en conséquence je désirerais ..

À ces mots, la lumière parut se faire dans l'esprit de Von Lembke.

— Le nom? le nom? demanda-t-il impatiemment.

Stépan Trophimovitch, plus digne que jamais, déclina de nouveau ses noms et qualités.

— A-a-ah! C'est... c'est ce propagateur... Monsieur, vous vous êtes signalé d'une façon qui... Vous êtes professeur? Professeur?

— J'ai eu autrefois l'honneur de faire quelques leçons à la jeunesse à l'université de.....

— A la jeunesse! répéta Von Lembke avec une sorte de frisson, mais je parierais qu'il n'avait pas encore bien compris de quoi il s'agissait, ni même peut-être à qui il avait affaire.

— Monsieur, je n'admets pas cela, poursuivit-il pris d'une colère subite. — Je n'admets pas la jeunesse. Ce sont toujours des proclamations. C'est un assaut livré à la société, monsieur, c'est du flibustiérisme... Qu'est-ce que vous sollicitez?

— C'est, au contraire, votre épouse qui m'a sollicité de faire une lecture demain à la fête organisée par elle. Moi, je ne sollicite rien, je viens réclamer mes droits...

— A la fête? Il n'y aura pas de fête! J'interdirai votre fête! Des leçons? Des leçons? vociféra furieusement le gouverneur.

— Je vous prierais, Excellence, de me parler plus poliment, sans frapper du pied et sans faire la grosse voix comme si vous vous adressiez à un domestique.

— Savez-vous à qui vous parlez? demanda Von Lembke devenu pourpre.

— Parfaitement, Excellence.

— Je fais à la société un rempart de mon corps, et vous la battez en brèche. Vous la ruinez!... Vous... Du reste, je n'ignore pas qui vous êtes: c'est vous qui avez été gouverneur dans la maison de la générale Stavroguine?

— Oui, j'ai été... gouverneur... dans la maison de la générale Stavroguine.

— Et durant vingt ans vous avez propagé les doctrines dont nous voyons à présent... les fruits... Je crois vous avoir aperçu tout à l'heure sur la place. Craignez pourtant, monsieur, craignez; votre manière de penser est connue. Soyez sûr que j'ai l'œil sur vous. Je ne puis pas, monsieur, tolérer vos leçons, je ne le puis pas. Ce n'est pas à moi qu'il faut adresser de pareilles demandes.

Pour la seconde fois il voulut passer dans son cabinet.

— Je répète que vous vous trompez, Excellence. C'est votre épouse qui m'a prié de faire non pas une leçon, mais une lecture littéraire à la fête de demain. Maintenant, du reste, j'y renonce. Je vous prie très-humblement de m'expliquer, si c'est possible, comment et pourquoi une perquisition a eu lieu aujourd'hui dans mon domicile. On m'a pris des livres, des papiers, des lettres privées auxquelles je tiens; le tout a été emporté dans une brouette...

Lembke tressaillit.

— Qui a fait la perquisition? demanda-t-il, et, tout rouge, il se tourna vivement vers le maître de police. En ce moment parut sur le seuil le personnage voûté, long et disgracieux, qui répondait au nom de Blum.

— Tenez, c'est cet employé, reprit Stépan Trophimovitch en le montrant. Blum s'approcha avec la mine d'un coupable qui ne se repent guère.

— Vous ne faites que des bêtises, dit d'un ton irrité le gouverneur à son âme damnée, et tout à coup un revirement complet s'opéra en lui.

— Excusez-moi... balbutia-t-il confus et rougissant, — tout cela... il n'y a eu dans tout cela qu'un malentendu... un simple malentendu.

— Excellence, repartit Stépan Trophimovitch, — j'ai été témoin dans ma jeunesse d'un fait caractéristique. Un jour, au théâtre, deux spectateurs se rencontrèrent dans un couloir, et, devant tout le public, l'un d'eux donna à l'autre un retentissant soufflet. Aussitôt après, l'auteur de cette voie de fait reconnut qu'il avait commis un regrettable quiproquo, mais en homme qui apprécie trop la valeur du temps pour le perdre en vaines excuses, il se contenta de dire d'un ton vexé à sa victime exactement ce que je viens d'entendre de la bouche de Votre Excellence : « Je me suis trompé... pardonnez-moi, c'est un malentendu, un simple malentendu. » Et comme, néanmoins, l'individu giflé continuait à récriminer, le gifleur ajouta avec colère : « Voyons, puisque je vous dis que c'est un malentendu, pourquoi donc criez-vous encore? »

— C'est... c'est sans doute fort ridicule... répondit Von Lembke avec un sourire forcé, — mais... mais est-il possible que vous ne voyiez pas combien je suis moi-même malheureux?

Dans cette exclamation inattendue s'exhalait le désespoir d'un cœur navré. Qui sait? encore un moment, et peut-être le gouverneur aurait éclaté en sanglots. Stépan Trophimovitch le considéra d'abord avec stupéfaction; puis il inclina la tête et reprit d'un ton profondément pénétré :

— Excellence, ne vous inquiétez plus de ma sotte plainte; faites-moi seulement rendre mes livres et mes lettres...

En ce moment un brouhaha se produisit dans la salle : Julie Mikhaïlovna arrivait avec toute sa société.

III

A gauche du perron, une entrée particulière donnait accès aux appartements de la gouvernante; mais cette fois toute la bande s'y rendit en traversant la salle, sans doute parce que dans cette pièce se trouvait Stépan Trophimovitch dont on connaissait déjà l'aventure. Le hasard avait voulu que Liamchine n'allât point avec les autres chez Barbara Pétrovna. Grâce à cette circonstance, le Juif apprit avant tout le monde ce qui s'était passé en ville; pressé d'annoncer d'aussi agréables nouvelles, il loua un mauvais cheval de Cosaque et partit à la rencontre de la société qui revenait de Skvorechniki. Je présume que Julie Mikhaïlovna, malgré sa fermeté, se troubla un peu en entendant le récit de Liamchine, mais cette impression dut être très-fugitive. Par exemple, le côté politique de la question ne pouvait guère préoccuper la gouvernante : à quatre reprises déjà Pierre Stépanovitch lui avait assuré qu'il n'y avait qu'à fustiger en masse tous les tapageurs de la fabrique, et depuis quelque temps Pierre Stépanovitch était devenu pour elle un véritable oracle. « Mais... n'importe, il me payera cela », pensa-t-elle probablement à part soi ; *il*, c'était à coup sûr son mari. Soit dit en passant, Pierre Stépanovitch ne figurait point dans la suite de Julie Mikhaïlovna lors de l'excursion à Skvorechniki, et durant cette matinée personne ne le vit nulle part. J'ajoute que Barbara Pétrovna, après avoir reçu ses visiteurs, retourna avec eux à la ville, voulant absolument assister à la dernière séance du comité organisateur de la fête. Selon toute apparence, ce ne fut pas sans agitation qu'elle apprit les nouvelles communiquées par Liamchine au sujet de Stépan Trophimovitch.

Le châtiment d'André Antonovitch ne se fit pas attendre. Dès le premier coup d'œil qu'il jeta sur son excellente épouse, le gouverneur sut à quoi s'en tenir. A peine entrée, Julie Mikhaïlovna s'approcha avec un ravissant sourire de Stépan Trophimovitch, lui tendit une petite main adorablement gantée et l'accabla des compliments les plus flatteurs : on aurait dit qu'elle était tout entière au bonheur de le voir enfin chez elle. Pas une allusion à la perquisition du matin, pas un mot, pas un regard à Von Lembke dont elle semblait ne pas remarquer la présence. Bien plus, elle confisqua immédiatement Stépan Trophimovitch et l'emmena au salon comme s'il n'avait pas eu à s'expliquer avec le gouverneur. Je le répète : toute femme de grand ton qu'elle était, je trouve que dans cette circonstance Julie Mikhaïlovna manqua complétement de tact. Karmazinoff rivalisa avec elle (sur la demande de la gouvernante il s'était joint aux excursionnistes; tout au plus pouvait-on appeler cela une visite; néanmoins cette politesse tardive et indirecte n'avait pas laissé de chatouiller délicieusement la petite vanité de Barbara Pétrovna). Entré le dernier, il n'eut pas plus tôt aperçu Stépan Trophimovitch qu'il poussa un cri et courut à lui les bras ouverts en bousculant même Julie Mikhaïlovna.

— Combien d'étés, combien d'hivers! Enfin... Excellent ami!

Il l'embrassa, c'est-à-dire qu'il lui présenta sa joue. Stépan Trophimovitch ahuri dut la baiser.

— Cher, me dit-il le soir en s'entretenant avec moi des incidents de la journée, — je me demandais dans ce moment-là lequel était le plus lâche, de lui qui m'embrassait pour m'humilier, ou de moi, qui, tout en le méprisant, baisais sa joue alors que j'aurais pu m'en dispenser... pouah!

— Eh bien, racontez donc, racontez tout, poursuivit de sa voix sifflante Karmazinoff.

Prier un homme de faire au pied levé le récit de toute sa vie depuis vingt-cinq ans, c'était absurde, mais cette sottise avait bonne grâce.

— Songez que nous nous sommes vus pour la dernière fois à Moscou, au banquet donné en l'honneur de Granovsky, et que depuis lors vingt-cinq ans se sont écoulés... commença très-sensément (et par suite avec fort peu de chic) Stépan Trophimovitch.

— Ce cher homme! interrompit Karmazinoff en saisissant son interlocuteur par l'épaule avec une familiarité qui, pour être amicale, n'en était pas moins déplacée, — mais conduisez-nous donc au plus tôt dans votre appartement, Julie Mikhaïlovna, il s'assiéra là et il racontera tout.

— Et pourtant je n'ai jamais été intime avec cette irascible femmelette, me fit observer dans la soirée Stépan Trophimovitch qui tremblait de colère au souvenir de son entretien avec Karmazinoff, — déjà quand nous étions jeunes tous deux, nous n'éprouvions que de l'antipathie l'un pour l'autre...

Le salon de Julie Mikhaïlovna ne tarda pas à se remplir. Barbara Pétrovna était dans un état particulier d'excitation, bien qu'elle feignît l'indifférence; à deux ou trois reprises je la vis regarder Karmazinoff avec malveillance et Stépan Trophimovitch avec colère. Cette irritation était prématurée, et elle provenait d'un amour inquiet : si, dans cette circonstance, Stépan Trophimovitch avait été terne, s'il s'était laissé éclipser devant tout le monde par Karmazinoff, je crois que Barbara Pétrovna se serait élancée sur lui et l'aurait battu. J'ai oublié de mentionner parmi les personnes présentes Élisabeth Nikolaïevna; jamais encore je ne l'avais vue plus gaie, plus insouciante, plus joyeuse. Avec Lisa se trouvait aussi, naturellement, Maurice Nikolaïévitch. Puis, dans la foule des jeunes dames et des jeunes gens d'assez mauvais ton qui formaient l'entourage habituel de Julie Mikhaïlovna, je remarquai deux ou trois visages nouveaux : un Polonais de passage dans notre ville, un médecin allemand, vieillard très-vert encore, qui riait brusquement à tout propos, et enfin un tout jeune prince arrivé de Pétersbourg, figure automatique engoncée dans un immense faux col. La gouvernante traitait ce dernier visiteur avec une considération visible et même paraissait inquiète de l'opinion qu'il pourrait avoir de son salon...

— Cher monsieur Karmazinoff, dit Stépan Trophimovitch qui s'assit sur un divan dans une attitude pittoresque et qui se mit soudain à susseyer tout comme le grand romancier, — cher monsieur Karmazinoff, la vie d'un homme de notre génération, quand il possède certains principes, doit, même pendant une durée de vingt-cinq ans, présenter un aspect uniforme...

Croyant sans doute avoir entendu quelque chose de fort drôle, l'Allemand partit d'un bruyant éclat de rire. Stépan Trophimovitch le considéra d'un air étonné qui, du reste, ne fit aucun effet sur le vieux docteur. Le prince se tourna aussi vers ce dernier et l'examina nonchalamment avec son pince-nez.

— ...Doit présenter un aspect uniforme, répéta exprès Stépan Trophimovitch en traînant négligemment la voix sur chaque mot. — Telle a été ma vie durant tout ce quart de siècle, *et comme on trouve partout plus de moines que de raison,* la conséquence a été que durant ces vingt-cinq ans je...

— C'est charmant, les moines, murmura la gouvernante en se penchant vers Barbara Pétrovna assise à côté d'elle.

Un regard rayonnant de fierté fut la réponse de la générale Stavroguine. Mais Karmazinoff ne put digérer le succès de la phrase française, et il se hâta d'interrompre Stépan Trophimovitch.

— Quant à moi, dit-il de sa voix criarde, — je ne me tracasse pas à ce sujet, voilà déjà sept ans que j'ai élu domicile à Karlsruhe. Et quand, l'année dernière, le conseil municipal a décidé l'établissement d'une nouvelle conduite d'eau, j'ai senti que cette question des eaux de Karlsruhe me tenait plus fortement au cœur que toutes les questions de ma chère patrie... que toutes les prétendues réformes d'ici.

— On a beau faire, on s'y intéresse malgré soi, soupira Stépan Trophimovitch en inclinant la tête d'un air significatif.

Julie Mikhaïlovna était radieuse : la conversation devenait profonde et manifestait une « tendance ».

— Un tuyau d'égout? demanda d'une voix sonore le médecin allemand.

— Une conduite d'eau, docteur, et je les ai même aidés alors à rédiger le projet.

Le vieillard éclata de rire; son exemple trouva de nombreux imitateurs, mais ce fut de lui qu'on rit; du reste, il ne s'en aperçut pas, et l'hilarité générale lui fit grand plaisir.

— Permettez-nous de n'être pas de votre avis, Karmazinoff, s'empressa d'observer Julie Mikhaïlovna. — Il se peut que vous aimiez Karlsruhe, mais vous vous plaisez à mystifier les gens, et cette fois nous ne vous croyons pas. Quel est parmi les écrivains russes celui qui a mis en scène le plus de types contemporains, deviné avec la plus lumineuse prescience les questions actuelles? C'est vous assurément. Et après cela vous viendrez nous parler de votre indifférence à l'endroit de la patrie, vous voudrez nous faire croire que vous ne vous intéressez qu'aux eaux de Karlsruhe ! Ha, ha !

— Oui, il est vrai, répondit en minaudant Karmazinoff, — que j'ai incarné dans le personnage de Pogojeff tous les défauts des slavophiles, et dans celui de Nikodimoff tous les défauts des zapadniki[1]...

— Oh ! il en a bien oublié quelques-uns ! fit à demi-voix Liamchine.

— Mais je ne m'occupe de cela qu'à mes moments perdus, à seule fin de tuer le temps et... de donner satisfaction aux importunes exigences de mes compatriotes.

— Vous savez probablement, Stépan Trophimovitch, reprit avec enthousiasme Julie Mikhaïlovna, — que demain nous aurons la joie d'entendre un morceau charmant... une des dernières et des plus exquises productions de Sémen Égorovitch, — elle est intitulée *Merci*. Il déclare dans cette pièce qu'il n'écrira plus, pour rien au monde, lors même qu'un ange du ciel ou, pour mieux dire, toute la haute société le supplierait de revenir sur sa résolution. En un mot, il dépose la plume pour toujours, et ce gracieux *Merci* est adressé au public dont les ardentes sympathies n'ont jamais fait défaut durant tant d'années à Sémen Égorovitch.

La gouvernante jubilait.

— Oui, je ferai mes adieux ; je dirai mon *Merci*, et puis j'irai m'enterrer là-bas... à Karlsruhe, reprit Karmazinoff dont la fatuité s'épanouissait peu à peu. — Nous autres grands hommes, quand nous avons accompli notre œuvre, nous n'avons plus qu'à disparaître, sans chercher de récompense. C'est ce que je ferai.

— Donnez-moi votre adresse, et j'irai vous voir à Karlsruhe, dans votre tombeau, dit en riant à gorge déployée le docteur allemand.

---

[1] Partisans de la civilisation occidentale.

— A présent on transporte les morts même par les voies ferrées, remarqua à brûle-pourpoint un des jeunes gens sans importance.

Toujours facétieux, Liamchine se récria d'admiration. Julie Mikhaïlovna fronça le sourcil. Entra Nicolas Stavroguine.

— Mais on m'avait dit que vous aviez été conduit au poste? fit-il à haute voix en s'adressant tout d'abord à Stépan Trophimovitch.

— Non, répondit gaiement celui-ci, — ce n'a été qu'un cas *particulier* [1].

— Mais j'espère qu'il ne vous empêchera nullement d'accéder à ma demande, dit Julie Mikhaïlovna, — j'espère que vous oublierez ce fâcheux désagrément qui est encore inexplicable pour moi; vous ne pouvez pas tromper notre plus chère attente et nous priver du plaisir d'entendre votre lecture à la matinée littéraire.

— Je ne sais pas, je... maintenant...

— Je suis bien malheureuse, vraiment, Barbara Pétrovna... figurez-vous, je me faisais un tel bonheur d'entrer personnellement en rapport avec un des esprits les plus remarquables et les plus indépendants de la Russie, et voilà que tout d'un coup Stépan Trophimovitch manifeste l'intention de nous fausser compagnie.

— L'éloge a été prononcé à si haute voix que sans doute je n'aurais pas dû l'entendre, observa spirituellement Stépan Trophimovitch, — mais je ne crois pas que ma pauvre personnalité soit si nécessaire à votre fête. Du reste, je...

— Mais vous le gâtez! cria Pierre Stépanovitch entrant comme une trombe dans la chambre. — Moi, je lui tenais la main haute, et soudain, dans la même matinée, — perquisition, saisie, un policier le prend au collet, et voilà que maintenant les dames lui font des mamours dans le salon du gouverneur de la province! Je suis sûr qu'en ce moment il est malade de joie; même en rêve il n'avait jamais

---

[1] Il y a ici un calembour intraduisible : l'auteur joue sur les mots *tchast* (poste de police) et *tchastnyï* (particulier).

entrevu pareil bonheur. Et à présent il ira débiner les socialistes!

— C'est impossible, Pierre Stépanovitch. Le socialisme est une trop grande idée pour que Stépan Trophimovitch ne l'admette pas, répliqua avec énergie Julie Mikhaïlovna.

— L'idée est grande, mais ceux qui la prêchent ne sont pas toujours des géants, et brisons là, mon cher, dit Stépan Trophimovitch en s'adressant à son fils.

Alors survint la circonstance la plus imprévue. Depuis quelque temps déjà Von Lembke était dans le salon, mais personne ne semblait remarquer sa présence, quoique tous l'eussent vu entrer. Toujours décidée à punir son mari, Julie Mikhaïlovna ne s'occupait pas plus de lui que s'il n'avait pas été là. Assis non loin de la porte, le gouverneur écoutait la conversation d'un air sombre et sévère. En entendant les allusions aux événements de la matinée, il commença à donner des signes d'agitation et fixa ses yeux sur le prince; son attention était évidemment attirée par le faux col extraordinaire que portait ce visiteur; puis il eut comme un frisson soudain lorsqu'il perçut la voix de Pierre Stépanovitch et qu'il vit le jeune homme s'élancer dans la chambre. Mais Stépan Trophimovitch venait à peine d'achever sa phrase sur les socialistes, que Von Lembke s'avançait brusquement vers lui; il poussa même Liamchine qui se trouvait sur son passage; le Juif se recula vivement, feignit la stupéfaction et se frotta l'épaule, comme si on lui avait fait beaucoup de mal.

— Assez! dit Von Lembke, et, saisissant avec énergie la main de Stépan Trophimovitch effrayé, il la serra de toutes ses forces dans la sienne. — Assez, les flibustiers de notre temps sont connus. Pas un mot de plus. Les mesures sont prises...

Ces mots prononcés d'une voix vibrante retentirent dans tout le salon. L'impression fut pénible. Tout le monde eut le pressentiment d'un malheur. Je vis Julie Mikhaïlovna pâlir. Un sot accident ajouta encore à l'effet de cette scène.

Après avoir déclaré que des mesures étaient prises, Von Lembke tourna brusquement les talons et se dirigea vers la porte, mais, au second pas qu'il fit, son pied s'embarrassa dans le tapis, il perdit l'équilibre et faillit tomber. Pendant un instant le gouverneur s'arrêta pour considérer l'endroit du parquet où il avait bronché : « Il faudra changer cela », observa-t-il tout haut, et il sortit. Sa femme se hâta de le suivre. Dès que Julie Mikhaïlovna eut quitté la chambre, la société se mit à commenter l'incident. « Il a un grain », disaient les uns; les autres exprimaient la même idée en portant le doigt à leur front; on se racontait à l'oreille diverses particularités concernant l'existence domestique de Von Lembke. Personne ne prenait son chapeau, tous attendaient. Je ne sais ce que faisait pendant ce temps-là Julie Mikhaïlovna, mais elle revint au bout de cinq minutes; s'efforçant de paraître calme, elle répondit évasivement qu'André Antonovitch était un peu agité, mais que ce ne serait rien, qu'il était sujet à cela depuis l'enfance et qu'il n'y avait pas lieu de s'inquiéter, qu'enfin la fête de demain lui fournirait une distraction salutaire. Puis, après avoir encore adressé, mais seulement par convenance, quelques mots flatteurs à Stépan Trophimovitch, elle invita les membres du comité à ouvrir immédiatement la séance. C'était une façon de congédier les autres; ils le comprirent et se retirèrent. Toutefois une dernière péripétie devait clore cette journée déjà si mouvementée...

Au moment même où Nicolas Vsévolodovitch était entré, j'avais remarqué que Lisa avait fixé ses yeux sur lui ; elle le considéra si longuement que l'insistance de ce regard finit par attirer l'attention. Maurice Nikolaïévitch qui se tenait derrière la jeune fille se pencha vers elle avec l'intention de lui parler tout bas, mais sans doute il changea d'idée, car presque aussitôt il se redressa et promena autour de lui le regard d'un coupable. Nicolas Vsévolodovitch éveilla aussi la curiosité de l'assistance : son visage était plus pâle que de coutume, et son regard extraordinairement distrait.

8.

Il parut oublier Stépan Trophimovitch immédiatement après lui avoir adressé la question qu'on a lue plus haut ; je crois même qu'il ne pensa pas à aller saluer la maîtresse de la maison. Quant à Lisa, il ne la regarda pas une seule fois, et ce n'était pas de sa part une indifférence affectée ; je suis persuadé qu'il n'avait pas remarqué la présence de la jeune fille. Et tout à coup, au milieu du silence qui succéda aux dernières paroles de Julie Mikhaïlovna, s'éleva la voix sonore d'Élisabeth Nikolaïevna interpellant Stavroguine :

— Nicolas Vsévolodovitch, un certain capitaine, du nom de Lébiadkine, se disant votre parent, le frère de votre femme, m'écrit toujours des lettres inconvenantes dans lesquelles il se plaint de vous, et offre de me révéler divers secrets qui vous concernent. S'il est, en effet, votre parent, défendez-lui de m'insulter et délivrez-moi de cette persécution.

Le terrible défi contenu dans ces paroles n'échappa à personne. Lisa provoquait Stavroguine avec une audace dont elle se serait peut-être effrayée elle-même, si elle avait été en état de la comprendre. Cela ressemblait à la résolution désespérée d'un homme qui se jette, les yeux fermés, du haut d'un toit.

Mais la réponse de Nicolas Vsévolodovitch fut encore plus stupéfiante.

C'était déjà une chose étrange que le flegme imperturbable avec lequel il avait écouté la jeune fille. Ni confusion, ni colère ne se manifesta sur son visage. A la question qui lui était faite, il répondit simplement, d'un ton ferme, et même avec une sorte d'empressement :

— Oui, j'ai le malheur d'être le parent de cet homme. Voilà bientôt cinq ans que j'ai épousé sa sœur, née Lébiadkine. Soyez sûre que je lui ferai part de vos exigences dans le plus bref délai, et je vous réponds qu'à l'avenir il vous laissera tranquille.

Jamais je n'oublierai la consternation dont la générale Stavroguine offrit alors l'image. Ses traits prirent une expression d'affolement, elle se leva à demi et étendit le bras droit devant elle comme pour se protéger. Nicolas Vsévolodovitch regarda tour à tour sa mère, Lisa, l'assistance, et tout à coup un sourire d'ineffable dédain se montra sur ses lèvres; il se dirigea lentement vers la porte. Le premier mouvement d'Élisabeth Nikolaïevna fut de courir après lui; au moment où il sortit, tout le monde la vit se lever précipitamment, mais elle se ravisa, et, au lieu de s'élancer sur les pas du jeune homme, elle se retira tranquillement, sans rien dire à personne, sans regarder qui que ce fût. Comme de juste, Maurice Nikolaïévitch s'empressa de lui offrir son bras...

De retour à sa maison de ville, Barbara Pétrovna fit défendre sa porte. Quant à Nicolas Vsévolodovitch, on a dit qu'il s'était rendu directement à Skvorechniki, sans voir sa mère. Stépan Trophimovitch m'envoya le soir demander pour lui à « cette chère amie » la permission de l'aller voir, mais je ne fus pas reçu. Il était profondément désolé : « Un pareil mariage! Un pareil mariage! Quel malheur pour une famille! » ne cessait-il de répéter, les larmes aux yeux. Pourtant il n'oubliait pas Karmazinoff, contre qui il se répandait en injures. Il était aussi très-occupé de la lecture qu'il devait faire, et — nature artistique! — il s'y préparait devant une glace, en repassant dans sa mémoire pour les servir le lendemain au public tous les calembours et traits d'esprit qu'il avait faits pendant toute sa vie et dont il avait soigneusement tenu registre.

— Mon ami, c'est pour la grande idée, me dit-il en manière de justification. — Mon ami, je sors de la retraite où je vivais depuis vingt-cinq ans. Où vais-je? je l'ignore, mais je pars...

# TROISIÈME PARTIE

## CHAPITRE PREMIER
### LA FÊTE. — PREMIÈRE PARTIE.

I

La fête eut lieu nonobstant les inquiétudes qu'avait fait naître la journée précédente. Lembke serait mort dans la nuit que rien, je crois, n'aurait été changé aux dispositions prises pour le lendemain, tant Julie Mikhaïlovna attachait d'importance à sa fête. Hélas! jusqu'à la dernière minute elle s'aveugla sur l'état des esprits. Vers la fin, tout le monde était persuadé que la solennelle journée ne se passerait pas sans orage. « Ce sera le dénoûment », disaient quelques-uns qui, d'avance, se frottaient les mains. Plusieurs, il est vrai, fronçaient le sourcil et affectaient des airs soucieux; mais, en général, tout esclandre cause un plaisir infini aux Russes. A la vérité, il y avait chez nous autre chose encore qu'une simple soif de scandale : il y avait de l'agacement, de l'irritation, de la lassitude. Partout régnait un cynisme de commande. Le public énervé, dévoyé, ne se reconnaissait plus. Au milieu du désarroi universel, les dames seules ne perdaient pas la carte, réunies qu'elles étaient dans un sentiment commun : la haine de Julie Mikhaïlovna. Et la pauvrette ne se doutait de rien; jusqu'à la dernière heure elle resta convaincue qu'elle avait groupé toutes les sympathies autour de sa personne et qu'on lui était « fanatiquement dévoué ».

J'ai déjà signalé l'avènement des petites gens dans notre ville. C'est un phénomène qui a coutume de se produire aux époques de trouble ou de transition. Je ne fais pas allusion ici aux hommes dits « avancés » dont la principale préoccupation en tout temps est de devancer les autres : ceux-là ont un but — souvent fort bête, il est vrai, mais plus ou moins défini. Non, je parle seulement de la canaille. Dans les moments de crise on voit surgir des bas-fonds sociaux un tas d'individus qui n'ont ni but, ni idée d'aucune sorte, et ne se distinguent que par l'amour du désordre. Presque toujours cette fripouille subit à son insu l'impulsion du petit groupe des « avancés », lesquels en font ce qu'ils veulent, à moins qu'ils ne soient eux-mêmes de parfaits idiots, ce qui, du reste, arrive quelquefois. Maintenant que tout est passé, on prétend chez nous que Pierre Stépanovitch était un agent de l'Internationale, et l'on accuse Julie Mikhaïlovna d'avoir organisé la racaille conformément aux instructions qu'elle recevait de Pierre Stépanovitch. Nos fortes têtes s'étonnent à présent de n'avoir pas vu plus clair alors dans la situation. Ce qui se préparait, je l'ignore et je crois que personne ne le sait, sauf peut-être quelques hommes étrangers à notre ville. Quoi qu'il en soit, des gens de rien avaient pris une importance soudaine. Ils s'étaient mis à critiquer hautement toutes les choses respectables, eux qui naguère encore n'osaient pas ouvrir la bouche, et les plus qualifiés de nos concitoyens les écoutaient en silence, parfois même avec un petit rire approbateur. Des Liamchine, des Téliatnikoff, des propriétaires comme Tentetnikoff, des morveux comme Radichtcheff, des Juifs au sourire amer, de gais voyageurs, des poëtes à tendance venus de la capitale, d'autres poëtes qui, n'ayant ni tendance ni talent, remplaçaient cela par une poddevka et des bottes de roussi; des majors et des colonels qui méprisaient leur profession et qui, pour gagner un rouble de plus, étaient tout prêts à troquer leur épée contre un rond de cuir dans un bureau de chemin de fer; des généraux devenus avocats; des juges de paix éclairés, des marchands en train de s'éclairer, d'innombrables séminaristes, des femmes de réputation équivoque, — voilà ce qui prit tout à coup le dessus chez nous, et sur qui donc? Sur le club, sur des fonctionnaires d'un rang élevé, sur des généraux à jambes de bois, sur les dames les plus estimables de notre société.

Je le répète, au début un petit nombre de gens sérieux avaient échappé à la contagion de cette folie et s'étaient même claquemurés dans leurs maisons. Mais quelle réclusion peut tenir contre une loi naturelle? Dans les familles les plus rigoristes il y a, comme ailleurs, des fillettes pour qui la danse est un besoin. En fin de compte, ces personnes graves souscrivirent, elles aussi, pour la fête au profit des institutrices. Le bal promettait d'être si brillant! d'avance on en disait merveille, le bruit courait qu'on y verrait des princes étrangers, des célébrités politiques de Pétersbourg, dix commissaires choisis parmi les plus fringants cavaliers et portant un nœud de rubans sur l'épaule gauche. On ajoutait que, pour grossir la recette, Karmazinoff avait consenti à lire son *Merci*, déguisé en institutrice provinciale. Enfin, dans le « quadrille de la littérature », chacun des danseurs serait costumé de façon à représenter une tendance. Comment résister à tant d'attractions? Tout le monde souscrivit.

## II

Les organisateurs de la fête avaient décidé qu'elle se composerait de deux parties : une matinée littéraire, de midi à quatre heures, et un bal qui commencerait à neuf heures pour durer toute la nuit. Mais ce programme même recélait déjà des éléments de désordre. Dès le principe le bruit se répandit en ville qu'il y aurait un déjeuner aussitôt après la matinée littéraire, ou même que celle-ci serait coupée par un entr'acte pour permettre aux auditeurs de se restaurer; naturellement on comptait sur un déjeuner gratuit et arrosé de champagne. Le prix énorme du billet (trois roubles) semblait autoriser jusqu'à un certain point cette conjecture. « Serait-ce la peine de souscrire, pour s'en retourner chez soi le ventre creux? Si vous gardez les gens vingt-quatre heures, il faut les nourrir. Sinon, on mourra de faim », voilà comment raisonnait notre public. Je dois avouer que Julie Mikhaïlovna elle-même contribua par son étourderie à accréditer ce bruit fâcheux. Un mois auparavant, encore tout enthousiasmée du grand projet qu'elle avait conçu, la gouvernante parlait de sa fête au premier venu, et elle avait fait annoncer dans une feuille de la capitale que des toasts seraient portés à cette occasion. L'idée de ces toasts la séduisait tout particulièrement : elle voulait les porter elle-même, et, en attendant, elle composait des discours pour la circonstance. Ce devait être un moyen d'arborer notre drapeau (quel était-il? je parierais que la pauvre femme n'était pas encore fixée sur ce point); ces discours seraient insérés sous forme de correspondances dans les journaux pétersbourgeois, ils rempliraient de joie l'autorité supérieure, ensuite ils se répandraient dans toutes les provinces où l'on ne manquerait pas d'admirer et d'imiter de telles manifestations. Mais pour les toasts il faut du champagne, et, comme on ne boit pas de champagne à jeun, le déjeuner s'imposait. Plus tard, quand, grâce aux efforts de la gouvernante, un comité eut été formé pour étudier les voies et moyens d'exécution, il prouva clair comme le jour à Julie Mikhaïlovna que, si l'on donnait un banquet, le produit net de la fête se réduirait à fort peu de chose, quelque abondante que fût la recette brute. On avait donc le choix entre deux alternatives : ou banqueter, toaster et encaisser quatre-vingt-dix roubles pour les institutrices, ou réaliser une somme importante avec une fête qui, à proprement parler, n'en serait pas une. Du reste, en tenant ce langage, le comité n'avait voulu que mettre la puce à l'oreille de Julie Mikhaïlovna, lui-même imagina une troisième solution qui conciliait tout : on donnerait une fête très-convenable sous tous les rapports, mais sans champagne, et, de la sorte, il resterait, tous frais payés, une somme sérieuse, de beaucoup supérieure à quatre-vingt-dix roubles. Ce moyen terme était fort raisonnable; malheureusement il ne plut pas à Julie Mikhaïlovna, dont le caractère répugnait aux demi-mesures. Dans un discours plein de feu elle déclara au comité que si la première idée était impraticable, il fallait se rabattre sur la seconde, savoir, la réalisation d'une recette colossale qui ferait de notre province un objet d'envie pour toutes les autres. « Le public doit enfin comprendre », acheva-t-elle, « que l'accomplissement d'un dessein humanitaire l'emporte infiniment sur les fugitives jouissances du corps, que la fête n'est au fond que la proclamation d'une grande idée; il faut donc se contenter du bal le plus modeste, le plus économique, si l'on ne peut pas rayer absolument du programme un délassement inepte, mais consacré par l'usage! » Elle avait soudain pris le bal en horreur. On réussit cependant à la calmer. Ce fut alors, par exemple, qu'on inventa le « quadrille de la littérature » et les autres choses esthétiques destinées à remplacer les jouissances du corps. Ce fut alors aussi que Karmazinoff, qui jusqu'à ce moment s'était fait prier, consentit définitivement à lire *Merci* pour étouffer toute velléité gastronomique dans l'esprit de notre gourmande population; grâce à ces ingénieux expédients, le bal, d'abord très-compromis, allait redevenir superbe, sous un certain rapport du moins. Toutefois, pour ne pas se perdre totalement dans les nuages, le comité admit la possibilité de servir quelques rafraîchissements : du thé au commencement du bal, de l'orgeat et de la limonade au milieu, des glaces à la fin, — rien de plus. Mais il y a des gens qui ont toujours faim et surtout soif : comme concession à ces estomacs exigeants, on résolut d'installer dans la pièce du fond un buffet spécial dont

Prokhoritch (le chef du club) s'occuperait sous le contrôle sévère du comité; moyennant finance, chacun pourrait là boire et manger ce qu'il voudrait; un avis placardé sur la porte de la salle préviendrait le public que le buffet était en dehors du programme. De crainte que le bruit fait par les consommateurs ne troublât la séance littéraire, on décida que le buffet projeté ne serait pas ouvert pendant la matinée, quoique cinq pièces le séparassent de la salle blanche où Karmazinoff consentait à lire son manuscrit. Il était curieux de voir quelle énorme importance le comité, sans en excepter les plus pratiques de ses membres, attachait à cet événement, c'est-à-dire à la lecture de *Merci*. Quant aux natures poétiques, leur enthousiasme tenait du délire; ainsi la maréchale de la noblesse déclara à Karmazinoff qu'aussitôt après la lecture elle ferait encastrer dans le mur de sa salle blanche une plaque de marbre sur laquelle serait gravé en lettres d'or ce qui suit : « Le... 187., le grand écrivain russe et européen, Sémen Égorovitch Karmazinoff, déposant la plume, a lu en ce lieu *Merci* et a ainsi pris congé, pour la première fois, du public russe dans la personne des représentants de notre ville. » Au moment du bal, c'est-à-dire cinq heures après la lecture, cette plaque commémorative s'offrirait à tous les regards. Je tiens de bonne source que Karmazinoff s'opposa plus que personne à l'ouverture du buffet pendant la matinée; quelques membres du comité eurent beau faire observer que ce serait une dérogation à nos usages, le grand écrivain resta inflexible.

Les choses avaient été réglées de la sorte, alors qu'en ville on croyait encore à un festin de Balthazar, autrement dit, à un buffet où les consommations seraient gratuites. Cette illusion subsista jusqu'à la dernière heure. Les demoiselles rêvaient de friandises extraordinaires. Tout le monde savait que la souscription marchait admirablement, qu'on s'arrachait les billets, et que le comité était débordé par les demandes qui lui arrivaient de tous les coins de la province. On n'ignorait pas non plus qu'indépendamment du produit de la souscription, plusieurs personnes généreuses étaient largement venues en aide aux organisateurs de la fête. Barbara Pétrovna, par exemple, paya son billet trois cents roubles et donna toutes les fleurs de son orangerie pour l'ornementation de la salle. La maréchale de la noblesse, qui faisait partie du comité, prêta sa maison et prit à sa charge les frais d'éclairage; le club, non content de fournir l'orchestre et les domestiques, céda Prokhoritch pour toute la journée. Il y eut encore d'autres dons qui, quoique moins considérables, ne laissèrent pas de grossir la recette, si bien qu'on pensa à abaisser le prix du billet de trois roubles à deux. D'abord, en effet, le comité craignait que le tarif primitivement fixé n'écartât les demoiselles ; aussi fut-il question un moment de créer des billets dits de famille, combinaison grâce à laquelle il eût suffi à une demoiselle de prendre un billet de trois roubles pour faire entrer gratis à sa suite toutes les jeunes personnes de sa famille, quelque nombreuses qu'elles fussent. Mais l'événement prouva que les craintes du comité n'étaient pas fondées : la présence des demoiselles ne fit pas défaut à la fête. Les employés les plus pauvres vinrent accompagnés de leurs filles, et sans doute, s'ils n'en avaient pas eu, ils n'auraient même pas songé à souscrire. Un tout petit secrétaire amena, outre sa femme, ses sept filles et une nièce; chacune de ces personnes avait en main son billet de trois roubles. Il ne faut pas demander si les couturières eurent de l'ouvrage! La fête comprenant deux parties, les dames se trouvaient dans la nécessité d'avoir deux costumes : l'un pour la matinée, l'autre pour le bal. Dans la classe moyenne, beaucoup de gens, comme on le sut plus tard, mirent en gage chez des Juifs leur linge de corps et même leurs draps de lit. Presque tous les employés se firent donner leurs appointements d'avance; plusieurs propriétaires vendirent du bétail dont ils avaient besoin, tout cela pour faire aussi bonne figure que les autres et produire leurs filles habillées comme des marquises. Le luxe des toilettes dépassa cette fois tout ce qu'il nous avait été donné de voir jusqu'alors dans notre localité. Pendant quinze jours on n'entendit parler en ville que d'anecdotes empruntées à la vie privée de diverses familles; nos plaisantins servaient tout chauds ces racontars à Julie Mikhaïlovna et à sa cour. Il circulait aussi des caricatures. J'ai vu moi-même dans l'album de la gouvernante plusieurs dessins de ce genre. Malheureusement les gens tournés en ridicule étaient loin d'ignorer tout cela. Ainsi s'explique, à mon sens, la haine implacable que dans tant de maisons on avait vouée à Julie Mikhaïlovna. A présent c'est un *tolle* universel. Mais il était clair d'avance que, si le comité donnait la moindre prise sur lui, si le bal laissait quelque peu à désirer, l'explosion de la colère publique atteindrait des proportions inouïes. Voilà pourquoi chacun *in petto* s'attendait à un scandale; or, du moment que le scandale était dans les prévisions de tout le monde, comment aurait-il pu ne pas se produire?

A midi précis, une ritournelle d'orchestre annonça l'ouverture de la fête. En ma qualité de commissaire, j'ai eu le triste privilége d'assister aux premiers incidents de cette honteuse journée. Cela commença par une effroyable bousculade à la porte. Comment se fait-il que les mesures d'ordre aient été si mal prises? Je n'accuse pas le vrai public : les pères de famille attendaient patiemment leur tour; si élevé que pût être leur rang dans la société, ils ne s'en prévalaient point pour passer avant les autres; on dit même qu'en approchant du perron, ils furent déconcertés à la vue de la foule tumultueuse qui assiégeait l'entrée et se ruait à l'assaut de la maison. C'était un spectacle inaccoutumé dans notre ville. Cependant les équipages ne cessaient d'arriver; bientôt la circulation devint impossible dans la rue. Au moment où j'écris, des données sûres me permettent d'affirmer que Liamchine, Lipoutine et peut-être un troisième commissaire laissèrent entrer sans billets des gens appartenant à la lie du peuple. On constata même la présence d'individus que personne ne connaissait et qui étaient venus de districts éloignés.

Ces messieurs ne furent pas plus tôt entrés que, d'une commune voix (comme si on leur avait fait la leçon), ils demandèrent où était le buffet; en apprenant qu'il n'y en avait pas, ils se mirent à clabauder avec une insolence jusqu'alors sans exemple chez nous. Il faut dire que plusieurs d'entre eux se trouvaient en état d'ivresse. Quelques-uns, en vrais sauvages qu'ils étaient, restèrent d'abord ébahis devant la magnificence de la salle; ils n'avaient jamais rien vu de pareil, et pendant un moment ils regardèrent autour d'eux, bouche béante. Quoique anciennement construite et meublée dans le goût de l'Empire, cette grande salle blanche était réellement superbe avec ses vastes dimensions, son plafond revêtu de peintures, sa tribune, ses trumeaux ornés de glaces, ses draperies rouges et blanches, ses statues de marbre, son vieux mobilier blanc et or. Au bout de la chambre s'élevait une estrade destinée aux littérateurs qu'on allait entendre; des rangs de chaises entre lesquels on avait ménagé de larges passages occupaient toute la salle et lui donnaient l'aspect d'un parterre de théâtre. Mais aux premières minutes d'étonnement succédèrent les questions et les déclarations les plus stupides. « Nous ne voulons peut-être pas de lecture... Nous avons payé... On s'est effrontément joué du public... Les maîtres ici, c'est nous et non les Lembke!... » Bref, on les aurait laissés entrer exprès pour faire du tapage qu'ils ne se seraient pas conduits autrement. Je me rappelle en particulier un cas dans lequel se distingua le jeune prince à visage de bois que j'avais vu la veille parmi les visiteurs de Julie Mikhaïlovna. Cédant aux importunités de la gouvernante, il avait consenti à être des nôtres, c'est-à-dire à arborer sur son épaule gauche le nœud de rubans blancs et rouges. Il se trouva que ce personnage immobile et silencieux comme un mannequin savait, sinon parler, du moins agir. A la tête d'une bande de voyous, un ancien capitaine, remarquable par sa figure grêlée et sa taille gigantesque, le sommait impérieusement de lui indiquer le chemin du buffet. Le prince fit signe à un commissaire de police; l'ordre fut exécuté immédiatement, et le capitaine qui était ivre eut beau crier, on l'expulsa de la salle. Peu à peu cependant les gens comme il faut arrivaient; les tapageurs mirent une sourdine à leur turbulence, mais le public même le plus choisi avait l'air surpris et mécontent; plusieurs dames étaient positivement inquiètes.

A la fin, on s'assit; l'orchestre se tut. Tout le monde commença à se moucher, à regarder autour de soi. Les visages exprimaient une attente trop solennelle, — ce qui est toujours de mauvais augure. Mais « les Lembke » n'apparaissaient pas encore. La soie, le velours, les diamants resplendissaient de tous côtés; des senteurs exquises embaumaient l'atmosphère. Les hommes étalaient toutes leurs décorations, les hauts fonctionnaires étaient venus en uniforme. La maréchale de la noblesse arriva avec Lisa, dont la beauté rehaussée par une luxueuse toilette était plus éblouissante que jamais. L'entrée de la jeune fille fit sensation; tous les regards se fixèrent sur elle; on se murmurait à l'oreille qu'elle cherchait des yeux Nicolas Vsévolodovitch; mais ni Stavroguine, ni Barbara Pétrovna ne se trouvaient dans l'assistance. Je ne comprenais rien alors à la physionomie d'Élisabeth Nikolaïevna : pourquoi tant de bonheur, de joie, d'énergie, de force se reflétait-il sur son visage? En me rappelant ce qui s'était passé la veille, je ne savais que penser. Cependant « les Lembke » se faisaient toujours désirer. C'était déjà une faute. J'appris plus tard que, jusqu'au dernier moment, Julie Mikhaïlovna avait attendu Pierre Stépanovitch; depuis quelque temps elle ne pouvait plus se passer de lui, et néanmoins jamais elle ne s'avoua l'influence qu'il avait prise sur elle. Je note, entre parenthèses, que la veille, à la dernière séance du comité, Pierre Stépanovitch avait refusé de figurer parmi les commissaires de la fête, ce dont Julie Mikhaïlovna avait été désolée au point d'en pleurer. Au grand étonnement de la gouvernante, il ne se montra pas de toute la matinée, n'assista pas à la solennité littéraire, et resta invisible jusqu'au soir. Le public finit par manifester hautement son impatience. Personne non plus n'apparaissait sur l'estrade. Aux derniers rangs, on se mit à applaudir comme au théâtre. « Les Lembke en prennent trop à leur aise », grommelaient, en fronçant le sourcil, les hommes d'âge et les dames. Des rumeurs absurdes commençaient à circuler, même dans la partie la mieux composée de l'assistance : « Il n'y aura pas de fête », chuchotait-on, « Lembke ne va pas bien », etc., etc. Enfin, grâce à Dieu, André Antonovitch arriva, donnant le bras à sa femme. J'avoue que moi-même je ne comptais plus guère sur leur présence. A l'apparition du gouverneur et de la gouvernante, un soupir de soulagement s'échappa de toutes les poitrines. Lembke paraissait en parfaite santé; telle fut, je m'en souviens, l'impression générale, car on peut s'imaginer combien de regards se portèrent sur lui. Je ferai observer que, dans la haute société de notre ville, fort peu de gens étaient disposés à admettre le dérangement intellectuel de Lembke; on trouvait, au contraire, ses actions tout à fait normales, et l'on approuvait même la conduite qu'il avait tenue la veille sur la place. « C'est ainsi qu'il aurait fallu s'y prendre dès le commencement, déclaraient les gros bonnets. Mais au début on veut faire le philanthrope, et ensuite on finit par s'apercevoir que les vieux errements sont encore les meilleurs, les plus philanthropiques même », — voilà, du moins, comme on en jugeait au club. On ne reprochait au gouverneur que de s'être emporté dans cette circonstance : « Il aurait dû montrer plus de sang-froid, on voit qu'il manque encore d'habitude », disaient les connaisseurs.

Julie Mikhaïlovna n'attirait pas moins les regards. Sans doute il ne m'appartient pas, et personne ne peut me demander de révéler des faits qui n'ont eu pour témoin que l'alcôve conjugale; je sais seulement une chose : le soir précédent, Julie Mikhaïlovna était allée trouver André Antonovitch dans son cabinet; au cours de cette entrevue, qui se prolongea jusque bien après minuit, le gouverneur fut pardonné et consolé, une franche réconciliation eut lieu entre les époux, tout fut oublié, et quand Von Lembke se mit à genoux pour exprimer à sa femme ses profonds regrets de la scène qu'il lui avait faite l'avant-dernière nuit, elle l'arrêta dès les premiers mots en posant d'abord sa charmante petite main, puis ses lèvres sur la bouche du mari repentant.....

Aucun nuage n'assombrissait donc les traits de la gouvernante; superbement vêtue, elle marchait le front haut, le visage rayonnant de bonheur. Il semblait qu'elle n'eût plus rien à désirer; la fête, — but et couronnement de sa politique, — était maintenant une réalité. En se rendant à leurs places vis-à-vis de l'estrade, les deux Excellences saluaient à droite et à gauche la foule des assistants qui s'inclinaient sur leur passage. La maréchale de la noblesse se leva pour leur souhaiter la bienvenue.... Mais alors se produisit un déplorable malentendu : l'orchestre exécuta tout à coup, non une marche quelconque, mais une de ces fanfares qui sont d'usage chez nous, au club, quand dans un dîner officiel on porte la santé de quelqu'un. Je sais maintenant que la responsabilité de cette mauvaise plaisanterie appartient à Liamchine; ce fut lui qui, en sa qualité de commissaire, ordonna aux musiciens de jouer ce morceau, sous prétexte de saluer l'arrivée des « Lembke ». Sans doute il pouvait toujours mettre la chose sur le compte d'une bévue ou d'un excès de zèle... Hélas! je ne savais pas encore que ces gens-là n'en étaient plus à chercher des excuses, et qu'ils jouaient leur va-tout dans cette journée. Mais la fanfare n'était qu'un prélude : tandis que le lapsus des musiciens provoquait dans le public des marques d'étonnement et des sourires, au fond de la salle et à la tribune retentirent soudain des hourras, toujours censément pour faire honneur aux Lembke. Ces cris n'étaient poussés que par un petit nombre de personnes, mais ils durèrent assez longtemps. Julie Mikhaïlovna rougit, ses yeux étincelèrent. Arrivé à sa place, le gouverneur s'arrêta; puis, se tournant du côté des braillards, il promena sur l'assemblée un regard hautain et sévère. ...On se hâta de le faire asseoir. Je retrouvai, non sans appréhension, sur ses lèvres le sourire inquiétant que je lui avais vu la veille dans le salon de sa femme, lorsqu'il considérait Stépan Trophimovitch avant de s'approcher de lui. Maintenant encore sa physionomie me paraissait offrir une expression sinistre et, — ce qui était pire, — légèrement comique : il avait l'air d'un homme s'immolant aux visées supérieures de son épouse... Aussitôt Julie Mikhaïlovna m'appela du geste : « Allez tout de suite trouver Karmazinoff, et suppliez-le de commencer », me dit-elle à voix basse. J'avais à peine tourné les talons quand survint un nouvel incident beaucoup plus fâcheux que le premier. Sur l'estrade vide vers laquelle convergeaient jusqu'à ce moment tous les regards et toutes les attentes, sur cette estrade inoccupée où l'on ne voyait qu'une chaise et une petite table, apparut soudain le colosse Lébiadkine en frac et en cravate blanche. Dans ma stupéfaction, je n'en crus pas mes yeux. Le capitaine semblait intimidé; après avoir fait un pas sur l'estrade, il s'arrêta. Tout à coup, dans le public, retentit un cri : « Lébiadkine! toi? » A ces mots, la sotte trogne rouge du capitaine (il était complétement ivre) s'épanouit, dilatée par un sourire hébété. Il se frotta le front, branla sa tête velue, et, comme décidé à tout, fit deux pas en avant... Soudain un rire d'homme heureux, rire non pas bruyant, mais prolongé, secoua toute sa massive personne et rétrécit encore ses petits yeux. La contagion de cette hilarité gagna la moitié de la salle; une vingtaine d'individus applaudirent. Dans le public sérieux, on se regardait d'un air sombre. Toutefois, cela ne dura pas plus d'une demi-minute. Lipoutine, portant le nœud de rubans, insigne de ses fonctions, s'élança brusquement sur l'estrade, suivi de deux domestiques. Ces derniers saisirent le capitaine, chacun par un bras, sans aucune brutalité, du reste, et Lipoutine lui parla à l'oreille. Lébiadkine fronça le sourcil : « Allons, puisque c'est ainsi, soit! » murmura-t-il en faisant un geste de résignation; puis il tourna au public son dos énorme, et disparut avec son escorte. Mais, au bout d'un instant, Lipoutine remonta sur l'estrade. Son sourire, d'ordinaire miel et vinaigre, était cette fois plus doucereux que de coutume. Tenant à la main une feuille de papier à lettres, il s'avança à petits pas jusqu'au bord de l'estrade.

— Messieurs, commença-t-il, — il s'est produit par inadvertance un malentendu comique, qui d'ailleurs est maintenant dissipé; mais j'ai pris sur moi de vous transmettre la respectueuse prière d'un poëte de notre ville... Pénétré de la pensée élevée et généreuse... nonobstant son extérieur... de la pensée qui nous a tous réunis... essuyer les larmes des jeunes filles de notre province que l'instruction ne met pas à l'abri de la misère... ce monsieur, je veux dire, ce poëte d'ici... tout en désirant garder l'incognito... serait très-heureux de voir sa poésie lue à l'ouverture du bal... je me trompe, je voulais dire, à l'ouverture de la séance littéraire. Quoique ce morceau ne figure pas sur le programme... car on l'a remis il y a une demi-heure... cependant, en raison de la remarquable naïveté de sentiment qui s'y trouve jointe à une piquante gaieté, il *nous* a semblé (nous, qui? Je transcris mot pour mot ce *speech* confus et péniblement débité), il nous a semblé que cette poésie pouvait être lue, non pas, il est vrai, comme œuvre sérieuse, mais comme à-propos, pièce de circonstance... Bref, à titre d'actualité... D'autant plus que certains vers... Et je suis venu solliciter la permission du bienveillant public.

— Lisez! cria quelqu'un au fond de la salle.

— Ainsi il faut lire?

— Lisez! lisez! firent plusieurs voix.

— Je vais lire, puisque le public le permet, reprit Lipoutine avec son sourire doucereux. Pourtant il semblait encore indécis, et je crus même remarquer chez lui une certaine agitation. L'aplomb de ces gens-là n'égale pas toujours leur insolence. Sans doute, en pareil cas, un séminariste n'aurait pas hésité; mais Lipoutine, en dépit de ses opinions avancées, était un homme des anciennes couches.

— Je préviens, pardon, j'ai l'honneur de prévenir qu'il ne s'agit pas ici, à proprement parler, d'une ode comme on en composait autrefois pour les fêtes; c'est plutôt, en quelque sorte, un badinage, mais on y trouve une sensibilité incontestable, relevée d'une pointe d'enjouement; j'ajoute que cette pièce offre au plus haut degré le cachet de la réalité.

— Lis, lis!

Il déplia son papier. Qui aurait pu l'en empêcher? N'était-il pas dûment autorisé par l'insigne honorifique qu'il portait sur l'épaule gauche? D'une voix sonore il lut ce qui suit :

— Le poëte complimente l'institutrice russe de notre province à l'occasion de la fête:

> Salut, salut, institutrice!
> Réjouis-toi, chante : Évohé!
> Radicale ou conservatrice,
> N'importe, maintenant ton jour est arrivé :

— Mais c'est de Lébiadkine! Oui, c'est de Lébiadkine! observèrent à haute voix quelques auditeurs. Des rires se firent entendre, il y eut même des applaudissements; ce fut, du reste, l'exception.

> Tout en enseignant la grammaire,
> Tu fais de l'œil soir et matin,
> Dans l'espoir décevant de plaire
> Du moins à quelque sacristain.

— Hourra! Hourra!

> Mais dans ce siècle de lumière
> Le rat d'église est un malin :
> Pour l'épouser faut qu'on l'éclaire;
> Sans quibus, pas de sacristain!

— Justement, justement, voilà du réalisme, sans quibus y a pas mèche!

> Mais maintenant qu'en une fête
> Nous avons ramassé de quoi
> T'offrir une dot rondelette,
> Nos compliments volent vers toi :
> Radicale ou conservatrice,
> N'importe, chante : Évohé!
> Avec ta dot, institutrice,
> Crache sur tout, ton jour est arrivé!

J'avoue que je n'en crus pas mes oreilles. L'impudence s'étalait là avec un tel cynisme qu'il n'y avait pas moyen d'excuser Lipoutine en mettant son fait sur le compte de la bêtise. D'ailleurs, Lipoutine n'était pas bête. L'intention était claire, pour moi du moins : on avait hâte de provoquer des désordres. Certains vers de cette idiote composition, le dernier notamment, étaient d'une grossièreté qui devait frapper l'homme le plus niais. Son exploit accompli, Lipoutine lui-même parut sentir qu'il était allé trop loin : confus de sa propre audace, il ne quitta pas l'estrade, et resta là comme s'il eût voulu ajouter quelque chose. L'attitude de l'auditoire était évidemment pour lui une déception : le groupe même des tapageurs, qui avait applaudi pendant la lecture, devint tout à coup silencieux; il semblait que là aussi l'on fût déconcerté. Le plus drôle, c'est que quelques-uns, prenant au sérieux la pasquinade de Lébiadkine, y avaient vu l'expression consciencieuse de la vérité concernant les institutrices. Toutefois, l'excessif mauvais ton de cette poésie finit par leur ouvrir les yeux. Quant au vrai public, il n'était pas seulement scandalisé, il considérait comme un affront l'incartade de Lipoutine. Je ne me trompe pas en signalant cette impression. Julie Mikhaïlovna a dit plus tard qu'elle avait été sur le point de s'évanouir. Un vieillard des plus respectés invita sa femme à se lever, lui offrit son bras, et tous deux sortirent de la salle. Leur départ fut très-remarqué; qui sait? d'autres désertions auraient peut-être suivi, si, à ce moment, Karmazinoff lui-même, en frac et en cravate blanche, n'était monté sur l'estrade avec un cahier à la main. Julie Mikhaïlovna adressa à son sauveur un regard chargé de reconnaissance... Mais déjà j'étais dans les coulisses; il me tardait d'avoir une explication avec Lipoutine.

— Vous l'avez fait exprès? lui dis-je, et dans mon indignation je le saisis par le bras

Il prit aussitôt un air désolé.

— Je vous assure que je n'y ai mis aucune intention,

répondit-il hypocritement; — les vers ont été apportés tout à l'heure, et j'ai pensé que, comme amusante plaisanterie...

— Vous n'avez nullement pensé cela. Se peut-il que cette ordure vous paraisse une amusante plaisanterie?

— Oui, c'est mon avis.

— Vous mentez, et il est également faux que ces vers vous aient été apportés tout à l'heure. C'est vous-même qui les avez composés en collaboration avec Lébiadkine pour faire du scandale; peut-être étaient-ils écrits depuis hier. Le dernier est certainement de vous, j'en dirai autant de ceux où il est question du sacristain. Pourquoi Lébiadkine est-il arrivé en frac? Vous vouliez donc qu'il lût lui-même cette poésie, s'il n'avait pas été ivre?

Lipoutine me lança un regard froid et venimeux.

— Qu'est-ce que cela vous fait? demanda-t-il soudain avec un calme étrange.

— Comment, ce que cela me fait? Vous portez aussi ce nœud de rubans... Où est Pierre Stépanovitch?

— Je ne sais pas; il est ici quelque part; pourquoi?

— Parce qu'à présent je vois clair dans votre jeu. C'est tout bonnement un coup monté contre Julie Mikhaïlovna. On veut troubler la fête...

De nouveau Lipoutine me regarda d'un air louche.

— Mais que vous importe? répliqua-t-il avec un sourire, et il s'éloigna en haussant les épaules.

Je restai comme anéanti. Tous mes soupçons se trouvaient justifiés. Et j'espérais encore me tromper! Que faire? Un instant je pensai à consulter Stépan Trophimovitch, mais celui-ci, tout entier à la préparation de sa lecture qui devait suivre immédiatement celle de Karmazinoff, était en train d'essayer des sourires devant une glace : le moment aurait été mal choisi pour lui parler. Donner l'éveil à Julie Mikhaïlovna? C'était trop tôt : la gouvernante avait besoin d'une leçon beaucoup plus sévère pour perdre ses illusions sur les « sympathies universelles » et le « dévouement fanatique » dont elle se croyait entourée. Loin d'ajouter foi à mes paroles, elle m'aurait considéré comme un visionnaire. « Eh! me dis-je, après tout, que m'importe? *Quand cela commencera, j'ôterai mon nœud de rubans et je rentrerai chez moi.* » Je me rappelle avoir prononcé textuellement ces mots : « Quand cela commencera. »

Mais il fallait aller entendre Karmazinoff. En jetant un dernier regard autour de moi, je vis circuler dans les coulisses un certain nombre de gens qui n'y avaient que faire; parmi ces intrus se trouvaient même des femmes. Ces « coulisses » occupaient un espace assez étroit qu'un épais rideau dérobait à la vue du public; un corridor postérieur les mettait en communication avec le reste de la maison. C'était là que nos lecteurs attendaient leur tour. Mais en ce moment mon attention fut surtout attirée par celui qui devait succéder sur l'estrade à Stépan Trophimovitch. Maintenant encore je ne suis pas bien fixé sur sa personnalité, j'ai entendu dire que c'était un professeur qui avait quitté l'enseignement à la suite de troubles universitaires. Arrivé depuis quelques jours seulement dans notre ville où l'avait appelé je ne sais quelle affaire, il avait été présenté à Julie Mikhaïlovna; et celle-ci l'avait accueilli comme un visiteur de distinction. Je sais maintenant qu'avant la lecture il n'était allé qu'une seule fois en soirée chez elle : il garda le silence tout le temps de sa visite, se bornant à écouter avec un sourire équivoque les plaisanteries risquées qui avaient cours dans l'entourage de la gouvernante; le mélange d'arrogance et d'ombrageuse susceptibilité qui se manifestait dans ses façons produisit sur tout le monde une impression désagréable. Ce fut Julie Mikhaïlovna elle-même qui le pria de prêter son concours à la solennité littéraire. A présent il se promenait d'un coin à l'autre et marmottait à part soi, comme Stépan Trophimovitch; seulement, à la différence de ce dernier, il tenait ses yeux fixés à terre au lieu de se regarder dans une glace. Lui aussi souriait fréquemment, mais ses sourires avaient une expression féroce et ne ressemblaient nullement à des risettes préparées pour le public. Évidemment je n'aurais rien gné à m'adresser à lui. Ce personnage, convenablement vêtu, paraissait âgé d'une quarantaine d'années; il était petit, chauve, et porteur d'une barbe grisonnante. Je remarquai surtout qu'à chaque tour qu'il faisait dans la chambre, il levait le bras droit en l'air, brandissait son poing fermé au-dessus de sa tête, et l'abaissait brusquement comme pour assommer un ennemi imaginaire. Il exécutait ce geste à chaque instant. Une sensation de malaise commençait à m'envahir; je courus entendre Karmazinoff.

III

Dans la salle, les choses semblaient devoir prendre une mauvaise tournure. Je le déclare d'avance : je m'incline devant la majesté du génie; mais pourquoi donc nos grands hommes, arrivés au terme de leur glorieuse carrière, se comportent-ils parfois comme de vrais gamins? Pourquoi Karmazinoff se présenta-t-il avec la morgue de cinq chambellans? Est-ce qu'on peut tenir, une heure durant, un public comme le nôtre attentif à la lecture d'un seul article? J'ai remarqué qu'en général, dans les matinées littéraires, un écrivain, quel que soit son mérite, joue très-gros jeu s'il prétend se faire écouter pendant plus de vingt minutes. A la vérité, lorsque le grand romancier se montra, il fut très-respectueusement accueilli · les vieillards mêmes les plus gourmés manifestèrent une curiosité sympathique, et chez les dames il y eut comme de l'enthousiasme. Toutefois on applaudit peu et sans conviction. En revanche, la foule assise aux derniers rangs se tint parfaitement tranquille jusqu'au moment où Karmazinoff prit la parole, et, si alors une manifestation inconvenante se produisit, elle resta isolée. J'ai déjà dit que l'écrivain avait une voix trop criarde, un peu féminine même, et que de plus il susseyait d'une façon tout aristocratique. A peine venait-il de prononcer quelques mots qu'un auditeur, probablement mal élevé et doué d'un caractère gai, se permit de rire aux éclats. Du reste, loin de faire chorus avec ce malappris, les assistants s'empressèrent de lui imposer silence. Mais voilà que M. Karmazinoff déclare en minaudant que « d'abord il s'était absolument refusé à toute lecture » (il avait bien besoin de dire cela!). « Il y a des lignes qui jaillissent des plus intimes profondeurs de l'âme et qu'on ne peut sans profanation livrer au public » (eh bien, alors pourquoi les lui livrait-il?); « mais force lui a été de céder aux instances dont on l'a accablé, et comme, de plus, il dépose la plume pour toujours et a juré de ne plus rien écrire, eh bien, il a écrit cette dernière chose; et comme il a juré de ne plus rien lire en public, il lira au public ce dernier article » ; et patati et patata.

Mais tout cela aurait encore passé, car qui ne connaît les préfaces des auteurs? J'observerai pourtant que cet exorde était maladroit, alors qu'on s'adressait à un public comme le nôtre, c'est-à-dire peu cultivé et en partie composé d'éléments turbulents. N'importe, tout aurait été sauvé si Karmazinoff avait lu une petite nouvelle, un court récit dans le genre de ceux qu'il écrivait autrefois, et où, à côté de beaucoup de manière et d'afféterie, on trouvait souvent de l'esprit. Au lieu de cela, il nous servit une rapsodie interminable. Mon Dieu, que n'y avait-il pas là dedans? C'était à faire tomber en catalepsie le public même de Pétersbourg, à plus forte raison le nôtre. Figurez-vous près de deux feuilles d'impression remplies par le bavardage le plus prétentieux et le plus inutile; pour comble, ce monsieur avait l'air de lire à contre-cœur et comme par grâce, ce qui devait nécessairement froisser l'auditoire. Le thème..... Mais qui pourrait en donner une idée? C'étaient des impressions, des souvenirs. Impressions de quoi? Souvenirs de quoi? Nos provinciaux eurent beau se torturer l'esprit pendant toute

la première partie de la lecture, ils n'y comprirent goutte;
aussi n'écoutèrent-ils la seconde que par politesse. A la
vérité, il était beaucoup parlé d'amour, de l'amour du génie
pour une certaine personne, mais j'avoue que cela n'avait
pas très-bonne grâce. A mon avis, ce petit homme bedon-
nant prêtait un peu au ridicule en racontant l'histoire de
son premier baiser... Comme de juste, ces amours ne ressemblent pas à celles de tout le monde, elles sont encadrées
dans un paysage tout particulier. Là croissent des genêts.
(Étaient-ce bien des genêts? En tout cas, c'était une plante
qu'il fallait chercher dans un livre de botanique.) Le ciel a
une teinte violette que sans doute aucun mortel n'a jamais
vue, c'est-à-dire que tous l'ont bien vue, mais sans la remarquer, « tandis que moi », laisse entendre Karmazinoff, « je
l'ai observée et je vous la décris, à vous autres imbéciles,
comme la chose la plus ordinaire ». L'arbre sous lequel
les deux amants sont assis est d'une couleur orange. Ils se
trouvent quelque part en Allemagne. Soudain ils aperçoivent
Pompée ou Cassius la veille d'une bataille, et le froid de
l'extase pénètre l'intéressant couple. On entend le chalu-
meau d'une nymphe cachée dans les buissons. Glück, dans
les roseaux, se met à jouer du violon. Le morceau qu'il joue
est nommé en toutes lettres, mais personne ne le connaît,
en sorte qu'il faut se renseigner à ce sujet dans un diction-
naire de musique. Sur ces entrefaites, le brouillard s'épaissit,
il s'épaissit au point de ressembler plutôt à un million de
coussins qu'à un brouillard. Tout d'un coup la scène change :
le grand génie traverse le Volga en hiver au moment du
dégel. Deux pages et demie de description. La glace cède
sous les pas du génie qui disparaît dans le fleuve. Vous le
croyez noyé? Allons donc! Tandis qu'il est en train de boire
une tasse, devant lui s'offre un glaçon, un tout petit glaçon,
pas plus gros qu'un pois, mais pur et transparent « comme
une larme gelée », dans lequel se reflète l'Allemagne, ou,
pour mieux dire, le ciel de l'Allemagne. « A cette vue, je me
rappelai la larme qui, tu t'en souviens, jaillit de tes yeux

lorsque nous étions assis sous l'arbre d'émeraude et que tu t'écriais joyeusement : « Il n'y a pas de crime! » — « Oui, dis-je à travers mes pleurs, mais s'il en est ainsi, il n'y a pas non plus de justes. Nous éclatâmes en sanglots et nous nous séparâmes pour toujours. » — Le glaçon continue sa route vers la mer, le génie descend dans des cavernes; après un voyage souterrain de trois années, il arrive à Moscou, sous la tour de Soukhareff. Tout à coup, dans les entrailles du sol, il aperçoit une lampe, et devant la lampe un ascète. Ce dernier est en prière. Le génie se penche vers une petite fenêtre grillée, et soudain il entend un soupir. Vous pensez que c'est l'ascète qui a soupiré? Il s'agit bien de votre ascète! Non, ce soupir rappelle tout simplement au génie le premier soupir de la femme aimée, « trente-sept ans auparavant, lorsque, tu t'en souviens, en Allemagne, nous étions assis sous l'arbre d'agate, et que tu me disais : « A quoi bon aimer? Regarde, l'ombre grandit autour de nous, et j'aime, mais l'ombre cessera de grandir et je cesserai d'aimer. » Alors le brouillard s'épaissit encore. Hoffmann apparaît, une nymphe exécute une mélodie de Chopin, et tout à coup à travers le brouillard on aperçoit, au-dessus des toits de Rome, Ancus Marcius couronné de lauriers... « Un frisson d'extase nous courut dans le dos, et nous nous séparâmes pour toujours », etc., etc. En un mot, il se peut que mon compte rendu ne soit pas d'une exactitude absolue, mais je suis sûr d'avoir reproduit fidèlement le fond de ce bavardage. Et enfin quelle passion chez nos grands esprits pour la calembredaine pompeuse! Les grands philosophes, les grands savants, les grands inventeurs européens, — tous ces travailleurs intellectuels ne sont décidément pour notre grand génie russe que des marmitons qu'il emploie dans sa cuisine. Il est le maître dont ils attendent les ordres chapeau bas. A la vérité, sa raillerie hautaine n'épargne pas non plus son pays, et rien ne lui est plus agréable que de proclamer devant les grands esprits de l'Europe la banqueroute complète de la Russie, mais quant à lui-même — non, il plane au-dessus de tous ces éminents penseurs européens; ils ne sont bons qu'à lui fournir des matériaux pour ses concetti. Il prend une idée à l'un d'eux, l'accouple à son contraire et le tour est fait. Le crime existe, le crime n'existe pas; il n'y a pas de justice, il n'y a pas de justes; l'athéisme, le darwinisme, les cloches de Moscou... Mais, hélas! il ne croit plus aux cloches de Moscou; Rome, les lauriers... Mais il ne croit même plus aux lauriers... Ici l'accès obligé de spleen byronien, une grimace de Heine, une boutade de Petchorine, — et la machine repart... « Du reste, louez-moi, louez-moi, j'adore les éloges; si je dis que je dépose la plume, c'est pure coquetterie de ma part; attendez, je vous ennuierai encore trois cents fois, vous vous fatiguerez de me lire... »

Comme bien on pense, cette élucubration ne fut pas écoutée jusqu'au bout sans murmures, et le pire, c'est que Karmazinoff provoqua lui-même les interruptions qui *égayèrent* la fin de sa lecture. Depuis longtemps déjà le public toussait, se mouchait, faisait du bruit avec ses pieds, bref, donnait les marques d'impatience qui ont coutume de se produire quand, dans une matinée littéraire, un lecteur, quel qu'il soit, occupe l'estrade plus de vingt minutes. Mais le grand écrivain ne remarquait rien de tout cela et continuait le plus tranquillement du monde à débiter ses jolies phrases. Tout à coup, au fond de la salle, retentit une voix isolée, mais forte :

— Seigneur, quelles fadaises!

Ces mots furent dits, j'en suis convaincu, sans aucune arrière-pensée de manifestation : c'était le cri involontaire d'un auditeur excédé. M. Karmazinoff s'arrêta, promena sur l'assistance un regard moqueur et demanda du ton d'un chambellan atteint dans sa dignité :

— Il paraît, messieurs, que je ne vous ai pas mal ennuyés?

Parole imprudente au premier chef, car, en interrogeant ainsi le public, il donnait par cela même à n'importe quel goujat la possibilité et, en quelque sorte, le droit de lui répondre, tandis que s'il n'avait rien dit, l'auditoire l'aurait laissé achever sa lecture sans encombre, ou, du moins, se serait borné, comme précédemment, à de timides protestations. Peut-être espérait-il obtenir des applaudissements en réponse à sa question; en ce cas, il se serait trompé : la salle resta muette, oppressée qu'elle était par un vague sentiment d'inquiétude.

— Vous n'avez jamais vu Ancus Marcius, tout cela, c'est du style, observa soudain quelqu'un d'une voix pleine d'irritation et même de douleur.

— Précisément, se hâta d'ajouter un autre : — maintenant que l'on connaît les sciences naturelles, il n'y a plus d'apparitions. Mettez-vous d'accord avec les sciences naturelles.

— Messieurs, j'étais fort loin de m'attendre à de telles critiques, répondit Karmazinoff extrêmement surpris.

Depuis qu'il avait élu domicile à Karlsruhe, le grand génie était tout désorienté dans sa patrie.

— A notre époque, c'est une honte de venir dire que le monde a pour support trois poissons, cria tout à coup une demoiselle. — Vous, Karmazinoff, vous n'avez pas pu descendre dans la caverne où vous prétendez avoir vu votre ermite. D'ailleurs, qui parle des ermites à présent?

— Messieurs, je suis on ne peut plus étonné de vous voir prendre cela si sérieusement. Du reste... du reste, vous avez parfaitement raison. Personne plus que moi ne respecte la vérité, la réalité...

Bien qu'il sourît ironiquement, il était fort troublé. Sa physionomie semblait dire : « Je ne suis pas ce que vous pensez, je suis avec vous, seulement louez-moi, louez-moi le plus possible, j'adore cela... »

A la fin, piqué au vif, il ajouta :

— Messieurs, je vois que mon pauvre petit poëme n'a pas atteint le but. Et moi-même, paraît-il, je n'ai pas été plus heureux.

— Il visait une corneille, et il a atteint une vache, brailla quelqu'un.

Mieux eût valu sans doute ne pas relever cette observation d'un imbécile probablement ivre. Il est vrai qu'elle fut suivie de rires irrespectueux.

— Une vache, dites-vous? répliqua aussitôt Karmazinoff dont la voix devenait de plus en plus criarde. — Pour ce qui est des corneilles et des vaches, je prends, messieurs, la liberté de m'abstenir. Je respecte trop le public, quel qu'il soit, pour me permettre des comparaisons, même innocentes; mais je pensais...

— Pourtant, monsieur, vous ne devriez pas tant... interrompit un des auditeurs assis aux derniers rangs.

— Mais je supposais qu'en déposant la plume et en prenant congé du lecteur, je serais écouté...

Au premier rang, quelques-uns osèrent enfin élever la voix :

— Oui, oui, nous désirons vous entendre, nous le désirons! crièrent-ils.

— Lisez, lisez! firent plusieurs dames enthousiastes, et à la fin retentirent quelques maigres applaudissements. Karmazinoff grimaça un sourire et se leva à demi.

— Croyez, Karmazinoff, que tous considèrent comme un honneur... ne put s'empêcher de dire la maréchale de la noblesse.

Soudain, au fond de la salle, se fit entendre une voix fraîche et juvénile. C'était celle d'un professeur de collége, noble et beau jeune homme arrivé récemment dans notre province.

— Monsieur Karmazinoff, dit-il en se levant à demi, — si j'étais assez heureux pour avoir un amour comme celui que vous nous avez dépeint, je me garderais bien d'y faire la moindre allusion dans un article destiné à une lecture publique.

Il prononça ces mots le visage couvert de rougeur.

— Messieurs, cria Karmazinoff, — j'ai fini. Je vous fais grâce des dernières pages et je me retire. Permettez-moi seulement de lire la conclusion : elle n'a que six lignes...

Sur ce, il prit son manuscrit, et, sans se rasseoir, commença :

— Oui, ami lecteur, adieu! Adieu, lecteur; je n'insiste même pas trop pour que nous nous quittions en amis : à quoi bon, en effet, t'importuner? Bien plus, injurie-moi, oh! injurie-moi autant que tu voudras, si cela peut t'être agréable. Mais le mieux est que nous nous oubliions désormais l'un l'autre. Et lors même que vous tous, lecteurs, vous auriez la bonté de vous mettre à mes genoux, de me supplier avec larmes, de me dire : « Écris, oh! écris pour nous, Karmazinoff, pour la patrie, pour la postérité, pour les couronnes de laurier », alors encore je vous répondrais, bien entendu en vous remerciant avec toute la politesse voulue : « Non, nous avons fait assez longtemps route ensemble, chers compatriotes, merci! L'heure de la séparation est venue! Merci, merci, merci! »

Karmazinoff salua cérémonieusement et, rouge comme un homard, rentra dans les coulisses.

— Personne ne se mettra à ses genoux; voilà une supposition bizarre!

— Quel amour-propre!

— C'est seulement de l'humour, observa un critique plus intelligent.

— Oh! laissez-nous tranquilles avec votre humour!

— Pourtant c'est de l'insolence, messieurs.

— Du moins à présent nous en sommes quittes.

— A-t-il été assez ennuyeux!

Les auditeurs des derniers rangs n'étaient pas les seuls à témoigner ainsi leur mauvaise humeur, mais les applaudissements du public comme il faut couvrirent la voix de ces malappris. On rappela Karmazinoff. Autour de l'estrade se groupèrent plusieurs dames ayant à leur tête la gouvernante et la maréchale de la noblesse. Julie Mikhaïlovna présenta au grand écrivain, sur un coussin de velours blanc, une magnifique couronne de lauriers et de roses naturelles.

— Des lauriers! dit-il avec un sourire fin et un peu caustique; — sans doute, je suis touché et je reçois avec une vive émotion cette couronne qui a été préparée d'avance, mais qui n'a pas encore eu le temps de se flétrir; toutefois, mesdames, je vous l'assure, je suis devenu tout d'un coup réaliste au point de croire qu'à notre époque les lauriers font beaucoup mieux dans les mains d'un habile cuisinier que dans les miennes...

— Oui, un cuisinier est plus utile, cria un séminariste, celui-là même qui s'était trouvé à la « séance » chez Virginsky. Il régnait une certaine confusion dans la salle. Bon nombre d'individus avaient brusquement quitté leurs places pour se rapprocher de l'estrade où avait lieu la cérémonie du couronnement.

— Moi, maintenant, je donnerais bien encore trois roubles pour un cuisinier, ajouta un autre qui fit exprès de prononcer ces mots à très-haute voix.

— Moi aussi.

— Moi aussi.

— Mais se peut-il qu'il n'y ait pas de buffet ici?

— Messieurs, c'est une vraie flouerie...

Je dois du reste reconnaître que la présence des hauts fonctionnaires et du commissaire de police imposait encore aux tapageurs. Au bout de dix minutes tout le monde avait repris sa place, mais l'ordre n'était pas rétabli. La fermentation des esprits faisait prévoir une explosion, quand arriva, comme à point nommé, le pauvre Stépan Trophimovitch...


IV


J'allai pourtant le relancer encore une fois dans les coulisses pour lui faire part de mes craintes. Au moment où je l'accostai, il montait les degrés de l'estrade.

— Stépan Trophimovitch, lui dis-je vivement, — dans ma conviction un désastre est inévitable; le mieux pour vous est de ne pas vous montrer; prétextez une cholérine et retournez chez vous à l'instant même : je vais me débarrasser de mon nœud de rubans et je vous accompagnerai.

Il s'arrêta brusquement, me toisa des pieds à la tête et répliqua d'un ton solennel :

— Pourquoi donc, monsieur, me croyez-vous capable d'une pareille lâcheté?

Je n'insistai pas. J'étais intimement persuadé qu'il allait déchaîner une épouvantable tempête. Tandis que cette pensée me remplissait de tristesse, j'aperçus de nouveau le professeur qui devait succéder sur l'estrade à Stépan Trophimovitch. Comme tantôt, il se promenait de long en large, absorbé en lui-même et monologuant à demi-voix; ses lèvres souriaient avec une expression de malignité triomphante. Je l'abordai, presque sans me rendre compte de ce que je faisais.

— Vous savez, l'avertis-je, — de nombreux exemples prouvent que l'attention du public ne résiste pas à une lecture prolongée au delà de vingt minutes. Il n'y a pas de célébrité qui puisse se faire écouter pendant une demi-heure...

A ces mots, il interrompit soudain sa marche et tressaillit même comme un homme offensé. Une indicible arrogance se peignit sur son visage.

— Ne vous inquiétez pas, grommela-t-il d'un ton méprisant, et il s'éloigna. En ce moment retentit la voix de Stépan Trophimovitch.

« Eh! que le diable vous emporte tous! » pensai-je, et je rentrai précipitamment dans la salle.

L'agitation provoquée par la lecture de Karmazinoff durait encore lorsque Stépan Trophimovitch prit possession du fauteuil. Aux belles places, les physionomies se refrognèrent sensiblement dès qu'il se montra. (Dans ces derniers temps, le club lui battait froid.) Du reste, il dut encore s'estimer heureux de n'être pas chuté. Depuis la veille, une idée étrange hantait obstinément mon esprit : il me semblait toujours que l'apparition de Stépan Trophimovitch serait accueillie par une bordée de sifflets. Tout d'abord cependant, par suite du trouble qui continuait à régner dans la salle, on ne remarqua même pas sa présence. Et que pouvait-il espérer, si l'on traitait ainsi Karmazinoff? Il était pâle; après une éclipse de dix ans, c'était la première fois qu'il reparaissait devant le public. Son émotion et certains indices très-significatifs pour quelqu'un qui le connaissait bien, me prouvèrent qu'en montant sur l'estrade il se préparait à jouer la partie suprême de son existence. Voilà ce que je craignais. Cet homme m'était cher. Et que devins-je quand il ouvrit la bouche, quand j'entendis sa première phrase!

— Messieurs! commença-t-il de l'air le plus résolu, quoique sa voix fût comme étranglée : — Messieurs! ce matin encore j'avais devant moi une de ces petites feuilles clandestines qui depuis peu circulent ici, et pour la centième fois je me posais la question : « En quoi consiste son secret? »

Instantanément le silence se rétablit dans toute la salle; tous les regards se portèrent vers l'orateur, quelques-uns avec inquiétude. Il n'y a pas à dire, dès son premier mot il avait su conquérir l'attention. On voyait même des têtes émerger des coulisses; Lipoutine et Liamchine écoutaient avidement. Sur un nouveau signe que me fit la gouvernante, j'accourus auprès d'elle.

— Faites-le taire, coûte que coûte, arrêtez-le! me dit tout bas Julie Mikhaïlovna angoissée.

Je me contentai de hausser les épaules; est-ce qu'on peut faire taire un homme décidé à parler? Hélas! je comprenais Stépan Trophimovitch.

— Eh! c'est des proclamations qu'il s'agit! chuchotait-on dans le public; l'assistance tout entière était profondément remuée.

— Messieurs, j'ai découvert le mot de l'énigme : tout le secret de l'effet que produisent ces écrits est dans leur bêtise! poursuivit Stépan Trophimovitch dont les yeux lançaient des flammes. — Oui, messieurs, si cette bêtise était voulue, simulée par calcul, — oh! ce serait du génie! Mais il faut rendre justice aux rédacteurs de ces papiers : ils n'y mettent aucune malice. C'est la bêtise la plus franche, la plus sincère, la plus naïve, — c'est la bêtise dans son essence la plus pure, quelque chose comme un simple chimique. Si cela était formulé d'une façon un peu plus intelligente, tout le monde en reconnaîtrait immédiatement la profonde absurdité. Mais maintenant on hésite à se prononcer : personne ne croit que cela soit si foncièrement bête. « Il est impossible qu'il n'y ait pas quelque chose là-dessous », se dit chacun, et l'on cherche un secret, on flaire un sens mystérieux, on veut lire entre les lignes, — l'effet est obtenu! Oh! jamais encore la bêtise n'avait reçu une récompense si éclatante, elle qui pourtant a si souvent mérité d'être récompensée... Car, soit dit entre parenthèses, la bêtise et le génie le plus élevé jouent un rôle également utile dans les destinées de l'humanité...

— Calembredaines de 1840! remarqua quelqu'un.

Quoique faite d'un ton très-modeste, cette observation lâcha, pour ainsi dire, l'écluse à un déluge d'interruptions; la salle se remplit de bruit.

L'exaltation de Stépan Trophimovitch atteignit les dernières limites.

— Messieurs, hourra! Je propose un toast à la bêtise! cria-t-il, bravant l'auditoire.

Je m'élançai vers lui sous prétexte de lui verser un verre d'eau.

— Stépan Trophimovitch, retirez-vous, Julie Mikhaïlovna vous en supplie...

— Non, laissez-moi, jeune homme désœuvré! me répondit-il d'une voix tonnante.

Je m'enfuis.

— Messieurs! continua-t-il, — pourquoi cette agitation, pourquoi les cris d'indignation que j'entends? je me présente avec le rameau d'olivier. J'apporte le dernier mot, car dans cette affaire je l'aurai, — et nous nous réconcilierons.

— A bas! crièrent les uns.

— Pas si vite, laissez-le parler, laissez-le s'expliquer, firent les autres. Un des plus échauffés était le jeune professeur qui, depuis qu'il avait osé prendre la parole, semblait ne plus pouvoir s'arrêter.

— Messieurs, le dernier mot de cette affaire, c'est l'amnistie. Moi, vieillard dont la carrière est terminée, je déclare hautement que l'esprit de vie souffle comme par le passé, et que la sève vitale n'est pas desséchée dans la jeune génération. L'enthousiasme de la jeunesse contemporaine est tout aussi pur, tout aussi rayonnant que celui qui nous animait. Seulement l'objectif n'est plus le même, un culte a été remplacé par un autre! Toute la question qui nous divise se réduit à ceci : lequel est le plus beau, de Shakespeare ou d'une paire de bottes, de Raphaël ou du pétrole?

— C'est une dénonciation! vociférèrent plusieurs.

— Ce sont des questions compromettantes!

— Agent provocateur!

— Et moi je déclare, reprit avec une véhémence extraordinaire Stépan Trophimovitch, — je déclare que Shakespeare et Raphaël sont au-dessus de l'affranchissement des paysans, au-dessus de la nationalité, au-dessus du socialisme, au-dessus de la jeune génération, au-dessus de la chimie, presque au-dessus du genre humain, car ils sont le fruit de toute l'humanité et peut-être le plus haut qu'elle puisse produire! Par eux la beauté a été réalisée dans sa forme supérieure, et sans elle peut-être ne consentirais-je pas à vivre... O mon Dieu! s'écria-t-il en frappant ses mains l'une contre l'autre, — ce que je dis ici, je l'ai dit à Pétersbourg exactement dans les mêmes termes il y a dix ans; alors comme aujourd'hui ils ne m'ont pas compris, ils m'ont conspué et réduit au silence; hommes bornés, que vous faut-il pour comprendre? savez-vous que l'humanité peut se passer de l'Angleterre, qu'elle peut se passer de l'Allemagne, qu'elle peut, trop facilement, hélas! se passer de la Russie, qu'à la rigueur elle n'a besoin ni de science ni de pain, mais que seule la beauté lui est indispensable, car sans la beauté il n'y aurait rien à faire dans le monde! Tout le secret, toute l'histoire est là! La science même ne subsisterait pas une minute sans la beauté, — savez-vous cela, vous qui riez? — elle se transformerait en une routine servile, elle deviendrait incapable d'inventer un clou!... Je tiendrai bon! acheva-t-il d'un air d'égarement, et il déchargea un violent coup de poing sur la table.

Tandis qu'il divaguait de la sorte, l'effervescence ne faisait qu'augmenter dans la salle. Beaucoup quittèrent précipitamment leurs places; un flot tumultueux se porta vers l'estrade. Tout cela se passa beaucoup plus rapidement que je ne le raconte, et l'on n'eut pas le temps de prendre des mesures. Peut-être aussi ne le voulut-on pas.

— Vous l'avez belle, polisson qui êtes défrayé de tout! hurla le séminariste. Il s'était campé vis-à-vis de l'orateur, et se plaisait à l'invectiver. Stépan Trophimovitch s'en aperçut, et s'avança vivement jusqu'au bord de l'estrade.

— Ne viens-je pas de déclarer que l'enthousiasme de la jeune génération est tout aussi pur, tout aussi rayonnant que celui de l'ancienne, et qu'il a seulement le tort de se tromper d'objet? Cela ne vous suffit pas? Et si celui qui tient ce langage est un père outragé, tué, est-il possible, ô hommes bornés, est-il possible de donner l'exemple d'une impartialité plus haute, d'envisager les choses d'un œil plus froid et plus désintéressé?... Hommes ingrats... injustes... pourquoi, pourquoi refusez-vous la réconciliation?

Et tout à coup il se mit à sangloter convulsivement. De ses yeux jaillissaient des larmes qu'il essuyait avec ses doigts. Les sanglots secouaient ses épaules et sa poitrine. Il avait perdu tout souvenir du lieu où il se trouvait.

La plupart des assistants se levèrent épouvantés. Julie Mikhaïlovna elle-même se dressa brusquement, saisit André Antonovitch par le bras et l'obligea à se lever... Le scandale était à son comble.

— Stépan Trophimovitch! cria joyeusement le séminariste. — Ici en ville et dans les environs rôde à présent un forçat évadé, le galérien Fedka. Il ne vit que de brigandage, et, dernièrement encore, il a commis un nouvel assassinat. Permettez-moi de vous poser une question : si, il y a quinze ans, vous ne l'aviez pas fait soldat pour payer une dette de jeu, en d'autres termes, si vous ne l'aviez pas joué aux cartes et perdu, dites-moi, serait-il allé aux galères? Assassinerait-il les gens, comme il le fait aujourd'hui, dans la lutte pour l'existence? Que répondrez-vous, monsieur l'esthéticien?

Je renonce à décrire la scène qui suivit. D'abord éclatèrent des applaudissements frénétiques. Les claqueurs ne formaient guère que le cinquième de l'auditoire, mais ils suppléaient au nombre par l'énergie. Tout le reste du public se dirigea en masse vers la porte; mais, comme le groupe qui applaudissait ne cessait de s'avancer vers l'estrade, il en résulta une cohue extraordinaire. Les dames poussaient des cris, plusieurs demoiselles demandaient en pleurant qu'on les ramenât chez elles. Debout, à côté de son fauteuil, Lembke promenait fréquemment autour de lui des regards d'une expression étrange. Julie Mikhaïlovna avait complètement perdu la tête, — pour la première fois depuis son arrivée chez nous. Quant à Stépan Trophimovitch, sur le moment il parut foudroyé par la virulente apostrophe du séminariste; mais tout à coup, élevant ses deux bras en l'air comme pour les étendre au-dessus du public, il s'écria :

— Je secoue la poussière de mes pieds, et je maudis... C'est la fin... la fin...

Puis il fit un geste de menace et disparut dans les coulisses.

— Il a insulté la société!... Verkhovensky! vociférèrent les forcenés; ils voulurent même s'élancer à sa poursuite. Le désordre ne pouvait déjà plus être réprimé quand, pour l'attiser encore, fit tout à coup irruption sur l'estrade le troisième lecteur, ce maniaque qui brandissait toujours le poing dans les coulisses.

Son aspect était positivement celui d'un fou. Plein d'un aplomb sans bornes, ayant sur les lèvres un large sourire de triomphe, il considérait avec un plaisir évident l'agitation de la salle. Un autre se fût effrayé d'avoir à parler au milieu d'un tel tumulte; lui, au contraire, s'en réjouissait visiblement. Cela était si manifeste que l'attention se porta aussitôt sur lui.

— Qu'est-ce encore que celui-là? entendait-on dans l'assistance, — qui est-il? Tss! Que va-t-il dire?

— Messieurs! cria à tue-tête le maniaque debout tout au bord de l'estrade (sa voix glapissante ressemblait fort au soprano aigu de Karmazinoff, seulement il ne susseyait pas):
— Messieurs! Il y a vingt ans, à la veille d'entrer en lutte avec la moitié de l'Europe, la Russie réalisait l'idéal aux yeux de nos classes dirigeantes. Les gens de lettres remplissaient l'office de censeurs; dans les universités, on enseignait la marche au pas; l'armée était devenue une succursale du corps de ballet; le peuple payait des impôts et se taisait sous le knout du servage. Le patriotisme consistait pour les fonctionnaires à pressurer les vivants et les morts. Ceux qui s'interdisaient les concussions passaient pour des factieux, car ils troublaient l'harmonie. Les forêts de bouleaux étaient dévastées pour assurer le maintien de l'ordre. L'Europe tremblait... Mais jamais la Russie, durant les mille années de sa stupide existence, n'avait encore connu une telle honte...

Il leva son poing, l'agita d'un air menaçant au-dessus de sa tête, et soudain le fit retomber avec autant de colère que s'il se fût agi pour lui de terrasser un ennemi. Des battements de mains, des acclamations enthousiastes retentirent de tous côtés. La moitié de la salle applaudissait à tout rompre. On était empoigné, et certes il y avait de quoi l'être : cet homme traînait la Russie dans la boue, comment n'aurait-on pas exulté?

— Voilà l'affaire! Oui, c'est cela! Hourra! Non, ce n'est plus de l'esthétique, cela!

— Depuis lors, poursuivit l'énergumène, — vingt ans se sont écoulés. On a rouvert les universités, et on les a multipliées. La marche au pas n'est plus qu'une légende ; il manque des milliers d'officiers pour que les cadres soient au complet. Les chemins de fer ont dévoré tous les capitaux, et, pareil à une immense toile d'araignée, le réseau des voies ferrées s'est étendu sur toute la Russie, si bien que dans quinze ans on pourra voyager n'importe où. Les ponts ne brûlent que de loin en loin, et quand les villes se permettent d'en faire autant, elles respectent du moins l'ordre établi : c'est régulièrement, chacune à son tour, dans la saison des incendies, qu'elles deviennent la proie des flammes. Les tribunaux rendent des jugements dignes de Salomon, et si les jurés trafiquent de leur verdict, c'est uniquement parce que le *struggle for life* les y oblige, sous peine de mourir de faim. Les serfs sont émancipés, et, au lieu d'être fouettés par leurs seigneurs, ils se fouettent maintenant les uns les autres. On absorbe des océans d'eau-de-vie au grand avantage du Trésor, et, comme nous avons déjà derrière nous dix siècles de stupidité, on élève à Novgorod un monument colossal en l'honneur de ce millénaire. L'Europe fronce les sourcils et recommence à s'inquiéter... Quinze ans de réformes ! Et pourtant jamais la Russie, même aux époques les plus grotesques de sa sotte histoire, n'était arrivée...

Les cris de la foule ne me permirent pas d'entendre la fin de la phrase. Je vis encore une fois le maniaque lever son bras et l'abaisser d'un air triomphant. L'enthousiasme ne connaissait plus de bornes : c'étaient des applaudissements, des bravos auxquels plusieurs dames ne craignaient pas de mêler leur voix. On aurait dit que tous ces gens étaient ivres. L'orateur parcourut des yeux le public ; la joie qu'il éprouvait de son succès semblait lui avoir enlevé la conscience de lui-même. Lembke, en proie à une agitation inexprimable, donna un ordre à quelqu'un. Julie Mikhaïlovna, toute pâle, dit vivement quelques mots au prince qui était accouru auprès d'elle... Tout à coup, six appariteurs sortirent des coulisses, saisirent le maniaque et l'arrachèrent de l'estrade. Comment réussit-il à se dégager de leurs mains? je ne puis le comprendre, toujours est-il qu'on le vit reparaître sur la plate-forme, brandissant le poing et criant de toute sa force :

— Mais jamais la Russie n'était encore arrivée...

De nouveau on s'empara de lui et on l'entraîna. Une quinzaine d'individus s'élancèrent dans les coulisses pour le délivrer, mais, au lieu d'envahir l'estrade, ils se ruèrent sur la mince cloison latérale qui séparait les coulisses de la salle et finirent par la jeter bas... Puis je vis sans en croire mes yeux l'étudiante (sœur de Virguinsky) escalader brusquement l'estrade : elle était là avec son rouleau de papier sous le bras, son costume de voyage, son teint coloré et son léger embonpoint; autour d'elle se trouvaient deux ou trois femmes et deux ou trois hommes parmi lesquels son mortel ennemi, le collégien. Je pus même entendre la phrase :

« Messieurs, je suis venue pour faire connaître les souffrances des malheureux étudiants et susciter partout l'esprit de protestation... »

Mais il me tardait d'être dehors. Je fourrai mon nœud de rubans dans ma poche et, grâce à ma connaissance des êtres de la maison, je m'esquivai par une issue dérobée. Comme bien on pense, mon premier mouvement fut de courir chez Stépan Trophimovitch.

## CHAPITRE II

LA FÊTE. — DEUXIÈME PARTIE.

### I

Il ne me reçut pas. Il s'était enfermé et écrivait. Comme j'insistais pour qu'il m'ouvrît, il me répondit à travers la porte :

— Mon ami, j'ai tout terminé, qui peut exiger plus de moi?

— Vous n'avez rien terminé du tout, vous n'avez fait qu'aider à la déroute générale. Pour l'amour de Dieu, pas de phrases, Stépan Trophimovitch; ouvrez. Il faut prendre des mesures; on peut encore venir vous insulter chez vous...

Je me croyais autorisé à lui parler sévèrement, et même à lui demander des comptes. J'avais peur qu'il n'entreprît quelque chose de plus fou encore. Mais, à mon grand étonnement, je rencontrai chez lui une fermeté inaccoutumée :

— Ne m'insultez pas vous-même le premier. Je vous remercie pour tout le passé; mais je répète que j'en ai fini avec les hommes, aussi bien avec les bons qu'avec les mauvais. J'écris à Daria Pavlovna que j'ai eu l'inexcusable tort d'oublier jusqu'à présent. Demain, si vous voulez, portez-lui ma lettre, et, maintenant, merci.

— Stépan Trophimovitch, l'affaire, soyez-en sûr, est plus sérieuse que vous ne le pensez. Vous croyez avoir remporté là-bas une victoire écrasante? Détrompez-vous, vous n'avez écrasé personne, et c'est vous-même qui avez été brisé comme verre (oh! je fus incivil et grossier; je me le rappelle avec tristesse!). Vous n'avez décidément aucune raison pour écrire à Daria Pavlovna... Et qu'allez-vous devenir maintenant sans moi? Est-ce que vous entendez quelque chose à la vie pratique? Vous avez certainement un nouveau projet dans l'esprit? En ce cas, un second échec vous attend...

Il se leva et vint tout près de la porte.

— Quoique vous n'ayez pas longtemps vécu avec eux, vous avez déjà pris leur langage et leur ton. Dieu vous pardonne, mon ami, et Dieu vous garde! Mais j'ai toujours reconnu en vous l'étoffe d'un homme comme il faut : vous viendrez peut-être à résipiscence, — avec le temps, bien entendu, comme nous tous en Russie. Quant à votre observation concernant mon défaut de sens pratique, je vous citerai une remarque faite par moi il y a longtemps : nous avons dans notre pays quantité de gens qui critiquent on ne peut plus violemment l'absence d'esprit pratique chez les autres, et qui ne font grâce de ce reproche qu'à eux-mêmes. Cher, songez que je suis agité, et ne me tourmentez pas Encore une fois, merci pour tout; séparons-nous l'un de l'autre, comme Karmazinoff s'est séparé du public, c'est-à-dire en nous faisant réciproquement l'aumône d'un oubli magnanime. Lui, il jouait une comédie quand il priait si instamment ses anciens lecteurs de l'oublier; moi, je n'ai pas autant d'amour-propre, et je compte beaucoup sur la jeunesse de votre cœur : pourquoi conserveriez-vous le souvenir d'un vieillard inutile? « Vivez davantage », mon ami, comme disait Nastasia la dernière fois qu'elle m'a adressé ses vœux à l'occasion de ma fête (ces pauvres gens ont quelquefois des mots charmants et pleins de philosophie). Je ne vous souhaite pas beaucoup de bonheur, ce serait fastidieux; je ne vous souhaite pas de mal non plus, mais, d'accord avec la philosophie populaire, je me borne à vous dire : « Vivez davantage », et tâchez de ne pas trop vous ennuyer; ce frivole souhait, je l'ajoute de ma poche. Allons, adieu, sérieusement, adieu. Ne restez pas à ma porte, je n'ouvrirai pas.

Il s'éloigna, et je n'en pus rien tirer de plus. Malgré son « agitation », il parlait coulamment, sans précipitation, et avec une gravité qu'il s'efforçait visiblement de rendre imposante. Sans doute il était un peu fâché contre moi et, peut-être, me punissait d'avoir été, la veille, témoin de ses puériles frayeurs. D'un autre côté, il savait aussi que les larmes qu'il avait versées le matin devant tout le monde l'avaient placé dans une situation assez comique; or personne n'était plus soucieux que Stépan Trophimovitch de conserver son prestige intact vis-à-vis de ses amis. Oh! je ne le blâme pas! Mais je me rassurai en voyant que cette humeur sarcastique et cette petite faiblesse subsistaient chez lui en dépit de toutes les secousses morales : un homme, en apparence si peu différent de ce qu'il avait toujours été, ne devait point être disposé à prendre en ce moment quelque résolution désespérée. Voilà comme j'en jugeais alors, et, mon Dieu, dans quelle erreur j'étais! Je perdais de vue bien des choses...

Anticipant sur les événements, je reproduis les premières lignes de la lettre qu'il fit porter le lendemain à Daria Pavlovna :

« Mon enfant, ma main tremble, mais j'ai tout fini. Vous n'avez pas assisté à mon dernier engagement avec les humains; vous n'êtes pas venue à cette « lecture », et vous avez bien fait. Mais on vous racontera que dans notre Russie si pauvre en caractères un homme courageux s'est levé, et que, sourd aux menaces de mort proférées de tous côtés contre lui, il a dit à ces imbéciles leur fait, à savoir que ce sont des imbéciles. Oh! ce sont de pauvres petits vauriens, et rien de plus, de petits imbéciles, — voilà le mot! Le sort en est jeté! je quitte cette ville pour toujours, et je ne sais où j'irai. Tous ceux que j'aimais se sont détournés de moi. Mais vous, vous, être pur et naïf, vous, douce créature dont le sort a failli être uni au mien par la volonté d'un cœur capricieux et despote; vous qui peut-être m'avez vu avec mépris verser mes lâches larmes à la veille de notre mariage projeté; vous qui, en tout état de cause, ne pouvez me considérer que comme un personnage comique, — oh! à vous, à vous le dernier cri de mon cœur! Envers vous seule j'ai un dernier devoir à remplir! Je ne puis vous quitter pour toujours en vous laissant l'impression que je suis un ingrat, un sot, un rustre et un égoïste, comme probablement vous le répète chaque jour une personne ingrate et dure qu'il m'est, hélas! impossible d'oublier... »

Etc., etc. Il y avait quatre pages de phrases dans ce goût-là.

En réponse à son « je n'ouvrira pas », je cognai trois fois à la porte. « J'aurai ma revanche », lui criai-je en m'en allant, « aujourd'hui même vous m'enverrez chercher trois fois par Nastasia, et je ne viendrai pas. » Je courus ensuite chez Julie Mikhaïlovna.

## II

Là, je fus témoin d'une scène révoltante : on trompait effrontément la pauvre femme, et j'étais forcé de me taire. Qu'aurais-je pu lui dire, en effet? Revenu à une plus calme appréciation des choses, je m'étais aperçu que tout se réduisait pour moi à des impressions, à des pressentiments sinistres, et qu'en dehors de cela je n'avais aucune preuve. Je trouvai la gouvernante en larmes, ses nerfs étaient très-agités. Elle se frictionnait avec de l'eau de Cologne, et il y avait un verre d'eau à côté d'elle. Pierre Stépanovitch, debout devant Julie Mikhaïlovna, parlait sans discontinuer; le prince était là aussi, mais il ne disait mot. Tout en pleurant, elle reprochait avec vivacité à Pierre Stépanovitch ce qu'elle appelait sa « défection » : d'après elle, tous les déplorables incidents survenus dans la matinée n'avaient eu pour cause que l'absence de Pierre Stépanovitch.

Je remarquai en lui un grand changement : il semblait très-préoccupé, presque grave. Ordinairement il n'avait pas l'air sérieux et riait toujours, même quand il se fâchait, ce qui lui arrivait souvent. Oh! maintenant encore Pierre Stépanovitch était fâché; il parlait d'un ton brutal, plein d'impatience et de colère. Il prétendait avoir été pris d'un mal de tête accompagné de nausées pendant une visite qu'il avait faite tout au matin à Gaganoff. Hélas! la pauvre femme désirait tant être trompée encore! Lorsque j'entrai, la principale question qu'on agitait était celle-ci : y aurait-il un bal ou n'y en aurait-il pas? En un mot, c'était toute la seconde partie de la fête qui se trouvait remise en discussion. Julie Mikhaïlovna déclarait formellement qu'elle ne consentirait jamais à assister au bal « après les affronts de tantôt »; au fond, elle ne demandait pas mieux que d'avoir la main forcée, et forcée précisément par Pierre Stépanovitch. Elle le considérait comme un oracle, et s'il l'avait tout à coup plantée là, je crois qu'elle en aurait fait une maladie. Mais il n'avait pas envie de s'en aller : il insistait de toutes ses forces pour que le bal eût lieu, et surtout pour que la gouvernante s'y montrât...

— Allons, pourquoi pleurer? Vous tenez donc bien à faire une scène? Il faut absolument que vous passiez votre colère sur quelqu'un? Soit, passez-la sur moi; seulement dépêchez-vous, car le temps presse, et il est urgent de prendre une décision. La séance littéraire a été un *four*, le bal réparera cela. Tenez, c'est aussi l'avis du prince. Tout de même, sans le prince, je ne sais pas comment l'affaire se serait terminée.

Au commencement, le prince s'était prononcé contre le bal (c'est-à-dire qu'il n'était pas d'avis que Julie Mikhaïlovna y parût; quant au bal même, on ne pouvait en aucun cas le contremander); mais Pierre Stépanovitch ayant plusieurs fois fait mine de s'en référer à son opinion, il changea peu à peu de sentiment.

Le ton impoli de Pierre Stépanovitch était aussi trop extraordinaire pour ne pas m'étonner. Oh! j'oppose un démenti indigné aux bruits répandus plus tard concernant de prétendues relations intimes qui auraient existé entre Julie Mikhaïlovna et Pierre Stépanovitch. Ce sont là de pures calomnies. Non, l'empire que le jeune homme exerçait sur la gouvernante, il le devait exclusivement aux basses flagorneries dont il s'était mis à l'accabler dès le début : la voyant désireuse de jouer un grand rôle politique et social, il avait flatté sa manie, il avait feint de s'associer à ses rêves et d'en poursuivre la réalisation conjointement avec elle; enfin il s'y était si bien pris pour l'entortiller, que maintenant elle ne pensait plus que par lui.

Lorsqu'elle m'aperçut, un éclair s'alluma dans ses yeux.

— Tenez, interrogez-le! s'écria-t-elle : — lui aussi est resté tout le temps près de moi, comme le prince. Dites, n'est-il pas évident que tout cela est un coup monté, un coup bassement, perfidement monté pour me faire à moi et à André Antonovitch tout le mal possible? Oh! ils s'étaient concertés, ils avaient leur plan. C'est une cabale organisée de longue main.

— Vous exagérez, selon votre habitude. Vous avez toujours un poëme dans la tête. Du reste, je suis bien aise de voir monsieur... (il fit semblant de ne pas se rappeler mon nom), il vous dira son opinion.

— Mon opinion, répondis-je aussitôt, — est de tout point conforme à celle de Julie Mikhaïlovna. Le complot n'est que trop évident. Je vous rapporte cette rosette, Julie Mikhaïlovna. Que le bal ait lieu ou non, ce n'est pas mon affaire, car je n'y puis rien, mais mon rôle en tant que commissaire de la fête est terminé. Excusez ma vivacité, mais je ne puis agir au mépris du bon sens et de ma conviction.

— Vous entendez, vous entendez! fit-elle en frappant ses mains l'une contre l'autre.

— J'entends, et voici ce que je vous dirai, reprit en s'adressant à moi Pierre Stépanovitch, — je suppose que vous avez tous mangé quelque chose qui vous a fait perdre l'esprit. Selon moi, il ne s'est rien passé, absolument rien, qu'on n'ait déjà vu et qu'on n'ait pu toujours voir dans cette ville. Que parlez-vous de complot? Cela a été fort laid, honteusement bête, mais où donc y a-t-il un complot? Comment, ils auraient comploté contre Julie Mikhaïlovna qui les protége, qui les gâte, qui leur pardonne avec une indulgence inépuisable toutes leurs polissonneries? Julie Mikhaïlovna! Que vous ai-je répété à satiété depuis un mois? De quoi vous ai-je prévenue? Allons, quel besoin aviez-vous de tous ces gens-là? Vous teniez donc bien à vous encanailler? Pourquoi? Dans quel but? Pour fusionner les divers éléments sociaux? Eh bien, elle est jolie, votre fusion!

— Quand donc m'avez-vous prévenue? Au contraire, vous m'approuviez, vous exigiez même que j'agisse ainsi... Votre langage, je l'avoue, m'étonne à un tel point... Vous m'avez vous-même amené plusieurs fois d'étranges gens...

— Au contraire, loin de vous approuver, je disputais avec vous. Je reconnais que je vous ai présenté d'étranges gens, mais je ne l'ai fait que tout récemment, après avoir vu vos salons envahis déjà par des douzaines d'individus semblables : je vous ai amené des danseurs pour le « quadrille de la littérature », et l'on n'aurait pas pu les recruter dans la bonne société. Du reste, je parie qu'à la séance littéraire d'aujourd'hui on a laissé entrer sans billets bien d'autres crapules.

— Certainement, confirmai-je.

— Vous voyez, vous en convenez. Vous rappelez-vous le ton qui régnait ici en ville dans ces derniers temps? C'était l'effronterie la plus impudente, le cynisme le plus scandaleux. Et qui encourageait cela? Qui couvrait cela de son patronage? Qui a dévoyé l'esprit public? Qui a jeté tout le fretin hors des gonds? Est-ce que les secrets de toutes les familles ne s'étalaient pas dans votre album? Ne combliez-vous pas de caresses vos poëtes et vos dessinateurs? Ne donniezvous pas votre main à baiser à Liamchine? Un séminariste n'a-t-il pas, en votre présence, insulté un conseiller d'État actuel venu chez vous avec sa fille, et n'a-t-il pas gâté la robe de celle-ci en essuyant dessus ses grosses bottes goudronnées? Pourquoi donc vous étonnez-vous que le public vous soit hostile?

— Mais tout cela, c'est votre œuvre, je n'ai fait que suivre vos conseils! O mon Dieu!

— Non, je vous ai avertie, je vous ai engagée à vous tenir sur vos gardes, nous avons eu des discussions ensemble à ce sujet, nous nous sommes querellés!

— Vous mentez effrontément.

— Allons, sans doute il est inutile de vous parler de cela. Maintenant vous êtes fâchée, il vous faut une victime; eh bien, je le répète, passez votre colère sur moi. Mieux vaut que je m'adresse à vous, monsieur... (il feignait toujours d'avoir oublié mon nom): en laissant de côté Lipoutine, j'affirme qu'il n'y a eu aucun complot, au-cun! Je le prouverai, mais examinons d'abord le cas de Lipoutine. Il est venu lire les vers de l'imbécile Lébiadkine, et c'est cela que vous appelez un complot? Mais savez-vous que Lipoutine a très-bien pu trouver la chose spirituelle? Sérieusement, sérieusement spirituelle. En faisant cette lecture, il comptait amuser la société, égayer tout le monde, à commencer par sa protectrice Julie Mikhaïlovna, voilà tout. Vous ne le croyez pas? Eh bien, cette facétie n'est-elle pas dans le goût de tout ce qui s'est fait ici depuis un mois? Voulez-vous que je vous dise toute ma pensée? Je suis sûr que dans un autre moment cela aurait passé comme une lettre à la poste; on n'y aurait vu qu'une plaisanterie risquée, grossière peut-être, mais amusante.

— Comment! Vous trouvez spirituelle l'action de Lipoutine? s'écria dans un transport d'indignation Julie Mikhaïlovna; — vous osez appeler ainsi une pareille sottise, une pareille inconvenance, un acte si bas, si lâche, si perfide? Je vois bien maintenant que vous-même êtes du complot!

— Sans aucun doute, c'est moi qui, invisible et présent, faisais mouvoir tous les fils. Mais, voyons, si je prenais part à un complot, — comprenez du moins cela! — ce serait pour aboutir à autre chose qu'à la lecture de quelques vers ridicules! Pourquoi ne pas dire tout de suite que j'avais donné le mot à papa pour qu'il causât un pareil scandale? A qui la faute si vous avez laissé papa s'exhiber en public? Qui est-ce qui, hier, vous avait déconseillé cela, hier encore, hier?

— Oh! hier il avait tant d'esprit, je comptais tant sur lui, il a, en outre, de si belles manières; je me disais : lui et Karmazinoff... et voilà!

— Oui : et voilà. Mais, avec tout son esprit, papa s'est conduit bêtement. Je savais d'avance qu'il ferait des bêtises; si donc j'étais entré dans une conspiration ourdie contre votre fête, est-ce que je vous aurais engagée à ne pas lâcher l'âne dans le potager? Non, sans doute. Eh bien, hier je vous ai vivement sollicitée d'interdire la parole à papa, car je pressentais ce qui devait arriver. Naturellement il était impossible de tout prévoir, et lui-même, pour sûr, ne savait pas, une minute avant de monter sur l'estrade, quel brûlot il allait allumer. Est-ce que ces vieillards nerveux ressemblent à des hommes? Mais le mal n'est pas sans remède : pour donner satisfaction au public, demain ou même aujourd'hui envoyez chez lui par mesure administrative deux médecins chargés d'examiner son état mental, et ensuite fourrez-le dans un asile d'aliénés. Tout le monde rira et comprendra qu'il n'y a pas lieu de se sentir offensé. En ma qualité de fils, j'annoncerai la nouvelle ce soir au bal. Karmazinoff, c'est une autre affaire : l'animal a mis son auditoire de mauvaise humeur en lisant pendant une heure entière. En voilà encore un qui, à coup sûr, s'entendait avec moi! Il avait été convenu entre nous qu'il ferait des sottises afin de nuire à Julie Mikhaïlovna!

— Oh! Karmazinoff, quelle honte! J'en ai rougi pour notre public!

— Eh bien, moi, je n'aurais pas rougi, mais j'aurais étrillé d'importance le lecteur lui-même. C'est le public qui avait raison. Et, pour ce qui est de Karmazinoff, à qui la faute encore? Est-ce moi qui l'ai jeté à votre tête? Ai-je jamais été de ses adorateurs? Allons, que le diable l'emporte! Reste le troisième, le maniaque politique; celui-là, c'est autre chose. Ici tout le monde a fait une boulette, et l'on ne peut pas mettre exclusivement en cause mes machinations.

— Ah! taisez-vous, c'est terrible, terrible! Sur ce point, c'est moi, moi seule qui suis coupable!

— Assurément, mais ici je vous excuse. Eh! qui se défie de ces francs parleurs? A Pétersbourg même on ne prend pas garde à eux. Il vous avait été recommandé, et dans quels termes encore! Ainsi convenez que maintenant vous êtes même obligée de vous montrer au bal. La chose est grave, car c'est vous-même qui avez fait monter cet homme-là sur l'estrade. A présent vous devez donc décliner publiquement toute solidarité avec lui, dire que le gaillard est entre les mains de la police et que vous avez été trompée d'une façon inexplicable. Vous déclarerez avec indignation que vous avez été victime d'un fou, car c'est un fou et rien de plus. Voilà comme il faut présenter le fait. Moi, je ne puis pas souffrir ces furieux. Il m'arrive parfois à moi-même d'en dire de plus roides encore, mais ce n'est pas *ex cathedra*. Et justement voici qu'on parle d'un sénateur.

— De quel sénateur? Qui est-ce qui en parle?

— Voyez-vous, moi-même je n'y comprends rien. Est-ce que vous n'avez point été avisée, Julie Mikhaïlovna, de la prochaine arrivée d'un sénateur?

— D'un sénateur?

— Voyez-vous, on est convaincu qu'un sénateur a reçu mission de se rendre ici, et que le gouvernement va vous destituer. Cela m'est revenu de plusieurs côtés.

— Je l'ai entendu dire aussi, observai-je.

— Qui a parlé de cela? demanda la gouvernante toute rouge.

— Vous voulez dire: qui en a parlé le premier? Je n'en

sais rien. Toujours est-il qu'on en parle, et même beaucoup. Le public ne s'est pas entretenu d'autre chose dans la journée d'hier. Tout le monde est très-sérieux, quoiqu'on n'ait encore aucune donnée positive. Sans doute les personnes plus intelligentes, les gens plus compétents se taisent, mais parmi ceux-ci plusieurs ne laissent pas d'écouter.

— Quelle bassesse ! Et... quelle bêtise !

— Eh bien, vous voyez, il faut maintenant que vous vous montriez pour fermer la bouche à ces imbéciles.

— Je l'avoue, je sens moi-même que je ne puis faire autrement, mais... si une nouvelle humiliation m'était réservée ? Si j'allais me trouver seule à ce bal ? Car personne ne viendra, personne, personne !

— Quelle idée ! On n'ira pas au bal ! Et les robes qu'on a fait faire, et les toilettes des demoiselles ? Vraiment, après cela, je nie que vous soyez une femme ! Voilà comme vous connaissez votre sexe !

— La maréchale de la noblesse n'y sera pas !

— Mais enfin qu'est-ce qui est arrivé ? Pourquoi n'ira-t-on pas au bal ? cria-t-il impatienté.

— Une ignominie, une honte, — voilà ce qui est arrivé. Qu'y a-t-il au fond de tout cela ? je l'ignore, mais, après une telle affaire, je ne puis pas me montrer au bal...

— Pourquoi ? Mais, au bout du compte, quels sont vos torts ? De quoi êtes-vous coupable ? La faute n'est-elle pas plutôt au public, à vos hommes respectables, à vos pères de famille ? C'était à eux d'imposer silence aux vauriens et aux imbéciles, — car parmi les tapageurs il n'y avait que des imbéciles et des vauriens. Nulle part, dans aucune société, l'autorité ne maintient l'ordre à elle toute seule. Chez nous chacun, en entrant quelque part, exige qu'on détache un commissaire de police pour veiller à sa sûreté personnelle. On ne comprend pas que la société doit se protéger elle-même. Et que font en pareille circonstance vos pères de famille, vos hauts fonctionnaires, vos femmes mariées, vos jeunes filles ? Tous ces gens-là se taisent et boudent. Le public n'a pas même assez d'initiative pour mettre les braillards à la raison.

— Ah! que cela est vrai! Ils se taisent, boudent et... regardent autour d'eux.

— Eh bien, si cela est vrai, vous devez le déclarer hautement, fièrement, sévèrement. Il faut montrer que vous n'êtes pas brisée, et le montrer précisément à ces vieillards, à ces mères de famille. Oh! vous saurez: vous ne manquez pas d'éloquence, lorsque votre tête est lucide. Vous les réunirez autour de vous et vous leur ferez un discours qui sera ensuite envoyé au *Golos* et à la *Gazette de la Bourse*. Attendez, je vais moi-même me mettre à l'œuvre, je me charge de tout organiser. Naturellement les mesures d'ordre devront être mieux prises; il faudra surveiller le buffet, prier le prince, prier monsieur... Vous ne pouvez pas nous laisser en plan, monsieur, alors que tout est à recommencer. Et enfin vous ferez votre entrée au bras d'André Antonovitch. Comment va-t-il?

— Oh! quels jugements faux, injustes, outrageants vous avez toujours portés sur cet homme angélique! s'écria avec un subit attendrissement Julie Mikhaïlovna, et peu s'en fallut qu'elle ne fondît en larmes. Sur le moment Pierre Stépanovitch déconcerté ne sut que balbutier :

— Allons donc, je... mais quoi? j'ai toujours...

— Jamais, jamais! vous ne lui avez jamais rendu justice!

— Il faut renoncer à comprendre la femme! grommela Pierre Stépanovitch en grimaçant un sourire.

— C'est l'homme le plus droit, le plus délicat, le plus angélique! L'homme le meilleur!

— Pour ce qui est de sa bonté, je l'ai toujours hautement reconnue...

— Jamais. Du reste, laissons cela. Je l'ai défendu fort maladroitement. Tantôt la sournoise maréchale de la noblesse a fait plusieurs allusions sarcastiques à ce qui s'est passé hier.

— Oh! maintenant elle ne parlera plus de la journée d'hier, celle d'aujourd'hui doit la préoccuper bien davantage. Et pourquoi l'idée qu'elle n'assistera pas au bal vous troublet-elle à ce point? Certainement elle n'y viendra pas, après la part qu'elle a eue à un tel scandale! Ce n'est peut-être pas sa faute, mais sa réputation n'en souffre pas moins, elle a de la boue sur les mains.

— Qu'est-ce que c'est? je ne comprends pas : pourquoi a-t-elle de la boue sur les mains? demanda Julie Mikhaïlovna en regardant Pierre Stépanovitch d'un air étonné.

— Je n'affirme rien, mais en ville le bruit court qu'elle leur a servi d'entremetteuse.

— Comment? A qui a-t-elle servi d'entremetteuse?

— Eh! mais est-ce que vous ne savez pas encore la chose? s'écria-t-il avec une surprise admirablement jouée, — eh bien, à Stavroguine et à Élisabeth Nikolaïevna!

Nous n'eûmes tous qu'un même cri :

— Comment? Quoi?

— Vrai, on dirait que vous n'êtes encore au courant de rien! Eh bien, il s'agit d'un événement tragico-romanesque : en plein jour Élisabeth Nikolaïevna a quitté la voiture de la maréchale de la noblesse pour monter dans celle de Stavroguine, et elle a filé avec « ce dernier » à Skvoreehniki. Il y a de cela une heure, tout au plus.

Ces paroles nous plongèrent dans une stupéfaction facile à comprendre. Naturellement, nous avions hâte d'en savoir davantage, et nous nous mîmes à interroger Pierre Stépanovitch. Mais, circonstance singulière, quoiqu'il eût été, « par hasard », témoin du fait, il ne put nous en donner qu'un récit très-sommaire. Voici, d'après lui, comment la chose s'était passée : après la matinée littéraire, la maréchale de la noblesse avait ramené dans sa voiture Lisa et Maurice Nikolaïévitch à la demeure de la générale Drozdoff (celle-ci avait toujours les jambes malades); au moment où l'équipage venait de s'arrêter devant le perron, Lisa, sautant à terre, s'était élancée vers une autre voiture qui stationnait à vingt-cinq pas de là, la portière s'était ouverte et refermée : « Épargnez-moi! » avait crié la jeune fille à Maurice Nikolaïévitch, et la voiture était partie à fond de train dans la direction de Skvorechniki. En réponse aux questions qui jaillirent spontanément de nos lèvres : Y a-t-il eu entente préalable? Qui est-ce qui était dans la voiture? — Pierre Stépanovitch déclara qu'il ne savait rien, que sans doute cette fugue avait été concertée à l'avance entre les deux jeunes gens, mais qu'il n'avait pas aperçu Stavroguine lui-même dans la voiture où peut-être se trouvait le vieux valet de chambre, Alexis Égoritch.

— Comment donc vous-même étiez-vous là? lui demandâmes-nous, — et comment savez-vous de science certaine qu'elle est allée à Skvorechniki?

— Je passais en cet endroit par hasard, répondit-il, — et, en apercevant Lisa, j'ai couru vers la voiture.

Et pourtant, lui si curieux, il n'avait pas remarqué qui était dans cette voiture!

— Quant à Maurice Nikolaïévitch, acheva le narrateur, — non-seulement il ne s'est pas mis à la poursuite de la jeune fille, mais il n'a même pas essayé de la retenir, et il a fait taire la maréchale de la noblesse qui s'époumonnait à crier : « Elle va chez Stavroguine! Elle va chez Stavroguine! »

Je ne pus me contenir plus longtemps :

— C'est toi, scélérat, qui as tout organisé! vociférai-je avec rage. — Voilà à quoi tu as employé ta matinée! Tu as été le complice de Stavroguine, c'est toi qui étais dans la voiture et qui y as fait monter Lisa... toi, toi, toi! Julie Mikhaïlovna, cet homme est votre ennemi, il vous perdra aussi! Prenez garde!

Et je sortis précipitamment de la maison.

J'en suis encore à me demander aujourd'hui comment j'ai pu alors lancer une accusation si nette à la face de Pierre Stépanovitch. Mais j'avais deviné juste : on découvrit plus tard que les choses s'étaient passées à très-peu près comme je l'avais dit. En premier lieu, j'avais trouvé fort louche la façon dont il s'y était pris pour entrer en matière. Une nouvelle aussi renversante, il aurait dû, ce semble, la raconter de prime abord, dès son arrivée dans la maison; au lieu de cela, il avait fait mine de croire que nous la savions déjà, ce qui était impossible, vu le peu de temps écoulé depuis l'événement. Pour la même raison, il ne pouvait non plus avoir déjà entendu dire partout que la maréchale de la noblesse avait servi d'entremetteuse. En outre, pendant qu'il parlait, j'avais deux fois surpris sur ses lèvres le sourire malicieux du fourbe qui s'imagine en conter à des jobards. Mais peu m'importait Pierre Stépanovitch; le fait principal n'était pas douteux à mes yeux, et, en sortant de chez Julie Mikhaïlovna, je ne me connaissais plus. Cette catastrophe m'atteignait à l'endroit le plus sensible du cœur; j'avais envie de fondre en larmes, et il se peut même que j'aie pleuré. Je ne savais à quoi me décider. Je courus chez Stépan Trophimovitch, mais l'irritant personnage refusa encore de me recevoir. Nastasia eut beau m'assurer à voix basse qu'il était couché, je n'en crus rien. Chez Lisa, j'interrogeai les domestiques : ils me confirmèrent la fuite de leur jeune maîtresse, mais eux-mêmes n'en savaient pas plus que moi. La consternation régnait dans cette demeure; Prascovie Ivanovna avait déjà eu plusieurs syncopes, Maurice Nikolaïévitch se trouvait auprès d'elle; je ne jugeai pas à propos de le demander. En réponse à mes questions, les gens de la maison m'apprirent que dans ces derniers temps Pierre Stépanovitch était venu très-souvent chez eux : il lui arrivait parfois de faire jusqu'à deux visites dans la même journée. Les domestiques étaient tristes et parlaient de Lisa avec un respect particulier; ils l'aimaient. Qu'elle fût perdue, irrévocablement perdue, — je n'en doutais pas, mais le côté psychologique de l'affaire restait incompréhensible pour moi, surtout après la scène que la jeune fille avait eue la veille avec Stavroguine. Courir la ville en quête de renseignements, m'informer auprès de personnes malveillantes que cette lamentable aventure devait réjouir, cela me répugnait, et, d'ailleurs, par égard pour Lisa, je ne l'aurais point voulu faire. Mais ce qui m'étonne, c'est que je sois allé chez Daria Pavlovna, où, du reste, je ne fus pas reçu (depuis la veille, la porte de la maison Stavroguine ne s'ouvrait pour aucun visiteur); je ne sais ce que j'aurais pu lui dire et quel motif m'avait déterminé à cette démarche. De chez Dacha, je me rendis au domicile de son frère. Je trouvai Chatoff plus sombre que jamais. Pensif et morne, il semblait faire un effort sur lui-même pour m'écouter; tandis que je parlais, il se promenait silencieusement dans sa chambrette, et je pus à peine lui arracher une parole. J'étais déjà en bas de l'escalier quand il me cria du carré : « Passez chez Lipoutine, là vous saurez tout. » Mais je n'allai pas chez Lipoutine, et je revins plus tard chez Chatoff. Je me contentai d'entre-bâiller sa porte : « N'irez-vous pas aujourd'hui chez Marie Timoféievna? » lui dis-je sans entrer. Il me répondit par des injures, et je me retirai. Je note, pour ne pas l'oublier, que, le même soir, il se rendit exprès tout au bout de la ville chez Marie Timoféievna qu'il n'avait pas vue depuis assez longtemps. Il la trouva aussi bien que possible, physiquement et moralement; Lébiadkine ivre-mort dormait sur un divan dans la première pièce. Il était alors dix heures juste. Chatoff lui-même me fit part de ces détails le lendemain, en me rencontrant par hasard dans la rue. A neuf heures passées, je me décidai à me rendre au bal. Je ne devais plus y assister en qualité de commissaire, car j'avais laissé ma rosette chez Julie Mikhaïlovna, mais j'étais curieux de savoir ce qu'on disait en ville de tous ces événements. De plus, je voulais avoir l'œil sur la gouvernante, ne dussé-je la voir que de loin. Je me reprochais fort la précipitation avec laquelle je l'avais quittée tantôt.

### III

Toute cette nuit avec ses incidents absurdes aboutissant à une épouvantable catastrophe me fait encore aujourd'hui l'effet d'un affreux cauchemar, et c'est ici que ma tâche de chroniqueur devient particulièrement pénible. Il était plus de dix heures quand j'arrivai chez la maréchale de la noblesse. Malgré le peu de temps dont on disposait, la vaste salle où s'était donnée la séance littéraire avait été convertie en salle de danse, et l'on espérait y voir toute la ville. Pour moi, depuis la matinée, je ne me faisais aucune illusion à cet égard, mais l'événement dépassa mes prévisions les plus pessimistes. Pas une famille de la haute société ne vint au bal, et tous les fonctionnaires de quelque importance firent également défaut. L'abstention presque générale du public féminin donna un démenti au pronostic de Pierre Stépanovitch (sans doute celui-ci avait sciemment trompé la gouvernante) : il y avait tout au plus une dame pour quatre cavaliers, et encore quelles dames! Des femmes d'officiers subalternes, d'employés de la poste et de petits bureaucrates, trois doctoresses accompagnées de leurs filles, deux ou trois représentantes de la petite propriété, les sept filles et la nièce du secrétaire dont j'ai parlé plus haut, des boutiquières, — était-ce cela qu'attendait Julie Mikhaïlovna? La moitié des marchands même restèrent chez eux. Du côté des hommes, quoique le gratin tout entier brillât par son absence, la quantité, du moins, suppléait en un certain sens à la qualité, mais l'aspect de cette foule n'avait rien de rassurant. Çà et là on apercevait bien quelques officiers fort tranquilles, venus avec leurs femmes, et plusieurs pères de famille dont la condition et les manières étaient également modestes. Tous ces humbles se trouvaient au bal en quelque sorte « par nécessité », comme disait l'un d'eux. Mais, par contre, les mauvaises têtes et les gens entrés sans billets étaient en nombre plus considérable encore que le matin; tous, à peine arrivés, se dirigeaient vers le buffet; on aurait dit que quelqu'un leur avait assigné d'avance cet endroit comme lieu de réunion. Telle fut du moins l'impression que j'éprouvai. Prokhoritch s'était installé avec tout le matériel culinaire du club dans une vaste pièce située tout au bout d'une enfilade de chambres. Je remarquai là des gens fort débraillés, des pochards encore sous l'influence d'un reste d'ivresse, des individus sortis Dieu sait d'où, des hommes étrangers à notre ville. Sans doute je n'ignorais pas que Julie Mikhaïlovna s'était proposé de donner au bal le caractère le plus démocratique : « On recevra même les bourgeois, avait-elle dit, s'il en est qui veuillent prendre un billet. » La gouvernante l'avait belle à parler ainsi dans son comité, car elle était bien sûre, vu l'extrême misère de tous nos bourgeois, que l'idée de faire la dépense d'un billet ne viendrait à l'esprit d'aucun d'eux. N'importe, tout en tenant compte des intentions démocratiques du comité, je ne pouvais comprendre comment des toilettes si négligées n'avaient pas été refusées au contrôle. Qui donc les avait laissées entrer, et dans quel but s'était-on montré si tolérant? Lipoutine et Liamchine avaient été relevés de leurs fonctions de commissaires (ils se trouvaient cependant au bal, devant figurer dans le « quadrille de la littérature »), mais, à mon grand étonnement, la rosette du premier ornait maintenant l'épaule du séminariste qui, en prenant violemment à partie Stépan Trophimovitch, avait plus que personne contribué au scandale de la matinée. Quant au commissaire nommé en remplacement de Liamchine, c'était Pierre Stépanovitch lui-même. A quoi ne pouvait-on pas s'attendre dans de pareilles conditions?

Je me mis à écouter ce qui se disait. Certaines idées avaient un cachet d'excentricité tout à fait singulier. Par exemple, on assurait dans un groupe que l'histoire de Lisa avec Nicolas Vsévolodovitch était l'œuvre de Julie Mikhaïlovna qui avait reçu pour cela de l'argent de Stavroguine, on allait jusqu'à spécifier la somme. La fête même, affirmait-on, n'avait pas eu d'autre but dans la pensée de la gouvernante; ainsi s'expliquait, au dire de ces gens bien informés, l'abstention de la moitié de la ville : on n'avait pas voulu venir au bal quand on avait su de quoi il retournait, et Lembke lui-même en avait été frappé au point de perdre la raison; à présent c'était un fou que sa femme « conduisait ». J'entendis force rires étranges, gutturaux, sournois. Tout le monde faisait aussi d'amères critiques du bal et s'exprimait dans les termes les plus injurieux sur le compte de Julie Mikhaïlovna. En général, les conversations étaient si décousues, si confuses, si incohérentes, qu'on pouvait difficilement en dégager quelque chose de net.

Il y avait aussi au buffet des gens franchement gais, et parmi eux plusieurs dames fort aimables, de celles qui ne s'étonnent et ne s'effrayent de rien. C'étaient, pour la plupart, des femmes d'officiers, venues en compagnie de leurs maris. Chaque société s'asseyait à une table particulière où elle buvait gaiement du thé. A un moment donné, près de la moitié du public se trouva réunie au buffet.

Sur ces entrefaites, grâce aux soins du prince, trois pauvres petits quadrilles avaient été tant bien que mal organisés dans la salle blanche. Les demoiselles dansaient, et leurs parents les contemplaient avec bonheur. Mais, malgré le plaisir qu'ils éprouvaient à voir leurs filles s'amuser, beaucoup de ces gens respectables étaient décidés à filer en temps utile, c'est-à-dire avant l'ouverture du « chahut ».

La conviction qu'il y aurait du chahut était dans tous les esprits. Quant aux sentiments de Julie Mikhaïlovna elle-même, il me serait difficile de les décrire. Je ne lui parlais pas, quoique je fusse assez rapproché d'elle. Je l'avais saluée en entrant, et elle ne m'avait pas remarqué (je suis persuadé que, de sa part, ce n'était pas une feinte). Son visage était maladif; son regard, bien que hautain et méprisant, errait de tous côtés avec une expression inquiète. Par un effort visiblement douloureux elle se roidissait contre elle-même, — pourquoi et pour qui? Elle aurait dû se retirer, surtout emmener son mari, et elle restait!

Il suffisait de la voir en ce moment pour deviner que ses yeux « s'étaient ouverts », et qu'elle ne nourrissait plus aucune illusion. Elle n'appelait même pas auprès d'elle Pierre Stépanovitch (celui-ci, de son côté, semblait aussi l'éviter; je l'aperçus au buffet, il était excessivement gai). Pourtant elle restait au bal et ne souffrait point qu'André Antonovitch fît un seul pas sans elle. Oh! le matin encore, comme elle eût reçu l'imprudent qui se fût permis d'émettre en sa présence le moindre doute sur la santé intellectuelle de son époux! Mais maintenant force lui était de se rendre à l'évidence. Pour moi, à première vue, l'état d'André Antonovitch me parut empiré depuis tantôt. Le gouverneur semblait inconscient, on aurait dit qu'il n'avait aucune idée du lieu où il était. Parfois il regardait tout à coup autour de lui avec une sévérité inattendue; c'est ainsi qu'à deux reprises ses yeux se fixèrent sur moi. Une fois il ouvrit la bouche, prononça quelques mots d'une voix forte et n'acheva pas sa phrase; un vieil employé, personnage fort humble, qui se trouvait par hasard à côté de lui, eut presque peur en l'entendant parler. Mais le public de la salle blanche lui-même, ce public composé en grande majorité de subalternes, s'écartait d'un air sombre et inquiet à l'approche de Julie Mikhaïlovna; en même temps, ces gens d'ordinaire si timides vis-à-vis de leurs supérieurs tenaient leurs regards attachés sur Von Lembke avec une insistance d'autant plus étrange qu'ils n'essayaient nullement de la cacher.

— J'ai été saisie en remarquant cela, et c'est alors que l'état d'André Antonovitch m'a été révélé tout à coup, — m'avoua plus tard Julie Mikhaïlovna.

Oui, elle avait commis une nouvelle faute! Tantôt, après avoir promis à Pierre Stépanovitch d'aller au bal, elle s'était, selon toute probabilité, rendue dans le cabinet d'André Antonovitch déjà complétement détraqué à la suite de la matinée littéraire, et, mettant en œuvre toutes ses séductions féminines, elle avait décidé le malheureux homme à l'accompagner. Mais combien elle devait souffrir à présent! Et pourtant elle ne voulait pas s'en aller! Était-ce par fierté qu'elle s'imposait ce supplice, ou bien avait-elle simplement perdu la tête? — je n'en sais rien. Nonobstant son orgueil, on la voyait aborder certaines dames humblement, le sourire aux lèvres, et ces avances étaient en pure perte. Julie

Mikhaïlovna n'obtenait pour toute réponse qu'un oui ou un non, tant les femmes à qui elle adressait la parole avaient hâte de s'éloigner d'elle.

Parmi nos personnages de marque, un seul assistait au bal : c'était le général en retraite que le lecteur a déjà rencontré chez la maréchale de la noblesse. Toujours digne, comme le jour où il pérorait sur le duel de Stavroguine avec Gaganoff, le vieux débris circulait dans les salons, ouvrant l'œil, tendant l'oreille, et cherchant à se donner toutes les apparences d'un homme venu là pour étudier les mœurs plutôt que pour s'amuser. A la fin, il s'empara de la gouvernante et ne la lâcha plus. Évidemment il voulait la réconforter par sa présence et ses paroles. C'était à coup sûr un fort bon homme, très-distingué de manières, et trop âgé pour que sa pitié même pût offenser. Il était néanmoins extrêmement pénible à Julie Mikhaïlovna de se dire que cette vieille baderne osait avoir compassion d'elle et se constituait en quelque sorte son protecteur. Cependant le général bavardait sans interruption.

— Une ville ne peut subsister, dit-on, que si elle possède sept justes... je crois que c'est sept, je ne me rappelle pas positivement le chiffre. Parmi les sept justes avérés que renferme notre ville, combien ont l'honneur de se trouver à votre bal? je l'ignore, mais, malgré leur présence, je commence à me sentir un peu inquiet. Vous me pardonnerez, charmante dame, n'est-ce pas? Je parle al-lé-go-ri-quement, mais je suis allé au buffet, et, ma foi! je trouve que notre excellent Prokhoritch n'est pas là à sa place : il pourrait bien être razzié d'ici à demain matin. Du reste, je plaisante. J'attends seulement le « quadrille de la littérature », je tiens à savoir ce que ce sera, ensuite j'irai me coucher. Pardonnez à un vieux podagre, je me couche de bonne heure, et je vous conseillerais aussi d'aller « faire dodo », comme on dit aux enfants. Je suis venu pour les jeunes beautés... que votre bal m'offrait une occasion unique de voir en aussi grand nombre... Elles habitent toutes de l'autre côté de l'eau, et je ne vais jamais par là. La femme d'un officier... de chasseurs, paraît-il... elle n'est pas mal du tout et... et elle le sait bien. J'ai causé avec la friponne, c'est une gaillarde et... ces fillettes sont fraîches aussi, mais voilà tout ; elles n'ont pour elles que la fraîcheur. Du reste, leur vue n'est pas désagréable. Ce sont des fleurs en boutons ; malheureusement les lèvres sont grosses. En général, chez les femmes russes, la beauté du visage laisse à désirer sous le rapport de la correction... Tant que dure la première jeunesse, pendant deux ans, même trois, ces petits minois sont ravissants, mais ensuite ils se fanent, d'où chez les maris ce triste indifférentisme qui contribue tant au développement de la question des femmes... si toutefois je comprends bien cette question... Hum. La salle est belle ; les chambres ne sont pas mal meublées. Cela pourrait être pire. La musique pourrait être beaucoup moins bonne... je ne dis pas qu'elle devrait l'être. Le coup d'œil n'est pas joli : cela manque de femmes. Quant aux toilettes, je n'en parle pas. Je trouve mauvais que ce monsieur en pantalon gris se permette de cancaner avec un tel sans gêne. Je lui pardonne, si c'est la joie qui lui fait oublier les convenances ; d'ailleurs, comme il est pharmacien ici... n'importe, danser le cancan avant onze heures, c'est commencer un peu tôt, même pour un pharmacien... Là-bas, au buffet, deux hommes se sont battus à coups de poing, et on ne les a pas mis à la porte. Avant onze heures, on doit expulser les querelleurs, quelles que soient les mœurs du public... passé deux heures du matin, je ne dis pas : il y aura lieu alors de faire des concessions aux habitudes régnantes, — à supposer que ce bal dure jusqu'à deux heures du matin. Barbara Pétrovna avait promis d'envoyer des fleurs, et elle n'a pas tenu parole. Hum, il s'agit bien de fleurs pour elle maintenant, pauvre mère ! Et la pauvre Lisa, vous avez entendu parler de la chose ? C'est, dit-on, une histoire mystérieuse et... et voilà encore Stavroguine sur la cimaise... Hum. J'irais volontiers me coucher, je n'en puis plus. A quand donc ce « quadrille de la littérature » ?

Satisfaction fut enfin donnée au désir impatient du vieux guerrier. Dans ces derniers temps, quand on s'entretenait, en ville, du bal projeté, on ne manquait jamais de questionner au sujet de ce « quadrille de la littérature », et, comme personne ne pouvait s'imaginer ce que c'était, il avait éveillé une curiosité extraordinaire. Combien l'attente générale allait être déçue!

Une porte latérale jusqu'alors fermée s'ouvrit, et soudain parurent quelques masques. Aussitôt le public fit cercle autour d'eux. Tout le buffet se déversa instantanément dans la salle blanche. Les masques se mirent en place pour la danse. Ayant réussi à me faufiler au premier plan, je me trouvai juste derrière le groupe formé par Julie Mikhaïlovna, Von Lembke et le général. Pierre Stépanovitch, qui jusqu'à ce moment ne s'était pas montré, accourut alors auprès de la gouvernante.

— Je suis toujours en surveillance au buffet, lui dit-il à voix basse; pour l'irriter encore plus, il avait pris, en prononçant ces mots, la mine d'un écolier fautif. Julie Mikhaïlovna rougit de colère.

— A présent, du moins, vous devriez renoncer à vos mensonges, homme effronté! répliqua-t-elle.

Cette réponse fut faite assez haut pour que le public l'entendît. Pierre Stépanovitch s'esquiva tout content.

Il serait difficile de concevoir une allégorie plus plate, plus fade, plus misérable que ce « quadrille de la littérature ». On n'aurait rien pu imaginer qui fût moins approprié à l'esprit de nos provinciaux; et pourtant la paternité de cette invention appartenait, disait-on, à Karmazinoff. Le divertissement, il est vrai, avait été réglé par Lipoutine aidé du professeur boiteux que nous avons vu chez Virguinsky. Mais l'idée venait de Karmazinoff, et l'on prétend même que le grand écrivain avait voulu figurer en costume parmi les danseurs. Ceux-ci étaient répartis en six couples et pouvaient à peine être appelés des masques, attendu que leur mise ne les distinguait pas des autres personnes présentes.

Ainsi, par exemple, il y avait un vieux monsieur de petite taille qui était en habit comme tout le monde et dont le déguisement se réduisait à une barbe blanche postiche. Ce personnage remuait continuellement les pieds sans presque bouger de place et conservait toujours un air sérieux en dansant. Il proférait certains sons d'une voix de basse enrouée, histoire de représenter par cet enrouement un journal connu. A ce masque faisaient vis-à-vis deux géants : KH et Z, ces lettres étaient cousues sur leurs fracs, mais que signifiaient-elles ? — on n'en savait rien. L' « honnête pensée russe » était personnifiée par un monsieur entre deux âges qui portait des lunettes, un frac, des gants et — des chaînes (de vraies chaînes). Cette pensée avait sous le bras un portefeuille contenant une sorte de « dossier ». De la poche émergeait une lettre décachetée : c'était un certificat que quelqu'un avait envoyé de l'étranger pour attester à tous les sceptiques l'honnêteté de l' « honnête pensée russe ». Tout cela était expliqué de vive voix par les commissaires du bal, car il n'y avait pas moyen de déchiffrer le bout de lettre qui sortait de la poche. Dans sa main droite levée en l'air, l' « honnête pensée russe » tenait une coupe, comme si elle eût voulu porter un toast. A sa droite et à sa gauche se trouvaient deux jeunes filles nihilistes, coiffées à la Titus, qui piétinaient sur place, et vis-à-vis dansait un autre vieux monsieur en habit, mais celui-ci était porteur d'une pesante massue, pour figurer le rédacteur en chef d'un terrible organe moscovite. « Numérote tes abatis », avait l'air de dire ce matamore. Toutefois, il avait beau être armé d'une massue, il ne pouvait soutenir le regard que l' « honnête pensée russe » dirigeait obstinément sur lui à travers ses lunettes ; il détournait les yeux, et, en esquissant un pas de deux, s'agitait, se tortillait, ne savait où se fourrer, — tant le tourmentait, évidemment, sa conscience... Du reste, je ne me rappelle pas toutes ces charges ; elles n'étaient pas plus spirituelles les unes que les autres, si bien qu'à la fin je me sentis honteux d'assister à un pareil spectacle. Cette même impression de honte se reflétait sur tous les visages, ans en excepter ceux des individus hétéroclites qui étaient venus du buffet. Pendant un certain temps le public resta silencieux, se demandant avec irritation ce que cela voulait dire. Peu à peu les langues se délièrent :

— Qu'est-ce que c'est que cela? grommelait dans un groupe un sommelier.

— C'est une bêtise.

— C'est la littérature. Ils blaguent le *Golos*.

— Mais qu'est-ce que ça me fait, à moi?

Ailleurs, j'entendis le dialogue suivant :

— Ce sont des ânes!

— Non, les ânes, ce n'est pas eux, mais nous.

— Pourquoi es-tu un âne?

— Je ne suis pas un âne.

— Eh bien, si tu n'es pas un âne, à plus forte raison je n'en suis pas un.

Dans un troisième groupe :

— On devrait leur flanquer à tous le pied au derrière!

— Chambarder toute la salle!

Dans un quatrième :

— Comment les Lembke n'ont-ils pas honte de regarder cela?

— Pourquoi s'en priveraient-ils? Tu le regardes bien, toi!

— Ce n'est pas ce que je fais de mieux, mais, après tout, moi, je ne suis pas gouverneur.

— Non, tu es un cochon.

— Jamais de ma vie je n'ai vu un bal aussi vulgaire, observa d'un ton aigre et avec le désir évident d'être entendue une dame qui se trouvait tout près de Julie Mikhaïlovna. C'était une robuste femme de quarante ans; elle avait le visage fardé et portait une robe de soie d'une couleur criarde; en ville presque tout le monde la connaissait, mais personne ne la recevait. Veuve d'un conseiller d'État qui ne lui avait laissé qu'une maison de bois et une maigre pension, elle vivait bien et avait équipage. Deux mois auparavant, Julie Mikhaïlovna était allée lui faire visite, mais n'avait pas été reçue.

— Du reste, c'était facile à prévoir, ajouta-t-elle en regardant effrontément la gouvernante.

Celle-ci n'y tint plus.

— Si vous pouviez le prévoir, pourquoi êtes-vous venue? demanda-t-elle.

— C'est le tort que j'ai eu, répliqua insolemment la dame qui ne cherchait qu'une dispute, mais le général intervint.

— Chère dame, en vérité, vous devriez vous retirer, dit-il en se penchant à l'oreille de Julie Mikhaïlovna. — Nous ne faisons que les gêner, et, sans nous, ils s'amuseront à merveille. Vous avez rempli toutes vos obligations, vous avez ouvert le bal; eh bien, à présent, laissez-les en repos... D'ailleurs, André Antonovitch ne paraît pas dans un état très-satisfaisant... Pourvu qu'il n'arrive pas de malheur!

Mais il était déjà trop tard.

Depuis que le quadrille était commencé, André Antonovitch considérait les danseurs avec un ahurissement mêlé d'irritation; en entendant les premières remarques faites par le public, il se mit à regarder autour de lui d'un air inquiet. Alors, pour la première fois, ses yeux rencontrèrent certains hommes du buffet, et un étonnement extraordinaire se manifesta dans son regard. Tout à coup éclatèrent des rires bruyants parmi les spectateurs du quadrille : à la dernière figure, le rédacteur en chef du « terrible organe moscovite », voyant toujours braquées sur lui les lunettes de l' « honnête pensée russe » et ne sachant comment se dérober au regard qui le poursuivait, s'avisait soudain d'aller, les pieds en l'air, à la rencontre de son ennemie, manière ingénieuse d'exprimer que tout était sens dessus dessous dans l'esprit du terrible publiciste. Comme Liamchine seul savait faire le poirier, il s'était chargé de représenter le journaliste à la massue. Julie Mikhaïlovna ignorait complètement qu'on devait marcher les pieds en l'air. « Ils m'avaient caché cela, ils me l'avaient caché », me répétait-elle plus tard avec indignation. La facétie de Liamchine obtint un grand succès de rire; à coup sûr le public se souciait fort peu de l'allégorie, mais il trouvait drôle ce monsieur en habit noir qui marchait sur les mains. Lembke frémit de colère.

— Le vaurien! cria-t-il en montrant Liamchine, — qu'on empoigne ce garnement, qu'on le remette... qu'on le remette sur ses pieds... la tête... la tête en haut... en haut!

Liamchine reprit instantanément sa position normale. L'hilarité redoubla.

— Qu'on expulse tous les garnements qui rient! ordonna brusquement Lembke.

Des murmures commencèrent à se faire entendre.

— Cela n'est pas permis, Excellence.

— Il n'est pas permis d'insulter le public.

— Lui-même est un imbécile! fit une voix dans un coin de la salle.

— Flibustiers! cria-t-on d'un autre coin.

Le gouverneur se tourna aussitôt vers l'endroit d'où ce cri était parti, et il devint tout pâle. Un vague sourire se montra sur ses lèvres, comme s'il s'était soudain rappelé quelque chose.

Julie Mikhaïlovna se mit en devoir de l'emmener.

— Messieurs, dit-elle en s'adressant à la foule qui se pressait vers elle et son mari, — messieurs, excusez André Antonovitch. André Antonovitch est souffrant... excusez... pardonnez-lui, messieurs!

J'ai entendu le mot « pardonnez » sortir de sa bouche. La scène ne dura que quelques instants. Mais je me souviens très-bien qu'en ce moment même, c'est-à-dire après les paroles de Julie Mikhaïlovna, une partie du public, en proie à une sorte d'épouvante, gagna précipitamment la porte. Je me rappelle même qu'une femme cria avec des larmes dans la voix :

— Ah! encore comme tantôt!

Elle ne croyait pas si bien dire; de fait, alors qu'on se bousculait déjà pour sortir au plus vite, une bombe éclata soudain au milieu de la cohue, « encore comme tantôt » :

— Au feu ! Tout le Zariétchié[1] brûle !

Je ne saurais dire si ce cri fut tout d'abord poussé dans les salons, ou si quelque nouvel arrivant le jeta de l'antichambre ; quoi qu'il en soit, il produisit aussitôt une panique dont ma plume est impuissante à donner une idée. Plus de la moitié des personnes venues au bal habitaient le Zariétchié, soit comme propriétaires, soit comme locataires des maisons de bois qui abondent dans ce quartier. Courir aux fenêtres, écarter les rideaux, arracher les stores, fut l'affaire d'un instant. Tout le Zariétchié était en flammes. A la vérité, l'incendie venait seulement de commencer, mais on le voyait sévir dans trois endroits parfaitement distincts, et c'était là une circonstance alarmante.

— Le feu a été mis volontairement ! Ce sont les ouvriers des Chpigouline qui ont fait le coup ! vociférait-on dans la foule.

Je me rappelle quelques exclamations très-caractéristiques :

— Mon cœur me l'avait dit, qu'on mettrait le feu ; tous ces jours-ci j'en avais le pressentiment !

— Ce sont les ouvriers de Chpigouline, il n'y a pas à chercher les coupables ailleurs.

— On nous a réunis ici exprès pour pouvoir allumer l'incendie là-bas !

Cette dernière parole, la plus étrange de toutes, fut proférée par une femme, une Korobotchka sans doute, qu'affolait la perspective de sa ruine. Le public tout entier s'élança vers la porte. Je ne décrirai pas l'encombrement de l'antichambre pendant que les hommes prenaient leurs paletots, les dames leurs mantilles et leurs mouchoirs ; je passerai également sous silence les cris des femmes effrayées, les larmes des jeunes filles. Longtemps après on a raconté en ville que plusieurs vols avaient été commis dans cette occa-

---

[1] Quartier situé au delà de la rivière.

sion. Le fait me semble peu croyable, mais il ne faut pas s'étonner si, au milieu d'une confusion pareille, quelques-uns durent s'en aller sans avoir retrouvé leur pelisse. Sur le seuil, la presse était telle que Lembke et Julie Mikhaïlovna faillirent être écrasés.

— Qu'on arrête tout le monde! Qu'on ne laisse sortir personne! tonna le gouverneur en étendant le bras pour empêcher la foule d'avancer, — qu'on les fouille tous minutieusement les uns après les autres, tout de suite!

Des clameurs injurieuses accueillirent ces paroles.

— André Antonovitch! André Antonovitch! s'écria Julie Mikhaïlovna au comble du désespoir.

— Qu'on l'arrête la première! poursuivit-il en désignant sa femme d'un geste menaçant. — Qu'on la visite la première! Le bal n'était qu'un moyen destiné à faciliter l'incendie...

Elle poussa un cri et tomba évanouie (oh! certes, ce n'était pas un évanouissement pour rire). Le prince, le général et moi, nous courûmes à son secours; d'autres personnes, des dames même, nous vinrent en aide dans ce moment critique. Nous emportâmes la malheureuse hors de cet enfer et la mîmes en voiture, mais elle ne reprit ses sens qu'en arrivant à sa demeure, et son premier cri fut encore pour André Antonovitch. Après l'écroulement de tous ses châteaux en Espagne, il ne restait plus devant elle que son mari. On envoya chercher un médecin. En l'attendant, le prince et moi, nous demeurâmes pendant une heure entière auprès de Julie Mikhaïlovna. Dans un élan de générosité le général (quoique fort effrayé lui-même) avait déclaré qu'il passerait toute la nuit au chevet de l'« infortunée », mais, au bout de dix minutes, il s'endormit sur un fauteuil dans la salle, et nous le laissâmes là.

A la première nouvelle de l'incendie, le maître de police s'était empressé de quitter le bal; il réussit à faire sortir André Antonovitch aussitôt après nous, et voulut le décider à prendre place dans la voiture à côté de Julie Mikhaïlovna, répétant sur tous les tons que Son Excellence avait besoin de repos. Je ne comprends pas qu'il n'ait point insisté davantage encore. Sans doute André Antonovitch ne voulait pas entendre parler de repos et tenait à se rendre au plus tôt sur le lieu du sinistre, mais ce n'était pas une raison. En fin de compte, Ilia Ilitch le laissa monter dans son drojki et partit avec lui pour le Zariétchié. Il raconta ensuite que pendant toute la route le gouverneur n'avait fait que gesticuler en donnant des ordres trop extraordinaires pour pouvoir être exécutés. On sut plus tard que le saisissement avait provoqué chez Von Lembke un accès de *delirium tremens*.

Pas n'est besoin de raconter comment finit le bal. Quelques dizaines de joyeux noceurs et avec eux plusieurs dames restèrent dans les salons que la police avait complétement évacués. Ils prétendirent garder les musiciens, et ceux-ci persistant à vouloir s'en aller, ils les accablèrent de coups Prokhoritch fut « razzié », comme l'avait prédit le général ; on but toutes les bouteilles du buffet, on se livra aux fantaisies chorégraphiques les plus risquées, on salit les chambres, et ce fut seulement à l'aurore qu'une partie des pochards quitta la maison pour aller recommencer au Zariétchié de nouvelles saturnales... Les autres, couchés par terre ou sur les divans de velours maculés par l'orgie, cuvèrent ainsi leur vin jusqu'au matin. Ensuite les domestiques les prirent par les pieds et les poussèrent dans la rue. Voilà comment se termina la fête au profit des institutrices de notre province.

## IV

Notre public d'au delà de la rivière s'était surtout ému de cette circonstance que l'incendie avait été évidemment allumé par des mains criminelles. Chose remarquable, le premier cri

« Au feu ! » venait à peine d'être proféré que tout le monde accusait les ouvriers des Chpigouline. Maintenant on sait trop bien qu'en effet trois d'entre eux participèrent à l'incendie, mais tous les autres ont été reconnus innocents aussi bien par les tribunaux que par l'opinion publique. La culpabilité du forçat Fedka n'est pas moins bien établie que celle des trois gredins dont je viens de parler. Voilà toutes les données positives qu'on a recueillies jusqu'à présent concernant l'origine de l'incendie. Mais quel but se proposaient ces trois drôles ? Ont-ils agi de leur propre initiative ou à l'instigation de quelqu'un ? ce sont là des questions auxquelles maintenant encore il est impossible de répondre autrement que par des conjectures.

Allumé sur trois points et favorisé par un vent violent, le feu se propagea avec d'autant plus de rapidité que, dans cette partie de la ville, la plupart des maisons sont construites en bois (du reste, un des trois foyers de l'incendie fut éteint presque aussitôt, comme on le verra plus bas). On a cependant exagéré notre malheur dans les correspondances envoyées aux journaux de la capitale : un quart du Zariétchié, tout au plus, fut dévoré par les flammes. Notre corps de pompiers, quoique peu considérable eu égard à l'étendue et à la population de la ville, montra un courage et un dévouement au-dessus de tout éloge, mais ses efforts, même secondés, comme ils le furent, par ceux des habitants, n'auraient pas servi à grand'chose, si aux premières lueurs de l'aurore le vent n'était tombé tout à coup. Quand, une heure après avoir quitté le bal, j'arrivai sur les lieux, je trouvai l'incendie dans toute sa force. La rue parallèle à la rivière n'était qu'un immense brasier. Il faisait clair comme en plein jour. Inutile de retracer les divers détails d'un tableau que tout lecteur russe a eu bien des fois sous les yeux. Dans les péréouloks voisins de la rue en proie aux flammes régnait une agitation extraordinaire. Directement menacés par les progrès du feu, les habitants de ces ruelles se hâtaient d'opérer leur déménagement; toutefois ils ne s'éloignaient pas encore de leurs logis : après avoir transporté hors de chez eux leurs coffres et leurs lits de plume, ils s'asseyaient dessus en attendant. Une partie de la population mâle était occupée à un travail pénible : elle abattait à coups de hache les clôtures en planches et même les cabanes qui se trouvaient à proximité de l'endroit où l'incendie exerçait ses ravages. Les petits enfants réveillés en sursaut poussaient des cris auxquels se joignaient ceux des femmes qui avaient déjà réussi à déménager leurs meubles; quant aux autres, elles procédaient silencieusement, mais avec la plus grande activité, au sauvetage de leur mobilier. Au loin volaient des étincelles et des flammèches, on les éteignait autant que possible. Sur le théâtre même du sinistre s'étaient groupés quantité de gens accourus de tous les coins de la ville; les uns aidaient à combattre le feu, les autres contemplaient ce spectacle en amateurs.

Emboîtant le pas à la foule curieuse, j'arrivai, sans questionner personne, à l'endroit le plus dangereux, et là j'aperçus enfin André Antonovitch à la recherche de qui m'avait envoyé Julie Mikhaïlovna elle-même. Le gouverneur était debout sur un monceau de planches provenant d'une clôture abattue. A sa gauche, à trente pas de distance, se dressait le noir squelette d'une maison de bois presque entièrement consumée déjà : aux deux étages les fenêtres étaient remplacées par des trous béants, la toiture s'effondrait, et des flammes serpentaient encore çà et là le long des solives carbonisées. Au fond d'une cour, à vingt pas de la maison incendiée, un pavillon composé aussi de deux étages commençait à brûler, et on le disputait aux flammes du mieux que l'on pouvait. A droite, des pompiers et des gens du peuple s'efforçaient de préserver un assez grand bâtiment en bois que le feu n'avait pas encore atteint, mais qui courait un danger imminent. Le visage tourné vers le pavillon. Lembke criait, gesticulait et donnait des ordres qui n'étaient exécutés par personne. Je crus remarquer que tout le monde le délaissait. Autour de lui, la foule comprenait les éléments les plus divers : à côté de la populace il y avait des messieurs, entre autres l'archiprêtre de la cathédrale. On écoutait André Antonovitch avec surprise, mais personne ne lui adressait la parole et n'essayait de l'emmener ailleurs. Pâle, les yeux étincelants, Von Lembke disait les choses les plus stupéfiantes; pour comble, il était nu-tête, ayant depuis longtemps perdu son chapeau.

— L'incendie est toujours dû à la malveillance! C'est le nihilisme! Si quelque chose brûle, c'est le nihilisme! entendis-je avec une sorte d'épouvante, quoique ce langage ne fût plus une révélation pour moi.

— Excellence, observa un commissaire de police qui se trouvait près du gouverneur, — si vous consentiez à retourner chez vous et à prendre du repos... Il y a même danger pour Votre Excellence à rester ici...

Comme je l'appris plus tard, ce commissaire de police avait été laissé par Ilia Ilitch auprès de Von Lembke avec mission expresse de veiller sur sa personne et de ne rien négliger pour le ramener chez lui; en cas de besoin urgent, il devait même employer la force, mais comment aurait-il fait pour exécuter un pareil ordre?

— Ils essuyeront les larmes des sinistrés, mais ils brûleront la ville. Ce sont toujours les quatre coquins, les quatre coquins et demi. Qu'on arrête le vaurien! Il s'introduit comme un ver dans l'honneur des familles. Pour brûler les maisons, on s'est servi des institutrices. C'est une lâcheté, une lâcheté! Ah! qu'est-ce qu'il fait? cria André Antonovitch apercevant tout à coup sur le toit en partie consumé du pavillon un pompier que les flammes entouraient, — qu'on le fasse descendre, qu'on l'arrache de là! La toiture va s'effondrer sous lui, et il tombera dans le feu, éteignez-le... Qu'est-ce qu'il fait là?

— Il travaille à éteindre l'incendie, Excellence.

— C'est invraisemblable. L'incendie est dans les esprits, et non sur les toits des maisons. Tirez-le de là et ne vous occupez plus de rien! C'est le mieux, c'est le mieux! Que les choses s'arrangent comme elles pourront! Ah! qui est-ce qui pleure encore? Une vieille femme! Cette vieille crie, pourquoi l'a-t-on oubliée?

En effet, au rez-de-chaussée du pavillon se faisaient entendre les cris d'une vieille femme de quatre-vingts ans, parente du marchand à qui appartenait l'immeuble en proie aux flammes. Mais on ne l'avait pas oubliée : elle-même, avant que l'accès de la maison fût devenu impossible, avait fait la folie d'y rentrer pour sauver un lit de plume qui se trouvait dans une petite chambre jusqu'alors épargnée par l'incendie. Sur ces entrefaites, le feu avait aussi envahi cette pièce. A demi asphyxiée par la fumée, sentant une chaleur insupportable, la malheureuse poussait des cris de terreur, tout en s'efforçant de faire passer son lit par la fenêtre. Lembke courut à son secours. Tout le monde le vit s'élancer vers la croisée, saisir le lit par un bout et le tirer à lui de toutes ses forces. Mais, dans ce moment même, une planche se détachant du toit atteignit le gouverneur au cou, et le renversa, privé de connaissance, sur le sol.

L'aube parut enfin, maussade et sombre. L'incendie perdit de sa violence; le vent cessa de souffler et fut remplacé par une petite pluie fine. J'étais déjà dans un autre endroit du Zariétchié, très-éloigné de celui où avait eu lieu l'accident survenu à Lembke. Là, dans la foule, j'entendis des conversations fort étranges : on avait constaté un fait singulier. Tout à l'extrémité du quartier, il y avait dans un terrain vague, derrière des jardins potagers, une maisonnette en bois, récemment construite, qui se trouvait bien à cinquante pas des autres habitations, et c'était dans cette maison écartée que le feu avait pris en premier lieu. Vu sa situation tout à fait excentrique, elle aurait pu brûler entièrement sans mettre en danger aucune autre construction, de même qu'elle aurait seule été épargnée par un incendie dévorant tout le Zariétchié. Évidemment il s'agissait ici d'un cas isolé, d'une tentative criminelle, et non d'un accident imputable aux circonstances. Mais voici où l'affaire se corsait : la maison

avait pu être sauvée, et, quand on y était entré au lever du
jour, on avait eu sous les yeux le spectacle le plus inattendu.
Le propriétaire de cet immeuble était un bourgeois qui habitait non loin de là, dans le faubourg; il avait couru en toute
hâte à sa nouvelle maison dès qu'il y avait aperçu un commencement d'incendie, et, avec l'aide de quelques voisins, il
était parvenu à éteindre le feu. Dans cette demeure logeaient
un capitaine connu en ville, sa sœur et une vieille servante;
or, durant la nuit, tous trois avaient été assassinés, et, selon
toute évidence, dévalisés. (Le maître de police était en train
de visiter le lieu du crime au moment où Lembke entrepre-
nait le sauvetage du lit de plume.) Le matin, la nouvelle se
répandit, et la curiosité attira bientôt aux abords de la maisonnette une multitude d'individus de toute condition, parmi
lesquels se trouvaient même plusieurs des incendiés du
Zariétchié. Il était difficile de se frayer un passage à travers
une foule si compacte. On me raconta qu'on avait trouvé le
capitaine couché tout habillé sur un banc avec la gorge
coupée; il était sans doute plongé dans le sommeil de l'ivresse
lorsque le meurtrier l'avait frappé; Lébiadkine, ajoutait-on,
avait saigné « comme un bœuf »; le corps de Marie Timoféievna était tout criblé de coups de couteau et gisait sur le
seuil, ce qui prouvait qu'une lutte avait eu lieu entre elle et
l'assassin; la servante, dont la tête n'était qu'une plaie, devait
aussi être éveillée au moment du crime. Au dire du propriétaire, Lébiadkine avait passé chez lui dans la matinée de la
veille; étant en état d'ivresse, il s'était vanté de posséder
beaucoup d'argent et avait montré jusqu'à deux cents
roubles. Son vieux portefeuille vert avait été retrouvé vide
sur le parquet, mais on n'avait touché ni à ses vêtements,
ni au coffre de Marie Timoféievna, pas plus qu'on n'avait
enlevé la garniture en argent de l'icone. Évidemment le
voleur s'était dépêché; de plus, ce devait être un homme au
courant des affaires du capitaine; il n'en voulait qu'à l'argent, et il savait où le trouver. Si le propriétaire n'était pas
arrivé à temps pour éteindre l'incendie, les cadavres auraient

été réduits en cendres, et dès lors il eût été fort difficile de découvrir la vérité.

Tels furent les renseignements qu'on me donna. J'appris aussi que M. Stavroguine était venu lui-même louer ce logement pour le capitaine et sa sœur. Le propriétaire ne voulait pas d'abord entendre parler de location, parce qu'il songeait à faire de sa maison un cabaret; mais Nicolas Vsévolodovitch n'avait pas regardé au prix, et il avait payé six mois d'avance.

— Ce n'est pas par hasard que le feu a pris, entendait-on dans la foule.

Mais la plupart restaient silencieux, et les visages étaient plutôt sombres qu'irrités. Cependant autour de moi on continuait à s'entretenir de Nicolas Vsévolodovitch : la femme tuée était son épouse; la veille il avait attiré chez lui « dans des vues déshonnêtes » une jeune personne appartenant à la plus haute société, la fille de la générale Drozdoff; on allait porter plainte contre lui à Pétersbourg; si sa femme avait été assassinée, c'était évidemment pour qu'il pût épouser mademoiselle Drozdoff. Comme Skvorechniki n'était qu'à deux verstes et demie de là, je pensai un instant à aller y porter la nouvelle. A dire vrai, je ne vis personne exciter la foule, quoique j'eusse reconnu parmi les individus présents deux ou trois des figures patibulaires rencontrées au buffet. Je dois seulement signaler un jeune homme dont l'attitude me frappa. Grand, maigre, anémique, il avait des cheveux crépus, et une épaisse couche de suie couvrait son visage. C'était, ainsi que je le sus plus tard, un bourgeois exerçant la profession de serrurier. Quoiqu'il ne fût pas ivre, son agitation contrastait avec la tranquillité morne de ceux qui l'entouraient. Il s'adressait sans cesse au peuple en faisant de grands gestes, mais tout ce que je pouvais saisir de ses paroles se réduisait à des phrases comme ceci : « Mes amis, qu'est-ce que c'est? Est-il possible que cela se passe ainsi? »

## CHAPITRE III[1]

### LA FIN D'UN ROMAN.

I

De la grande salle de Skvorechniki (la même où avait eu lieu la dernière entrevue de Barbara Pétrovna avec Stépan Trophimovitch), on embrassait d'un coup d'œil tout l'incendie. Il était plus de cinq heures, le jour naissait; debout près de la dernière fenêtre à droite, Lisa contemplait la rougeur mourante du ciel. La jeune fille était seule dans la chambre. Elle avait encore la magnifique robe vert tendre garnie de dentelles qu'elle portait la veille à la matinée littéraire, mais ce vêtement était maintenant fripé, on voyait qu'il avait été mis au plus vite et sans soin. Remarquant tout à coup que son corsage n'était pas bien agrafé, Lisa rougit, se rajusta en toute hâte et passa à son cou un mouchoir rouge que la veille, en arrivant, elle avait jeté sur un fauteuil. Les boucles défaites de son opulente chevelure sortaient de dessous le mouchoir et flottaient sur l'épaule droite. Son visage était las et soucieux, mais les yeux brillaient sous les sourcils froncés. Elle revint près de la fenêtre et appuya son front brûlant contre la vitre froide. La porte s'ouvrit, entra Nicolas Vsévolodovitch.

— J'ai envoyé un exprès qui est parti à bride abattue,

---

[1] Les phrases soulignées dans ce chapitre sont en français dans le texte.

dit-il, — dans dix minutes nous saurons tout; en attendant, les gens disent que la partie du Zariétchié qui a brûlé est celle qui avoisine le quai, à droite du pont. L'incendie s'est déclaré entre onze heures et minuit; à présent c'est la fin.

Il ne s'approcha pas de la fenêtre et s'arrêta à trois pas derrière la jeune fille; mais elle ne se retourna pas vers lui.

— D'après le calendrier, on devrait voir clair depuis une heure, et il fait presque aussi noir qu'en pleine nuit, observa-t-elle d'un ton vexé.

— Tous les calendriers mentent, répondit avec un sourire aimable Nicolas Vsévolodovitch, mais, honteux d'avoir émis une observation aussi banale, il se hâta d'ajouter : — Il est ennuyeux de vivre d'après le calendrier, Lisa.

Et, s'avouant avec colère qu'il venait de dire une nouvelle platitude, il garda définitivement le silence. Lisa eut un sourire amer.

— Vous êtes dans une disposition d'esprit si chagrine que vous ne trouvez même rien à me dire. Mais rassurez-vous, votre remarque ne manquait pas d'à-propos : je vis toujours selon le calendrier, c'est lui qui règle chacune de mes actions. Vous vous étonnez de m'entendre parler ainsi?

Elle quitta brusquement la fenêtre et prit place sur un fauteuil.

— Asseyez-vous aussi, je vous prie. Nous n'avons pas longtemps à être ensemble, et je veux dire tout ce qu'il me plaît... Pourquoi n'en feriez-vous pas autant?

Nicolas Vsévolodovitch s'assit à côté de la jeune fille et doucement, presque craintivement, la prit par la main.

— Que signifie ce langage, Lisa? Quelle peut en être la cause subite? Pourquoi dire que « nous n'avons pas longtemps à être ensemble » ? Voilà déjà la seconde phrase énigmatique qui sort de ta bouche depuis une demi-heure que tu es éveillée.

— Vous vous mettez à compter mes phrases énigmatiques? reprit-elle en riant. — Mais vous rappelez-vous quel a été mon premier mot hier, en arrivant ici? Je vous ai dit que c'était un cadavre qui venait chez vous. Voilà ce que vous avez cru nécessaire d'oublier. Vous l'avez oublié, ou vous n'y avez pas fait attention.

— Je ne m'en souviens pas, Lisa. Pourquoi un cadavre? Il faut vivre...

— Et c'est tout? Vous avez perdu toute votre éloquence. J'ai eu mon heure de vie, c'est assez. Vous vous souvenez de Christophore Ivanovitch?

— Non, je n'ai aucun souvenir de lui, répondit Nicolas Vsévolodovitch en fronçant le sourcil.

— Christophore Ivanovitch, dont nous avons fait la connaissance à Lausanne? Vous le trouviez insupportable. En ouvrant la porte, il ne manquait jamais de dire : « Je viens pour une petite minute », et il restait toute la journée. Je ne veux pas ressembler à Christophore Ivanovitch et rester toute la journée.

Une impression de souffrance se manifesta sur le visage de Stavroguine.

— Lisa, le ton léger que vous affectez me fait mal. Cette grimace vous coûte à vous-même. Pourquoi ricaner ainsi? Pourquoi?

Un éclair s'alluma dans les yeux du jeune homme.

— Lisa, s'écria-t-il, — je te le jure, je t'aime maintenant plus qu'hier quand tu es entrée chez moi!

— Quelle étrange déclaration! Pourquoi prendre hier comme mesure et le mettre en comparaison avec aujourd'hui?

— Tu ne me quitteras pas, poursuivit Stavroguine avec une sorte de désespoir, — nous partirons ensemble, aujourd'hui même, n'est-ce pas? N'est-ce pas?

— Aïe! ne me serrez pas si fort le bras, vous me faites mal! Où aller ensemble aujourd'hui même? Commencer quelque part une « vie nouvelle »? Non, voilà déjà assez d'essais... d'ailleurs, c'est trop long pour moi, j'en suis incapable, je ne suis pas à la hauteur. Où j'irais volontiers, c'est à Moscou, pour y faire des visites et en recevoir, — tel est mon idéal, vous le savez; déjà en Suisse, je vous ai révélé mon caractère. Comme vous êtes marié, il nous est impossible d'aller à Moscou et d'y faire des visites; inutile, par conséquent, de parler de cela.

— Lisa, qu'est-ce qu'il y a donc eu hier?
— Il y a eu ce qu'il y a eu.
— Cela ne se peut pas! C'est cruel!
— Qu'importe? Si c'est cruel, supportez-le.
— Vous vous vengez sur moi de votre fantaisie d'hier... grommela Nicolas Vsévolodovitch avec un méchant sourire.

La jeune fille rougit.

— Quelle basse pensée!
— Alors, pourquoi donc m'avez-vous donné... « tant de bonheur »? Ai-je le droit de le savoir?
— Non, interrogez-moi sans demander si vous en avez le droit; n'ajoutez pas une sottise à la bassesse de votre supposition. Vous n'êtes guère bien inspiré aujourd'hui. A propos, ne craignez-vous pas aussi l'opinion publique, et n'êtes-vous pas troublé par la pensée que ce « bonheur » vous attirera une condamnation? Oh! s'il en est ainsi, pour l'amour de Dieu, bannissez toute inquiétude. Vous n'êtes ici coupable de rien et n'avez de comptes à rendre à personne. Quand j'ai ouvert votre porte hier, vous ne saviez pas même qui allait entrer. Il n'y a eu là qu'une fantaisie de ma part, comme vous le disiez tout à l'heure, — rien de plus. Vous pouvez hardiment lever les yeux et regarder tout le monde en face!
— Tes paroles, cet enjouement factice qui dure déjà depuis une heure, me glacent d'épouvante. Ce « bonheur » dont tu parles avec tant d'irritation, me coûte... tout. Est-ce que je puis maintenant te perdre? Je le jure, je t'aimais moins hier. Pourquoi donc m'ôtes-tu tout aujourd'hui? Sais-tu ce qu'elle m'a coûté, cette nouvelle espérance? Je l'ai payée d'une vie.
— De la vôtre ou d'une autre?

Il tressaillit.

— Que veux-tu dire? questionna-t-il en regardant fixement son interlocutrice.

— Je voulais vous demander si vous l'aviez payée de votre vie ou de la mienne. Est-ce qu'à présent vous ne comprenez plus rien? répliqua en rougissant la jeune fille. — Pourquoi avez-vous fait ce brusque mouvement? Pourquoi me regardez-vous avec cet air-là? Vous m'effrayez. De quoi avez-vous toujours peur? Voilà déjà longtemps que je m'en aperçois, vous avez peur, maintenant surtout... Seigneur, que vous êtes pâle!

— Si tu sais quelque chose, Lisa, je te jure que je ne sais rien... ce n'est nullement *de cela* que je parlais tout à l'heure, en disant que j'avais payé d'une vie...

— Je ne vous comprends pas du tout, répondit-elle avec un tremblement dans la voix.

A la fin, un sourire lent, pensif, se montra sur les lèvres de Nicolas Vsévolodovitch. Il s'assit sans bruit, posa ses coudes sur ses genoux et mit son visage dans ses mains.

— C'est un mauvais rêve et un délire... Nous parlions de deux choses différentes.

— Je ne sais pas du tout de quoi vous parliez... Pouviez-vous ne pas savoir hier que je vous quitterais aujourd'hui? Le saviez-vous, oui ou non? Ne mentez pas, le saviez-vous, oui ou non?

— Je le savais... fit-il à voix basse.

— Eh bien, alors, de quoi vous plaignez-vous? vous le saviez et vous avez mis l'« instant » à profit. Quelle déception y a-t-il ici pour vous?

— Dis-moi toute la vérité, cria Stavroguine avec l'accent d'une profonde souffrance : — hier, quand tu as ouvert ma porte, savais-tu toi-même que tu n'entrais chez moi que pour une heure?

Elle fixa sur lui un regard haineux.

— C'est vrai que l'homme le plus sérieux peut poser les questions les plus étonnantes. Et pourquoi tant vous inquiéter de cela? Vous sentiriez-vous atteint dans votre amour-propre parce qu'une femme vous a quitté la première, au lieu d'attendre que vous lui donniez son congé? Vous savez, Nicolas Vsévolodovitch, je me suis convaincue, entre autres choses, de votre extrême magnanimité à mon égard, et, tenez, je ne puis pas souffrir cela chez vous.

Il se leva et fit quelques pas dans la chambre.

— C'est bien, j'admets que cela doive finir ainsi, soit... Mais comment tout cela a-t-il pu arriver?

— Voilà ce qui vous intrigue! Et le plus fort, c'est que vous êtes parfaitement édifié là-dessus, que vous comprenez la chose mieux que personne, et que vous-même l'aviez prévue. Je suis une demoiselle, mon cœur a fait son éducation à l'Opéra, tel a été le point de départ, tout est venu de là...

— Non.

— Il n'y a rien ici qui soit de nature à froisser votre amour-propre, et c'est l'exacte vérité. Cela a commencé par un beau moment qui a été plus fort que moi. Avant-hier, en rentrant chez moi après votre réponse si chevaleresque à l'insulte publique que je vous avais faite, j'ai deviné tout de suite que si vous me fuyiez, c'était parce que vous étiez marié, et nullement parce que vous me méprisiez, chose dont j'avais surtout peur en ma qualité de jeune fille mondaine. J'ai compris qu'en m'évitant vous me protégiez contre ma propre imprudence. Vous voyez comme j'apprécie votre grandeur d'âme. Alors est arrivé Pierre Stépanovitch, qui m'a tout expliqué. Il m'a révélé que vous étiez agité par une grande idée devant laquelle nous n'étions, lui et moi, absolument rien, mais que néanmoins j'étais un obstacle sur votre chemin. Il a dit qu'il était votre associé dans cette entreprise et m'a instamment priée de me joindre à vous deux; son langage était tout à fait fantastique, il citait des vers d'une chanson russe où il est question d'un navire aux rames d'érable. Je l'ai complimenté sur son imagination poétique, et il a pris mes paroles pour des propos sans conséquence. Mais sachant depuis longtemps que mes résolutions ne durent pas plus d'une minute, je me suis décidée tout de suite. Eh bien, voilà tout, ces explications suffisent, n'est-ce pas? Je vous en prie, restons-en là; autrement, qui sait? nous nous fâcherions encore. N'ayez peur de personne, je prends tout sur moi. Je suis mauvaise, capricieuse, j'ai été séduite par un navire d'opéra, je suis une demoiselle... Et, vous savez, je croyais toujours que vous m'aimiez éperdument. Toute sotte que je suis, ne me méprisez pas et ne riez pas de cette petite larme que j'ai laissée couler tout à l'heure. J'aime énormément à pleurer, je m'apitoie volontiers sur moi. Allons, assez, assez. Je ne suis capable de rien, ni vous non plus; chacun de nous a son pied de nez, que ce soit notre consolation. Au moins l'amour-propre est sauf.

— C'est un songe et un délire! s'écria Nicolas Vsévolodovitch qui marchait à grands pas dans la chambre en se tordant les mains. — Lisa, pauvre Lisa, qu'as-tu fait?

— Je me suis brûlée à la chandelle, rien de plus. Tiens, on dirait que vous pleurez aussi? Soyez plus convenable, moins sensible...

— Pourquoi, pourquoi es-tu venue chez moi?

— Mais ne comprendrez-vous pas enfin dans quelle situation comique vous vous placez aux yeux du monde par de pareilles questions?

— Pourquoi t'es-tu si monstrueusement, si bêtement perdue? Que faire maintenant?

— Et c'est là Stavroguine, le « buveur de sang Stavroguine », comme vous appelle une dame d'ici qui est amoureuse de vous! Écoutez, je vous l'ai déjà dit : j'ai mis ma vie dans une heure et je suis tranquille. Faites de même... ou plutôt, non, pour vous c'est inutile; vous aurez encore tant d' « heures » et de « moments » divers...

— Autant que toi; je t'en donne ma parole d'honneur la plus sacrée, pas une heure de plus que toi!

Il continuait à se promener dans la chambre sans voir les regards pénétrants que Lisa attachait sur lui. Dans les yeux de la jeune fille brilla soudain comme un rayon d'espérance, mais il s'éteignit au même instant.

— Si tu savais le prix de mon *impossible* sincérité en ce moment, Lisa, si seulement je pouvais te révéler...

— Révéler? Vous voulez me révéler quelque chose? Dieu me préserve de vos révélations! interrompit-elle avec une sorte d'effroi.

Il s'arrêta et attendit inquiet.

— Je dois vous l'avouer, en Suisse déjà je m'étais persuadée que vous aviez je ne sais quoi d'horrible sur la conscience : un mélange de boue et de sang, et... et en même temps quelque chose de profondément ridicule. Si je ne me suis pas trompée, gardez-vous de me faire votre confession, elle n'exciterait que ma risée. Toute votre vie je me moquerais de vous... Ah! vous pâlissez encore? Allons, c'est fini, je vais partir.

Et elle se leva soudain en faisant un geste de mépris.

— Tourmente-moi, supplicie-moi, assouvis sur moi ta colère! cria Nicolas Vsévolodovitch désespéré. — Tu en as pleinement le droit! Je savais que je ne t'aimais pas, et je t'ai perdue. Oui, « j'ai mis l'instant à profit »; j'a eu un espoir... il y a déjà longtemps... un dernier espoir... Je n'ai pas pu tenir contre la lumière qui a illuminé mon cœur quand hier tu es entrée chez moi spontanément, seule, la première. J'ai cru tout à coup... peut-être même que je crois encore maintenant.

— Une si noble franchise mérite d'être payée de retour : je ne veux pas être une sœur de charité pour vous. Il se peut qu'après tout je me fasse garde-malade, si je n'ai pas l'heureuse chance de mourir aujourd'hui; mais lors même que je me vouerais au service des infirmes, ce n'est pas à vous que je donnerais mes soins, quoique, sans doute, vous valiez bien un manchot ou un cul-de-jatte quelconque. Je me suis toujours figuré que vous m'emmèneriez dans quelque endroit habité par une gigantesque araignée de la grandeur d'un homme et méchante en proportion de sa taille; nous passerions là toute notre vie à regarder cette bête en tremblant, et c'est ainsi que nous filerions ensemble le parfait amour. Adressez-vous à Dachenka ; celle-là vous suivra où vous voudrez.

— Ne pouviez-vous pas vous dispenser de prononcer son nom dans la circonstance présente?

— Pauvre chienne ! Faites-lui mes compliments. Sait-elle qu'en Suisse déjà vous vous l'étiez réservée comme un en cas pour votre vieillesse? Quelle prévoyance ! quel esprit pratique ! Ah ! qui est là ?

Au fond de la salle la porte s'était entre-bâillée, laissant voir une tête qui disparut presque au même instant.

— C'est toi, Alexis Égoritch? demanda Stavroguine.

— Non, ce n'est que moi, répondit Pierre Stépanovitch passant de nouveau sa tête et la moitié de son corps par l'ouverture de la porte. — Bonjour, Élisabeth Nikolaïevna; en tout cas, bon matin. Je savais bien que je vous trouverais tous les deux dans cette salle. Je ne viens que pour un instant, Nicolas Vsévolodovitch, — il faut, à tout prix, que je vous dise deux mots... c'est absolument nécessaire... deux petits mots, pas davantage !

Stavroguine se dirigea vers la porte, mais, après avoir fait trois pas, il revint vers Lisa.

— Si tout à l'heure tu entends quelque chose, Lisa, sache-le : je suis coupable !

Elle frissonna et le regarda d'un air effrayé, mais il sortit au plus vite.


II


La pièce dont Pierre Stépanovitch venait d'entr'ouvrir la porte était une grande antichambre de forme ovale. Alexis Égoritch s'y trouvait avant l'arrivée du visiteur, mais celui-ci l'avait fait sortir. Nicolas Vsévolodovitch, après avoir fermé sur lui la porte donnant accès à la salle, attendit ce qu'on avait à lui communiquer. Pierre Stépanovitch jeta sur lui un regard sondeur.

— Eh bien?

— Si vous savez déjà les choses, répondit précipitamment Pierre Stépanovitch dont les yeux semblaient vouloir lire dans l'âme de Stavroguine, — je vous dirai que la faute n'est, bien entendu, à aucun de nous, et que vous êtes moins coupable que personne, attendu qu'il y a eu là un tel concours... une telle coïncidence d'événements... bref, au point de vue juridique, vous êtes tout à fait hors de cause, j'avais hâte de vous en informer.

— Ils ont été brûlés? Assassinés?

— Assassinés, mais pas brûlés, et c'est ce qu'il y a de vexant. Du reste, je vous donne ma parole d'honneur que moi non plus je ne suis pour rien dans l'affaire, quels que soient vos soupçons à mon endroit, — car peut-être vous me soupçonnez, hein? Voulez-vous que je vous dise toute la vérité? voyez-vous, cette idée s'est bien offerte un instant à mon esprit, — vous-même me l'aviez suggérée, sans y attacher d'importance, il est vrai, et seulement pour me taquiner (car vous ne me l'auriez pas suggérée sérieusement), — mais je n'y ai pas donné suite, et je ne l'aurais voulu faire à aucun prix, pas même pour cent roubles, — d'autant plus que l'intérêt était nul, pour moi, entendons-nous, pour moi... (Tout ce discours était débité avec une volubilité extraordinaire.) Mais voyez comme les circonstances se sont rencontrées : j'ai de ma poche (vous entendez : de ma poche, pas un rouble n'est venu de vous, et vous-même le savez), j'ai de ma poche donné à l'imbécile Lébiadkine deux cent trente roubles dans la soirée d'avant-hier, — vous entendez, avant-hier, et non pas hier après la matinée littéraire, notez cela : j'appelle votre attention sur ce point parce qu'alors je ne savais pas encore qu'Élisabeth Nikolaïevna irait chez vous; j'ai tiré cet argent de ma propre bourse, uniquement parce qu'avant-hier vous vous étiez distingué, la fantaisie vous était venue de révéler votre secret à tout le monde. Allons, je ne m'immisce pas là dedans... c'est votre affaire... vous êtes un chevalier... j'avoue pourtant qu'un coup de massue sur le front ne m'aurait pas étourdi davantage. Mais comme ces tragédies m'ennuyaient fort, enfin comme tout cela nuisait à mes plans, je me suis juré d'expédier coûte que coûte et à votre insu les Lébiadkine à Pétersbourg, d'autant plus que le capitaine lui-même ne demandait qu'à y aller. Seulement je me suis trompé; j'ai donné l'argent en votre nom; est-ce ou non une erreur? Ce n'en est peut-être pas une, hein? Écoutez maintenant, écoutez quelle a été la conséquence de tout cela...

Dans le feu de la conversation, il se rapprocha de Stavroguine et le saisit par le revers de la redingote (peut-être le fit-il exprès), mais un coup violemment appliqué sur son bras l'obligea à lâcher prise.

— Eh bien, qu'est-ce que vous faites?... Prenez garde, vous allez me casser le bras... Le principal ici, c'est la façon dont cela a tourné, — reprit Pierre Stépanovitch sans s'émouvoir aucunement du coup qu'il avait reçu. — Je remets l'argent dans la soirée en stipulant que le frère et la sœur partiront le lendemain à la première heure; je confie à ce coquin de Lipoutine le soin de les mettre lui-même en wagon. Mais le vaurien tenait absolument à faire en public une farce d'écolier, — vous en avez peut-être entendu parler? A la matinée littéraire? Écoutez donc, écoutez: tous deux boivent ensemble et composent des vers. Lipoutine, qui en a écrit la moitié, fait endosser un frac au capitaine, et, tout en m'assurant qu'il l'a conduit le matin à la gare, il le tient sous sa main dans une petite chambre du fond, pour le pousser sur l'estrade au moment voulu. Mais l'autre s'enivre inopinément. Alors a lieu le scandale que l'on sait. Ensuite Lébiadkine est ramené chez lui ivre-mort, et Lipoutine lui subtilise deux cents roubles, ne laissant que la menue monnaie dans la poche du capitaine. Par malheur, celui-ci, le matin, s'étai vanté d'avoir le gousset bien garni, et il avait eu l'imprudence d'exhiber ces deux cents roubles dans des cabarets fréquentés par une clientèle suspecte. Or, comme Fedka attendait justement cela et qu'il avait entendu certains mots chez Kiriloff (vous vous rappelez ce que vous avez dit?), il s'est décidé à profiter de l'occasion. Voilà toute la vérité. Je suis bien aise du moins que Fedka n'ait pas trouvé d'argent : le drôle comptait sur une recette de mille roubles! Il s'est dépêché, et, paraît-il, lui-même a eu peur de l'incendie... Soyez-en persuadé, cet incendie a été pour moi comme un coup de bûche que j'aurais reçu sur la tête. Non, c'est le diable sait quoi! C'est une telle insubordination... Tenez, à vous de qui j'attends de si grandes choses, je n'ai rien à cacher : eh bien, oui, depuis longtemps je songeais à recourir au feu, car cette idée est fort populaire, profondément nationale; mais je tenais ce moyen en réserve pour l'heure critique, pour le moment décisif où nous nous lèverons tous et... Et voilà que tout à coup, sans ordre, de leur propre initiative, ils s'avisent de faire cela au moment où précisément il faudrait rester coi et retenir son souffle! Non, c'est une telle indiscipline!... en un mot, je ne sais rien encore, on parle ici de deux ouvriers de l'usine Chpigouline... mais si les *nôtres* sont aussi pour quelque chose là dedans, si l'un d'eux a pris une part quelconque à cet incendie, — malheur à lui! Voyez ce que c'est que de les abandonner un seul instant à eux-mêmes! Non, il n'y a rien à faire avec cette fripouille démocratique et ses quinquévirats; ce qu'il faut, c'est une volonté puissante, despotique, ayant son point d'appui en dehors des sections et aveuglément obéie par celles-ci... Mais en tout cas on a beau maintenant trompeter partout que la ville a brûlé parce que Stavroguine avait besoin de l'incendie pour se débarrasser de sa femme, au bout du compte...

— Ah! on trompette cela partout?

— C'est-à-dire qu'on ne le trompette pas encore, j'avoue que rien de semblable n'est arrivé à mes oreilles, mais vous savez comment raisonne la foule, surtout quand elle vient d'être éprouvée par un sinistre. On a bientôt fait de mettre en circulation le bruit le plus idiot. Au fond, du reste, vous n'avez absolument rien à craindre. Vis-à-vis de la loi vous êtes complétement innocent, vis-à-vis de la conscience aussi, — vous ne vouliez pas cela, n'est-ce pas? Vous ne le vouliez pas? Il n'y a pas de preuves, il n'y a qu'une coïncidence... A moins que Fedka ne se rappelle les paroles imprudentes prononcées par vous l'autre jour chez Kiriloff (quel besoin aviez-vous de parler ainsi?), mais cela ne prouve rien du tout, et, d'ailleurs, nous ferons taire Fedka. Je me charge de lui couper la langue aujourd'hui même...

— Les cadavres n'ont pas été brûlés?

— Pas le moins du monde; cette canaille n'a rien su faire convenablement. Mais du moins je me réjouis de vous voir si tranquille... car, bien que ce ne soit nullement votre faute et que vous n'ayez pas même une pensée à vous reprocher, n'importe... Avouez pourtant que tout cela arrange admirablement vos affaires : vous êtes, du coup, libre, veuf, en mesure d'épouser, quand vous voudrez, une belle et riche demoiselle, qui, par surcroît de veine, se trouve déjà dans vos mains. Voilà ce que peut faire un pur hasard, un concours fortuit de circonstances, — hein?

— Vous me menacez, imbécile?

— Allons, c'est cela, traitez-moi tout de suite d'imbécile, et quel ton! Vous devriez être enchanté, et vous... Je suis accouru tout exprès pour vous apprendre au plus tôt... Et pourquoi vous menacerais-je? Je me soucie bien d'obtenir quelque chose de vous par l'intimidation! Il me faut votre libre consentement, je ne veux point d'une adhésion forcée. Vous êtes une lumière, un soleil... C'est moi qui vous crains de toute mon âme, et non vous qui me craignez! Je ne suis pas Maurice Nikolaïévitch... Figurez-vous qu'au moment où j'arrivais ici à bride abattue, j'ai trouvé Maurice Nikolaïévitch près de la grille de votre jardin... il a dû passer là toute la nuit, son manteau était tout trempé! C'est prodigieux! Comment un homme peut-il être fou à ce point-là?

13.

— Maurice Nikolaïévitch? C'est vrai?

— C'est l'exacte vérité. Il est devant la grille du jardin. A trois cents pas d'ici, si je ne me trompe. J'ai passé à côté de lui aussi rapidement que possible, mais il m'a vu. Vous ne le saviez pas? En ce cas, je suis bien aise d'avoir pensé à vous le dire. Tenez, celui-là est plus à craindre que personne, s'il a un revolver sur lui, et enfin la nuit, le mauvais temps, une irritation bien légitime, — car le voilà dans une drôle de situation, ha, ha! Qu'est-ce qu'il fait là, selon vous?

— Il attend Élisabeth Nikolaïevna, naturellement.

— Bah! Mais pourquoi irait-elle le retrouver? Et... par une telle pluie... voilà un imbécile!

— Elle va le rejoindre tout de suite.

— Vraiment! Voilà une nouvelle! Ainsi... Mais écoutez, à présent la position d'Élisabeth Nikolaïevna est changée du tout au tout : que lui importe maintenant Maurice Nikolaïévitch? Rendu libre par le veuvage, vous pouvez l'épouser dès demain, n'est-ce pas? Elle ne le sait pas encore, — laissez-moi faire, et dans un instant j'aurai tout arrangé. Où est-elle? Ce qu'elle va être contente en apprenant cela!

— Contente?

— Je crois bien, allons lui porter la nouvelle.

— Et vous pensez que ces cadavres n'éveilleront chez elle aucun soupçon? demanda Nicolas Vsévolodovitch avec un singulier clignement d'yeux.

— Non, certes, ils n'en éveilleront pas, répondit plaisamment Pierre Stépanovitch, — car au point de vue juridique... Eh! quelle idée! Et quand même elle se douterait de quelque chose! Les femmes glissent si facilement là-dessus, vous ne connaissez pas encore les femmes! D'abord, maintenant c'est tout profit pour elle de vous épouser, attendu qu'elle s'est perdue de réputation; ensuite, je lui ai parlé du « navire » et j'ai remarqué qu'elle y mordait, voilà de quel calibre est cette demoiselle. N'ayez pas peur, elle enjambera ces petits cadavres avec aisance et facilité, d'autant plus que vous êtes tout à fait, tout à fait innocent, n'est-ce pas? Seulement elle aura soin de conserver ces petits cadavres pour vous les servir plus tard, après un an de mariage. Toute femme, en allant ceindre la couronne nuptiale, cherche ainsi des armes dans le passé de son mari, mais d'ici là... qu'y aura-t-il dans un an? Ha, ha, ha!

— Si vous avez un drojki, conduisez-la tout de suite auprès de Maurice Nikolaïévitch. Elle m'a déclaré tout à l'heure qu'elle ne pouvait pas me souffrir et qu'elle allait me quitter; assurément elle ne me permettrait pas de lui offrir une voiture.

— Ba-ah! Est-ce que, réellement, elle veut s'en aller? D'où cela pourrait-il venir? demanda Pierre Stépanovitch en regardant Stavroguine d'un air stupide.

— Elle s'est aperçue cette nuit que je ne l'aimais pas du tout... ce que, sans doute, elle a toujours su.

— Mais est-ce que vous ne l'aimez pas? répliqua le visiteur qui paraissait prodigieusement étonné; — s'il en est ainsi, pourquoi donc hier, quand elle est entrée, l'avez-vous gardée chez vous au lieu de la prévenir loyalement dès l'abord que vous ne l'aimiez pas? Vous avez commis une lâcheté épouvantable; et quel rôle ignoble je me trouve, par votre fait, avoir joué auprès d'elle!

Stavroguine eut un brusque accès d'hilarité.

— Je ris de mon singe, se hâta-t-il d'expliquer.

— Ah! vous avez deviné que je faisais le paillasse, reprit en riant aussi Pierre Stépanovitch; — c'était pour vous égayer! Figurez-vous, au moment où vous êtes entré ici, votre visage m'a appris que vous aviez du « malheur ». Peut-être même est-ce une déveine complète, hein? Tenez, je parie, poursuivit-il en élevant gaiement la voix, — que pendant toute la nuit vous êtes restés assis à côté l'un de l'autre dans la salle, et que vous avez perdu un temps précieux à faire assaut de noblesse... Allons, pardonnez-moi, pardonnez-moi; cela m'est bien égal après tout : hier déjà j'étais sûr que le dénoûment serait bête. Je vous l'ai amenée à seule fin de vous procurer un peu d'amusement, et pour vous prouver qu'avec moi vous ne vous ennuierez pas; je suis fort utile sous ce rapport; en général j'aime à faire plaisir aux gens. Si maintenant vous n'avez plus besoin d'elle, ce que je présumais en venant chez vous, eh bien...

— Ainsi ce n'est que pour mon amusement que vous l'avez amenée?

— Pourquoi donc aurait-ce été?

— Ce n'était pas pour me décider à tuer ma femme?

— En voilà une! Mais est-ce que vous l'avez tuée? Quel homme tragique!

— Vous l'avez tuée, cela revient au même.

— Mais est-ce que je l'ai tuée? Je vous répète que je ne suis absolument pour rien dans cette affaire-là. Pourtant vous commencez à m'inquiéter...

— Continuez, vous disiez : « Si maintenant vous n'avez plus besoin d'elle, eh bien... »

— Eh bien, je vous prierai de me la rendre, naturellement! Je la marierai à Maurice Nikolaïévitch; soit dit en passant, ce n'est nullement moi qui l'ai mis en faction devant la grille de votre jardin, n'allez pas encore vous fourrer cela dans la tête! Voyez-vous, j'ai peur de lui en ce moment. Vous parliez de drojki, mais j'avais beau rouler à toute vitesse, je n'étais pas rassuré tantôt en passant à côté de lui. « S'il était armé d'un revolver?... » me disais-je. Heureusement que j'ai pris le mien. Le voici (il tira de sa poche un revolver qu'il s'empressa d'y remettre aussitôt après l'avoir montré à Stavroguine), — je m'en suis muni à cause de la longueur de la route...Pour ce qui est d'Élisabeth Nikolaïevna, je vous aurai tout dit en deux mots : son petit cœur souffre maintenant à la pensée de Maurice... du moins il doit souffrir... et vous savez — vraiment, elle n'est pas sans m'inspirer quelque pitié! Je vais la colloquer à Maurice, et aussitôt elle commencera à se souvenir de vous, à lui chanter vos louanges, à l'insulter en face, — tel est le cœur de la femme! Eh bien, voilà que vous riez encore? Je suis fort heureux que vous soyez redevenu gai. Allons la trouver. Je mettrai tout d'abord Maurice sur le tapis. Quant à ceux... qui ont été tués... peut-être vaut-il mieux ne pas lui en parler maintenant? Elle apprendra toujours cela assez tôt.

— Qu'est-ce qu'elle apprendra? Qui a été tué? Qu'avez-vous dit de Maurice Nikolaïévitch? demanda Lisa ouvrant tout à coup la porte.

— Ah! vous étiez aux écoutes?

— Que venez-vous de dire au sujet de Maurice Nikolaïévitch? Il est tué?

— Ah! cette question prouve que vous n'avez pas bien entendu! Tranquillisez-vous, Maurice Nikolaïévitch est vivant et en parfaite santé, ce dont vous allez pouvoir vous assurer à l'instant même, car il est ici, près de la grille du jardin... et je crois qu'il a passé là toute la nuit; son manteau est tout trempé... Quand je suis arrivé, il m'a vu.

— Ce n'est pas vrai. Vous avez prononcé le mot « tué »... Qui est tué? insista la jeune fille en proie à une douloureuse angoisse.

— Il n'y a de tué que ma femme, son frère Lébiadkine et leur servante, déclara d'un ton ferme Stavroguine.

Lisa frissonna et devint affreusement pâle.

— C'est un étrange cas de férocité, Élisabeth Nikolaïevna, un stupide cas de meurtre ayant eu le vol pour mobile, se hâta d'expliquer Pierre Stépanovitch, — un malfaiteur a profité de l'incendie, voilà tout! Le coupable est le galérien Fedka, et il a été aidé par la sottise de Lébiadkine, lequel avait eu le tort de montrer son argent à tout le monde... Je me suis empressé d'apporter cette nouvelle à Stavroguine, et elle a produit sur lui l'effet d'un coup de foudre. Nous étions en train de nous demander s'il fallait vous apprendre cela tout de suite, ou s'il ne valait pas mieux remettre cette communication à plus tard.

— Nicolas Vsévolodovitch, dit-il la vérité? articula péniblement Lisa.

— Non, il ne dit pas la vérité.

Pierre Stépanovitch eut un frisson.

— Comment, je ne dis pas la vérité! vociféra-t-il, — qu'est-ce encore que cela?

— Seigneur, je vais perdre la tête! s'écria Lisa.

— Mais comprenez donc au moins qu'en ce moment il est fou! cria de toute sa force Pierre Stépanovitch, — cela n'a rien d'étonnant, après tout : sa femme a été assassinée. Voyez comme il est pâle... Il a passé toute la nuit avec vous, il ne vous a pas quittée une minute, comment donc le soupçonner?

— Nicolas Vsévolodovitch, parlez comme vous parleriez devant Dieu : êtes-vous coupable, oui ou non? Je le jure, je croirai à votre parole comme à celle de Dieu et je vous accompagnerai au bout du monde, oh! oui, j'irai partout avec vous! Je vous suivrai comme un chien...

— Pourquoi donc la tourmentez-vous, tête fantastique que vous êtes? fit Pierre Stépanovitch exaspéré. — Élisabeth Nikolaïevna, pilez-moi dans un mortier, je dirai encore la même chose : il n'est pas coupable, loin de là, lui-même est tué, vous voyez bien qu'il a le délire. On ne peut rien lui reprocher, rien, pas même une pensée!... Le crime a été commis par des brigands qui, pour sûr, d'ici à huit jours, seront découverts et recevront le fouet... Les coupables ici sont le galérien Fedka et des ouvriers de l'usine Chpigouline, toute la ville le dit, je vous répète le bruit qui court.

— C'est vrai? C'est vrai? questionna Lisa tremblante comme si elle avait attendu son arrêt de mort.

— Je ne les ai pas tués et j'étais opposé à ce crime, mais je savais qu'on devait les assassiner et j'ai laissé faire les assassins. Allez-vous-en loin de moi, Lisa, dit Nicolas Vsévolodovitch, et il rentra dans la salle.

La jeune fille couvrit son visage de ses mains et sortit de la maison. Le premier mouvement de Pierre Stépanovitch fut de courir après elle, mais, se ravisant tout à coup, il alla retrouver Stavroguine.

— Ainsi vous... Ainsi vous... Ainsi vous n'avez peur de

rien? hurla-t-il, l'écume aux lèvres; sa fureur était telle qu'il pouvait à peine parler.

Debout au milieu de la salle, Nicolas Vsévolodovitch ne répondit pas un mot. Il avait pris dans sa main gauche une touffe de ses cheveux et souriait d'un air égaré. Pierre Stépanovitch le tira violemment par la manche.

— Vous vous dérobez, n'est-ce pas? Ainsi voilà ce que vous avez en vue? Vous dénoncerez tout le monde, après quoi vous entrerez dans un monastère ou vous irez au diable... Mais je saurai bien vous escoffier tout de même, quoique vous ne me craigniez pas!

A la fin, Stavroguine remarqua la présence de Pierre Stépanovitch.

— Ah! c'est vous qui faites ce bruit? observa-t-il, et, la mémoire lui revenant soudain, il ajouta : — Courez, courez donc! Reconduisez-la jusque chez elle, que personne ne sache... et qu'elle n'aille pas là-bas... voir les corps... les corps... Mettez-la de force en voiture... Alexis Égoritch! Alexis Égoritch!

— Attendez, ne criez pas! A présent elle est déjà dans les bras de Maurice... Maurice ne montera pas dans votre voiture... Attendez donc! Il s'agit bien de voiture en ce moment!

Il sortit de nouveau son revolver de sa poche; Stavroguine le regarda sérieusement.

— Eh bien, tuez-moi! dit-il à voix basse et d'un ton résigné.

— Ah! diable, de quel mensonge un homme peut charger sa conscience! reprit vivement Pierre Stépanovitch. — Vous voulez qu'on vous tue, n'est-ce pas? Elle aurait dû, vraiment, vous cracher au visage!... Vous, un « navire » ! Vous n'êtes qu'une vieille barque trouée, bonne à débiter comme bois de chauffage..... Allons, que du moins la colère vous réveille! E-eh! Cela devrait vous être égal, puisque vous-même demandez qu'on vous loge une balle dans le front?

Stavroguine eut un sourire étrange.

— Si vous n'étiez pas un bouffon, peut-être qu'à présent

je dirais : oui... Si seulement la chose était un tant soit peu plus intelligente...

— Je suis un bouffon, mais je ne veux pas que vous, la meilleure partie de moi-même, vous en soyez un! Vous me comprenez?

Nicolas Vsévolodovitch comprit ce langage qui aurait peut-être été incompréhensible pour tout autre. Chatoff avait été fort étonné en entendant Stavroguine lui dire qu'il y avait de l'enthousiasme chez Pierre Stépanovitch.

— Pour le moment laissez-moi et allez-vous-en au diable, mais d'ici à demain j'aurai pris une résolution. Venez demain.

— Oui? C'est : oui?

— Est-ce que je sais?... Allez au diable, au diable!

Et il sortit de la salle.

— Après tout, cela vaut peut-être encore mieux, murmura à part soi Pierre Stépanovitch en remettant son revolver dans sa poche.

### III

Il n'eut pas de peine à rattraper Élisabeth Nikolaïevna, qui n'était encore qu'à quelques mètres de la maison. Alexis Égorovitch, en frac et sans chapeau, la suivait à un pas de distance. Il avait pris une attitude respectueuse et suppliait instamment la jeune fille d'attendre la voiture; le vieillard était fort ému, il pleurait presque.

— Va-t'en, ton maître demande du thé, il n'y a personne pour le servir, dit Pierre Stépanovitch au domestique, et, après l'avoir ainsi renvoyé, il prit sans façon le bras d'Élisabeth Nikolaïevna.

Celle-ci le laissa faire, mais elle ne semblait pas en possession de toute sa raison, la présence d'esprit ne lui était pas encore revenue.

— D'abord, vous ne devez pas aller de ce côté, commença

Pierre Stépanovitch, — c'est par ici qu'il nous faut prendre, au lieu de passer devant le jardin. Secondement, il est impossible, en tout cas, que vous fassiez la route à pied, il y a trois verstes d'ici chez vous, et vous êtes à peine vêtue. Si vous attendiez une minute? Mon cheval est à l'écurie, je vais le faire atteler tout de suite, vous monterez dans mon drojki, et je vous ramènerai chez vous sans que personne vous voie.

— Que vous êtes bon... dit avec sentiment Lisa.

— Laissez donc; à ma place tout homme humain en ferait autant...

Lisa regarda son interlocuteur, et ses traits prirent une expression d'étonnement.

— Ah! mon Dieu, je pensais que ce vieillard était toujours là!

— Écoutez, je suis bien aise que vous preniez la chose de cette façon, parce qu'il n'y a là qu'un préjugé stupide; puisqu'il en est ainsi, ne vaut-il pas mieux que j'ordonne tout de suite à ce vieillard de préparer la voiture? C'est l'affaire de dix minutes, nous rebrousserions chemin et nous attendrions devant le perron, hein?

— Je veux auparavant... où sont ces gens qu'on a tués?

— Allons, voilà encore une fantaisie! C'est ce que je craignais... Non, trêve de fadaises; vous n'avez pas besoin d'aller voir cela.

— Je sais où ils sont, je connais cette maison.

— Eh bien, qu'importe que vous la connaissiez? Voyez donc, il pleut, il fait du brouillard (voilà, pourtant, j'ai assumé un devoir sacré!)... Écoutez, Élisabeth Nikolaïevna, de deux choses l'une : ou vous acceptez une place dans mon drojki, alors attendez et ne bougez pas d'ici, car si nous faisons encore vingt pas, Maurice Nikolaïévitch ne manquera pas de nous apercevoir...

— Maurice Nikolaïévitch! Où? Où?

— Eh bien, si vous voulez l'aller retrouver, soit, je vous accompagnerai encore un moment et je vous montrerai où il est, mais ensuite je vous tirerai ma révérence; je ne tiens pas du tout à m'approcher de lui pour le quart d'heure.

— Il m'attend, Dieu! s'écria Lisa; elle s'arrêta soudain, et une vive rougeur colora son visage.

— Mais qu'est-ce que cela fait, du moment que c'est un homme sans préjugés? Vous savez, Élisabeth Nikolaïevna, tout cela n'est pas mon affaire, je suis tout à fait désintéressé dans la question, et vous le savez vous-même; mais en somme je vous porte de l'intérêt... Si nous nous sommes trompés sur le compte de notre « navire », s'il se trouve n'être qu'une vieille barque pourrie, bonne à démolir...

— Ah! parfait! cria Lisa.

— Parfait, dit-elle, et elle pleure. Il faut ici de la virilité. Il faut ne le céder en rien à un homme. Dans notre siècle, quand une femme... fi, diable (Pierre Stépanovitch avait peine à se débarrasser de sa pituite)! Mais surtout il ne faut rien regretter : l'affaire peut encore s'arranger admirablement. Maurice Nikolaïévitch est un homme... en un mot, c'est un homme sensible, quoique peu communicatif, ce qui, du reste, est bon aussi, bien entendu à condition qu'il soit sans préjugés...

— A merveille, à merveille! répéta la jeune fille avec un rire nerveux.

— Allons, diable... Élisabeth Nikolaïevna, reprit Pierre Stépanovitch d'un ton piqué, — moi, ce que je vous en dis, c'est uniquement dans votre intérêt... Qu'est-ce que cela peut me faire, à moi?... Je vous ai rendu service hier, j'ai déféré à votre désir, et aujourd'hui... Eh bien, tenez, d'ici l'on aperçoit Maurice Nikolaïévitch, le voilà là-bas, il ne nous voit pas. Vous savez, Élisabeth Nikolaïevna, avez-vous lu *Pauline Sax?*

— Qu'est-ce que c'est?

— C'est une nouvelle; je l'ai lue quand j'étais étudiant... Le héros est un certain Sax, un riche employé qui surprend sa femme en flagrant délit d'adultère à la campagne... Allons, diable, il faut cracher là-dessus. Vous verrez qu'avant de vous avoir ramenée chez vous, Maurice Nikolaïévitch vous aura déjà adressé une demande en mariage. Il ne nous voit pas encore.

— Ah! qu'il ne me voie point! cria tout à coup Lisa comme affolée; — allons-nous-en, allons-nous-en! Dans le bois, dans la plaine!

Et elle rebroussa chemin en courant.

Pierre Stépanovitch s'élança à sa poursuite.

— Elisabeth Nikolaïevna, quelle pusillanimité! Et pourquoi ne voulez-vous pas qu'il vous voie? Au contraire, regardez-le en face, carrément, fièrement... Si vous êtes honteuse parce que vous avez perdu votre... virginité... c'est un préjugé si arriéré... Mais où allez-vous donc, où allez-vous donc? Eh! comme elle trotte! Retournons plutôt chez Stavroguine, nous monterons dans mon drojki... Mais où allez-vous donc? Par là ce sont les champs, allons, la voilà qui tombe!...

Il s'arrêta. Lisa volait comme un oiseau, sans savoir où elle allait; déjà une distance de cinquante pas la séparait de Pierre Stépanovitch, quand elle choppa contre un petit monceau de terre et tomba. Au même instant un cri terrible retentit derrière elle. Ce cri avait été poussé par Maurice Nikolaïévitch qui, ayant vu la jeune fille s'enfuir à toutes jambes, puis tomber, courait après elle à travers champs. Aussitôt Pierre Stépanovitch battit en retraite vers la maison de Stavroguine pour monter au plus vite dans son drojki.

Mais Maurice Nikolaïévitch fort effrayé se trouvait déjà près de Lisa qui venait de se relever; il s'était penché sur elle et lui avait pris la main, qu'il tenait dans les siennes. Cette rencontre se produisant dans des conditions si invraisemblables avait ébranlé la raison du capitaine d'artillerie, et des larmes coulaient sur ses joues. Il voyait celle qu'il aimait d'un amour si respectueux courir comme une folle à travers champs, à une pareille heure, par un temps pareil, n'ayant d'autre vêtement que sa robe, cette superbe robe de la veille, maintenant fripée et couverte de boue..... Sans proférer un mot, car il n'en aurait pas eu la force, il ôta son manteau et le posa en tremblant sur les épaules de Lisa. Tout à coup un cri lui échappa : il avait senti sur sa main les lèvres de la jeune fille.

— Lisa, je ne sais rien, mais ne me repoussez pas loin de vous !

— Oh ! oui, allons-nous-en bien vite, ne m'abandonnez pas !

Et, le prenant elle-même par le bras, elle l'entraîna à sa suite. Puis elle baissa soudain la voix et ajouta d'un ton craintif :

— Maurice Nikolaïévitch, jusqu'à présent je m'étais toujours piquée de bravoure, mais ici j'ai peur de la mort. Je mourrai, je mourrai bientôt, mais j'ai peur, j'ai peur de mourir...

Et, tout en murmurant ces paroles, elle serrait avec force le bras de son compagnon.

— Oh ! s'il passait quelqu'un ! soupira Maurice Nikolaïévitch, qui promenait autour de lui des regards désespérés, — si nous pouvions rencontrer une voiture ! Vous vous mouillez les pieds, vous... perdez la raison !

— Non, non, ce n'est rien, reprit-elle, — là, comme cela, près de vous j'ai moins peur, tenez-moi par la main, conduisez-moi... Où allons-nous maintenant ? A la maison ? Non, je veux d'abord voir les victimes. Ils ont, dit-on, égorgé sa femme, et il déclare que c'est lui-même qui l'a assassinée ; ce n'est pas vrai, n'est-ce pas ? ce n'est pas vrai ? Je veux voir moi-même ceux qui ont été tués... à cause de moi... c'est en songeant à eux que, cette nuit, il a cessé de m'aimer... Je verrai et je saurai tout. Vite, vite, je connais cette maison... il y a là un incendie... Maurice Nikolaïévitch, mon ami, ne me pardonnez pas, je suis déshonorée ! Pourquoi me pardonner ? Pourquoi pleurez-vous ? Donnez-moi un soufflet et tuez-moi ici dans la campagne comme un chien !

— Il n'appartient à personne de vous juger maintenant, répondit d'un ton ferme Maurice Nikolaïévitch, — que Dieu vous pardonne ! Moins que tout autre je puis être votre juge !

Mais leur conversation serait trop étrange à rapporter. Pendant ce temps, tous deux, la main dans la main, cheminaient d'un pas rapide, on les aurait pris pour des aliénés. Ils marchaient dans la direction de l'incendie. Maurice Nikolaïévitch n'avait pas encore perdu l'espoir de rencontrer à tout le moins quelque charrette, mais on n'apercevait personne. Une petite pluie fine ne cessait de tomber, obscurcissant tout le paysage et noyant tout les objets dans une même teinte plombée qui ne permettait pas de les distinguer les uns des autres. Quoiqu'il fît jour depuis longtemps, il semblait que l'aube n'eût point encore paru. Et, soudain, de ce froid brouillard se détacha une figure étrange, falote, qui marchait à la rencontre des deux jeunes gens. Quand je me représente maintenant cette scène, je pense que je n'en aurais pas cru mes yeux si j'avais été à la place d'Élisabeth Nikolaïevna; pourtant elle poussa un cri de joie et reconnut tout de suite l'homme qui s'avançait vers elle. C'était Stépan Trophimovitch. Par quel hasard se trouvait-il là? Comment sa folle idée de fuite avait-elle pu se réaliser? — on le verra plus loin. Je noterai seulement que, ce matin-là, il avait déjà la fièvre, mais la maladie n'était pas un obstacle pour lui : il foulait d'un pas ferme le sol humide; évidemment il avait combiné son entreprise du mieux qu'il avait pu, dans son isolement et avec toute son inexpérience d'homme de cabinet. Il était en « tenue de voyage », c'est-à-dire qu'il portait un manteau à manches, une large ceinture de cuir verni serrée autour de ses reins par une boucle, et de grandes bottes neuves dans lesquelles il avait fait rentrer son pantalon. Sans doute depuis fort longtemps déjà il s'était imaginé ainsi le type du voyageur; la ceinture et les grandes bottes à la hussarde, qui gênaient considérablement sa marche, il avait dû se les procurer plusieurs jours à l'avance. Un chapeau à larges bords et une écharpe en poil de chameau enroulée autour du cou complétaient le costume de Stépan Trophimovitch. Il tenait dans sa main droite une canne et un parapluie ouvert, dans sa main gauche un sac de voyage fort petit, mais plein comme un œuf. Ces trois objets, — la canne, le parapluie et le sac de voyage, étaient devenus, au bout d'une verste, très-fatigants à porter.

À la joie irréfléchie du premier moment avait succédé chez Lisa un étonnement pénible.

— Est-il possible que ce soit bien vous? s'écria-t-elle en considérant le vieillard avec tristesse.

En proie à une sorte d'exaltation délirante, il s'élança vers elle :

— *Lise! Chère, chère,* se peut-il aussi que ce soit vous... au milieu d'un pareil brouillard? Voyez: les lueurs de l'incendie rougissent le ciel! *Vous êtes malheureuse, n'est-ce pas?* Je le vois, je le vois, ne me racontez rien, mais ne m'interrogez pas non plus. *Nous sommes tous malheureux, mais il faut les pardonner tous. Pardonnons, Lise,* et nous serons libres à jamais. Pour en finir avec le monde et devenir pleinement libre, — *il faut pardonner, pardonner et pardonner!*

— Mais pourquoi vous mettez-vous à genoux?

— Parce qu'en prenant congé du monde je veux dire adieu, dans votre personne, à tout mon passé! — Il fondit en larmes, et prenant les deux mains de la jeune fille, il les posa sur ses yeux humides : — Je m'agenouille devant tout ce qu'il y a eu de beau dans mon existence, je l'embrasse et je le remercie! Maintenant mon être est brisé en deux : — là, c'est un insensé qui a rêvé d'escalader le ciel, *vingt-deux ans!* Ici, c'est un vieillard tué, glacé, précepteur... *chez un marchand, s'il existe pourtant, ce marchand...* Mais comme vous êtes trempée, *Lise!* s'écria-t-il, et il se releva soudain, sentant que l'humidité du sol se communiquait à ses genoux, — et comment se fait-il que je vous rencontre ainsi vêtue... à pied, dans cette plaine?... Vous pleurez? *Vous êtes malheureuse?* Bah! j'ai entendu parler de quelque chose... Mais d'où venez-vous donc maintenant? demanda-t-il d'un air inquiet ; en même temps il regardait avec une profonde surprise Maurice Nikolaïévitch ; — *mais savez-vous l'heure qu'il est?*

— Stépan Trophimovitch, avez-vous entendu parler là-bas de gens assassinés?... C'est vrai? C'est vrai?

— Ces gens! Toute la nuit j'ai vu l'incendie allumé par eux. Ils ne pouvaient pas finir autrement... (ses yeux étincelèrent de nouveau). Je m'arrache à un songe enfanté par la fièvre chaude, je cours à la recherche de la Russie, *existe-t-elle, la Russie? Bah! c'est vous, cher capitaine!* Je n'ai jamais douté que je vous rencontrerais dans l'accomplissement de quelque grande action... Mais prenez mon parapluie et — pourquoi donc allez-vous à pied? Pour l'amour de Dieu, prenez du moins ce parapluie; moi, je n'en ai pas besoin, je trouverai une voiture quelque part. Voyez-vous, je suis parti à pied parce que si *Stasie* (c'est-à-dire Nastasia) avait eu vent de mon dessein, ses cris auraient ameuté toute la rue; je me suis donc esquivé aussi *incognito* que possible. Je ne sais pas, on ne lit dans le *Golos* que des récits d'attaques à main armée sur les grands chemins; pourtant il n'est pas présumable qu'à peine en route je rencontre un brigand? *Chère Lise*, vous disiez, je crois, qu'on avait tué quelqu'un? *O mon Dieu*, vous vous trouvez mal!

— Allons-nous-en, allons-nous-en! cria comme dans un accès nerveux Élisabeth Nikolaïevna, entraînant encore à sa suite Maurice Nikolaïévitch; puis elle revint brusquement sur ses pas. — Attendez, Stépan Trophimovitch, attendez, pauvre homme, laissez-moi faire sur vous le signe de la croix. Peut-être faudrait-il plutôt vous lier, mais j'aime mieux faire le signe de la croix sur vous. Priez, vous aussi, pour la pauvre Lisa, — un peu, pas beaucoup, pour autant que cela ne vous gênera pas. Maurice Nikolaïévitch, rendez à cet enfant son parapluie, rendez-le-lui tout de suite. Là, c'est bien... Partons donc, partons!

Lorsqu'ils arrivèrent à la maison fatale, la foule considérable réunie en cet endroit avait déjà beaucoup entendu parler de Stavroguine et de l'intérêt qu'il était censé avoir à l'assassinat de sa femme. Cependant, je le répète, l'immense majorité continuait à écouter silencieuse et calme. Les quelques individus qui donnaient des signes d'agitation étaient, ou des gens ivres, ou des esprits très-impressionnables comme le bourgeois dont j'ai parlé plus haut. Tout le monde le connaissait pour un homme plutôt doux que violent, mais sous le coup d'une émotion subite il perdait soudain tout sang-froid. Je ne vis pas arriver les deux jeunes gens. Quand, à mon extrême stupéfaction, j'aperçus Élisabeth Nikolaïevna, elle avait déjà pénétré fort avant dans la foule et se trouvait à une grande distance de moi; je ne remarquai pas tout d'abord la présence de Maurice Nikolaïévitch : il est probable qu'à un certain moment la cohue l'avait séparé de sa compagne. Celle-ci, qui, semblable à une hypnotisée, traversait le rassemblement sans rien voir autour d'elle, ne tarda pas, comme bien on pense, à attirer l'attention. Sur son passage retentirent bientôt des vociférations menaçantes. « C'est la maîtresse de Stavroguine! » cria quelqu'un. « Il ne leur suffit pas de tuer, ils viennent contempler leurs victimes! » ajouta un autre. Tout à coup je vis un bras se lever derrière Lisa et s'abattre sur sa tête; elle tomba. Poussant un cri terrible, Maurice Nikolaïévitch se précipita au secours de la malheureuse et frappa de toutes ses forces un homme qui l'empêchait d'arriver jusqu'à elle, mais au même instant le bourgeois, qui se trouvait derrière lui, le saisit à bras-le-corps. Durant quelques minutes il y eut une telle confusion que je ne pus rien distinguer nettement. Lisa se releva, paraît-il, mais un second coup la renversa de nouveau à terre. La foule s'écarta aussitôt, laissant un petit espace vide autour de la jeune fille étendue sur le sol. Debout au-dessus de son amie, Maurice Nikolaïévitch affolé, couvert de sang, criait, pleurait, se tordait les mains. Je ne me rappelle pas bien ce qui se passa ensuite, je me souviens seulement que tout à coup on emporta Lisa. Je courus me joindre au lugubre cortége; l'infortunée respirait encore et n'avait peut-être pas perdu connaissance. On arrêta dans la foule le bourgeois et trois autres individus. Ces derniers jusqu'à présent protestent de leur innocence : à les en croire, leur arrestation serait une erreur de la police; c'est bien possible. Quant au bourgeois, bien que sa culpabilité soit évidente, il était alors dans un tel état de surexcitation qu'il n'a pu encore fournir un récit détaillé de l'événement. Appelé à déposer comme témoin au cours de l'instruction judiciaire, j'ai déclaré que, selon moi, ce crime n'avait été nullement prémédité, et qu'il fallait y voir le résultat d'un entraînement tout à fait accidentel. C'est ce que je pense aujourd'hui encore.

# CHAPITRE IV

## DERNIÈRE RÉSOLUTION.

I

Durant cette matinée, beaucoup de personnes virent Pierre Stépanovitch; elles racontèrent plus tard qu'elles avaient remarqué chez lui une animation extraordinaire. A deux heures de l'après-midi, il se rendit chez Gaganoff, qui était arrivé la veille de la campagne. Une nombreuse société se trouvait réunie dans cette maison, et, bien entendu, chacun disait son mot sur les derniers événements. Pierre Stépanovitch tint le dé de la conversation et se fit écouter. Chez nous on l'avait toujours considéré comme « un étudiant bavard et un peu fêlé », mais cette fois le sujet qu'il traitait était intéressant, car il parlait de Julie Mikhaïlovna. Ayant été le confident intime de la gouvernante, il donna sur elle force détails très-nouveaux et très-inattendus; comme par inadvertance, il révéla plusieurs propos piquants qu'elle avait tenus sur des personnalités connues de toute la ville. L'attitude du narrateur, pendant qu'il commettait ces indiscrétions, était celle d'un homme exempt de malice, mais obligé par son honnêteté d'éclaircir tout à coup une foule de malentendus, et en même temps si naïf, si maladroit, qu'il ne sait ni par où commencer, ni par où finir. Toujours sans avoir l'air de le faire exprès, il glissa dans la conversation que Julie Mikhaïlovna connaissait parfaitement le secret de

Stavroguine et qu'elle avait mené toute l'intrigue. Il avait été, lui, Pierre Stépanovitch, mystifié par la gouvernante, car lui-même était amoureux de cette malheureuse Lisa, et pourtant on s'y était pris de telle sorte qu'il avait *presque* conduit la jeune fille chez Stavroguine. « Oui, oui, vous pouvez rire, messieurs », acheva-t-il, « mais si seulement j'avais su, si j'avais su comment cela finirait! » On l'interrogea avec la plus vive curiosité au sujet de Stavroguine : il répondit carrément que, selon lui, la tragique aventure de Lébiadkine était un pur accident provoqué par l'imprudence de Lébiadkine lui-même, qui avait eu le tort de montrer son argent. Il donna à cet égard des explications très-satisfaisantes. Un des auditeurs lui fit observer qu'il avait assez mauvaise grâce à venir maintenant débiner Julie Mikhaïlovna, après avoir mangé et bu, si pas couché, dans sa maison. Mais Pierre Stépanovitch trouva aussitôt une réplique victorieuse :

— Si j'ai mangé et bu chez elle, ce n'est pas parce que j'étais sans argent, et ce n'est pas ma faute si elle m'invitait à dîner. Permettez-moi d'apprécier moi-même dans quelle mesure j'en dois être reconnaissant.

En général, l'impression produite par ces paroles lui fut favorable : « Sans doute ce garçon-là est un écervelé », se dit-on, « mais est-ce qu'il en peut si Julie Mikhaïlovna a fait des sottises? Au contraire, il a toujours cherché à la retenir... »

Vers deux heures, le bruit se répandit soudain que Stavroguine, dont on parlait tant, était parti à l'improviste pour Pétersbourg par le train de midi. Cette nouvelle fit sensation; plusieurs froncèrent le sourcil. A ce qu'on raconte, Pierre Stépanovitch fut si consterné qu'il changea de visage; sa stupeur se traduisit même par une exclamation étrange : « Mais qui donc a pu le laisser partir? » Il quitta immédiatement la demeure de Gaganoff. Pourtant, on le vit encore dans deux ou trois maisons.

A la chute du jour, il trouva moyen de pénétrer jusqu'à

Julie Mikhaïlovna, non sans difficulté toutefois, car elle ne voulait pas le recevoir. Je n'eus connaissance du fait que trois semaines plus tard; Julie Mikhaïlovna me l'apprit elle-même, à la veille de partir pour Pétersbourg. Elle n'entra dans aucun détail et se borna à me dire en frissonnant qu'il « l'avait alors étonnée au delà de toute mesure ». Je suppose qu'il la menaça simplement de la présenter comme sa complice, au cas où elle s'aviserait de « parler ». Pierre Stépanovitch était obligé d'effrayer la gouvernante pour assurer l'exécution de ses projets, que, naturellement, elle ignorait, et ce fut seulement cinq jours après qu'elle comprit pourquoi il avait tant douté de son silence, et tant craint de sa part quelque nouvel élan d'indignation.....

Entre sept et huit heures du soir, alors que déjà il faisait très-sombre, les *nôtres* se réunirent au grand complet, c'est-à-dire tous les cinq, chez l'enseigne Erkel qui demeurait au bout de la ville, dans une petite maison borgne de la rue Saint-Thomas. Pierre Stépanovitch lui-même leur avait donné rendez-vous en cet endroit, mais il fut fort inexact, et l'on dut l'attendre pendant une heure. L'enseigne Erkel était cet officier qui, à la soirée chez Virguinsky, avait tout le temps fait mine de prendre des notes sur un agenda. Arrivé depuis peu dans notre ville, il vivait très-retiré, logeant dans une impasse chez deux sœurs, deux vieilles bourgeoises, et il devait bientôt partir; en se réunissant chez lui on ne risquait pas d'attirer l'attention. Ce garçon étrange se distinguait par une taciturnité remarquable. Il pouvait passer dix soirées consécutives au milieu d'une société bruyante et entendre les conversations les plus extraordinaires, sans proférer lui-même un seul mot : dans ces occasions, il se contentait d'écouter de toutes ses oreilles, en fixant ses yeux enfantins sur ceux qui parlaient. Sa figure était agréable et paraissait même indiquer de l'intelligence. Il n'appartenait pas au quinquévirat; les nôtres supposaient qu'il avait reçu d'un certain endroit des instructions spéciales et qu'il était purement un homme d'exécution. On sait maintenant qu'il n'avait d'instructions d'aucune sorte, et c'est tout au plus si lui-même se rendait bien compte de sa position. Il n'était que le séide fanatique de Pierre Stépanovitch, dont il avait fait la connaissance peu de temps auparavant. S'il avait rencontré quelque monstre prématurément perverti, et que celui-ci lui eût demandé, comme un service à rendre à la cause sociale, d'organiser une bande de brigands et d'assassiner le premier moujik venu, Erkel se fût exécuté sans désemparer. Il avait quelque part une mère malade à qui il envoyait la moitié de sa maigre solde, — et comme, sans doute, la pauvre femme embrassait cette petite tête blonde, comme elle tremblait, comme elle priait pour sa conservation !

Une grande agitation régnait parmi les nôtres. Les événements de la nuit précédente les avaient stupéfiés, et ils se sentaient inquiets. A quelles conséquences inattendues avait abouti le scandale systématiquement organisé par eux, mais qui, dans leur pensée, ne devait pas dépasser les proportions d'un simple boucan ! L'incendie du Zariétchié, l'assassinat des Lébiadkine, le meurtre de Lisa, c'étaient là autant de surprises qu'ils n'avaient pas prévues dans leur programme. Ils accusaient hautement de despotisme et de dissimulation la main qui les avait fait mouvoir. Bref, en attendant Pierre Stépanovitch, tous s'excitaient mutuellement à réclamer de lui une explication catégorique ; si cette fois encore ils ne pouvaient l'obtenir, eh bien, ils se dissoudraient, sauf à remplacer le quinquévirat par une nouvelle société secrète, fondée, celle-ci, sur des principes égalitaires et démocratiques. Lipoutine, Chigaleff et l'homme versé dans la connaissance du peuple se montraient surtout partisans de cette idée ; Liamchine, silencieux, semblait approuver tacitement. Virguinsky hésitait ; sur sa proposition, on convint d'entendre d'abord Pierre Stépanovitch ; mais celui-ci n'apparaissait toujours pas, et ce sans gêne contribuait encore à irriter les esprits. Erkel servait ses hôtes sans proférer une parole ; pour plus de sûreté, l'enseigne était allé lui-même chercher le thé chez ses logeuses au lieu de le faire monter par la servante.

Pierre Stépanovitch n'arriva qu'à huit heures et demie. D'un pas rapide il s'avança vers la table ronde qui faisait face au divan sur lequel la compagnie avait pris place; il garda à la main son bonnet fourré et refusa le thé qu'on lui offrit. Sa physionomie était courroucée, dure et hautaine. Sans doute, il lui avait suffi de jeter les yeux sur les nôtres pour deviner la révolte qui grondait au fond de leurs âmes.

— Avant que j'ouvre la bouche, dites ce que vous avez sur le cœur, commença-t-il en regardant autour de lui avec un sourire fielleux.

Lipoutine prit la parole au nom de tous, et, d'une voix tremblante de colère, il déclara que « si l'on continuait ainsi, on se briserait le front ». Oh! ils ne redoutaient nullement cette éventualité, ils étaient même tout prêts à l'affronter, mais seulement pour l'œuvre commune (mouvement et approbation). En conséquence, on devait être franc avec eux et leur dire toujours d'avance où on les conduisait, « autrement, qu'arriverait-il? » (Nouveau mouvement, quelques sons gutturaux.) Une pareille manière de procéder était pour eux aussi humiliante que dangereuse... « Ce n'est pas du tout que nous ayons peur, acheva l'orateur, — mais si un seul agit et fait manœuvrer les autres comme de simples pions, les erreurs d'un seul causeront la perte de tous. » (Cris : Oui, oui ! Assentiment général.)

— Le diable m'emporte, qu'est-ce qu'il vous faut donc?

— Et quel rapport les petites intrigues de monsieur Stavroguine ont-elles avec l'œuvre commune? répliqua violemment Lipoutine.—Qu'il appartienne d'une façon occulte au centre, si tant est que ce centre fantastique existe réellement, c'est possible, mais nous ne voulons pas savoir cela. Le fait est qu'un assassinat a été commis et que l'éveil est donné à la police; en suivant le fil on arrivera jusqu'à notre groupe.

— Vous vous perdrez avec Stavroguine, et nous nous perdrons avec vous, ajouta l'homme qui connaissait le peuple.

— Et sans aucune utilité pour l'œuvre commune, observa tristement Virguinsky.

— Quelle absurdité! L'assassinat est un pur accident, Fedka a tué pour voler.

— Hum! Pourtant il y a là une coïncidence étrange, remarqua aigrement Lipoutine.

— Eh bien, si vous voulez que je vous le dise, c'est par votre propre fait que cela est arrivé.

— Comment, par notre fait?

— D'abord vous, Lipoutine, avez vous-même pris part à cette intrigue, ensuite et surtout on vous avait ordonné d'expédier Lébiadkine à Pétersbourg, et l'on vous avait remis de l'argent à cet effet; or, qu'avez-vous fait? Si vous vous étiez acquitté de votre tâche, cela n'aurait pas eu lieu.

— Mais n'avez-vous pas vous-même émis l'idée qu'il serait bon de laisser Lébiadkine lire ses vers?

— Une idée n'est pas un ordre. L'ordre, c'était de le faire partir.

— L'ordre! Voilà un mot assez étrange... Au contraire, s'il n'est pas parti, c'est précisément en vertu d'un contre-ordre que vous avez donné.

— Vous vous êtes trompé et vous avez fait une sottise en même temps qu'un acte d'indiscipline. Quant au meurtre, c'est l'œuvre de Fedka, et il a agi seul, dans un but de pillage. Vous avez entendu raconter des histoires et vous les avez crues. La peur vous a pris. Stavroguine n'est pas si bête, et la preuve, c'est qu'il est parti à midi, après avoir vu le vice-gouverneur; si les bruits qui courent avaient le moindre fondement, on ne l'aurait pas laissé partir en plein jour pour la capitale.

— Mais nous sommes loin d'affirmer que monsieur Stavroguine personnellement ait assassiné, reprit d'un ton caustique Lipoutine, — il a pu même ignorer la chose, tout comme moi; vous savez fort bien vous-même que je n'étais au courant de rien, quoique je me sois fourré là dedans comme un mouton dans la marmite.

— Qui donc accusez-vous? demanda Pierre Stépanovitch en le regardant d'un air sombre.

— Ceux qui ont besoin de brûler les villes.

— Le pire, c'est que vous vous esquivez par la tangente. Du reste, voulez-vous lire ceci et le montrer aux autres? C'est seulement pour votre édification.

Il tira de sa poche la lettre anonyme que Lébiadkine avait écrite à Lembke et la tendit à Lipoutine. Celui-ci la lut avec un étonnement visible, et, pensif, la donna à son voisin; la lettre eut bientôt fait le tour de la société.

— Est-ce, en effet, l'écriture de Lébiadkine? questionna Chigaleff.

— Oui, c'est son écriture, déclarèrent Lipoutine et Tolkatchenko (celui qui connaissait le peuple).

— J'ai seulement voulu vous édifier, voyant combien vous étiez sensible au sort de Lébiadkine, répéta Pierre Stépanovitch; — ainsi, messieurs, continua-t-il après avoir repris la lettre, — un Fedka, sans s'en douter, nous débarrasse d'un homme dangereux. Voilà ce que fait parfois le hasard! N'est-ce pas que c'est instructif?

Les membres échangèrent entre eux un rapide regard.

— Et maintenant, messieurs, c'est à mon tour de vous interroger, poursuivit avec dignité Pierre Stépanovitch. — Puis-je savoir pourquoi vous avez cru devoir brûler la ville sans y être autorisés?

— Comment? Quoi? C'est nous, nous qui avons brûlé la ville? Voilà une idée de fou! s'écrièrent les interpellés.

— Je comprends que vous ayez voulu vous amuser, continua sans s'émouvoir Pierre Stépanovitch, — mais il ne s'agit pas, dans l'espèce, des petits scandales qui ont égayé la fête de Julie Mikhaïlovna. Je vous ai convoqués ici pour vous révéler la gravité du danger que vous avez si bêtement attiré sur vous et qui menace bien autre chose encore que vos personnes.

Virguinsky, resté jusqu'alors silencieux, prit la parole d'un ton presque indigné :

— Permettez, nous avions, nous, l'intention de vous déclarer qu'une mesure si grave et en même temps si étrange, prise en dehors des membres, est le fait d'un despotisme qui ne tient aucun compte de nos droits.

— Ainsi vous niez? Eh bien, moi, j'affirme que c'est vous, vous seuls, qui avez brûlé la ville. Messieurs, ne mentez pas, j'ai des renseignements précis. Par votre indiscipline vous avez mis en danger l'œuvre commune elle-même. Vous n'êtes qu'une des mailles d'un réseau immense, et vous devez obéir aveuglément au centre. Cependant trois d'entre vous, sans avoir reçu les moindres instructions à cet égard, ont poussé les ouvriers de l'usine à mettre le feu, et l'incendie a eu lieu.

— Quels sont ces trois? Nommez-les!

— Avant-hier, entre trois et quatre heures, vous, Tolkatchenko, vous avez tenu des propos incendiaires à Fomka Zavialoff au *Myosotis*.

L'homme qui connaissait le peuple bondit d'étonnement :

— Allons donc, je lui ai à peine dit un mot, et encore sans intention, je n'attachais à cela aucune importance; il avait été fouetté le matin, voilà pourquoi je lui ai parlé ainsi; du reste, je l'ai quitté tout de suite, il était trop ivre. Si vous ne m'aviez pas rappelé la chose, je ne m'en serais pas souvenu. Ce n'est pas un simple mot qui a pu occasionner l'incendie.

— Vous ressemblez à un homme qui s'étonnerait en voyant une petite étincelle provoquer l'explosion d'une poudrière.

— Fomka et moi, nous étions dans un coin, et je lui ai parlé tout bas dans le tuyau de l'oreille; comment avez-vous pu savoir ce que je lui ai dit? s'avisa brusquement de demander Tolkatchenko.

— J'étais là, sous la table. Soyez tranquilles, messieurs, je n'ignore aucune de vos actions. Vous souriez malignement, monsieur Lipoutine? Mais je sais, par exemple, qu'il y a trois jours, dans votre chambre à coucher, au moment de vous mettre au lit, vous avez arraché les cheveux à votre femme.

Lipoutine resta bouche béante et pâlit.

(On sut plus tard comment ce détail était arrivé à la connaissance de Pierre Stépanovitch : il le tenait d'Agafia, la servante de Lipoutine, qu'il avait embauchée comme espionne.)

Chigaleff se leva soudain.

— Puis-je constater un fait? demanda-t-il.

— Constatez.

Chigaleff se rassit.

— Si j'ai bien compris, et il était impossible de ne pas comprendre, commença-t-il, — vous-même nous avez fait à plusieurs reprises un tableau éloquent, — quoique trop théorique, — de la Russie enserrée dans un filet aux mailles innombrables. Chacune des sections, recrutant des prosélytes et se ramifiant à l'infini, a pour tâche de miner sans cesse par une propagande systématique le prestige de l'autorité locale; elle doit semer le trouble dans les esprits, mettre le cynisme à la mode, faire naître des scandales, propager la négation de toutes les croyances, éveiller la soif des améliorations, enfin, si besoin est, recourir à l'incendie, comme à un procédé éminemment national, pour qu'au moment voulu le désespoir s'empare des populations. Je me suis efforcé de vous citer textuellement : reconnaissez-vous vos paroles dans cet exposé? Est-ce bien là le programme d'action que vous nous avez communiqué, comme fondé de pouvoirs d'un comité central, du reste complétement inconnu de nous jusqu'à présent et presque fantastique à nos yeux?

— C'est exact, seulement vous êtes bien long.

— Chacun a le droit de parler comme il veut. En nous donnant à croire que les mailles du réseau qui couvre la Russie se comptent déjà par centaines, et en nous faisant espérer que si chacun s'acquitte avec succès de sa tâche, toute la Russie à l'époque fixée, lorsque le signal sera donné...

— Ah! le diable m'emporte, vous nous faites perdre un temps précieux! interrompit Pierre Stépanovitch en s'agitant sur son fauteuil.

— Soit, j'abrége et je me borne, pour finir, à une question : nous avons déjà vu des scandales, nous avons vu le mécontentement des populations, nous avons assisté à la chute de l'administration provinciale et nous y avons aidé, enfin nous avons été témoins d'un incendie. De quoi donc vous plaignez-vous? N'est-ce pas là votre programme? Que pouvez-vous nous reprocher?

— Votre indiscipline! répliqua avec colère Pierre Stépanovitch. — Tant que je suis ici, vous ne pouvez pas agir sans ma permission. Assez. Une dénonciation est imminente, et demain peut-être ou même cette nuit on vous arrêtera. Voilà ce que j'avais à vous dire. Tenez cette nouvelle pour sûre.

Ces mots causèrent une stupeur générale.

— On vous arrêtera non-seulement comme instigateurs de l'incendie, mais encore comme membres d'une société secrète. Le dénonciateur connaît toute notre mystérieuse organisation. Voilà le résultat de vos incartades!

— C'est assurément Stavroguine! cria Lipoutine.

— Comment... pourquoi Stavroguine? reprit Pierre Stépanovitch qui, dans le premier moment, parut troublé. — Eh! diable, c'est Chatoff! ajouta-t-il se remettant aussitôt. — Maintenant, je crois, vous savez tous que, dans son temps, Chatoff a pris part à notre œuvre. Je dois vous le déclarer, en le faisant espionner par des gens qu'il ne soupçonne pas, j'ai appris non sans surprise que le secret du réseau n'en était plus un pour lui et... en un mot, qu'il savait tout. Pour se faire pardonner son passé, il va dénoncer tous ses anciens camarades. Jusqu'à présent il hésitait encore, aussi je l'épargnais. Maintenant, par cet incendie, vous avez levé ses derniers scrupules, il est très-impressionné et il n'hésitera plus. Demain donc nous serons arrêtés et comme incendiaires et comme criminels politiques.

— Est-ce sûr? Comment Chatoff sait-il?

Les membres étaient en proie à une agitation indescriptible.

— Tout est parfaitement sûr. Je n'ai pas le droit de vous révéler mes sources d'information, mais voici ce que je puis faire pour vous provisoirement : par l'intermédiaire d'une tierce personne je puis agir sur Chatoff à son insu et l'amener à retarder de vingt-quatre heures sa dénonciation, de vingt-quatre heures seulement. Il m'est impossible d'obtenir un plus long sursis. Vous n'avez donc rien à craindre jusqu'à après-demain.

Tous gardèrent le silence.

— Il faut l'expédier au diable, à la fin! cria le premier Tolkatchenko.

— C'est ce qu'on aurait dû faire depuis longtemps! ajouta avec colère Liamchine en frappant du poing sur la table.

— Mais comment s'y prendre? murmura Lipoutine.

En réponse à cette question, Pierre Stépanovitch se hâta d'exposer son plan : sous prétexte de prendre livraison de l'imprimerie clandestine qui se trouvait entre les mains de Chatoff, on attirerait ce dernier demain à la tombée de la nuit dans l'endroit solitaire où le matériel typographique était enfoui et — « là on lui ferait son affaire ». Le jeune homme donna tous les éclaircissements nécessaires et renseigna ses auditeurs sur la position équivoque que Chatoff avait prise vis-à-vis de la société centrale. Ces détails étant déjà connus du lecteur, je n'y reviens plus.

— Oui, observa avec hésitation Lipoutine, — mais après ce qui vient de se passer..... une nouvelle aventure du même genre donnera l'éveil à l'opinion publique.

— Sans doute, reconnut Pierre Stépanovitch, — mais les mesures sont prises en conséquence. Il y a un moyen d'écarter tout soupçon.

Alors il raconta comme quoi Kiriloff décidé à se brûler la cervelle avait promis de remettre l'exécution de son dessein au moment qui lui serait fixé; avant de mourir, l'ingénieur devait écrire une lettre qu'on lui dicterait et où il s'avouerait coupable de tout.

— Sa ferme résolution de se donner la mort, — résolution philosophique, mais selon moi insensée, — est arrivée à *leur* connaissance, poursuivit Pierre Stépanovitch. — Là on ne laisse rien perdre, tout est utilisé pour l'œuvre commune. Prévoyant la possibilité de mettre à profit le suicide de Kiriloff, et convaincus que son projet est tout à fait sérieux, *ils* lui ont offert de l'argent pour revenir en Russie (il tenait absolument, je ne sais pourquoi, à mourir dans son pays), ils lui ont confié une mission qu'il s'est chargé de remplir (et il l'a remplie); enfin, comme je vous l'ai dit, ils lui ont fait promettre de ne se tuer que quand on le jugerait opportun. Il a pris tous les engagements qu'on lui a demandés. Notez qu'il appartient dans une certaine mesure à notre société et qu'il désire être utile; je ne puis être plus explicite. Demain, *après Chatoff*, je lui dicterai une lettre dans laquelle il se déclarera l'auteur du meurtre. Ce sera très-vraisemblable : ils ont été amis et sont allés ensemble en Amérique, là ils se sont brouillés, tout cela sera expliqué dans la lettre... et... suivant la tournure que prendront les circonstances, on pourra encore dicter à Kiriloff quelque autre chose, par exemple au sujet des proclamations ou même de l'incendie. Du reste, j'y penserai. Soyez tranquilles, c'est un homme sans préjugés; il signera tout ce qu'on voudra.

Des marques d'incrédulité accueillirent ce récit qui paraissait fantastique. Du reste, tous avaient plus ou moins entendu parler de Kiriloff, et Lipoutine le connaissait un peu personnellement.

— Il changera d'idée tout d'un coup et il ne voudra plus, dit Chigaleff; — au bout du compte, c'est un fou; par conséquent il n'y a pas à faire fond sur ses résolutions.

— Ne vous inquiétez pas, messieurs, il voudra, répondit Pierre Stépanovitch. — D'après nos conventions, je dois le prévenir la veille, c'est-à-dire aujourd'hui même. J'invite Lipoutine à venir immédiatement chez lui avec moi, et, au retour, messieurs, il pourra vous certifier la vérité de mes paroles. Du reste, ajouta-t-il avec une irritation soudaine, comme s'il eût brusquement senti qu'il faisait à de pareilles gens beaucoup trop d'honneur en s'évertuant ainsi à les convaincre, — du reste, agissez comme il vous plaira. Si vous ne vous décidez pas, notre association est dissoute, — mais seulement par le fait de votre désobéissance et de votre trahison. Alors nous devons nous séparer à partir de ce moment. Sachez toutefois qu'en ce cas, sans parler des conséquences désagréables que peut avoir pour vous la dénonciation de Chatoff, vous vous attirerez un autre petit désagrément au sujet duquel on s'est nettement expliqué lors de la création du groupe. Quant à moi, messieurs, je ne vous crains guère... Ne croyez pas que ma cause soit tellement liée à la vôtre... Du reste, tout cela est indifférent.

— Non, nous sommes décidés, déclara Liamchine.

— Il n'y a pas d'autre parti à prendre, murmura Tolkatchenko, — et si Lipoutine nous donne toutes les assurances désirables en ce qui concerne Kiriloff, alors...

— Je suis d'un avis contraire; je proteste de toutes les forces de mon âme contre une décision si sanguinaire! dit Virguinsky en se levant.

— Mais? questionna Pierre Stépanovitch.

— Comment, *mais?*

— Vous avez dit *mais...* et j'attends.

— Je ne croyais pas avoir prononcé ce mot... J'ai seulement voulu dire que si l'on était décidé, eh bien...

— Eh bien?

Virguinsky n'acheva pas sa phrase.

— On peut, je crois, négliger le soin de sa sécurité personnelle, observa soudain Erkel, — mais j'estime que cette négligence n'est plus permise, lorsqu'elle risque de compromettre l'œuvre commune.....

Il se troubla et rougit. Nonobstant les réflexions qui occupaient l'esprit de chacun, tous regardèrent l'enseigne avec surprise, tant ils s'attendaient peu à le voir donner aussi son avis.

— Je suis pour l'œuvre commune, fit brusquement Virguinsky.

Tous les membres se levèrent. Pierre Stépanovitch fit connaître l'endroit où le matériel typographique était enfoui, il distribua les rôles entre ses affidés, et, accompagné de Lipoutine, se rendit chez Kiriloff.

## II

Le projet de dénonciation prêté à Chatoff ne faisait doute pour aucun des nôtres, mais ils croyaient non moins fermement que Pierre Stépanovitch jouait avec eux comme avec des pions. De plus, ils savaient que le lendemain ils se trouveraient tous à l'endroit convenu et que le sort de Chatoff était décidé. Ils se sentaient pris comme des mouches dans la toile d'une énorme araignée, et leur irritation n'avait d'égale que leur frayeur.

Pierre Stépanovitch s'était incontestablement donné des torts envers eux. Si, du moins, par égard pour des scrupules délicats, il avait quelque peu gazé l'entreprise à laquelle il les conviait, s'il la leur avait représentée comme un acte de civisme à la Brutus! Mais non, il s'était tout bonnement adressé au grossier sentiment de la peur, il les avait fait trembler pour leur peau, ce qui était fort impoli. Sans doute, il n'y a pas d'autre principe que la lutte pour l'existence, tout le monde sait cela, cependant...

Mais il s'agissait bien pour Pierre Stépanovitch de dorer la pilule aux nôtres! Lui-même était déraillé. La fuite de Stavroguine lui avait porté un coup terrible. Il avait menti en disant qu'avant de quitter notre ville Nicolas Vsévolodovitch avait vu le vice-gouverneur; en réalité, le jeune homme était parti sans voir personne, pas même sa mère, et l'on pouvait à bon droit s'étonner qu'il n'eût pas été inquiété. (Plus tard les autorités furent mises en demeure de s'expliquer sur ce point.) Pendant toute la journée, Pierre Stépanovitch était allé aux renseignements, mais sans succès, et jamais il n'avait été aussi alarmé. Pouvait-il ainsi tout d'un coup faire son deuil de Stavroguine? Voilà pourquoi il lui était impossible d'être fort aimable avec les nôtres. D'ailleurs, ils lui liaient les mains : son désir était de se mettre au plus tôt à la poursuite de Stavroguine, et Chatoff le retenait. Il fallait, à tout hasard, cimenter l'union des cinq de façon à la rendre indissoluble. « Ce serait absurde de les lâcher, ils peuvent être utiles. » Tel devait être, si je ne me trompe, son raisonnement.

Quant à Chatoff, il le tenait positivement pour un délateur. Ce qu'il avait dit aux nôtres de la dénonciation était un mensonge : jamais il ne l'avait vue, et jamais il n'en avait entendu parler, mais il croyait à son existence comme il croyait que deux et deux font quatre. Il lui semblait que les événements qui venaient de s'accomplir, — la mort de Lisa, la mort de Marie Timoféievna, — mettraient nécessairement fin aux dernières hésitations de l'ex-révolutionnaire. Qui sait? peut-être certaines données l'autorisaient à penser de la sorte. De plus, on n'ignore pas qu'il détestait personnellement Chatoff. Ils avaient eu autrefois ensemble une violente altercation, et Pierre Stépanovitch ne pardonnait jamais une injure. Je suis même persuadé que ce fut là son motif déterminant.

Chez nous, les trottoirs, qu'ils soient en briques ou en planches, sont fort étroits. Pierre Stépanovitch marchait au milieu du trottoir et l'occupait tout entier, sans faire la moindre attention à Lipoutine, qui, faute de pouvoir trouver place à ses côtés, était obligé, ou de lui emboîter le pas, ou de trotter sur le pavé boueux. Soudain Pierre Stépanovitch se rappela que, peu auparavant, il avait ainsi pataugé dans la boue, tandis que Stavroguine, comme lui-même maintenant, cheminait au milieu du trottoir et en occupait toute la largeur. Au souvenir de cette scène, la colère faillit l'étrangler.

Lipoutine, lui aussi, étouffait de rage en se voyant traiter si cavalièrement. Passe encore si Pierre Stépanovitch s'était contenté d'être incivil avec les autres sectionnaires, mais en user ainsi avec lui ! Il *en savait* plus que tous ses collègues, il était plus intimement associé à l'affaire qu'aucun d'eux, et jusqu'à ce moment il y avait participé d'une façon constante, quoique indirecte. Oh! il n'ignorait pas que maintenant même Pierre Stépanovitch pouvait le perdre; mais depuis longtemps il le détestait, moins encore comme un homme dangereux que comme un insolent personnage. A présent qu'il fallait se résoudre à une pareille chose, il était plus irrité que tous les autres pris ensemble. Hélas! il savait que « comme un esclave » il serait demain le premier au rendez-vous, que même il y amènerait les autres, et si, avant cette fatale journée, il avait pu, d'une façon quelconque, faire périr Pierre Stépanovitch, — sans se perdre lui-même, bien entendu, — il l'aurait certainement tué.

Absorbé dans ses réflexions, il se taisait et suivait timidement son bourreau. Ce dernier semblait avoir oublié sa présence; de temps à autre seulement il le poussait du coude avec le sans gêne le plus grossier. Dans la plus belle rue de la ville, Pierre Stépanovitch interrompit brusquement sa marche et entra dans un restaurant.

— Où allez-vous donc? demanda vivement Lipoutine; — mais c'est un traktir.

— Je veux manger un beefsteak.

— Vous n'y pensez pas! cet établissement est toujours plein de monde.

— Eh bien, qu'est-ce que cela fait?

— Mais... cela va nous mettre en retard. Il est déjà dix heures.

— Où nous allons, on n'arrive jamais trop tard.

— Mais c'est moi qui serai en retard. Ils m'attendent, je dois retourner auprès d'eux après cette visite.

— Qu'importe? Pourquoi retourner auprès d'eux? Ce sera une bêtise de votre part. Avec l'embarras que vous m'avez donné, je n'ai pas dîné aujourd'hui. Mais, chez Kiriloff, plus tard on se présente, mieux cela vaut.

Pierre Stépanovitch se fit servir dans un cabinet particulier. Lipoutine, toujours fâché, s'assit sur un fauteuil un peu à l'écart et regarda manger son compagnon. Plus d'une demi-heure se passa ainsi. Pierre Stépanovitch ne se pressait pas et dînait de bon appétit; il sonna pour demander une autre moutarde, ensuite il se fit apporter de la bière, et toujours sans dire un seul mot à son acolyte. Il était fort préoccupé, mais chez lui les soucis de l'homme politique ne faisaient aucun tort aux jouissances du gastronome. Lipoutine finit par le haïr au point de ne plus pouvoir détacher de lui ses regards. C'était quelque chose comme un accès nerveux. Il comptait toutes les bouchées de beefsteak que Pierre Stépanovitch mangeait, il s'irritait en le voyant ouvrir la bouche, mâcher la viande et l'humecter de salive; il en vint à prendre en haine le beefsteak lui-même. A la fin, une sorte de brouillard se répandit sur ses yeux, la tête commençait à lui tourner, des sensations de chaleur brûlante et de froid glacial parcouraient alternativement son dos.

— Puisque vous ne faites rien, lisez cela, dit soudain Pierre Stépanovitch en lui jetant une petite feuille de papier.

Lipoutine s'approcha de la lumière et se mit en devoir de déchiffrer ce papier qui était couvert d'une écriture horriblement fine, avec des ratures à chaque ligne. Quand il en eut achevé la lecture, Pierre Stépanovitch régla son addition et sortit. Sur le trottoir, Lipoutine voulut lui rendre le papier.

— Gardez-le; je vous dirai ensuite pourquoi. Eh bien, qu'est-ce que vous en pensez?

Lipoutine trembla de tout son corps.

— A mon avis... une pareille proclamation... n'est qu'une absurdité ridicule.

Sa colère ne pouvait plus se contenir.

— Si nous nous décidons à répandre de pareils écrits, poursuivit-il tout frémissant, — nous nous ferons mépriser : on dira que nous sommes des sots et que nous n'entendons rien à l'affaire.

— Hum! Ce n'est pas mon avis, dit Pierre Stépanovitch, qui marchait à grands pas sur le trottoir.

— Moi, c'est le mien; est-il possible que ce soit vous-même qui ayez rédigé cela?

— Ce n'est pas votre affaire.

— Je pense aussi que les vers de la *Personnalité éclairée* sont les plus mauvais qu'on puisse lire, et que jamais ils n'ont pu être écrits par Hertzen.

— Vous ne savez pas ce que vous dites; ces vers-là sont fort bons.

— Par exemple, il y a encore une chose qui m'étonne, reprit Lipoutine, qui s'essoufflait à suivre Pierre Stépanovitch, — c'est qu'on nous propose de travailler à la destruction universelle. En Europe, il est naturel de désirer un effondrement général, parce que là le prolétariat existe, mais ici nous ne sommes que des amateurs et, à mon avis, nous ne faisons que de la poussière.

— Je vous croyais fouriériste.

— Il n'y a rien de pareil dans Fourier.

— Je sais qu'il ne s'y trouve que des sottises.

— Non, il n'y a pas de sottises dans Fourier... Excusez-moi, je ne puis pas croire à un soulèvement pour le mois de mai.

Lipoutine avait si chaud qu'il dut déboutonner son vêtement.

— Allons, assez, dit Pierre Stépanovitch avec un sang-froid terrible. — Maintenant, pour ne pas l'oublier, vous aurez à composer et à imprimer de vos propres mains cette proclamation. Nous allons déterrer la typographie de Chatoff, et demain vous la recevrez. Vous composerez la feuille le plus promptement possible, vous en tirerez autant d'exemplaires que vous pourrez, et ensuite vous les répandrez pendant tout l'hiver. Les moyens vous seront indiqués. Il faut un très-grand nombre d'exemplaires, parce qu'on vous en demandera de différents côtés.

— Non, pardonnez-moi, je ne puis pas me charger d'une telle... Je refuse.

— Il faudra pourtant bien que vous vous en chargiez.

J'agis en vertu des instructions du comité central, et vous devez obéir.

— Eh bien, j'estime que nos centres organisés à l'étranger ont oublié la réalité russe et rompu tout lien avec la patrie, voilà pourquoi ils ne font qu'extravaguer... Je crois même que les quelques centaines de sections, censément éparpillées sur toute la surface de la Russie, se réduisent en définitive à une seule : la nôtre, et que le prétendu réseau est un mythe, répliqua Lipoutine, suffoqué de colère.

— Votre conduite n'en est que plus vile si vous vous êtes mis au service d'une œuvre à laquelle vous ne croyez pas... maintenant encore, vous courez derrière moi comme un chien couchant.

— Non, je ne cours pas. Nous avons pleinement le droit de nous retirer et de fonder une nouvelle société.

— Imbécile! fit soudain d'une voix tonnante Pierre Stépanovitch en lançant un regard foudroyant à son interlocuteur.

Pendant quelque temps, tous deux s'arrêtèrent en face l'un de l'autre. Pierre Stépanovitch tourna sur ses talons et se remit en marche avec une assurance imperturbable.

Une idée traversa comme un éclair le cerveau de Lipoutine : « Je vais rebrousser chemin, c'est le moment ou jamais de prendre cette détermination. » Il fit dix pas en songeant à cela, mais, au onzième, une idée nouvelle, désespérée, surgit dans son esprit : il ne revint pas en arrière.

Avant d'arriver à la maison Philippoff, ils prirent un péréoulok ou, pour mieux dire, une étroite ruelle qui longeait le mur de l'immeuble. A l'angle le plus sombre de la clôture, Pierre Stépanovitch détacha une planche; une ouverture se forma, par laquelle il se glissa aussitôt. Cette manière de s'introduire dans la maison étonna Lipoutine, néanmoins il imita l'exemple de son compagnon; ensuite, ils bouchèrent l'ouverture en remettant la planche à son ancienne place. C'était par cette entrée secrète que Fedka avait pénétré chez Kiriloff.

— Chatoff ne doit pas savoir que nous sommes ici, murmura d'un ton sévère Pierre Stépanovitch à l'oreille de Lipoutine.

## III

Comme toujours à cette heure-là, Kiriloff était assis sur son divan de cuir et buvait du thé. A l'arrivée des visiteurs, il ne se leva point, mais il eut une sorte de tressaillement et regarda d'un air effaré ceux qui entraient chez lui.

— Vous ne vous êtes pas trompé, dit Pierre Stépanovitch, — c'est pour cela même que je viens.

— Aujourd'hui?

— Non, non, demain... vers cette heure-ci.

Et il se hâta de s'asseoir près de la table tout en observant avec une certaine inquiétude Kiriloff, dont le trouble ne lui avait pas échappé. Du reste, l'ingénieur ne tarda pas à se remettre et à reprendre sa physionomie accoutumée.

— Voyez-vous, ils ne veulent pas le croire. Vous n'êtes pas fâché que j'aie amené Lipoutine?

— Aujourd'hui je ne me fâcherai pas, mais demain je veux être seul.

— Mais auparavant il faut que j'aille chez vous, par conséquent je serai là.

— J'aimerais mieux me passer de votre présence.

— Vous vous rappelez que vous avez promis d'écrire et de signer tout ce que je vous dicterais.

— Cela m'est égal. Et maintenant serez-vous longtemps?

— J'ai à voir quelqu'un avec qui je dois passer une demi-heure; ainsi, faites comme vous voudrez, je resterai une demi-heure.

Kiriloff ne répondit pas. Pendant ce temps, Lipoutine s'était assis un peu à l'écart, au-dessous du portrait de l'évêque. La pensée désespérée qui lui était venue tantôt s'emparait de plus en plus de son esprit. Kiriloff l'avait à peine remarqué. Lipoutine connaissait depuis longtemps déjà la théorie de l'ingénieur, et il s'était toujours moqué de ce dernier, mais maintenant il se taisait et regardait autour de lui d'un air sombre.

— J'accepterais bien du thé, dit Pierre Stépanovitch, — je viens de manger un beefsteak, et je comptais trouver du thé chez vous.

— Soit, buvez.

— Auparavant vous n'attendiez pas que je vous en demandasse pour m'en offrir, observa quelque peu aigrement Pierre Stépanovitch.

— Cela ne fait rien. Que Lipoutine boive aussi.

— Non, je... je ne peux pas.

— Je ne veux pas ou je ne peux pas? questionna Pierre Stépanovitch en se tournant brusquement vers lui.

— Je ne prendrai rien chez lui, répondit Lipoutine d'un ton significatif.

Pierre Stépanovitch fronça le sourcil.

— Cela sent le mysticisme; le diable sait quelles gens vous êtes tous!

Personne ne releva cette observation; le silence régna pendant une minute.

— Mais je sais une chose, ajouta d'un ton impérieux Pierre Stépanovitch, — c'est qu'en dépit de tous les préjugés chacun de nous accomplira son devoir.

— Stavroguine est parti? demanda Kiriloff.

— Oui.

— Il a bien fait.

Une flamme brilla dans les yeux de Pierre Stépanovitch, mais il se contint.

— Peu m'importe votre manière de voir, pourvu que chacun tienne sa parole.

— Je tiendrai ma parole.

— Du reste, j'ai toujours été convaincu que vous accompliriez votre devoir comme un homme indépendant et progressiste.

— Vous êtes plaisant.

— Tant mieux, je suis bien aise de vous amuser. Je me réjouis toujours quand il m'est donné d'égayer les gens.

— Vous tenez beaucoup à ce que je me brûle la cervelle, et vous avez peur que je ne revienne sur ma résolution?

— Voyez-vous, c'est vous-même qui avez associé votre projet à nos agissements. Comptant que vous accompliriez votre dessein, nous avons entrepris quelque chose, en sorte qu'à présent un refus de votre part équivaudrait à une trahison.

— Vous n'avez aucun droit.

— Je comprends, je comprends, vous êtes parfaitement libre, et nous ne sommes rien; tout ce que nous vous demandons, c'est d'accomplir votre volonté.

— Et je devrai prendre à mon compte toutes vos infamies?

— Écoutez, Kiriloff, vous ne canez pas ? Si vous voulez vous dédire, déclarez-le tout de suite.

— Je ne cane pas.

— Je dis cela parce que vous faites beaucoup de questions.

— Partirez-vous bientôt?

— Vous voilà encore à demander cela?

Kiriloff le considéra avec mépris.

— Voyez-vous, poursuivit Pierre Stépanovitch, qui, de plus en plus irrité et inquiet, ne trouvait pas le ton convenable, — vous voulez que je m'en aille et que je vous laisse à vos réflexions; mais tout cela, c'est mauvais signe pour vous-même, pour vous le premier. Vous voulez trop méditer. A mon avis, il vaudrait mieux faire cela tout d'un coup, sans réfléchir. Et vraiment vous m'inquiétez.

— Il n'y a qu'une chose qui me répugne, c'est d'avoir à ce moment-là une canaille comme vous à côté de moi.

— Eh bien, qu'à cela ne tienne, je sortirai quand il le faudra et j'attendrai sur le perron. Si vous vous donnez la mort et que vous soyez si peu indifférent... tout cela est fort dangereux. Je me retirerai sur le perron, vous serez libre de supposer que je ne comprends rien et que je suis un homme infiniment au-dessous de vous.

— Non, vous n'êtes pas infiniment au-dessous de moi; vous avez des moyens, mais il y a beaucoup de choses que vous ne comprenez pas, parce que vous êtes un homme bas.

— Enchanté, enchanté. Je vous ai déjà dit que j'étais bien aise de vous procurer une distraction... dans un pareil moment.

— Vous ne comprenez rien.

— C'est à dire que je... en tout cas je vous écoute avec respect.

— Vous ne pouvez rien; maintenant même vous ne pouvez pas cacher votre mesquine colère, quoiqu'il soit désavantageux pour vous de la laisser voir. Vous allez me fâcher, et je m'accorderai six mois de répit.

Pierre Stépanovitch regarda sa montre.

— Je n'ai jamais rien compris à votre théorie, mais je sais que, ne l'ayant pas inventée pour nous, vous la mettrez en pratique, que nous vous demandions ou non de le faire. Je sais aussi que ce n'est pas vous qui avez absorbé l'idée, mais que c'est l'idée qui vous a absorbé, par conséquent vous ne remettrez pas à plus tard l'exécution de votre dessein.

— Comment? L'idée m'a absorbé?

— Oui.

— Et ce n'est pas moi qui ai absorbé l'idée? C'est bien. Vous avez un petit esprit. Mais vous ne savez que taquiner, et moi, j'ai de l'orgueil.

— Très-bien, très-bien. C'est précisément ce qu'il faut.

— Assez; vous avez bu, allez-vous-en.

— Le diable m'emporte, il faut s'en aller, dit Pierre Stépanovitch en se levant à demi. — Pourtant il est encore trop tôt. Écoutez, Kiriloff, trouverai-je cet homme-là chez la bouchère, vous comprenez? Ou bien est-ce qu'elle a menti?

— Vous ne l'y trouverez pas, car il est ici et non là.

— Comment, ici? Le diable m'emporte, où donc?

— Il est à la cuisine, il mange et boit.

— Mais comment a-t-il osé?... cria Pierre Stépanovitch rouge de colère. — Il devait attendre... c'est absurde! Il n'a ni passe-port, ni argent!

— Je ne sais pas. Il est venu en costume de voyage me faire ses adieux. Il part sans esprit de retour. Il dit que vous êtes un coquin et qu'il ne veut pas attendre votre argent.

— A-ah! Il a peur que je... Eh bien, mais je puis maintenant encore le..., si... Où est-il? A la cuisine?

Kiriloff ouvrit une porte latérale donnant accès à une chambre toute petite et plongée dans l'obscurité. En descendant un escalier de trois marches, on passait de ce réduit dans la partie de la cuisine où couchait habituellement la cuisinière, et qu'une cloison séparait du reste de la pièce. Là, dans un coin, au-dessous des icones, Fedka était attablé devant une demi-bouteille, une assiette de pain, un morceau de bœuf froid et des pommes de terre. L'ex-forçat, déjà à moitié ivre, portait une pelisse de mouton et semblait tout prêt à se mettre en route. Derrière la cloison un samovar bouillait, mais non à l'intention de Fedka; c'était ce dernier qui, connaissant les habitudes d'Alexis Nilitch, avait l'obligeance de lui préparer du thé chaque nuit, depuis une semaine au moins. Quant au bœuf et aux pommes de terre, je suis très-disposé à croire que Kiriloff, n'ayant pas de cuisinière, les avait fait cuire lui-même pour son hôte dans la matinée.

— Qu'est-ce que tu as imaginé? cria Pierre Stépanovitch en faisant irruption dans la cuisine. — Pourquoi n'as-tu pas attendu à l'endroit où l'on t'avait ordonné de te trouver?

Et il déchargea un violent coup de poing sur la table.

Fedka prit un air digne.

— Une minute, Pierre Stépanovitch, une minute! commença-t-il en détachant chaque mot avec une netteté qui visait à l'effet, — ton premier devoir est de comprendre que tu as l'honneur d'être en visite ici chez M. Kiriloff, Alexis Nilitch, dont tu pourras toujours nettoyer les bottes, car c'est une intelligence cultivée, tandis que toi... pouah!

Là-dessus, il lança un jet de salive. Le ton arrogant et résolu du galérien était de nature à inquiéter Pierre Stépanovitch, si celui-ci avait eu assez de liberté d'esprit pour remarquer le danger qui le menaçait. Mais il était dérouté, abasourdi par les malencontreux événements de la journée... Debout sur l'escalier, Lipoutine regardait avec curiosité dans la cuisine.

— Veux-tu ou ne veux-tu pas avoir un passe-port et de l'argent pour aller où l'on t'a dit? Oui ou non?

— Vois-tu, Pierre Stépanovitch, depuis le premier moment tu n'as pas cessé de me tromper; aussi je te considère comme un vrai coquin. Tu es à mes yeux un païen, une vermine humaine, — voilà mon opinion sur ton compte. Pour m'amener à verser le sang innocent, tu m'a promis une grosse somme et tu m'as juré que M. Stavroguine était dans l'affaire, bien que ce fût un impudent mensonge. Au lieu des quinze cents roubles que tu m'avais fait espérer, je n'ai rien eu du tout, et tantôt M. Stavroguine t'a soufflété sur les deux joues, ce qui est déjà arrivé à notre connaissance. Maintenant tu recommences à me menacer et tu me promets de l'argent sans me dire ce que tu attends de moi. Mais je devine de quoi il s'agit : comptant sur ma crédulité, tu veux m'envoyer à Pétersbourg pour assassiner M. Stavroguine, Nicolas Vsévolodovitch, dont tu as juré de tirer vengeance. Par conséquent, tu es, tout le premier, un assassin. Et sais-tu de quoi tu t'es rendu digne par ce seul fait que, dans ta dépravation, tu as cessé de croire en Dieu, le vrai Créateur? Tu t'es placé sur la même ligne qu'un idolâtre, qu'un Tatare ou un Morduan. Alexis Nilitch, qui est un philosophe, t'a plusieurs fois expliqué le vrai Dieu, l'auteur de toutes choses; il t'a parlé de la création du monde, ainsi que des destinées futures et de la transfiguration de toute créature et de toute bête d'après le livre de l'Apocalypse. Mais tu restes sourd et muet comme une idole stupide, et, semblable à ce pervers tentateur qu'on appelle athée, tu as fait partager tes erreurs à l'enseigne Erteleff...

— Ah! quelle caboche d'ivrogne! Il dépouille les icones et il prêche sur l'existence de Dieu!

— Vois-tu, Pierre Stépanovitch, c'est vrai que j'ai volé comme tu le dis, mais je me suis contenté de prendre des perles, et puis, qu'en sais-tu? peut-être en ce moment même mes larmes m'ont obtenu le pardon du Très-Haut pour un péché auquel j'étais poussé par la misère, car je suis un orphelin sans asile. Sais-tu que, jadis, dans les temps anciens, il s'est passé un fait du même genre? Un marchand fondant en larmes et poussant de gros soupirs déroba une des perles du nimbe qui entourait la tête de la très-sainte mère de Dieu; plus tard il vint s'agenouiller publiquement devant l'image et déposa toute la somme sur le tapis; alors, à la vue de tout le monde, la sainte Vierge le bénit en le couvrant de son voile. Ce miracle a été consigné dans les archives de l'État par ordre du gouvernement. Mais toi, tu as glissé une souris dans la niche de l'icone, c'est-à-dire que tu t'es moqué du doigt divin lui-même. Et si tu n'étais pas mon barine, si je ne t'avais pas porté dans mes bras autrefois, j'en finirais avec toi tout maintenant, sans sortir d'ici.

Pierre Stépanovitch entra en fureur.

— Parle, as-tu vu aujourd'hui Stavroguine?

— Ne te permets jamais de me demander cela. M. Stavroguine est on ne peut plus étonné de tes inventions : non-seulement il n'a pas organisé la chose et n'y a point contribué pécuniairement, mais il ne désirait même pas qu'elle eût lieu. Tu t'es joué de moi.

— Je vais te donner de l'argent, et, quand tu seras à Pétersbourg, je t'enverrai en une seule fois deux mille roubles, sans parler de ce que tu recevras encore après.

— Tu mens, mon très-cher, et cela m'amuse de voir les illusions que tu te fais. M. Stavroguine est vis-à-vis de toi comme sur une échelle du haut de laquelle il te crache dessus, tandis que toi, en bas, tu aboies après lui, pareil à un chien stupide.

— Sais-tu, vaurien, cria Pierre Stépanovitch exaspéré, — que je ne te laisserai pas sortir d'ici et que je vais incontinent te livrer à la police?

Fedka se dressa d'un bond, une lueur sinistre brillait dans ses yeux. Pierre Stépanovitch prit son revolver dans sa poche. La scène qui suivit fut aussi rapide que répugnante. Avant que Pierre Stépanovitch eût pu faire usage de son arme, Fedka se pencha vivement de côté, et de toute sa force le frappa au visage. Dans le même instant retentit un second coup non moins terrible que le premier, puis un troisième et un quatrième, tous assénés sur la joue. Étourdi par la violence de cette attaque, Pierre Stépanovitch ouvrit de grands yeux, grommela quelques mots inintelligibles et soudain s'abattit de tout son long sur le parquet.

— Voilà, prenez-le! cria Fedka triomphant; en un clin d'œil il saisit sa casquette, ramassa son paquet qui se trouvait sous un banc et détala. Des sons rauques sortaient de la poitrine de Pierre Stépanovitch; il avait perdu connaissance, et Lipoutine croyait même que c'en était fait de lui. Kiriloff accourut précipitamment à la cuisine.

— Il faut lui jeter de l'eau au visage! dit vivement l'ingénieur, et, puisant de l'eau dans un seau avec une jatte de fer, il la versa sur la tête de Pierre Stépanovitch. Celui-ci tressaillit et releva un peu la tête, puis il se mit sur son séant et regarda devant lui d'un air hébété.

— Eh bien, comment vous sentez-vous? demanda Kiriloff.

Pierre Stépanovitch n'avait pas encore recouvré l'usage de ses sens, il considéra longuement celui qui lui parlait. Mais, à la vue de Lipoutine, un sourire venimeux lui vint aux lèvres. Il se leva brusquement, ramassa son revolver resté sur le parquet et, blême de rage, s'élança sur Kiriloff.

— Si demain vous vous avisez de déguerpir, comme ce coquin de Stavroguine, articula-t-il d'une voix convulsive, —

j'irai vous chercher à l'autre bout de la terre... je vous écraserai comme une mouche... vous comprenez!

Et il braqua son revolver sur le front de Kiriloff; mais, presque aussitôt, reprenant enfin possession de lui-même, il remit l'arme dans sa poche et s'esquiva sans ajouter un mot. Lipoutine se retira aussi. Tous deux se glissèrent hors de la maison par l'issue secrète que nous connaissons déjà. Une fois dans la rue, Pierre Stépanovitch commença à marcher d'un pas si rapide que son compagnon eut peine à le suivre. Arrivé au premier carrefour, il s'arrêta tout à coup.

— Eh bien? fit-il d'un ton de défi en se retournant vers Lipoutine.

Celui-ci songeait au revolver, et le souvenir de la scène précédente le faisait encore trembler de tous ses membres; mais la réponse jaillit de ses lèvres, pour ainsi dire, spontanément :

— Je pense... je pense que « de Smolensk à Tachkent on n'attend plus l'étudiant avec tant d'impatience ».

— Et avez-vous vu ce que Fedka buvait à la cuisine?

— Ce qu'il buvait? c'était de la vodka.

— Eh bien, sachez qu'il a bu de la vodka pour la dernière fois de sa vie. Je vous prie de vous rappeler cela pour votre gouverne. Et maintenant allez-vous-en au diable, je n'ai plus besoin de vous d'ici à demain... Mais prenez garde à vous : pas de bêtise!

Lipoutine revint chez lui en toute hâte.

## IV

Depuis longtemps il s'était muni d'un faux passe-port. Chose qu'on aura peine à s'expliquer, cet homme aux instincts bourgeois, ce petit tyran domestique resté fonctionnaire nonobstant son fouriérisme, enfin ce capitaliste adonné à l'usure avait prévu de longue date qu'il pourrait avoir besoin de ce passe-port pour filer à l'étranger, *si*..... Il admettait la possibilité de ce *si*, quoique, bien entendu, il l'eût toujours fait suivre mentalement d'une ligne de points.....

Mais maintenant l'énigmatique particule prenait soudain un sens précis. Une idée désespérée, ai-je dit, était venue à Lipoutine pendant qu'il se rendait chez Kiriloff, après s'être entendu traiter d'imbécile par Pierre Stépanovitch : cette idée, c'était de planter là tout et de partir pour l'étranger le lendemain à la première heure! Celui qui, en lisant ces lignes, serait tenté de crier à l'exagération, n'a qu'à consulter la biographie de tous les réfugiés russes : pas un n'a émigré dans des conditions moins fantastiques.

De retour chez lui, il commença par s'enfermer dans sa chambre, ensuite il procéda fiévreusement à ses préparatifs de départ. Sa principale préoccupation, c'était la somme d'argent à emporter. Quant au voyage, il n'était pas encore fixé sur la manière dont il l'entreprendrait, il songeait vaguement à aller prendre le train à la seconde ou à la troisième station avant notre ville, dût-il faire la route à pied jusque-là. Tout en roulant ces pensées dans sa tête, il empaquetait machinalement ses effets, quand soudain il interrompit sa besogne, poussa un profond soupir et s'étendit sur le divan.

Il sentait tout à coup, il s'avouait clairement que sans doute il prendrait la fuite, mais qu'il ne lui appartenait plus de décider si ce serait *avant* ou *après* l'affaire de Chatoff; qu'il était maintenant un corps brut, une masse inerte mue par une force étrangère; qu'enfin, bien qu'ayant toute facilité de s'enfuir avant le meurtre de Chatoff, il ne partirait qu'*après*. Jusqu'au lendemain matin il resta en proie à une angoisse insupportable, tremblant, gémissant, ne se comprenant pas lui-même. A onze heures, lorsqu'il quitta son appartement, les gens de la maison lui firent part d'une nouvelle qui courait déjà toute la ville : le fameux Fedka, la terreur de la contrée, le forçat évadé que la police recherchait en vain depuis si longtemps, avait été trouvé assassiné le matin à sept verstes de la ville, au point de jonction de la grande route avec le chemin conduisant à Zakharino. Avide d'en savoir davantage, Lipoutine sortit immédiatement de chez lui et alla aux informations; il apprit bientôt que Fedka avait été trouvé avec la tête fracassée, et que tous les indices donnaient à penser qu'on l'avait dévalisé ; d'après les renseignements recueillis par la police, le meurtrier devait être un ouvrier de l'usine Chpigouline, un certain Femka qui avait pris part conjointement avec le galérien à l'incendie de la demeure des Lébiadkine et à l'assassinat de ceux-ci : sans doute une querelle s'était élevée entre les deux scélérats pour le partage du butin... Lipoutine courut au logement de Pierre Stépanovitch et questionna les gens de service ; ils lui dirent que leur maître, rentré chez lui à une heure du matin, avait dormi fort paisiblement jusqu'à huit heures. Certes, rien ne pouvait paraître extraordinaire dans la mort de Fedka, c'était en quelque sorte le dénoûment naturel d'une existence de brigand. Mais, la veille, Pierre Stépanovitch avait dit : « Fedka a bu de la vodka pour la dernière fois de sa vie » : comment ne pas rapprocher cette parole de l'événement qui l'avait suivie de si près? Frappé d'une telle coïncidence, Lipoutine n'hésita plus. Rentré chez lui, il poussa du pied son sac de voyage sous son lit, et, le soir, à l'heure fixée, il se trouva le premier à l'endroit où l'on devait se rencontrer avec Chatoff : à la vérité, il avait toujours son passe-port dans sa poche...

## CHAPITRE V

### LA VOYAGEUSE.

I

Le malheur de Lisa et la mort de Marie Timoféievna terrifièrent Chatoff. J'ai déjà dit que je l'avais rencontré ce matin-là ; il me parut bouleversé. Entre autres choses, il m'apprit que la veille, à neuf heures du soir (c'est-à-dire trois heures avant l'incendie), il s'était rendu chez Marie Timoféievna. Il alla dans la matinée visiter les cadavres, mais, d'après ce que je puis savoir, il ne fit part de ses soupçons à personne. Cependant, vers la fin de la journée, une violente tempête éclata dans son âme et... et je crois pouvoir l'affirmer, à la tombée de la nuit il y eut un moment où il voulut se lever, se rendre à la police et révéler tout. Ce qu'était ce *tout*, — lui-même le savait. Naturellement cette démarche n'eût eu d'autre résultat que de le faire arrêter comme conspirateur. Il n'avait aucune preuve contre ceux à qui il imputait les crimes récemment commis, il n'avait que de vagues conjectures qui, pour lui seul, équivalaient à une certitude. Mais, ainsi qu'il le disait lui-même, il était prêt à se perdre pourvu qu'il pût « écraser les coquins ». En prévoyant chez Chatoff cette explosion de colère, Pierre Stépanovitch avait donc deviné juste, et il n'ignorait pas qu'il risquait gros à différer d'un jour l'exécution de son terrible dessein. Sans doute, en cette circonstance comme toujours, il obéit aux inspirations de sa présomptueuse confiance en soi et de son mépris pour toutes ces « petites gens », notamment pour Chatoff dont, à l'étranger déjà, il raillait l' « idiotisme pleurnicheur ». Un homme aussi dénué de malice paraissait évidemment à Pierre Stépanovitch un adversaire fort peu redoutable. Et pourtant, si les « coquins » échappèrent à une dénonciation, ils ne le durent qu'à un incident tout à fait inattendu...

Entre sept et huit heures du soir (au moment même où les « nôtres » réunis chez Erkel attendaient avec colère l'arrivée de Pierre Stépanovitch), Chatoff, souffrant d'une migraine accompagnée de légers frissons, était couché sur son lit au milieu de l'obscurité; aucune bougie n'éclairait sa chambre. Il ne savait à quoi se décider, et cette irrésolution était pour lui un cruel supplice. Peu à peu il s'endormit, et durant son court sommeil il eut une sorte de cauchemar : il lui semblait qu'il était garrotté sur son lit, incapable de mouvoir un membre; sur ces entrefaites, un bruit terrible faisait trembler toute la maison : des coups violents étaient frappés contre le mur, contre la grand'porte; on cognait aussi chez Chatoff et chez Kiriloff; en même temps le dormeur s'entendait appeler avec un accent plaintif par une voix lointaine qui lui était connue, mais dont le son l'affectait douloureusement. Il s'éveilla en sursaut, se souleva un peu sur son lit, et s'aperçut avec étonnement que l'on continuait de cogner à la grand'porte; sans être à beaucoup près aussi forts qu'ils le lui avaient paru en rêve, les coups étaient fréquents et obstinés; en bas, sous la porte cochère, retentissait toujours la voix étrange et « douloureuse »; à la vérité, elle n'était pas du tout plaintive, mais au contraire impatiente et irritée; par intervalles se faisait entendre une autre voix plus contenue et plus ordinaire. Chatoff sauta à bas de son lit, alla ouvrir le vasistas et passa sa tête en dehors.

— Qui est là? cria-t-il, littéralement glacé d'effroi.
— Si vous êtes Chatoff, fit-on d'en bas, — veuillez répondre

franchement et honnêtement : consentez-vous, oui ou non, à me recevoir chez vous?

La voix était ferme, coupante; il la reconnut!

— Marie!... C'est toi?

— Oui, c'est moi, Marie Chatoff, et je vous assure que je ne puis pas garder mon cocher une minute de plus.

— Tout de suite... le temps d'allumer une bougie... put à peine articuler Chatoff, qui se hâta de chercher des allumettes. Comme il arrive le plus souvent en pareil cas, il n'en trouva point et laissa choir par terre le chandelier avec la bougie. En bas retentirent de nouveaux cris d'impatience. Il abandonna tout, descendit l'escalier quatre à quatre et courut ouvrir la porte.

— Faites-moi le plaisir de tenir cela un instant, pendant que je réglerai avec cette brute, dit madame Marie Chatoff à son mari en lui tendant un sac à main assez léger; c'était un de ces articles de peu de valeur qu'on fabrique à Dresde avec de la toile à voiles.

— J'ose vous assurer que vous demandez plus qu'il ne vous est dû, poursuivit-elle avec véhémence en s'adressant au cocher. — Si depuis une heure vous me promenez dans les sales rues d'ici, c'est votre faute, parce que vous ne saviez pas trouver cette sotte rue et cette stupide maison. Prenez vos trente kopeks et soyez sûr que vous n'aurez pas davantage.

— Eh! madame, tu m'as toi-même indiqué la rue de l'Ascension, tandis que tu voulais aller rue de l'Épiphanie. Le péréoulok de l'Ascension, c'est fort loin d'ici; cette course-là a éreinté mon cheval.

— Ascension, Épiphanie, — toutes ces sottes dénominations doivent vous être plus familières qu'à moi, vu que vous êtes de la ville. D'ailleurs, vous n'êtes pas juste : j'ai commencé par vous dire de me conduire à la maison Philippoff, et vous m'avez assuré que vous connaissiez cette maison. En tout cas, vous pourrez demain m'appeler devant le juge de paix, mais maintenant je vous prie de me laisser en repos.

— Tenez, voilà encore cinq kopeks! intervint Chatoff, qui se hâta de prendre un piatak dans sa poche et le donna au cocher.

— Ne vous avisez pas de faire cela, je vous prie! protesta la voyageuse, mais l'automédon fouetta son cheval, et Chatoff, prenant sa femme par la main, l'introduisit dans la maison.

— Vite, Marie, vite... tout cela ne signifie rien et — comme tu es trempée! Prends garde, il y a ici un escalier, — quel dommage qu'on ne voie pas clair! — l'escalier est roide, tiens-toi à la rampe, tiens-toi bien; voilà ma chambrette. Excuse-moi, je n'ai pas de feu... Tout de suite!

Il ramassa le chandelier, mais cette fois encore les allumettes furent longues à trouver. Silencieuse et immobile, madame Chatoff attendait debout au milieu de la chambre.

— Grâce à Dieu, enfin! s'écria-t-il joyeusement quand il eut allumé la bougie. Marie Chatoff parcourut le local d'un rapide regard.

— J'avais bien entendu dire que vous viviez dans un taudis, pourtant je ne m'attendais pas à vous trouver ainsi logé, observa-t-elle d'un air de dégoût, et elle s'avança vers le lit.

— Oh! je n'en puis plus! poursuivit la jeune femme en se laissant tomber avec accablement sur la dure couche de Chatoff. — Débarrassez-vous de ce sac, je vous prie, et prenez une chaise. Du reste, faites comme vous voulez. Je suis venue vous demander un asile provisoire, en attendant que je me sois procuré du travail, parce que je ne connais rien ici et que je n'ai pas d'argent. Mais, si je vous gêne, veuillez, s'il vous plaît, le déclarer tout de suite, comme c'est même votre devoir de le faire, si vous êtes un honnête homme. J'ai quelques objets que je puis vendre demain, cela me permettra de me loger en garni quelque part; vous aurez la bonté de me conduire dans un hôtel... Oh! mais que je suis fatiguée!

Chatoff était tout tremblant.

— Tu n'as pas besoin d'aller à l'hôtel, Marie! Pourquoi? A quoi bon? supplia-t-il, les mains jointes.

— Eh bien, si l'on peut se passer d'aller à l'hôtel, il faut pourtant expliquer la situation. Vous vous rappelez, Chatoff, que nous avons vécu maritalement ensemble à Genève pendant un peu plus de quinze jours; voilà trois ans que nous nous sommes séparés, à l'amiable, du reste. Mais ne croyez pas que je sois revenue pour recommencer les sottises d'autrefois. Mon seul but est de chercher du travail, et si je me suis rendue directement dans cette ville, c'est parce que cela m'était égal. Ce n'est nullement le repentir qui me ramène auprès de vous, je vous prie de ne pas vous fourrer cette bêtise-là dans la tête.

— Oh! Marie! C'est inutile, tout à fait inutile! murmura Chatoff.

Que voulait-il dire par ces mots?

— Eh bien, puisqu'il en est ainsi, puisque vous êtes assez développé pour comprendre cela, je me permettrai d'ajouter que si maintenant je m'adresse tout d'abord à vous, si je viens vous demander l'hospitalité, c'est en partie parce que je ne vous ai jamais considéré comme un drôle; loin de là, j'ai toujours pensé que vous valiez peut-être beaucoup mieux qu'un tas de... coquins!...

Ses yeux étincelèrent. Sans doute elle avait eu grandement à se plaindre de certains « coquins ».

— Et veuillez être persuadé qu'en parlant de votre bonté je ne me moque nullement de vous. Je dis les choses carrément, sans y mettre d'éloquence; d'ailleurs, je ne puis pas souffrir les phrases. Mais tout cela est absurde. Je vous ai toujours supposé assez d'esprit pour ne pas trouver mauvais... Oh! assez, je n'en puis plus!

Et elle le regarda longuement, d'un air las. Debout à cinq pas d'elle, Chatoff l'avait écoutée timidement, mais il était comme rajeuni, son visage rayonnait d'un éclat inaccoutumé. Cet homme fort, rude, toujours hérissé, sentait son âme s'ouvrir tout à coup à la tendresse. En lui vibrait une corde nouvelle. Trois années de séparation n'avaient rien arraché de son cœur. Et peut-être chaque jour durant ces trois ans il avait rêvé à elle, à la chère créature qui lui avait dit autrefois : « Je t'aime. » Tel que j'ai connu Chatoff, je ne crois pas me tromper en affirmant que s'entendre adresser par une femme une parole d'amour devait lui paraître une impossibilité. Chaste et pudique jusqu'à la sauvagerie, il se considérait comme un jeu de la nature, détestait sa figure et son caractère, se faisait l'effet d'un de ces monstres que l'on promène dans les foires. En conséquence de tout cela, il n'estimait rien à l'égal de l'honnêteté, poussait jusqu'au fanatisme l'attachement à ses convictions, se montrait sombre, fier, irascible et peu communicatif. Mais voilà que cette créature unique qui pendant deux semaines l'avait aimé (il le crut toute sa vie!), — cet être dont il était loin d'ignorer les fautes et que néanmoins il avait toujours placé infiniment au-dessus de lui, cette femme à qui il pouvait *tout* pardonner (que dis-je? il lui semblait que lui-même avait tous les torts vis-à-vis d'elle), cette Marie Chatoff rentrait soudain chez lui, dans sa maison... c'était presque impossible à comprendre! Il n'en revenait pas; un tel événement lui paraissait si heureux qu'il n'osait y croire et que, le prenant pour un rêve, il avait peur de s'éveiller. Mais, lorsqu'elle le regarda avec cette expression de lassitude, il devina aussitôt que la bien-aimée créature souffrait, qu'elle était offensée peut-être. Le cœur défaillant, il se mit à l'examiner. Quoique le visage fatigué de Marie Chatoff eût depuis longtemps perdu la fraîcheur de la première jeunesse, elle était encore fort bien de sa personne, — son mari la trouva aussi belle qu'autrefois. C'était une femme de vingt-cinq ans, d'une complexion assez robuste et d'une taille au-dessus de la moyenne (elle était plus grande que Chatoff); son opulente chevelure châtain foncé faisait ressortir la pâleur de son visage ovale; ses grands yeux sombres brillaient maintenant d'un éclat fiévreux. Mais cet intrépidité étourdie, naïve et ingénue que son époux lui avait connue jadis était remplacée à présent par une irritabilité morose; désenchantée de tout, elle affectait une sorte de cynisme qui lui pesait à elle-même parce qu'elle n'en avait pas encore l'habitude. Ce qui surtout se remarquait en elle, c'était un état maladif. Chatoff en fut frappé. Malgré la crainte qu'il éprouvait en présence de sa femme, il se rapprocha brusquement d'elle et lui saisit les deux mains :

— Marie... tu sais... tu es peut-être très-fatiguée, pour l'amour de Dieu ne te fâche pas... si tu consentais, par exemple, à prendre du thé, hein? Le thé fortifie, hein? Si tu consentais!...

— Pourquoi demander si je consens? Cela va sans dire; vous êtes aussi enfant que jamais. Si vous pouvez me donner du thé, donnez-m'en. Que c'est petit chez vous! Comme il fait froid ici!

— Oh! je vais tout de suite chercher du bois, j'en ai!... reprit Chatoff fort affairé; — du bois... c'est-à-dire, mais... du reste, il va aussi y avoir du thé tout de suite, ajouta-t-il avec un geste indiquant une résolution désespérée, et il prit vivement sa casquette.

— Où allez-vous donc? Ainsi vous n'avez pas de thé chez vous?

— Il y en aura, il y en aura, il y en aura, tout va être prêt tout de suite... je...

Il prit son revolver sur le rayon.

— Je vais à l'instant vendre ce revolver... ou le mettre en gage...

— Quelles bêtises, et comme ce sera long! Tenez, voilà mon porte-monnaie, puisque vous n'avez rien chez vous; il y a là huit grivnas, je crois; c'est tout ce que j'ai. On dirait qu'on est ici dans une maison de fous.

— C'est inutile, je n'ai pas besoin de ton argent, je reviens tout de suite, dans une seconde; je puis même me dispenser de vendre le revolver...

Et il courut tout droit chez Kiriloff. Cette visite eut lieu deux heures avant celle de Pierre Stépanovitch et de Lipoutine que j'ai racontée plus haut. Quoique habitant la même maison, Chatoff et Kiriloff ne se voyaient pas; quand ils se rencontraient dans la cour, ils n'échangeaient ni une parole ni même un salut : ils avaient trop longtemps couché ensemble en Amérique.

— Kiriloff, vous avez toujours du thé; y a-t-il chez vous du thé et un samovar?

L'ingénieur se promenait de long en large dans sa chambre, comme il avait l'habitude de le faire chaque nuit; il s'arrêta soudain et regarda fixement Chatoff, sans du reste témoigner trop de surprise.

— Il y a du thé, du sucre et un samovar. Mais vous n'avez pas besoin de samovar, le thé est chaud. Mettez-vous à table et buvez.

— Kiriloff, nous avons vécu ensemble en Amérique... Ma femme est arrivée chez moi... Je... Donnez-moi du thé... il faut un samovar.

— Si c'est pour votre femme, il faut un samovar. Mais le samovar après. J'en ai deux. Maintenant prenez la théière qui est sur la table. Le thé chaud, le plus chaud. Prenez du sucre, tout le sucre. Du pain... Beaucoup de pain; tout. Il y a du veau. Un rouble d'argent.

— Donne, ami, je te le rendrai demain! Ah! Kiriloff!

— C'est votre femme qui était en Suisse? C'est bien. Et vous avez bien fait aussi d'accourir chez moi.

— Kiriloff! s'écria Chatoff, qui tenait la théière sous son bras tandis qu'il avait dans les mains le pain et le sucre, — Kiriloff! si... si vous pouviez renoncer à vos épouvantables fantaisies et vous défaire de votre athéisme... oh! quel homme vous seriez, Kiriloff!

— On voit que vous aimez votre femme après la Suisse. C'est bien de l'aimer après la Suisse. Quand il faudra du thé, venez encore. Venez toute la nuit, je ne me coucherai pas. Il y aura un samovar. Tenez, prenez ce rouble. Allez auprès de votre femme, je resterai et je penserai à vous et à votre femme.

Marie Chatoff parut fort contente en voyant le thé arriver si vite, et elle se jeta avidement sur ce breuvage, mais on n'eut pas besoin d'aller chercher le samovar : la voyageuse ne but qu'une demi-tasse et ne mangea qu'un tout petit morceau de pain. Elle repoussa le veau avec un dégoût mêlé de colère.

— Tu es malade, Marie ; tout cela est chez toi l'effet de la maladie... observa timidement Chatoff, qui, d'un air craintif, s'empressait autour d'elle.

— Certainement je suis malade. Asseyez-vous, je vous prie. Où avez-vous pris ce thé, si vous n'en aviez pas?

Il dit quelques mots de Kiriloff. Elle avait déjà entendu parler de lui.

— Je sais que c'est un fou ; de grâce, assez là-dessus ; les imbéciles ne sont pas une rareté, n'est-ce pas? Ainsi vous avez été en Amérique? Je l'ai entendu dire, vous avez écrit.

— Oui, je... j'ai écrit à Paris.

— Assez, parlons d'autre chose, s'il vous plaît. Vous appartenez à l'opinion slavophile?

— Je... ce n'est pas que je... Faute de pouvoir être Russe, je suis devenu slavophile, répondit Chatoff avec le sourire forcé de l'homme qui plaisante à contre-temps et sans en avoir envie.

— Ah! vous n'êtes pas Russe?

— Non, je ne suis pas Russe.

— Eh bien, tout cela, ce sont des bêtises. Pour la dernière fois, asseyez-vous. Pourquoi vous trémoussez-vous toujours ainsi? Vous pensez que j'ai le délire? Peut-être bien. Vous n'êtes que deux, dites-vous, dans la maison?

— Oui... Au rez-de-chaussée...

— Et, pour l'intelligence, les deux font la paire. Qu'est-ce qu'il y a au rez-de-chaussée? Vous avez dit : au rez-de-chaussée...

— Non, rien.

— Quoi, rien? Je veux savoir.

— Je voulais dire seulement qu'autrefois les Lébiadkine demeuraient au rez-de-chaussée...

Marie Chatoff fit un brusque mouvement.

— Celle qu'on a assassinée la nuit dernière? J'ai entendu parler de cela. C'est la première nouvelle que j'ai apprise en arrivant ici. Il y a eu un incendie chez vous?

Chatoff se leva soudain.

— Oui, Marie, oui, et je commets peut-être une infamie épouvantable en ce moment où je pardonne à des infâmes...

Il marchait à grands pas dans la chambre en levant les bras en l'air et en donnant les signes d'une violente agitation.

Mais Marie ne comprenait pas du tout ce qui se passait en lui. Elle était distraite pendant qu'il parlait; elle questionnait et n'écoutait pas les réponses.

— On en fait de belles chez vous. Oh! quelles gredineries partout! Quel monde de vauriens! Mais asseyez-vous donc enfin, oh! que vous m'agacez! répliqua la jeune femme qui, vaincue par la fatigue, laissa tomber sa tête sur l'oreiller.

— Marie, je t'obéis... Tu te coucherais peut-être volontiers, Marie?

Elle ne répondit pas, et, à bout de forces, ferma ses paupières. Son visage pâle ressemblait à celui d'une morte. Elle s'endormit presque instantanément. Chatoff promena ses yeux autour de lui, raviva la flamme de la bougie, et, après avoir jeté encore une fois un regard inquiet sur sa femme, après avoir joint ses mains devant elle, il sortit tout doucement de la chambre. Quand il fut sur le palier, il se fourra dans un coin, où il resta pendant dix minutes sans bouger, sans faire le moindre bruit. Tout à coup des pas légers et discrets retentirent dans l'escalier. Quelqu'un montait. Chatoff se rappela qu'il avait oublié de fermer la porte de la maison.

— Qui est là? demanda-t-il à voix basse.

Le visiteur ne répondit pas et continua de monter sans se

presser. Arrivé sur le carré, il s'arrêta; l'obscurité ne permettait pas de distinguer ses traits.

— Ivan Chatoff? fit-il mystérieusement.

Le maître du logis se nomma, mais en même temps il étendit le bras pour écarter l'inconnu; ce dernier lui saisit la main, et Chatoff frissonna comme au contact d'un reptile.

— Restez ici, murmura-t-il rapidement, — n'entrez pas, je ne puis vous recevoir maintenant. Ma femme est revenue chez moi. Je vais chercher de la lumière.

Quand il reparut avec la bougie, il aperçut devant lui un officier tout jeune dont il ignorait le nom, mais qu'il se souvenait d'avoir rencontré quelque part.

Le visiteur se fit connaître :

— Erkel. Vous m'avez vu chez Virguinsky.

— Je me rappelle; vous étiez assis et vous écriviez, reprit Chatoff; ce disant, il s'avança vers le jeune homme, puis, avec une fureur subite, mais toujours sans élever la voix, il poursuivit : — Écoutez, vous m'avez fait tout à l'heure un signe de reconnaissance quand vous m'avez pris la main. Mais sachez que je crache sur tous ces signes! Je les repousse... je n'en veux pas... je puis à l'instant vous jeter en bas de l'escalier, savez-vous cela?

— Non, je n'en sais rien et j'ignore complètement pourquoi vous êtes si fâché, répondit l'enseigne dont le ton calme ne témoignait d'aucune irritation. — Je suis seulement chargé d'une commission pour vous, et j'ai voulu m'en acquitter sans perdre de temps. Vous avez entre les mains une presse qui ne vous appartient pas et dont vous êtes tenu de rendre compte, ainsi que vous le savez vous-même. Suivant l'ordre que j'ai reçu, je dois vous demander de la remettre à Lipoutine demain à sept heures précises du soir. En outre, il m'est enjoint de vous déclarer qu'à l'avenir on n'exigera plus rien de vous.

— Rien?

— Absolument rien. Votre demande a été prise en considération, et désormais vous ne faites plus partie de la société. J'ai été positivement chargé de vous l'apprendre.

— Qui vous a chargé de cela?

— Ceux qui m'ont révélé le signe de reconnaissance.

— Vous arrivez de l'étranger?

— Cela... cela, je crois, doit vous être indifférent.

— Eh! diable! Mais pourquoi n'êtes-vous pas venu plus tôt, si l'on vous a donné cet ordre?

— Je me conformais à certaines instructions et je n'étais pas seul.

— Je comprends, je comprends que vous n'étiez pas seul. Eh... diable! Mais pourquoi Lipoutine n'est-il pas venu lui-même?

— Ainsi, je viendrai vous prendre demain à six heures précises du soir, et nous irons là à pied. Il n'y aura que nous trois.

— Verkhovensky y sera?

— Non, il n'y sera pas. Verkhovensky part d'ici demain à onze heures du matin.

— Je m'en doutais, fit Chatoff d'une voix sourde et irritée; — il s'est sauvé, le misérable! ajouta-t-il en frappant du poing sur sa cuisse.

Des pensées tumultueuses l'agitaient. Erkel le regardait fixement et attendait sa réponse en silence.

— Comment donc ferez-vous? Une presse n'est pas un objet si facile à emporter.

— Il ne sera pas nécessaire de la prendre. Vous nous indiquerez seulement l'endroit, et nous nous bornerons à nous assurer qu'elle s'y trouve en effet. Nous savons où elle est enterrée, sans connaître exactement la place. Vous ne l'avez révélée à personne encore?

Les yeux de Chatoff se fixèrent sur l'enseigne.

— Comment un blanc-bec comme vous s'est-il aussi fourré là dedans? Eh! mais il leur en faut aussi de pareils! Allons, retirez-vous! E-eh! Ce coquin-là vous a tous trompés et a pris la fuite.

Erkel considérait son interlocuteur avec un calme imperturbable, mais il ne paraissait pas comprendre.

— Verkhovensky s'est enfui, Verkhovensky ! poursuivit Chatoff en grinçant des dents.

— Mais non, il est encore ici, il n'est pas parti. C'est seulement demain qu'il s'en va, observa Erkel d'un ton doux et persuasif. — Je tenais tout particulièrement à ce qu'il se trouvât là comme témoin; mes instructions l'exigeaient (il parlait avec l'abandon d'un jouvenceau sans expérience). Mais il a refusé, sous prétexte qu'il devait partir, et le fait est qu'il est très-pressé de s'en aller.

Le regard de Chatoff se porta de nouveau avec une expression de pitié sur le visage du nigaud, puis soudain il agita le bras comme pour chasser ce sentiment.

— Bien, j'irai, déclara-t-il brusquement, — et maintenant décampez !

— Je passerai donc chez vous à six heures précises, répondit Erkel, qui, après un salut poli, se retira tranquillement.

— Petit imbécile ! ne put s'empêcher de lui crier Chatoff du haut de l'escalier.

— Quoi ? demanda l'enseigne, déjà arrivé en bas.

— Rien, allez-vous-en.

— Je croyais que vous aviez dit quelque chose.

## II

Erkel était un « petit imbécile » en ce sens qu'il se laissait influencer par la pensée d'autrui, mais, comme agent subalterne, comme homme d'exécution, il ne manquait pas d'intelligence, ni même d'astuce. Fanatiquement dévoué à l' « œuvre commune », c'est-à-dire, au fond, à Pierre Stépanovitch, il agissait suivant les instructions qu'il avait reçues de celui-ci à la séance où les rôles avaient été distribués aux *nôtres* pour le lendemain. Entre autres recommandations, il avait été enjoint à l'enseigne de bien observer, pendant qu'il accomplirait son mandat, dans quelles conditions se trouvait Chatoff, et lorsque ce dernier, en causant sur le carré, s'échappa à dire que sa femme était revenue chez lui, Erkel, avec un machiavélisme instinctif, ne témoigna aucun désir d'en savoir davantage, bien qu'il comprît que ce fait contribuerait puissamment à la réussite de leur entreprise.

Ce fut, en effet, ce qui arriva : cette circonstance seule sauva les « coquins » de la dénonciation qui les menaçait, et leur permit de se débarrasser de leur ennemi. Le retour de Marie, en changeant le cours des préoccupations de Chatoff, lui ôta sa sagacité et sa prudence accoutumées. Il eut dès lors bien autre chose en tête que l'idée de sa sécurité personnelle. Quand Erkel lui dit que Pierre Stépanovitch partait le lendemain, il n'hésita pas à le croire; cela d'ailleurs s'accordait si bien avec ses propres conjectures! Rentré dans la chambre, il s'assit dans un coin, appuya ses coudes sur ses genoux et couvrit son visage de ses mains. D'amères pensées le tourmentaient...

Tout à coup il releva la tête, s'approcha du lit en marchant sur la pointe du pied et se mit à contempler sa femme : « Seigneur! Mais demain matin elle se réveillera avec la fièvre, peut-être même l'a-t-elle déjà! Elle aura sans doute pris un refroidissement. Elle n'est pas habituée à cet affreux climat, et voyager dans un compartiment de troisième classe, subir le vent, la pluie, quand on n'a sur soi qu'un méchant burnous... Et la laisser là, l'abandonner sans secours! Quel petit sac! qu'il est léger! Il ne pèse pas plus de dix livres! La pauvrette, comme ses traits sont altérés! combien elle a souffert! Elle est fière, c'est pour cela qu'elle ne se plaint pas. Mais elle est irritable, fort irritable! C'est la maladie qui en est cause : un ange même, s'il tombait malade, deviendrait irascible. Que son front est sec! Il doit être brûlant. Elle a un cercle bistré au-dessous des yeux et... et pourtant que ce visage est beau! quelle magnifique chevelure! quel... »

Il s'arracha brusquement à cette contemplation et alla aussitôt se rasseoir dans son coin; il était comme effrayé à la seule idée de voir dans Marie autre chose qu'une créature malheureuse, souffrante, ayant besoin de secours. — « Quoi! je concevrais en ce moment des *espérances!* Oh! quel homme bas et vil je suis! » pensa-t-il, le visage caché dans ses mains, et de nouveau des rêves, des souvenirs revinrent hanter son esprit... et puis encore des espérances.

Il se rappela l'exclamation : « Oh! je n'en puis plus », que sa femme avait proférée à plusieurs reprises d'une voix faible, râlante. « Seigneur! L'abandonner maintenant, quand elle ne possède que huit grivnas; elle m'a tendu son vieux porte-monnaie! Elle est venue chercher du travail, — mais qu'est-ce qu'elle entend à cela? qu'est-ce qu'ils comprennent à la Russie? Ils n'ont pas plus de raison que des enfants, les fantaisies créées par leur imagination sont tout pour eux, et ils se fâchent, les pauvres gens, parce que la Russie ne ressemble pas aux chimères dont ils rêvaient à l'étranger. O malheureux, ô innocents!... Tout de même il ne fait pas chaud ici...»

Il se souvint qu'elle s'était plainte du froid, qu'il avait promis d'allumer le poêle. « Il y a ici du bois, on peut en aller chercher, seulement il ne faudrait pas l'éveiller. Du reste, cela n'est pas impossible. Mais que faire du veau? Quand elle se lèvera, elle voudra peut-être manger... Eh bien, nous verrons plus tard; Kiriloff ne se couchera pas de la nuit. Il faudrait la couvrir avec quelque chose, elle dort d'un profond sommeil, mais elle a certainement froid; ah! qu'il fait froid! »

Et, encore une fois, il s'approcha d'elle pour l'examiner; la robe avait un peu remonté, la jambe droite était découverte jusqu'au genou. Il se détourna par un mouvement brusque, presque effrayé; puis il ôta le chaud paletot qu'il portait par-dessus sa vieille redingote, et, s'efforçant de ne pas regarder, il étendit ce vêtement sur la place nue.

Tandis qu'il faisait du feu, contemplait la dormeuse ou rêvait dans un coin, deux ou trois heures s'écoulèrent, et ce fut pendant ce temps que Kiriloff reçut la visite de Verkhovensky et de Lipoutine. A la fin, Chatoff s'endormit aussi dans son coin. Il venait à peine de fermer les yeux, quand un gémissement se fit entendre; Marie s'était éveillée et appelait son époux. Il s'élança vers elle, troublé comme un coupable.

— Marie! Je m'étais endormi... Ah! quel vaurien je suis, Marie!

Elle se souleva un peu, promena un regard étonné autour de la chambre, comme si elle n'eût pas reconnu l'endroit où elle se trouvait, et tout à coup la colère, l'indignation s'empara d'elle :

— J'ai occupé votre lit, je tombais de fatigue et je me suis endormie sans le vouloir; pourquoi ne m'avez-vous pas éveillée? Comment avez-vous osé croire que j'aie l'intention de vous être à charge?

— Comment aurais-je pu t'éveiller, Marie?

— Vous le pouviez; vous le deviez! Vous n'avez pas d'autre lit que celui-ci, et je l'ai occupé. Vous ne deviez pas me mettre dans une fausse position. Ou bien, pensez-vous que je sois venue ici pour recevoir vos bienfaits? Veuillez reprendre votre lit tout de suite, je coucherai dans un coin sur des chaises.

— Marie, il n'y a pas assez de chaises, et, d'ailleurs, je n'ai rien à mettre dessus.

— Eh bien, alors je coucherai par terre tout simplement. Je ne puis pas vous priver de votre lit. Je vais coucher sur le plancher, tout de suite, tout de suite!

Elle se leva, voulut marcher, mais soudain une douleur spasmodique des plus violentes lui ôta toute force, toute résolution; un gémissement profond sortit de sa poitrine, et elle retomba sur le lit. Chatoff s'approcha vivement; la jeune femme, enfonçant son visage dans l'oreiller, saisit la main de son mari et la serra à lui faire mal. Une minute se passa ainsi.

— Marie, ma chère, s'il le faut, il y a ici un médecin que je connais, le docteur Frenzel... je puis courir chez lui.

— C'est absurde!

— Comment, absurde? Dis-moi ce que tu as, Marie! On pourrait te mettre un cataplasme..... sur le ventre, par exemple... Je puis faire cela sans médecin... Ou bien des sinapismes.

— Qu'est-ce que c'est que cela? reprit-elle en relevant la tête et en regardant son mari d'un air effrayé.

Chatoff chercha en vain le sens de cette étrange question.

— De quoi parles-tu, Marie? A quel propos demandes-tu cela? O mon Dieu, je m'y perds! Pardonne-moi, Marie, mais je ne comprends pas du tout ce que tu veux dire.

— Eh! laissez donc, ce n'est pas votre affaire de comprendre. Et même cela serait fort drôle... répondit-elle avec un sourire amer. — Dites-moi quelque chose. Promenez-vous dans la chambre et parlez. Ne restez pas près de moi et ne me regardez pas, je vous en prie pour la cinq centième fois!

Chatoff se mit à marcher dans la chambre en tenant ses yeux baissés et en faisant tous ses efforts pour ne pas les tourner vers sa femme.

— Il y a ici, — ne te fâche pas, Marie, je t'en supplie, — il y a ici du veau et du thé... Tu as si peu mangé tantôt...

Elle fit avec la main un geste de violente répugnance. Chatoff au désespoir se mordit la langue.

— Écoutez, j'ai l'intention de monter ici un atelier de reliure, cet établissement serait fondé sur les principes rationnels de l'association. Comme vous habitez la ville, qu'en pensez-vous? Ai-je des chances de succès?

— Eh! Marie, chez nous on ne lit pas; il n'y a même pas de livres. Et il en ferait relier?

— Qui? il?

— Le lecteur d'ici, l'habitant de la ville en général, Marie.

— Eh bien, alors exprimez-vous plus clairement, au lieu de dire : *il;* on ne sait à qui se rapporte ce pronom. Vous ne connaissez pas la grammaire.

— C'est dans l'esprit de la langue, Marie, balbutia Chatoff.

— Ah! laissez-moi tranquille avec votre esprit, vous

m'ennuyez. Pourquoi le lecteur ou l'habitant de la ville ne fera-t-il pas relier ses livres?

— Parce que lire un livre et le faire relier sont deux opérations qui correspondent à deux degrés de civilisation très-différents. D'abord, il s'habitue peu à peu à lire, ce qui, bien entendu, demande des siècles; mais il n'a aucun soin du livre, le considérant comme un objet sans importance. Le fait de donner un livre à relier suppose déjà le respect du livre; cela indique que non-seulement, il a pris goût à la lecture, mais encore qu'il la tient en estime. L'Europe depuis longtemps fait relier ses livres, la Russie n'en est pas encore là.

— Quoique dit d'une façon pédantesque, cela, du moins, n'est pas bête et me reporte à trois ans en arrière; vous aviez parfois assez d'esprit il y a trois ans.

Elle prononça ces mots du même ton dédaigneux que toutes les phrases précédentes.

— Marie, Marie, reprit avec émotion Chatoff. — O Marie! Si tu savais tout ce qui s'est passé durant ces trois ans! J'ai entendu dire que tu me méprisais à cause du changement survenu dans mes opinions. Qui donc ai-je quitté? Des ennemis de la vraie vie, des libérâtres arriérés, craignant leur propre indépendance; des laquais de la pensée, hostiles à la personnalité et à la liberté; des prédicateurs décrépits de la charogne et de la pourriture! Qu'y a-t-il chez eux? La sénilité, la médiocrité dorée, l'incapacité la plus bourgeoise et la plus plate, une égalité envieuse, une égalité sans mérite personnel, l'égalité comme l'entend un laquais ou comme la comprenait un Français de 93... Mais le pire, c'est qu'ils sont tous des coquins!

— Oui, il y a beaucoup de coquins, observa Marie d'une voix entrecoupée et avec un accent de souffrance. Couchée un peu sur le côté, immobile comme si elle eût craint de faire le moindre mouvement, elle avait la tête renversée sur l'oreiller et fixait le plafond d'un regard fatigué, mais ardent. Son visage était pâle, ses lèvres desséchées.

— Tu en conviens, Marie, tu en conviens! s'écria Chatoff.

Elle allait faire de la tête un signe négatif quand soudain une nouvelle crampe la saisit. Cette fois encore elle cacha son visage dans l'oreiller et pendant toute une minute serra, presque à la briser, la main de son mari qui, fou de terreur, s'était élancé vers elle.

— Marie, Marie! Mais ce que tu as est peut-être très-grave, Marie!

— Taisez-vous... Je ne veux pas, je ne veux pas, répliqua-t-elle violemment, en reprenant sa position primitive; — ne vous permettez pas de me regarder avec cet air de compassion! Promenez-vous dans la chambre, dites quelque chose, parlez...

Chatoff qui avait à peu près perdu la tête, commença à marmotter je ne sais quoi.

Sa femme l'interrompit avec impatience :

— Quelle est votre occupation ici?

— Je tiens les livres chez un marchand. Si je voulais, Marie, je pourrais gagner ici pas mal d'argent.

— Tant mieux pour vous...

— Ah! ne va rien t'imaginer, Marie, j'ai dit cela comme j'aurais dit autre chose...

— Et qu'est-ce que vous faites encore? Que prêchez-vous? Car il est impossible que vous ne prêchiez pas, c'est dans votre caractère.

— Je prêche Dieu, Marie.

— Sans y croire vous-même. Je n'ai jamais pu comprendre cette idée.

— Pour le moment laissons cela, Marie.

— Qu'était-ce que cette Marie Timoféïevna qu'on a tuée?

— Nous parlerons aussi de cela plus tard, Marie.

— Ne vous avisez plus de me faire de pareilles observations! Est-ce vrai qu'on peut attribuer sa mort à la scélératesse de... ces gens-là?

— Certainement, répondit Chatoff avec un grincement de dents.

Marie leva brusquement la tête et cria d'une voix douloureuse :

— Ne me parlez plus de cela, ne m'en parlez jamais, jamais !

Et elle retomba sur le lit, en proie à de nouvelles convulsions. Durant ce troisième accès, la souffrance arracha à la malade non plus des gémissements, mais de véritables cris.

— Oh ! homme insupportable ! Oh ! homme insupportable ! répétait-elle en se tordant et en repoussant Chatoff, qui s'était penché sur elle.

— Marie, je ferai ce que tu m'as ordonné... je vais me promener, parler...

— Mais ne voyez-vous pas que ça a commencé ?

— Qu'est-ce qui a commencé, Marie ?

— Et qu'en sais-je ? Est-ce que j'y connais quelque chose ?... Oh ! maudite ! Oh ! que tout soit maudit d'avance !

— Marie, si tu disais ce qui commence, alors je... mais, sans cela, comment veux-tu que je comprenne ?

— Vous êtes un homme abstrait, un bavard inutile. Oh ! malédiction sur tout !

— Marie ! Marie !

Il croyait sérieusement que sa femme devenait folle.

Elle se souleva sur le lit, et tournant vers Chatoff un visage livide de colère :

— Mais est-ce que vous ne voyez pas, enfin, vociféra-t-elle, — que je suis dans les douleurs de l'enfantement ? Oh ! qu'il soit maudit avant de naître, cet enfant !

— Marie ! s'écria Chatoff comprenant enfin la situation, — Marie... Mais que ne le disais-tu plus tôt ? ajouta-t-il brusquement, et, prompt comme l'éclair, il saisit sa casquette.

— Est-ce que je savais cela en entrant ici ? Serais-je venue chez vous si je l'avais su ? On m'avait dit que j'en avais encore pour dix jours ! Où allez-vous donc ? Où allez-vous donc ? Voulez-vous bien ne pas sortir !

— Je vais chercher une accoucheuse ! Je vendrai le revolver ; maintenant c'est de l'argent qu'il faut avant tout.

— Gardez-vous bien de faire venir une accoucheuse, il ne me faut qu'une bonne femme, une vieille quelconque ; j'ai huit grivnas dans mon porte-monnaie... A la campagne les paysannes accouchent sans le secours d'une sage-femme... Et si je crève, eh bien, ce sera tant mieux...

— Tu auras une bonne femme, et une vieille. Mais comment te laisser seule, Marie?

Pourtant, s'il ne la quittait pas maintenant, elle serait privée des soins d'une accoucheuse quand viendrait le moment critique. Cette considération l'emporta dans l'esprit de Chatoff sur tout le reste, et, sourd aux gémissements comme aux cris de colère de Marie, il descendit l'escalier de toute la vitesse de ses jambes.

III

En premier lieu il passa chez Kiriloff. Il pouvait être alors une heure du matin. L'ingénieur était debout au milieu de la chambre.

— Kiriloff, ma femme accouche!

— C'est-à-dire... comment?

— Elle accouche, elle va avoir un enfant.

— Vous... vous ne vous trompez pas?

— Oh! non, non, elle est dans les douleurs!... Il faut une femme, une vieille quelconque ; cela presse... Pouvez-vous m'en procurer une maintenant? Vous aviez chez vous plusieurs vieilles...

— C'est grand dommage que je ne sache pas enfanter, répondit d'un air songeur Kiriloff, — c'est-à-dire, je ne regrette pas de ne pas savoir enfanter, mais de ne pas savoir comment il faut faire pour... Non, l'expression ne me vient pas.

— Vous voulez dire que vous ne sauriez pas vous-même

assister une femme en couches, mais ce n'est pas cela que je vous demande, je vous prie seulement d'envoyer chez moi une bonne vieille, une garde-malade, une servante.

— Vous aurez une vieille, mais ce ne sera peut-être pas tout de suite. Si vous voulez, je puis, en attendant...

— Oh! c'est impossible; je vais de ce pas chez madame Virguinsky, l'accoucheuse.

— Une coquine!

— Oh! oui, Kiriloff, mais c'est la meilleure sage-femme de la ville! Oh! oui, tout cela se passera sans joie, sans piété; ce grand mystère, la venue au monde d'une créature nouvelle, ne sera saluée que par des paroles de dégoût et de colère, par des blasphèmes!... Oh! elle maudit déjà son enfant!...

— Si vous voulez, je...

— Non, non, mais en mon absence (oh! de gré ou de force je ramènerai madame Virguinsky!), venez de temps en temps près de mon escalier et prêtez l'oreille sans faire de bruit, seulement ne pénétrez pas dans la chambre, vous l'effrayeriez, gardez-vous bien d'entrer, bornez-vous à écouter... dans le cas où il arriverait un accident. Pourtant, s'il survenait quelque chose de grave, alors vous entreriez.

— Je comprends. J'ai encore un rouble d'argent. Tenez. Je voulais demain une poule, mais maintenant je ne veux plus. Allez vite, dépêchez-vous. J'aurai du thé toute la nuit.

Kiriloff n'avait aucune connaissance des projets formés contre Chatoff, il savait seulement que son voisin avait de vieux comptes à régler avec « ces gens-là ». Lui-même s'était trouvé mêlé en partie à cette affaire par suite des instructions qui lui avaient été données à l'étranger (instructions, d'ailleurs, très-superficielles, car il n'appartenait qu'indirectement à la société), mais depuis quelque temps il avait abandonné toute occupation, à commencer par l'« œuvre commune », et il menait une vie exclusivement contemplative. Quoique Pierre Verkhovensky eût, au cours de la séance, invité Lipoutine à venir avec lui chez Kiriloff pour se convaincre qu'au moment voulu l'ingénieur endosserait l'« affaire de Chatoff », il n'avait cependant pas soufflé mot de ce dernier dans sa conversation avec Kiriloff. Jugeant sans doute imprudent de révéler ses desseins à un homme dont il n'était pas sûr, il avait cru plus sage de ne les lui faire connaître qu'après leur mise à exécution, c'est-à-dire le lendemain : quand ce sera chose faite, pensait Pierre Stépanovitch, Kiriloff prendra cela avec son indifférence accoutumée. Lipoutine avait fort bien remarqué le silence gardé par son compagnon sur l'objet même qui motivait leur visite chez l'ingénieur, mais il était trop troublé pour faire aucune observation à ce sujet.

Chatoff courut tout d'une haleine rue de la Fourmi; il maudissait la distance, et il lui semblait qu'il n'arriverait jamais.

Il dut cogner longtemps chez Virguinsky : tout le monde dans la maison était couché depuis quelques heures. Mais Chatoff n'y alla pas de main morte et frappa à coups redoublés contre le volet. Le chien de garde enchaîné dans la cour fit entendre de furieux aboiements auxquels répondirent ceux de tous les chiens du voisinage; ce fut un vacarme dans toute la rue.

A la fin le volet s'entr'ouvrit, puis la fenêtre, et Virguinsky lui-même prit la parole :

— Pourquoi faites-vous ce bruit? Que voulez-vous? demanda-t-il doucement à l'inconnu qui troublait le repos de sa maison.

— Qui est là? Quel est ce drôle? ajouta avec colère une voix féminine.

La personne qui venait de prononcer ces mots était la vieille demoiselle, parente de Virguinsky.

— C'est moi, Chatoff; ma femme est revenue chez moi, et elle va accoucher d'un moment à l'autre.

— Eh bien, qu'elle accouche! Fichez le camp!

— Je suis venu chercher Arina Prokhorovna, et je ne m'en irai pas sans elle!

— Elle ne peut pas aller chez tout le monde. Elle ne visite

la nuit qu'une clientèle particulière. Adressez-vous à madame Makchéeff et laissez-nous tranquilles! reprit la voix féminine toujours irritée.

De la rue on entendait Virguinsky parlementer avec la vieille fille pour lui faire quitter la place, mais elle ne voulait pas se retirer.

— Je ne m'en irai pas! répliqua Chatoff.

— Attendez, attendez donc! cria Virguinsky, après avoir enfin réussi à éloigner sa parente, — je vous demande cinq minutes, Chatoff, le temps d'aller éveiller Arina Prokhorovna, mais, je vous en prie, cessez de cogner et de crier ainsi... Oh! que tout cela est terrible!

Au bout de cinq minutes, — cinq siècles! — madame Virguinsky se montra à la fenêtre.

— Votre femme est revenue chez vous? questionna-t-elle d'un ton qui, au grand étonnement de Chatoff, ne trahissait aucune colère et n'était qu'impérieux; mais Arina Prokhorovna avait naturellement le verbe haut, en sorte qu'il lui était impossible de parler autrement.

— Oui, ma femme est revenue, et elle va accoucher.

— Marie Ignatievna?

— Oui, Marie Ignatievna. Ce ne peut être que Marie Ignatievna!

Il y eut un silence. Chatoff attendait. Dans la maison l'on causait à voix basse.

— Quand est-elle arrivée? demanda ensuite madame Virguinsky.

— Ce soir, à huit heures. Vite, je vous prie.

Nouveaux chuchotements; il semblait qu'on délibérât.

— Écoutez, vous ne vous trompez pas? C'est elle-même qui vous a envoyé chez moi?

— Non, ce n'est pas elle qui m'a envoyé chez vous : pour m'occasionner moins de frais, elle voudrait n'être assistée que par une bonne femme quelconque, mais ne vous inquiétez pas, je vous payerai.

— C'est bien, j'irai, que vous me payiez ou non. J'ai toujours apprécié les sentiments indépendants de Marie Ignatievna, quoique peut-être elle ne se souvienne plus de moi. Avez-vous ce qu'il faut chez vous?

— Je n'ai rien, mais tout se trouvera, tout sera prêt, tout...

« Il y a donc de la générosité même chez ces gens-là! » pensait Chatoff en se dirigeant vers la demeure de Liamchine. « Les opinions et l'homme sont, paraît-il, deux choses fort différentes. J'ai peut-être bien des torts envers eux!... Tout le monde a des torts, tout le monde, et... si chacun était convaincu de cela!... »

Chez Liamchine il n'eut pas à frapper longtemps. Le Juif sauta immédiatement à bas de son lit, et, pieds nus, en chemise, courut ouvrir le vasistas, au risque d'attraper un rhume, lui qui était toujours très-soucieux de sa santé. Mais il y avait une cause particulière à cet empressement si étrange : pendant toute la soirée Liamchine n'avait fait que trembler, et jusqu'à ce moment il lui avait été impossible de s'endormir, tant il était inquiet depuis la séance; sans cesse il croyait voir arriver certains visiteurs dont l'apparition ne fait jamais plaisir. La nouvelle que Chatoff allait dénoncer les nôtres l'avait mis au supplice... Et voilà qu'il entendait frapper violemment à la fenêtre!...

Il fut si effrayé en apercevant Chatoff qu'il ferma aussitôt le vasistas et regagna précipitamment son lit. Le visiteur se mit à cogner et à crier de toutes ses forces.

— Comment osez-vous faire un pareil tapage au milieu de la nuit? gronda le maître du logis, mais, quoiqu'il essayât de prendre un ton menaçant, Liamchine se mourait de peur : il avait attendu deux minutes au moins avant de rouvrir le vasistas, et il ne s'y était enfin décidé qu'après avoir acquis la certitude que Chatoff était venu seul.

— Voilà le revolver que vous m'avez vendu; reprenez-le et donnez-moi quinze roubles.

— Qu'est-ce que c'est? Vous êtes ivre? C'est du brigandage; vous êtes cause que je vais prendre un refroidissement. Attendez, je vais m'envelopper dans un plaid.

— Donnez-moi tout de suite quinze roubles. Si vous refusez, je cognerai et je crierai jusqu'à l'aurore; je briserai votre châssis.

— J'appellerai la garde, et l'on vous conduira au poste.

— Et moi, je suis un muet, vous croyez? Je n'appellerai pas la garde? Lequel de nous deux doit la craindre, vous ou moi?

— Et vous pouvez avoir des principes si bas... Je sais à quoi vous faites allusion... Attendez, attendez, pour l'amour de Dieu, tenez-vous tranquille! Voyons, qui est-ce qui a de l'argent la nuit? Eh bien, pourquoi vous faut-il de l'argent, si vous n'êtes pas ivre?

— Ma femme est revenue chez moi. Je vous fais un rabais de dix roubles; je ne me suis pas servi une seule fois de ce revolver, reprenez-le tout de suite.

Machinalement Liamchine tendit la main par le vasistas et prit l'arme; il attendit un moment, puis soudain, comme ne se connaissant plus, il passa sa tête en dehors de la fenêtre et balbutia, tandis qu'un frisson lui parcourait l'épine dorsale :

— Vous mentez, votre femme n'est pas du tout revenue chez vous. C'est... c'est-à-dire que vous voulez tout bonnement vous sauver.

— Imbécile que vous êtes, où voulez-vous que je me sauve? C'est bon pour votre Pierre Stépanovitch de prendre la fuite; moi, je ne fais pas cela. J'ai été tout à l'heure trouver madame Virguinsky, la sage-femme, et elle a immédiatement consenti à venir chez moi. Vous pouvez vous informer. Ma femme est dans les douleurs, il me faut de l'argent; donnez-moi de l'argent!

Il se produisit comme une illumination subite dans l'esprit de Liamchine; les choses prenaient soudain une autre tournure, toutefois sa crainte était encore trop vive pour lui permettre de raisonner.

— Mais comment donc... vous ne vivez pas avec votre femme?

— Je vous casserai la tête pour de pareilles questions.

— Ah! mon Dieu, pardonnez-moi, je comprends, seulement j'ai été si abasourdi... Mais je comprends, je comprends. Mais... mais est-il possible qu'Arina Prokhorovna aille chez vous? Tout à l'heure vous disiez qu'elle y était allée? Vous savez, ce n'est pas vrai. Voyez, voyez, voyez comme vous mentez à chaque instant.

— Pour sûr elle est maintenant près de ma femme, ne me faites pas languir, ce n'est pas ma faute si vous êtes bête.

— Ce n'est pas vrai, je ne suis pas bête. Excusez-moi, il m'est tout à fait impossible...

Le Juif avait complétement perdu la tête, et, pour la troisième fois, il ferma la fenêtre, mais Chatoff se mit à pousser de tels cris qu'il la rouvrit presque aussitôt.

— Mais c'est un véritable attentat à la personnalité! Qu'exigez-vous de moi? allons, voyons, précisez. Et remarquez que vous venez me faire cette scène en pleine nuit!

— J'exige quinze roubles, tête de mouton!

— Mais je n'ai peut-être pas envie de reprendre ce revolver. Vous n'avez pas le droit de m'y forcer. Vous avez acheté l'objet — c'est fini, vous ne pouvez pas m'obliger à le reprendre. Je ne saurais pas, la nuit, vous donner une pareille somme; où voulez-vous que je la prenne?

— Tu as toujours de l'argent chez toi. Je t'ai payé ce revolver vingt-cinq roubles et je te le recède pour quinze, mais je sais bien que j'ai affaire à un Juif.

— Venez après-demain, — écoutez, après-demain matin, à midi précis, et je vous donnerai toute la somme; n'est-ce pas, c'est entendu?

Pour la troisième fois Chatoff cogna avec violence contre le châssis.

— Donne dix roubles maintenant, et cinq demain à la première heure.

— Non, cinq après-demain matin; demain je ne pourrais pas, je vous l'assure. Vous ferez mieux de ne pas venir.

— Donne dix roubles; oh! misérable!

— Pourquoi donc m'injuriez-vous comme cela? Attendez, il faut y voir clair; tenez, vous avez cassé un carreau... Qu'est-ce qui injurie ainsi les gens pendant la nuit? Voilà !

Chatoff prit le papier que Liamchine lui tendait par la fenêtre; c'était un assignat de cinq roubles.

— En vérité, je ne puis pas vous donner davantage; quand vous me mettriez le couteau sur la gorge, je ne le pourrais pas; après-demain, oui, mais maintenant c'est impossible.

— Je ne m'en irai pas! hurla Chatoff.

— Allons, tenez, en voilà encore un, et encore un, mais c'est tout ce que je donnerai. A présent criez tant que vous voudrez, je ne donnerai plus rien; quoi qu'il advienne, vous n'aurez plus rien, plus rien, plus rien !

Il était furieux, désespéré, ruisselant de sueur. Les deux assignats qu'il venait encore de donner étaient des billets d'un rouble chacun. Chatoff se trouvait donc n'avoir obtenu en tout que sept roubles.

— Allons, que le diable t'emporte, je viendrai demain. Je t'assommerai, Liamchine, si tu ne me complètes pas la somme.

« Demain, je ne serai pas chez moi, imbécile ! » pensa à part soi le Juif.

— Arrêtez! arrêtez! cria-t-il comme déjà Chatoff s'éloignait au plus vite. — Arrêtez, revenez. Dites-moi, je vous prie, c'est bien vrai que votre femme est revenue chez vous?

— Imbécile! répondit Chatoff en lançant un jet de salive, et il raccourut chez lui aussi promptement que possible.

## IV

Arina Prokhorovna ne savait rien des dispositions arrêtées à la séance de la veille. Rentré chez lui fort troublé, fort abattu, Virguinsky n'avait pas osé confier à sa femme la résolution prise par les *nôtres*, mais il n'avait pu s'empêcher de lui répéter les paroles de Verkhovensky au sujet de Chatoff, tout en ajoutant qu'il ne croyait pas le moins du monde à ce prétendu projet de délation. Grande fut l'inquiétude d'Arina Prokhorovna. Voilà pourquoi, lorsque Chatoff vint solliciter ses services, elle n'hésita pas à se rendre immédiatement chez lui, quoiqu'elle fût très-fatiguée, un accouchement laborieux l'ayant tenue sur pied pendant toute la nuit précédente. Madame Virguinsky avait toujours été convaincue qu'« une drogue comme Chatoff était capable d'une lâcheté civique »; mais l'arrivée de Marie Ignatievna présentait les choses sous un nouveau point de vue. L'émoi de Chatoff, ses supplications désespérées dénotaient un revirement dans les sentiments du traître : un homme décidé à se livrer pour perdre les autres n'aurait eu, semblait-il, ni cet air, ni ce ton. Bref, Arina Prokhorovna résolut de tout voir par ses propres yeux. Cette détermination fit grand plaisir à Virguinsky, — ce fut comme si on lui eût ôté de dessus la poitrine un poids de cinq pouds! Il se prit même à espérer : l'aspect du prétendu dénonciateur lui paraissait s'accorder aussi peu que possible avec les soupçons de Verkhovensky.

Chatoff ne s'était pas trompé; lorsqu'il rentra dans ses pénates, Arina Prokhorovna était déjà près de Marie. Le premier soin de la sage-femme en arrivant avait été de chasser avec mépris Kiriloff qui faisait le guet au bas de l'escalier; ensuite elle s'était nommée à Marie, celle-ci ne semblant pas la reconnaître. Elle trouva la malade dans « une très-vilaine position », c'est-à-dire irritable, agitée, et « en proie au désespoir le plus pusillanime ». Mais dans l'espace de cinq minutes madame Virguinsky réfuta victorieusement toutes les objections de sa cliente.

— Pourquoi toujours rabâcher que vous ne voulez pas d'une accoucheuse chère? disait-elle au moment où entra Chatoff, — c'est une pure sottise, ce sont des idées fausses résultant de votre situation anormale. Avec une sage-femme inexpérimentée, une bonne vieille quelconque, vous avez cinquante chances d'accident, et, en ce cas, ce sera bien plus d'embarras, bien plus de dépenses que si vous aviez pris une accoucheuse chère. Comment savez-vous que je prends cher? Vous payerez plus tard, je ne salerai pas ma note, et je réponds du succès; avec moi vous ne mourrez pas, je ne connais pas cela. Quant à l'enfant, dès demain je l'enverrai dans un asile, ensuite à la campagne, et ce sera une affaire finie. Vous recouvrerez la santé, vous vous mettrez à un travail rationnel, et d'ici à très-peu de temps vous indemniserez Chatoff de son hospitalité et de ses débours, lesquels d'ailleurs ne seront pas si considérables...

— Il ne s'agit pas de cela... Je n'ai pas le droit de déranger...

— Ce sont là des sentiments rationnels et civiques, mais soyez sûre que Chatoff ne dépensera presque rien si, au lieu d'être un monsieur fantastique, il veut se montrer quelque peu raisonnable. Il suffit qu'il ne fasse pas de bêtises, qu'il n'aille pas tambouriner à la porte des maisons et qu'il ne coure pas comme un perdu par toute la ville. Si on ne le retenait pas, il irait éveiller tous les médecins de la localité; quand il est venu me trouver, il a mis en émoi tous les chiens de la rue. Pas n'est besoin de médecins, j'ai déjà dit que je répondais de tout. A la rigueur on peut appeler une vieille femme, une garde-malade, cela ne coûte rien. Du reste, Chatoff lui-même est en mesure de rendre quelques services, il peut faire autre chose encore que des bêtises. Il a des bras et des jambes, il courra chez le pharmacien, sans que vous voyiez là un bienfait pénible pour votre délicatesse. En vérité, voilà un fameux bienfait! Si vous êtes dans cette situation, n'est-ce pas lui qui en est cause? Est-ce que, dans le but égoïste de vous épouser, il ne vous a pas brouillée avec la famille qui vous avait engagée comme institutrice?... Nous avons entendu parler de cela... Du reste, lui-même tout à l'heure est accouru comme un insensé et a rempli toute la rue de ses cris. Je ne m'impose à personne, je suis venue uniquement pour vous, par principe, parce que tous les nôtres sont tenus de s'entr'aider; je le lui ai déclaré avant même de sortir de chez moi. Si vous jugez ma présence inutile, eh bien, adieu! Puissiez-vous seulement n'avoir pas à vous repentir de votre résolution!

Et elle se leva pour s'en aller.

Marie était si brisée, si souffrante, et, pour dire la vérité, l'issue de cette crise lui causait une telle appréhension, qu'elle n'eut pas le courage de renvoyer la sage-femme. Mais madame Virguinsky lui devint tout à coup odieuse : son langage était absolument déplacé et ne répondait en aucune façon aux sentiments de Marie. Toutefois la crainte de mourir entre les mains d'une accoucheuse inexpérimentée triompha des répugnances de la malade. Elle passa sa mauvaise humeur sur Chatoff qu'elle tourmenta plus impitoyablement que jamais par ses caprices et ses exigences. Elle en vint jusqu'à lui défendre non-seulement de la regarder, mais même de tourner la tête de son côté. A mesure que les douleurs prenaient un caractère plus aigu, Marie se répandait en imprécations et en injures de plus en plus violentes.

— Eh! mais nous allons le faire sortir, observa Arina Prokhorovna, — il a l'air tout bouleversé, et, avec sa pâleur cadavérique, il n'est bon qu'à vous effrayer! Qu'est-ce que vous avez, dites-moi, plaisant original? Voilà une comédie!

Chatoff ne répondit pas; il avait résolu de garder le silence.

— J'ai vu des pères bêtes en pareil cas, ils perdaient aussi l'esprit, mais ceux-là du moins...

— Taisez-vous ou allez-vous-en, j'aime mieux crever! Ne dites plus un mot, je ne veux pas, je ne veux pas! cria Marie.

— Il est impossible de ne pas dire un mot, vous le comprendriez si vous n'étiez pas vous-même privée de raison. Il faut au moins parler de l'affaire : dites, avez-vous quelque chose de prêt? Répondez, vous, Chatoff, elle ne s'occupe pas de cela.

— Que faut-il, dites-moi?

— Alors, c'est que rien n'a été préparé.

Elle indiqua tout ce dont on avait besoin, et je dois lui

rendre cette justice qu'elle se limita aux choses les plus indispensables. Quelques-unes se trouvaient dans la chambre. Marie tendit sa clef à son mari pour qu'il fouillât dans son sac de voyage. Comme les mains de Chatoff tremblaient, il mit beaucoup de temps à ouvrir la serrure. La malade se fâcha, mais Arina Prokhorovna s'étant vivement avancée vers Chatoff pour lui prendre la clef, Marie ne voulut pas permettre à la sage-femme de visiter son sac, elle insista en criant et en pleurant pour que son époux seul se chargeât de ce soin.

Il fallut aller chercher certains objets chez Kiriloff. Chatoff n'eut pas plus tôt quitté la chambre que sa femme le rappela à grands cris; il ne put la calmer qu'en lui disant pourquoi il sortait, et en lui jurant que son absence ne durerait pas plus d'une minute.

— Eh bien, vous êtes difficile à contenter, madame, ricana l'accoucheuse : — tout à l'heure la consigne était : tourne-toi du côté du mur et ne te permets pas de me regarder; à présent, c'est autre chose : ne t'avise pas de me quitter un seul instant, et vous vous mettez à pleurer. Pour sûr, il va penser quelque chose. Allons, allons, ne vous fâchez pas, je plaisante.

— Il n'osera rien penser.

— Ta-ta-ta, s'il n'était pas amoureux de vous comme un bélier, il n'aurait pas couru les rues à perte d'haleine et fait aboyer tous les chiens de la ville. Il a brisé un châssis chez moi.

## V

Chatoff trouva Kiriloff se promenant encore d'un coin de la chambre à l'autre, et tellement absorbé qu'il avait même oublié l'arrivée de Marie Ignatievna; il écoutait sans comprendre.

— Ah! oui, fit-il soudain, comme s'arrachant avec effort et pour un instant seulement à une idée qui le fascinait, — oui.. la vieille... Votre femme ou la vieille? Attendez : votre femme et la vieille, n'est-ce pas? Je me rappelle; j'ai passé chez elle; la vieille viendra, seulement ce ne sera pas tout de suite. Prenez le coussin. Quoi encore? Oui... Attendez, avez-vous quelquefois, Chatoff, la sensation de l'harmonie éternelle?

— Vous savez, Kiriloff, vous ne pouvez plus passer les nuits sans dormir.

L'ingénieur revint à lui, et, chose étrange, se mit à parler d'une façon beaucoup plus coulante qu'il n'avait coutume de le faire; évidemment, les idées qu'il exprimait étaient depuis longtemps formulées dans son esprit, et il les avait peut-être couchées par écrit :

— Il y a des moments, — et cela ne dure que cinq ou six secondes de suite, où vous sentez soudain la présence de l'harmonie éternelle. Ce phénomène n'est ni terrestre, ni céleste, mais c'est quelque chose que l'homme, sous son enveloppe terrestre, ne peut supporter. Il faut se transformer physiquement ou mourir. C'est un sentiment clair et indiscutable. Il vous semble tout à coup être en contact avec toute la nature, et vous dites : Oui, cela est vrai. Quand Dieu a créé le monde, il a dit à la fin de chaque jour de la création : « Oui, cela est vrai, cela est bon. » C'est... ce n'est pas de l'attendrissement, c'est de la joie. Vous ne pardonnez rien, parce qu'il n'y a plus rien à pardonner. Vous n'aimez pas non plus, oh! ce sentiment est supérieur à l'amour! Le plus terrible, c'est l'effrayante netteté avec laquelle il s'accuse, et la joie dont il vous remplit. Si cet état dure plus de cinq secondes, l'âme ne peut y résister et doit disparaître. Durant ces cinq secondes, je vis toute une existence humaine, et pour elles je donnerais toute ma vie, car ce ne serait pas les payer trop cher. Pour supporter cela pendant dix secondes, il faut se transformer physiquement. Je crois que l'homme doit cesser d'engendrer. Pourquoi des enfants, pourquoi le développement si le but est atteint? Il est dit dans l'Évangile qu'après la résurrection on n'engendrera plus, mais qu'on sera comme les anges de Dieu. C'est une figure. Votre femme accouche?

— Kiriloff, est-ce que ça vous prend souvent?

— Une fois tous les trois jours, une fois par semaine.

— Vous n'êtes pas épileptique?

— Non.

— Alors vous le deviendrez. Prenez garde, Kiriloff, j'ai entendu dire que c'est précisément ainsi que cela commence. Un homme sujet à cette maladie m'a fait la description détaillée de la sensation qui précède l'accès, et, en vous écoutant, je croyais l'entendre. Lui aussi m'a parlé des cinq secondes, et m'a dit qu'il était impossible de supporter plus longtemps cet état. Rappelez-vous la cruche de Mahomet : pendant qu'elle se vidait, le prophète chevauchait dans le paradis. La cruche, ce sont les cinq secondes; le paradis, c'est votre harmonie, et Mahomet était épileptique. Prenez garde de le devenir aussi, Kiriloff!

— Je n'en aurai pas le temps, répondit l'ingénieur avec un sourire tranquille.

## VI

La nuit se passa. On renvoyait Chatoff, on l'injuriait, on l'appelait. Marie en vint à concevoir les plus grandes craintes pour sa vie. Elle criait qu'elle voulait vivre « absolument, absolument ! » et qu'elle avait peur de mourir : « Il ne faut pas, il ne faut pas ! » répétait-elle. Sans Arina Prokhorovna, les choses auraient été fort mal. Peu à peu, elle se rendit complètement maîtresse de sa cliente, qui finit par lui obéir avec la docilité d'un enfant. La sage-femme procédait par la sévérité et non par les caresses; en revanche elle entendait admirablement son métier. L'aurore commençait à poindre. Arina Prokhorovna imagina tout à coup que Chatoff était allé prier Dieu sur le palier, et elle se mit à rire. La malade rit aussi, d'un rire méchant, amer, qui paraissait la soulager. A la fin, le mari fut expulsé pour tout de bon. La matinée était humide et froide. Debout sur le carré, le visage tourné contre le mur, Chatoff se trouvait exactement dans la même position que la veille, au moment de la visite d'Erkel. Il tremblait comme une feuille et n'osait penser; des rêves incohérents, aussi vite interrompus qu'ébauchés, occupaient son esprit. De la chambre arrivèrent enfin jusqu'à lui non plus des gémissements, mais des hurlements affreux, inexprimables, impossibles. En vain il voulut se boucher les oreilles, il ne put que tomber à genoux en répétant sans savoir ce qu'il disait : « Marie, Marie! » Et voilà que soudain retentit un cri nouveau, faible, inarticulé, — un vagissement. Chatoff frissonnant se releva d'un bond, fit le signe de la croix et s'élança dans la chambre. Entre les bras d'Arina Prokhorovna s'agitait un nouveau-né, un petit être rouge, ridé, sans défense, à la merci du moindre souffle, mais qui criait comme pour attester son droit à la vie.... Étendue sur le lit, Marie semblait privée de sentiment; toutefois, au bout d'une minute, elle ouvrit les yeux et regarda son mari d'une façon étrange : jusqu'alors, jamais il ne lui avait vu ce regard, et il ne pouvait le comprendre.

— Un garçon? Un garçon? demanda-t-elle d'une voix brisée à l'accoucheuse.

— Oui, répondit celle-ci en train d'emmaillotter le baby.

Pendant un instant elle le donna à tenir à Chatoff, tandis qu'elle se disposait à le mettre sur le lit, entre deux oreillers. La malade fit à son mari un petit signe à la dérobée, comme si elle eût craint d'être vue par Arina Prokhorovna. Il comprit tout de suite et vint lui montrer l'enfant.

La mère sourit.

— Qu'il est... joli... murmura-t-elle faiblement.

Madame Virguinsky était triomphante.

— Oh! comme il le regarde! fit-elle avec un rire gai en considérant le visage de Chatoff; — voyez donc cette tête!

— Égayez-vous, Arina Prokhorovna... C'est une grande joie... balbutia-t-il d'un air de béatitude idiote; il était radieux depuis les quelques mots prononcés par Marie au sujet de l'enfant.

— Quelle si grande joie y a-t-il là pour vous? répliqua en riant Arina Prokhorovna, qui n'épargnait pas sa peine et travaillait comme une esclave.

— Le secret de l'apparition d'un nouvel être, un grand, un inexplicable mystère, Arina Prokhorovna, et quel dommage que vous ne compreniez pas cela!

Dans son exaltation Chatoff bégayait des paroles confuses qui semblaient jaillir de son âme en dépit de lui-même; on aurait dit que quelque chose était détraqué dans son cerveau.

— Il y avait deux êtres humains, et en voici tout à coup un troisième, un nouvel esprit, entier, achevé, comme ne le sont pas les œuvres sortant des mains de l'homme; une nouvelle pensée et un nouvel amour, c'est même effrayant... Et il n'y a rien au monde qui soit au-dessus de cela!

La sage-femme partit d'un franc éclat de rire.

— Eh! qu'est-ce qu'il jabote! C'est tout simplement le développement ultérieur de l'organisme, et il n'y a là rien de mystérieux. Alors n'importe quelle mouche serait un mystère. Mais voici une chose : les gens qui sont de trop ne devraient pas venir au monde. Commencez par vous arranger de façon qu'ils ne soient pas de trop, et ensuite engendrez-les. Autrement, qu'arrive-t-il? Celui-ci, par exemple, après-demain on devra l'envoyer dans un asile... Du reste, il faut cela aussi.

— Je ne souffrirai jamais qu'il soit envoyé dans un asile! dit d'un ton ferme Chatoff qui regardait fixement le plancher.

— Vous l'adopterez?

— Il est déjà mon fils.

— Sans doute c'est un Chatoff; aux yeux de la loi vous êtes son père, et vous n'avez pas lieu de vous poser en bienfaiteur du genre humain. Il faut toujours qu'ils fassent des phrases. Allons, allons, c'est bien, seulement, messieurs, il est temps que je m'en aille, dit madame Virguinsky quand elle eut fini tous ses arrangements. — Je viendrai encore dans la matinée, et, si besoin est, je passerai ce soir, mais maintenant, comme tout s'est terminé à souhait, je dois courir chez d'autres qui m'attendent depuis longtemps. Vous avez une vieille qui demeure dans votre maison, Chatoff; autant elle qu'une autre, mais ne quittez pas pour cela votre femme, her mari; restez près d'elle, vous pourrez peut-être vous rendre utile; je crois que Marie Ignatievna ne vous chassera pas... allons, allons, je ris...

Chatoff reconduisit Arina Prokhorovna jusqu'à la grand'-porte. Avant de sortir, elle lui dit :

— Vous m'avez amusée pour toute ma vie, je ne vous demanderai pas d'argent; je rirai encore en rêve. Je n'ai jamais rien vu de plus drôle que vous cette nuit.

Elle s'en alla très-contente. La manière d'être et le langage de Chatoff lui avaient prouvé clair comme le jour qu'une pareille « lavette », un homme chez qui la bosse de la paternité était si développée, ne pouvait pas être un dénonciateur. Quoiqu'elle eût une cliente à visiter dans le voisinage de la rue de l'Épiphanie, Arina Prokhorovna retourna directement chez elle, pressée qu'elle était de faire part de ses impressions à son mari.

— Marie, elle t'a ordonné de dormir pendant un certain temps, bien que ce soit fort difficile, je le vois... commença timidement Chatoff. — Je vais me mettre là près de la fenêtre et je veillerai sur toi, n'est-ce pas?

Il s'assit près de la fenêtre, derrière le divan, de sorte qu'elle ne pouvait pas le voir. Mais moins d'une minute après elle l'appela et, d'un ton dédaigneux, le pria d'arranger l'oreiller. Il obéit. Elle regardait le mur avec colère.

— Pas ainsi, oh! pas ainsi... Quel maladroit!

Chatoff se remit à l'œuvre.

La malade eut une fantaisie étrange :

— Baissez-vous vers moi, dit-elle soudain à son mari en faisant tous ses efforts pour ne pas le regarder.

Il eut un frisson, néanmoins il se pencha vers elle.

— Encore... pas comme cela... plus près...

Elle passa brusquement son bras gauche autour du cou de Chatoff, et il sentit sur son front le baiser brûlant de la jeune femme.

— Marie!

Elle avait les lèvres tremblantes et se roidissait contre elle-même, mais tout à coup elle se souleva un peu, ses yeux étincelèrent :

— Nicolas Stavroguine est un misérable! s'écria-t-elle.

Puis elle retomba sans force sur le lit, cacha son visage dans l'oreiller et se mit à sangloter, tout en tenant la main de Chatoff étroitement serrée dans la sienne.

A partir de ce moment elle ne le laissa plus s'éloigner, elle voulut qu'il restât assis à son chevet. Elle ne pouvait pas parler beaucoup, mais elle ne cessait de le contempler avec un sourire de bienheureuse. Il semblait qu'elle fût devenue une petite sotte. C'était, pour ainsi dire, une renaissance complète. Quant à Chatoff, tantôt il pleurait comme un petit enfant, tantôt il disait Dieu sait quelles extravagances en baisant les mains de Marie. Elle écoutait avec ivresse, peut-être sans comprendre, tandis que ses doigts alanguis lissaient et caressaient amoureusement les cheveux de son époux. Il parlait de Kiriloff, de la vie nouvelle qui allait maintenant commencer pour eux, de l'existence de Dieu, de la bonté de tous les hommes... Ensuite, d'un œil ravi, ils se remirent à considérer le baby.

— Marie! cria Chatoff, qui tenait l'enfant dans ses bras, — nous en avons fini, n'est-ce pas, avec l'ancienne démence, avec l'infamie et la charogne? Laisse-moi faire, et nous entrerons à trois dans une nouvelle route, oui, oui!... Ah! mais comment donc l'appellerons-nous, Marie?

— Lui? Comment nous l'appellerons? fit-elle avec étonnement, et soudain ses traits prirent une expression d'affreuse souffrance.

Elle frappa dans ses mains, jeta à Chatoff un regard de reproche et enfouit sa tête dans l'oreiller.

— Marie, qu'est-ce que tu as? demanda-t-il épouvanté.

— Et vous avez pu, vous avez pu... Oh! ingrat!

— Marie, pardonne, Marie... je désirais seulement savoir comment on le nommerait. Je ne sais pas...

— Ivan, Ivan, répondit-elle avec feu en relevant son visage trempé de larmes; — vraiment, avez-vous pu supposer qu'on lui donnerait quelque autre nom, un nom *odieux?*

— Marie, calme-toi, oh! que tu es nerveuse!

— Encore une grossièreté; pourquoi attribuez-vous cela aux nerfs? Je parie que si j'avais dit de l'appeler de ce nom odieux, vous auriez consenti tout de suite, vous n'y auriez même pas fait attention! Oh! les ingrats, les hommes bas! **Tous, tous!**

Inutile de dire qu'un instant après ils se réconcilièrent. Chatoff persuada à Marie de prendre du repos. Elle s'endormit, mais toujours sans lâcher la main de son mari; de temps à autre elle s'éveillait, le regardait comme si elle avait peur qu'il ne s'en allât, puis fermait de nouveau les yeux.

Kiriloff envoya la vieille présenter ses « félicitations »; elle apporta en outre, de la part de l'ingénieur, du thé chaud, des côtelettes qui venaient d'être grillées, et du pain blanc avec du bouillon pour « Marie Ignatievna ». La malade but avidement le bouillon et obligea son mari à manger une côtelette. La vieille s'occupa de l'enfant.

Le temps se passait. Vaincu par la fatigue, Chatoff s'endormit lui-même sur sa chaise et laissa tomber sa tête sur l'oreiller de Marie. Arina Prokhorovna, fidèle à sa promesse, arriva sur ces entrefaites. Elle éveilla gaiement les époux, fit à Marie les recommandations nécessaires, examina l'enfant et défendit encore à Chatoff de s'éloigner. La sage-femme décocha ensuite à l'« heureux couple » quelques traits moqueurs; après quoi elle se retira aussi contente que tantôt.

L'obscurité était venue quand Chatoff s'éveilla. Il se hâta d'allumer une bougie et courut chercher la vieille; mais il s'était à peine mis en devoir de descendre l'escalier qu'il entendit, non sans stupeur, quelqu'un gravir les marches d'un pas léger et tranquille. Le visiteur était Erkel.

— N'entrez pas! dit Chatoff à voix basse, et, prenant vivement le jeune homme par le bras, il lui fit rebrousser chemin jusqu'à la grand'porte. — Attendez ici, je vais sortir tout de suite, je vous avais complètement oublié! Oh! comme vous savez vous rappeler à l'attention!

Il était si pressé qu'il ne passa même pas chez Kiriloff et se contenta d'appeler la vieille. Marie fut au désespoir, s'indigna: comment pouvait-il seulement avoir l'idée de la quitter?

— Mais c'est pour en finir! criait-il avec exaltation; — après cela nous entrerons dans une nouvelle voie, et plus jamais, plus jamais nous ne songerons aux horreurs d'autrefois!

Tant bien que mal il parvint à lui faire entendre raison, promettant d'être de retour à neuf heures précises; il l'embrassa tendrement, il embrassa le baby et courut retrouver Erkel.

Tous deux devaient se rendre dans le parc des Stavroguine à Skvorechniki, où, dix-huit mois auparavant, Chatoff avait enterré la presse remise entre ses mains. Situé assez loin de l'habitation, le lieu était sauvage, solitaire et des mieux choisis pour servir de cachette. De la maison Philippoff à cet endroit on pouvait compter trois verstes et demie, peut-être même quatre.

— Est-il possible que nous fassions toute la route à pied? Je vais prendre une voiture.

— N'en faites rien, je vous prie, répondit Erkel, — ils ont formellement insisté là-dessus. Un cocher est un témoin.

— Allons... diable! Peu importe, le tout est d'en finir!

Ils se mirent en marche d'un pas rapide.

— Erkel, vous êtes encore tout jeune! cria Chatoff: — avez-vous jamais été heureux?

— Vous, il paraît qu'à présent vous l'êtes fort, observa l'enseigne intrigué.

# CHAPITRE VI

## UNE NUIT LABORIEUSE.

I

Dans la journée, Virguinsky passa deux heures à courir chez tous les *nôtres* : il voulait leur dire que Chatoff ne dénoncerait certainement pas, attendu que sa femme était revenue chez lui, qu'un enfant lui était né, et que, « connaissant le cœur humain », on ne pouvait pas en ce moment le considérer comme un homme dangereux. Mais, à son extrême regret, il trouva buisson creux presque partout; seuls Erkel et Liamchine étaient chez eux. Le premier fixa ses yeux clairs sur le visiteur et l'écouta en silence. Lorsque Virguinsky lui demanda nettement s'il irait au rendez-vous à six heures, il répondit avec le plus franc sourire que cela ne pouvait faire aucun doute.

Liamchine était couché et paraissait très-sérieusement malade; il avait tiré la couverture sur sa tête. L'arrivée de Virguinsky l'épouvanta; dès que celui-ci eut pris la parole, le Juif sortit brusquement ses bras du lit et se mit à les agiter en suppliant qu'on le laissât en repos. Néanmoins il écouta jusqu'au bout tout ce qu'on lui dit de Chatoff, et la nouvelle que Virguinsky avait vainement cherché à voir les *nôtres* produisit sur lui une impression extraordinaire. Il savait déjà (par Lipoutine) la mort de Fedka, et il en parla avec agitation au visiteur qui, à son tour, fut très-frappé de cet événement. A la question : « Faut-il ou non aller là? » Liamchine répondit, en remuant de nouveau les bras, qu'il était en dehors de tout, qu'il ne savait rien, et qu'on devait le laisser tranquille.

Virguinsky revint chez lui fort oppressé, fort inquiet ; il lui en coûtait aussi de ne pouvoir se confier à sa famille, car il avait coutume de tout dire à sa femme, et si en ce moment une nouvelle idée, un nouveau moyen d'arranger les choses à l'amiable ne s'était fait jour dans son cerveau échauffé, il se serait peut-être mis au lit comme Liamchine. Mais la pensée qui venait de s'offrir à son esprit lui donna des forces, et même, dans son impatience de mettre ce projet à exécution, il partit avant l'heure pour le lieu du rendez-vous.

C'était un endroit très-sombre situé à l'extrémité de l'immense parc des Stavroguine. Plus tard je suis allé exprès le visiter; qu'il devait paraître morne par cette humide soirée d'automne! Là commençait un ancien bois de réserve; les énormes pins séculaires formaient des taches noires dans l'obscurité. Celle-ci était telle qu'à deux pas on pouvait à peine se voir, mais Pierre Stépanovitch et Lipoutine arrivèrent avec des lanternes; ensuite Erkel en apporta une aussi. A une époque fort reculée et pour un motif que j'ignore, on avait construit dans ce lieu, avec des pierres de roche non équarries, une grotte d'un aspect assez bizarre. La table et les petits bancs qui se trouvaient dans l'intérieur de cette grotte étaient depuis longtemps en proie à la pourriture. A deux cents pas à droite finissait le troisième étang du parc. Les trois pièces d'eau se faisaient suite : entre la première qui commençait tout près de l'habitation et la dernière qui se terminait tout au bout du parc il y avait plus d'une verste de distance. Il n'était pas à présumer qu'un bruit quelconque, un cri ou même un coup de feu pût parvenir aux oreilles des quelques personnes résidant encore dans la maison Stavroguine. Depuis le départ de Nicolas Vsévolodovitch et celui d'Alexis Égoritch, il ne restait plus là que cinq ou six individus, des domestiques invalides, pour ainsi dire. En tout cas, à supposer même que ces gens entendissent des cris, des appels désespérés, on pouvait être presque sûr que pas un ne quitterait son poêle pour courir au secours.

A six heures vingt, tous se trouvèrent réunis, à l'exception d'Erkel, qui avait été chargé d'aller chercher Chatoff. Cette fois, Pierre Stépanovitch ne se fit pas attendre; il vint accompagné de Tolkatchenko. Ce dernier était fort soucieux; sa résolution de parade, sa jactance effrontée avaient complétement disparu. Il ne quittait pas Pierre Stépanovitch, à qui tout d'un coup il s'était mis à témoigner un dévouement sans bornes : à chaque instant il s'approchait de lui d'un air affairé et lui parlait à voix basse, mais l'autre ne répondait pas ou grommelait d'un ton fâché quelques mots pour se débarrasser de son interlocuteur.

Chigaleff et Virguinsky arrivèrent plusieurs minutes avant Pierre Stépanovitch, et, dès que celui-ci parut, ils se retirèrent un peu à l'écart sans proférer un seul mot; ce silence était évidemment prémédité. Verkhovensky leva sa lanterne et alla les regarder sous le nez avec un sans façon insultant. « Ils veulent parler », pensa-t-il.

— Liamchine n'est pas là? demanda ensuite Pierre Stépanovitch à Virguinsky. — Qui est-ce qui a dit qu'il était malade?

Liamchine, qui se tenait caché derrière un arbre, se montra soudain.

— Présent! fit-il.

Le Juif avait revêtu un paletot d'hiver, et un plaid l'enveloppait des pieds à la tête, en sorte que, même avec une lanterne, il n'était pas facile de distinguer ses traits.

— Alors il ne manque que Lipoutine?

A ces mots, Lipoutine sortit silencieusement de la grotte. Pierre Stépanovitch leva de nouveau sa lanterne.

— Pourquoi vous étiez-vous fourré là? Pourquoi ne sortiez-vous pas?

— Je suppose que nous conservons tous la liberté... de nos

mouvements, murmura Lipoutine qui, du reste, ne se rendait pas bien compte de ce qu'il voulait dire.

— Messieurs, commença Pierre Stépanovitch en élevant la voix, ce qui fit sensation, car jusqu'alors tous avaient parlé bas : — vous comprenez bien, je pense, que l'heure des délibérations est passée. Tout a été dit, réglé, arrêté dans la séance d'hier. Mais peut-être, si j'en juge par les physionomies, quelqu'un de vous désire prendre la parole; en ce cas je le prie de se dépêcher. Le diable m'emporte, nous n'avons pas beaucoup de temps, et Erkel peut l'amener d'un moment à l'autre...

— Il l'amènera certainement, observa Tolkatchenko.

— Si je ne me trompe, tout d'abord devra avoir lieu la remise de la typographie? demanda Lipoutine sans bien savoir pourquoi il posait cette question.

— Eh bien, naturellement, on ne laisse pas perdre ses affaires, répondit Pierre Stépanovitch en dirigeant un jet de lumière sur le visage de Lipoutine. — Mais hier il a été décidé d'un commun accord qu'on n'emporterait pas la presse aujourd'hui. Qu'il vous indique seulement l'endroit où il l'a enterrée; plus tard nous l'exhumerons nous-mêmes. Je sais qu'elle est enfouie ici quelque part, à dix pas d'un des coins de cette grotte... Mais, le diable m'emporte, comment donc avez-vous oublié cela, Lipoutine? Il a été convenu que vous iriez seul à sa rencontre et qu'ensuite nous sortirions... Il est étrange que vous fassiez cette question, ou bien est-ce que vous parlez pour ne rien dire?

La figure de Lipoutine s'assombrit, mais il ne répliqua pas. Tous se turent. Le vent agitait les cimes des pins.

— J'espère pourtant, messieurs, que chacun accomplira son devoir, déclara impatiemment Pierre Stépanovitch.

— Je sais que la femme de Chatoff est arrivée chez lui et qu'elle vient d'avoir un enfant, dit soudain Virguinsky, dont l'émotion était telle qu'il pouvait à peine parler. — Connaissant le cœur humain... on peut être sûr qu'à présent il ne dénoncera pas... car il est heureux... En sorte que tantôt je suis allé chez tout le monde, mais je n'ai trouvé personne... en sorte que maintenant il n'y a peut-être plus rien à faire...

La respiration lui manquant, il dut s'arrêter.

Pierre Stépanovitch s'avança vivement vers lui.

— Si vous, monsieur Virguinsky, vous deveniez heureux tout d'un coup, renonceriez-vous, — je ne dis pas à dénoncer, il ne peut être question de cela, — mais à accomplir un dangereux acte de civisme dont vous auriez conçu l'idée avant d'être heureux, et que vous considéreriez comme un devoir, comme une obligation pour vous, quelques risques qu'il dût faire courir à votre bonheur?

— Non, je n'y renoncerais pas! Pour rien au monde je n'y renoncerais! répondit avec une chaleur fort maladroite Virguinsky.

— Plutôt que d'être un lâche, vous préféreriez redevenir malheureux?

— Oui, oui... Et même tout au contraire... je voudrais être un parfait lâche... c'est-à-dire non... pas un lâche, mais au contraire être tout à fait malheureux plutôt que lâche.

— Eh bien, sachez que Chatoff considère cette dénonciation comme un exploit civique, comme un acte impérieusement exigé par ses principes, et la preuve, c'est que lui-même se met dans un assez mauvais cas vis-à-vis du gouvernement, quoique sans doute, comme délateur, il doive s'attendre à beaucoup d'indulgence. Un pareil homme ne renoncera pour rien au monde à son dessein. Il n'y a pas de bonheur qui puisse le fléchir; d'ici à vingt-quatre heures il rentrera en lui-même, s'accablera de reproches et exécutera ce qu'il a projeté. D'ailleurs, je ne vois pas que Chatoff ait lieu d'être si heureux parce que sa femme, après trois ans de séparation, est venue chez lui accoucher d'un enfant dont Stavroguine est le père.

— Mais personne n'a vu la dénonciation, objecta d'un ton ferme Chigaleff.

— Je l'ai vue, moi, cria Pierre Stépanovitch, — elle existe, et tout cela est terriblement bête, messieurs!

— Et moi, fit Virguinsky s'échauffant tout à coup, — je proteste... je proteste de toutes mes forces... Je veux... Voici ce que je veux : quand il arrivera, je veux que nous allions tous au-devant de lui et que nous l'interrogions : si c'est vrai, on l'en fera repentir, et s'il donne sa parole d'honneur, on le laissera aller. En tout cas, qu'on le juge, qu'on observe les formes juridiques. Il ne faut pas de guet-apens.

— Risquer l'œuvre commune sur une parole d'honneur, c'est le comble de la bêtise ! Le diable m'emporte, que c'est bête, messieurs, à présent ! Et quel rôle vous assumez au moment du danger !

— Je proteste, je proteste, ne cessait de répéter Virguinsky.

— Du moins, ne criez pas, nous n'entendrons pas le signal. Chatoff, messieurs... (Le diable m'emporte, comme c'est bête à présent !) Je vous ai déjà dit que Chatoff est un slavophile, c'est-à-dire un des hommes les plus bêtes... Du reste, cela ne signifie rien, vous êtes cause que je perds le fil de mes idées !... Chatoff, messieurs, était un homme aigri, et comme, après tout, il appartenait à la société, j'ai voulu jusqu'à la dernière minute espérer qu'on pourrait utiliser ses ressentiments dans l'intérêt de l'œuvre commune. Je l'ai épargné, je lui ai fait grâce, nonobstant les instructions les plus formelles... J'ai eu pour lui cent fois plus d'indulgence qu'il n'en méritait ! Mais il a fini par dénoncer, eh bien, tant pis pour lui !... Et maintenant essayez un peu de lâcher ! Pas un de vous n'a le droit d'abandonner l'œuvre ! Vous pouvez embrasser Chatoff, si vous voulez, mais vous n'avez pas le droit de livrer l'œuvre commune à la merci d'une parole d'honneur ! Ce sont les cochons et les gens vendus au gouvernement qui agissent de la sorte !

— Qui donc ici est vendu au gouvernement ? demanda Lipoutine.

— Vous peut-être. Vous feriez mieux de vous taire, Lipoutine, vous ne parlez que pour parler, selon votre habitude. J'appelle vendus, messieurs, tous ceux qui canent à l'heure du danger. Il se trouve toujours au dernier moment un imbécile, qu[i] saisi de frayeur, accourt en criant : « Ah ! pardonnez-moi, et je les livrerai tous ! » Mais sachez, messieurs, que maintenant il n'y a plus de dénonciation qui puisse vous valoir votre grâce. Si même on abaisse la peine de deux degrés, c'est toujours la Sibérie pour chacun, sans parler d'une autre punition à laquelle vous n'échapperez pas. Il y a un glaive plus acéré que celui du gouvernement.

Pierre Stépanovitch était furieux et la colère lui faisait dire beaucoup de paroles inutiles. Chigaleff s'avança hardiment vers lui.

— Depuis hier, j'ai réfléchi à l'affaire, commença-t-il du ton froid, méthodique et assuré qui lui était habituel (la terre se serait entr'ouverte sous ses pieds qu'il n'aurait pas, je crois, haussé la voix d'une seule note, ni changé un iota à son discours); après avoir réfléchi à l'affaire, je me suis convaincu que non-seulement le meurtre projeté fera perdre un temps précieux qui pourrait être employé d'une façon plus pratique, mais encore qu'il constitue une funeste déviation de la voie normale, déviation qui a toujours nui considérablement à l'œuvre et qui en a retardé le succès de plusieurs dizaines d'années, en substituant à l'influence des purs socialistes celle des hommes légers et des politiciens. Mon seul but en venant ici était de protester, pour l'édification commune, contre l'entreprise projetée, et ensuite de refuser mon concours dans le moment présent que vous appelez, je ne sais pourquoi, le moment de votre danger. Je me retire — non par crainte de ce danger, non par sympathie pour Chatoff, que je ne veux nullement embrasser, mais uniquement parce que toute cette affaire est d'un bout à l'autre en contradiction formelle avec mon programme. Quant à être un délateur, un homme vendu au gouvernement, je ne le suis pas, et vous pouvez être parfaitement tranquilles en ce qui me concerne : je ne vous dénoncerai pas.

Il fit volte-face et s'éloigna.

— Le diable m'emporte, il va les rencontrer et il avertira Chatoff ! s'écria Pierre Stépanovitch ; en même temps il prit son revolver et l'arma. A ce bruit, Chigaleff se retourna.

— Vous pouvez être sûr que, si je rencontre Chatoff en chemin, je le saluerai peut-être, mais je ne l'avertirai pas.

— Savez-vous qu'on pourrait vous faire payer cela, monsieur Fourier?

— Je vous prie de remarquer que je ne suis pas Fourier. En me confondant avec ce fade abstracteur de quintessence, vous prouvez seulement que mon manuscrit vous est totalement inconnu, quoique vous l'ayez eu entre les mains. Pour ce qui est de votre vengeance, je vous dirai que vous avez eu tort d'armer votre revolver; en ce moment cela ne peut que vous être tout à fait nuisible. Si vous comptez réaliser votre menace demain ou après-demain, ce sera la même chose; en me brûlant la cervelle vous ne ferez que vous attirer des embarras inutiles ; vous me tuerez, mais tôt ou tard vous arriverez à mon système. Adieu.

Soudain on entendit siffler à deux cents pas de là, dans le parc, du côté de l'étang. Suivant ce qui avait été convenu la veille, Lipoutine répondit aussitôt à ce signal (ayant la bouche assez dégarnie de dents, il avait le matin même acheté dans un bazar un petit sifflet d'un kopek comme ceux dont les enfants se servent). En chemin, Erkel avait prévenu Chatoff que des coups de sifflet seraient échangés, en sorte que celui-ci ne conçût aucun soupçon.

— Ne vous inquiétez pas, à leur approche je me rangerai sur le côté et ils ne m'apercevront pas, dit à voix basse Chigaleff, puis tranquillement, sans se presser, il retourna chez lui en traversant le parc plongé dans l'obscurité.

On connaît maintenant jusqu'aux moindres détails de cet affreux drame. Les deux arrivants trouvèrent tout près de la grotte Lipoutine venu au-devant d'eux; sans le saluer, sans lui tendre la main, Chatoff entra brusquement en matière.

— Eh bien ! où est donc votre bêche, fit-il d'une voix forte, — et n'avez-vous pas une autre lanterne encore? Mais n'ayez pas peur, nous sommes absolument seuls, et un coup de

canon tiré ici maintenant ne serait pas entendu à Skvorechniki. Tenez, c'est ici, voyez-vous, à cette place même.

L'endroit qu'il indiquait en frappant du pied se trouvait
en effet à dix pas d'un des coins de la grotte, du côté du
bois. Au même instant Tolkatchenko, jusqu'alors masqué par
un arbre, fondit sur lui, et Erkel lui empoigna les bras; tandis que ceux-ci le saisissaient par derrière, Lipoutine l'as-
saillait par devant. En un clin d'œil Chatoff fut terrassé, et
ses trois ennemis le tinrent renversé contre le sol. Alors
s'élança Pierre Stépanovitch, le revolver au poing. On
raconte que Chatoff eut le temps de tourner la tête vers lui
et put encore le reconnaître. Trois lanternes éclairaient cette
scène. Le malheureux poussa un cri désespéré, mais on le
fit taire aussitôt : d'une main ferme Pierre Stépanovitch lui
appliqua sur le front le canon de son revolver et pressa la
détente. Sans doute la détonation ne fut pas très-forte, car
à Skvorechniki on n'entendit rien. Chigaleff ne se trouvait
encore qu'à trois cents pas de là; naturellement il entendit
et le cri de Chatoff et le coup de feu, mais, comme lui-même
le déclara plus tard, il ne se retourna pas et continua son
chemin. La mort fut presque instantanée. Seul Pierre Stépanovitch conserva la plénitude de sa présence d'esprit, sinon
de son sang-froid; il s'accroupit sur sa victime et se mit à la
fouiller; il accomplit cette besogne précipitamment, mais
sans trembler. Le défunt n'avait pas d'argent sur lui (le
porte-monnaie était resté sous l'oreiller de Marie Ignatievna): la perquisition opérée dans ses vêtements n'amena
que la découverte de trois insignifiants chiffons de papier :
une note de comptabilité, le titre d'un livre, enfin une vieille
addition de restaurant qui datait du séjour de Chatoff à
l'étranger, et qu'il conservait depuis deux ans, Dieu sait
pourquoi. Pierre Stépanovitch fourra ces papiers dans sa
poche, puis, remarquant l'inaction de ses complices qui,
groupés autour du cadavre, le contemplaient sans rien faire,
il entra en fureur et les invectiva grossièrement. Tolkatchenko et Erkel, rappelés à eux-mêmes, coururent chercher

dans la grotte deux pierres pesant chacune vingt livres, qu'ils y avaient déposées le matin toutes préparées, c'est-à-dire solidement entourées de cordes. Comme il avait été décidé d'avance qu'on jetterait le corps dans l'étang le plus proche (le troisième), il s'agissait maintenant d'attacher ces pierres, l'une aux pieds, l'autre au cou du cadavre. Ce fut Pierre Stépanovitch qui se chargea de ce soin; Tolkatchenko et Erkel se bornèrent à tenir les pierres et à les lui passer. Tout en maugréant, Verkhovensky lia d'abord avec une corde les pieds de la victime, ensuite il y attacha la pierre que lui présenta Erkel. Cette opération fut assez longue, et, tant qu'elle dura, Tolkatchenko n'eut pas même une seule fois l'idée de déposer son fardeau à terre : respectueusement incliné, il tenait toujours sa pierre dans ses mains afin de pouvoir la donner à la première réquisition. Quand enfin tout fut terminé et que Pierre Stépanovitch se releva pour observer les physionomies des assistants, alors se produisit soudain un fait complétement inattendu, dont l'étrangeté stupéfia presque tout le monde.

Ainsi que le lecteur l'a remarqué, seuls parmi les *nôtres*, Tolkatchenko et Erkel avaient aidé Pierre Stépanovitch dans sa besogne. Au moment où tous s'étaient élancés vers Chatoff, Virguinsky avait fait comme les autres, mais il s'était abstenu de toute agression. Quant à Liamchine, on ne l'avait vu qu'après le coup de revolver. Ensuite, pendant les dix minutes environ que dura le travail de Pierre Stépanovitch et de ses deux auxiliaires, on aurait dit que les trois autres étaient devenus en partie inconscients. Aucun trouble, aucune inquiétude ne les agitait encore : ils ne semblaient éprouver qu'un sentiment de surprise. Lipoutine se tenait en avant de ses compagnons, tout près du cadavre. Debout derrière lui, Virguinsky regardait par-dessus son épaule avec une curiosité de badaud, il se haussait même sur la pointe des pieds pour mieux voir. Liamchine était caché derrière Virguinsky, de temps à autre seulement il levait la tête et jetait un coup d'œil furtif, après quoi il se dérobait vivement.

Mais lorsque les pierres eurent été attachées et que Verkhovensky se fut relevé, Virguinsky se mit soudain à trembler de tous ses membres il frappa ses mains l'une contre l'autre et d'une voix retentissante s'écria douloureusement :

— Ce n'est pas cela, pas cela ! Non, ce n'est pas cela du tout !

Il aurait peut-être ajouté quelque chose à cette exclamation si tardive, mais Liamchine ne lui en laissa pas le temps : le Juif, qui se trouvait derrière lui, le prit soudain à bras-le-corps, et, le serrant de toutes ses forces, commença à proférer des cris véritablement inouïs. Il y a des moments de grande frayeur, par exemple, quand on entend tout à coup un homme crier d'une voix qui n'est pas la sienne et qu'on n'aurait jamais pu lui soupçonner auparavant. La voix de Liamchine n'avait rien d'humain et semblait appartenir à une bête fauve. Tandis qu'il étreignait Virguinsky de plus en plus fort, il ne cessait de trembler, regardant tout le monde avec de grands yeux, ouvrant démesurément la bouche et trépignant des pieds. Virguinsky fut tellement épouvanté que lui-même se mit à crier comme un insensé ; en même temps, avec une colère qu'on n'aurait pas attendue d'un homme aussi doux, il s'efforçait de se dégager en frappant et en égratignant Liamchine autant qu'il pouvait le faire, ce dernier se trouvant derrière lui. Erkel vint à son aide et donna au Juif une forte secousse qui l'obligea à lâcher prise ; dans son effroi Virguinsky courut se réfugier dix pas plus loin. Mais alors Liamchine aperçut tout à coup Verkhovensky et s'élança vers lui en criant de nouveau. Son pied s'étant heurté contre le cadavre, il tomba sur Pierre Stépanovitch, le saisit dans ses bras, et lui appuya sa tête sur la poitrine avec une force contre laquelle, dans le premier moment, ni Pierre Stépanovitch, ni Tolkatchenko, ni Lipoutine ne purent rien. Le premier poussait des cris, vomissait des injures et accablait de coups de poing la tête obstinément appuyée contre sa poitrine ; ayant enfin réussi à se dégager quelque peu, il prit son revolver et le braqua sur la bouche toujours ouverte de Liamchine ; déjà Tolkatchenko, Erkel et Lipoutine avaient saisi celui-ci par les bras, mais il continuait de crier, malgré le revolver qui le menaçait. Il fallut pour le réduire au silence qu'Erkel fît de son foulard une sorte de tampon et le lui fourrât dans la bouche. Quand le Juif eut été ainsi bâillonné, Tolkatchenko lui lia les mains avec le restant de la corde.

— C'est fort étrange, dit Pierre Stépanovitch en considérant le fou avec un étonnement mêlé d'inquiétude.

Sa stupéfaction était visible.

— J'avais de lui une opinion tout autre, ajouta-t-il d'un air songeur.

On confia pour le moment Liamchine à la garde d'Erkel. Force était d'en finir au plus tôt avec le cadavre, car les cris avaient été si perçants et si prolongés qu'on pouvait les avoir entendus quelque part. Tolkatchenko et Pierre Stépanovitch, s'étant munis de lanternes, prirent le corps par la tête ; Lipoutine et Virguinsky saisirent les pieds ; puis tout le monde se mit en marche. Les deux pierres rendaient le fardeau pesant, et la distance à parcourir était de deux cents pas. Tolkatchenko était le plus fort des quatre. Il proposa d'aller au pas, mais personne ne lui répondit, et chacun marcha à sa façon. Pierre Stépanovitch, presque plié en deux, portait sur son épaule la tête du mort, et avec sa main gauche tenait la pierre par en bas. Comme pendant la moitié du chemin Tolkatchenko n'avait pas pensé à l'aider dans cette partie de sa tâche, Pierre Stépanovitch finit par éclater en injures contre lui. Les autres porteurs gardèrent le silence, et ce fut seulement quand on arriva au bord de l'étang que Virguinsky, qui paraissait exténué, répéta soudain d'une voix désolée son exclamation précédente :

— Ce n'est pas cela, non, non, ce n'est pas cela du tout !

L'endroit où finissait cette pièce d'eau était l'un des plus solitaires et des moins visités du parc, surtout à cette époque de l'année. On déposa les lanternes à terre, et après avoir donné un branle au cadavre, on le lança dans l'étang.

Un bruit sourd et prolongé se fit entendre. Pierre Stépanovitch reprit sa lanterne; tous s'avancèrent curieusement, mais le corps, entraîné par les deux pierres, avait déjà disparu au fond de l'eau, et ils ne virent rien. L'affaire était terminée.

— Messieurs, dit Pierre Stépanovitch, — nous allons maintenant nous séparer. Sans doute, vous devez sentir cette libre fierté qui est inséparable de l'accomplissement d'un libre devoir. Si, par malheur, vous êtes trop agités en ce moment pour éprouver un sentiment semblable, à coup sûr vous l'éprouverez demain : il serait honteux qu'il en fût autrement. Je veux bien considérer l'indigne effarement de Liamchine comme un cas de fièvre chaude, d'autant plus qu'il est, dit-on, réellement malade depuis ce matin. Pour vous, Virguinsky, une minute seulement de libre réflexion vous montrera qu'on ne pouvait, sans compromettre l'œuvre commune, se contenter d'une parole d'honneur, et que nous avons fait précisément ce qu'il fallait faire. Vous verrez par la suite que la dénonciation existait. Je consens à oublier vos exclamations. Quant au danger, il n'y en a pas à prévoir. L'idée de soupçonner quelqu'un d'entre nous ne viendra à personne, surtout si vous-mêmes savez vous conduire; le principal dépend donc de vous et de la pleine conviction dans laquelle, je l'espère, vous vous affermirez dès demain. Si vous vous êtes réunis en groupe, c'est, entre autres choses, pour vous infuser réciproquement de l'énergie à un moment donné et, au besoin, pour vous surveiller les uns les autres. Chacun de vous a une lourde responsabilité. Vous êtes appelés à reconstruire sur de nouveaux fondements un édifice décrépit et vermoulu ; ayez toujours cela sous les yeux pour stimuler votre vaillance. Actuellement votre action ne doit tendre qu'à tout détruire : et l'État et sa moralité. Nous resterons seuls, nous qui nous serons préparés d'avance à prendre le pouvoir : nous nous adjoindrons les hommes intelligents et nous passerons sur le ventre des imbéciles. Cela ne doit pas vous déconcerter. Il faut refaire l'éducation de la génération présente pour la rendre digne de la liberté. Les Chatoff se comptent encore par milliers. Nous nous organisons pour prendre en main la direction des esprits : ce qui est vacant, ce qui s'offre de soi-même à nous, il serait honteux de ne pas le saisir. Je vais de ce pas chez Kiriloff : demain matin on trouvera sur sa table la déclaration qu'il doit écrire avant de se tuer et par laquelle il prendra tout sur lui. Cette combinaison a pour elle toutes les vraisemblances. D'abord, il était mal avec Chatoff ; ils ont vécu ensemble en Amérique, par suite ils ont eu le temps de se brouiller. En second lieu, on sait que Chatoff a changé d'opinion : on trouvera donc tout naturel que Kiriloff ait assassiné un homme qu'il devait détester comme renégat, et par qui il pouvait craindre d'être dénoncé. D'ailleurs, tout cela sera indiqué dans la lettre ; enfin elle révélera aussi que Fedka a logé dans l'appartement de Kiriloff. Ainsi voilà qui écartera de vous jusqu'au moindre soupçon, car toutes ces têtes de mouton seront complétement déroutées. Demain, messieurs, nous ne nous verrons pas ; je dois faire un voyage — très-court, du reste, — dans le district. Mais après-demain vous aurez de mes nouvelles. Je vous conseillerais de passer la journée de demain chez vous. A présent nous allons retourner à la ville en suivant des routes différentes. Je vous prie, Tolkatchenko, de vous occuper de Liamchine et de le ramener à son logis. Vous pouvez agir sur lui et surtout lui remontrer qu'il sera la première victime de sa pusillanimité. Monsieur Virguinsky, je ne veux pas plus douter de votre parent Chigaleff que de vous-même : il ne dénoncera pas. On doit assurément déplorer sa conduite ; mais, comme il n'a pas encore manifesté l'intention de quitter la société, il est trop tôt pour l'enterrer. Allons, du leste, messieurs ; quoique nous ayons affaire à des têtes de mouton, la prudence ne nuit jamais...

Virguinsky partit avec Erkel. L'enseigne, après avoir remis Liamchine entre les mains de Tolkatchenko, déclara à Pierre Stépanovitch que l'insensé avait repris ses esprits, qu'il se repentait, qu'il demandait pardon et ne se rappelait même pas ce qu'il avait fait. Pierre Stépanovitch s'en alla seul et prit un détour qui allongeait de beaucoup sa route. A mi-chemin de la ville, il ne fut pas peu surpris de se voir rejoint par Lipoutine.

— Pierre Stépanovitch, mais Liamchine dénoncera !

— Non, il réfléchira et il comprendra qu'en dénonçant il se ferait envoyer tout le premier en Sibérie. Maintenant personne ne dénoncera, pas même vous.

— Et vous ?

— Bien entendu, je vous ferai coffrer tous, pour peu que vous vous avisiez de trahir, et vous le savez. Mais vous ne trahirez pas. C'est pour me dire cela que vous avez fait deux verstes à ma poursuite ?

— Pierre Stépanovitch, Pierre Stépanovitch, nous ne nous reverrons peut-être jamais !

— Où avez-vous pris cela ?

— Dites-moi seulement une chose.

— Eh bien, quoi ? Du reste, je désire que vous décampiez.

— Une seule réponse, mais véridique : sommes-nous le seul quinquévirat existant en Russie, ou y en a-t-il réellement plusieurs centaines ? J'attache à cette question la plus haute importance, Pierre Stépanovitch.

— Votre agitation me le prouve. Savez-vous, Lipoutine, que vous êtes plus dangereux que Liamchine ?

— Je le sais, je le sais, mais — une réponse, votre réponse !

— Vous êtes un homme stupide ! Voyons, qu'il n'y ait qu'un quinquévirat ou qu'il y en ait mille, ce devrait être pour vous la même chose à présent, me semble-t-il.

— Alors il n'y en a qu'un ! Je m'en doutais ! s'écria Lipoutine. — J'avais toujours pensé qu'en effet nous étions le seul...

Sans attendre une autre réponse, il rebroussa chemin et se perdit bientôt dans l'obscurité.

Pierre Stépanovitch resta un moment pensif.

— Non, personne ne dénoncera, dit-il résolûment, — mais le groupe doit conserver son organisation et obéir, ou je les... Quelle drogue tout de même que ces gens-là !

II

Il passa d'abord chez lui et, méthodiquement, sans se presser, fit sa malle. Un train express partait le lendemain à six heures du matin. C'était un essai que faisait depuis peu l'administration du chemin de fer, et elle n'organisait encore ce train matinal qu'une fois par semaine. Quoique Pierre Stépanovitch eût dit aux *nôtres* qu'il allait se rendre pour quelque temps dans le district, tout autres étaient ses intentions, comme l'événement le montra. Ses préparatifs de départ terminés, il régla sa logeuse déjà prévenue par lui, prit un fiacre et se fit conduire chez Erkel qui demeurait dans le voisinage de la gare. Ensuite, vers une heure du matin, il alla chez Kiriloff, dans le domicile de qui il s'introduisit de la même façon clandestine que lors de sa précédente visite.

Pierre Stépanovitch était de très-mauvaise humeur. Sans parler d'autres contrariétés qui lui étaient extrêmement sensibles (il n'avait encore rien pu apprendre concernant Stavroguine), dans le courant de la journée, paraît-il — car je ne puis rien affirmer positivement — il avait été secrètement avisé qu'un danger prochain le menaçait. (D'où avait-il reçu cette communication? Il est probable que c'était de Pétersbourg.) Aujourd'hui sans doute il circule dans notre ville une foule de légendes au sujet de ce temps-là; mais si quelqu'un possède des données certaines, ce ne peut être que l'autorité judiciaire. Mon opinion personnelle est que Pierre Stépanovitch pouvait avoir entrepris quelque chose ailleurs encore que chez nous, et que, par suite, des avertissements ont pu lui venir de là. Je suis même persuadé, quoi qu'en ait dit Lipoutine dans son désespoir, qu'indépendamment du quinquévirat organisé chez nous, il existait deux ou trois autres groupes créés par l'agitateur, par exemple dans les capitales; si ce n'étaient pas des quinquévirats proprement dits, cela devait y ressembler. Trois jours après le départ de Pierre Stépanovitch, l'ordre de l'arrêter immédiatement fut envoyé de Pétersbourg aux autorités de notre ville. Cette mesure avait-elle été prise à raison des faits survenus chez nous ou bien pour d'autres causes? je l'ignore. Quoi qu'il en soit, il n'en fallut pas plus pour mettre le comble à la terreur presque superstitieuse qui pesait sur tous les esprits depuis qu'un nouveau crime, le mystérieux assassinat de l'étudiant Chatoff, était venu s'ajouter à tant d'autres encore inexpliqués. Mais l'ordre arriva trop tard : Pierre Stépanovitch se trouvait déjà à Pétersbourg; il y vécut quelque temps sous un faux nom, et, à la première occasion favorable, fila à l'étranger... Du reste, n'anticipons pas.

Il semblait irrité lorsqu'il entra chez Kiriloff. On aurait dit qu'en outre du principal objet de sa visite, il avait un besoin de vengeance à satisfaire. L'ingénieur parut bien aise de le voir; évidemment il l'attendait depuis fort longtemps et avec une impatience pénible. Son visage était plus pâle que de coutume, le regard de ses yeux noirs avait une fixité lourde. Assis sur un coin du divan, il ne bougea pas de sa place à l'apparition du visiteur.

— Je pensais que vous ne viendriez pas, articula-t-il pesamment.

Pierre Stépanovitch alla se camper devant lui et l'observa attentivement avant de prononcer un seul mot.

— Alors c'est que tout va bien et que nous persistons dans notre dessein; à la bonne heure, vous êtes un brave! répondit-il avec un sourire protecteur et par conséquent outrageant. — Allons, qu'est-ce que cela fait? ajouta-t-il d'un ton enjoué, — si je suis en retard, vous n'avez pas à vous en plaindre : je vous ai fait cadeau de trois heures.

— Je n'entends pas tenir ces heures de votre générosité, et tu ne peux pas m'en faire cadeau... imbécile!

— Comment? reprit Pierre Stépanovitch tremblant de colère, mais il se contint aussitôt, — voilà de la susceptibilité! Eh! mais nous sommes fâchés? poursuivit-il avec une froide arrogance, — dans un pareil moment il faudrait plutôt du calme. Ce que vous avez de mieux à faire maintenant, c'est de voir en vous un Colomb et de me considérer comme une souris dont les faits et gestes ne peuvent vous offenser. Je vous l'ai recommandé hier.

— Je ne veux pas te considérer comme une souris.

— Est-ce un compliment? Du reste, le thé même est froid, — c'est donc que tout est sens dessus dessous. Non, il y a ici quelque chose d'inquiétant. Bah! Mais qu'est-ce que j'aperçois là sur la fenêtre, sur une assiette? (Il s'approcha de la fenêtre.) O-oh! une poule au riz!... Mais pourquoi n'a-t-elle pas encore été entamée? Ainsi nous nous sommes trouvés dans une disposition d'esprit telle que même une poule...

— J'ai mangé, et ce n'est pas votre affaire; taisez-vous!

— Oh! sans doute, et d'ailleurs cela n'a pas d'importance. Je me trompe, cela en a pour moi en ce moment : figurez-vous que j'ai à peine dîné; si donc, comme je le suppose, cette poule vous est inutile à présent... hein?

— Mangez, si vous pouvez.

— Je vous remercie; ensuite je vous demanderai du thé.

Il s'assit aussitôt à l'autre bout du divan, en face de la table, et se mit à manger avec un appétit extraordinaire, mais en même temps il ne perdait pas de vue sa victime. Kiriloff ne cessait de le regarder avec une expression de haine et de dégoût; il semblait ne pouvoir détacher ses yeux du visage de Pierre Stépanovitch.

— Pourtant, il faut parler de notre affaire, dit brusquement celui-ci, sans interrompre son repas. — Ainsi nous persistons dans notre résolution, hein? Et le petit papier?

— J'ai décidé cette nuit que cela m'était égal. J'écrirai. Au sujet des proclamations?

— Oui, il faudra aussi parler des proclamations. Du reste, je dicterai. Cela vous est égal. Se peut-il que dans un pareil moment vous vous inquiétiez du contenu de cette lettre?

— Ce n'est pas ton affaire.

— Sans doute, cela ne me regarde pas. Du reste, quelques lignes suffiront : vous écrirez que conjointement avec Chatoff vous avez répandu des proclamations, et que, à cet effet, vous vous serviez notamment de Fedka, lequel avait trouvé un refuge chez vous. Ce dernier point, celui qui concerne Fedka et son séjour dans votre logis, est très-important, le plus important même. Voyez, je suis on ne peut plus franc avec vous.

— Chatoff? Pourquoi Chatoff? Pour rien au monde je ne parlerai de Chatoff.

— Vous voilà encore! Qu'est-ce que cela vous fait? Vous ne pouvez plus lui nuire.

— Sa femme est revenue chez lui. Elle s'est éveillée et a envoyé chez moi pour savoir où il est.

— Elle vous a fait demander où il est? Hum! voilà qui ne vaut rien. Elle est dans le cas d'envoyer de nouveau; personne ne doit savoir que je suis ici...

L'inquiétude s'était emparée de Pierre Stépanovitch.

— Elle ne le saura pas, elle s'est rendormie; Arina Prokhorovna, la sage-femme, est chez elle.

— Et... elle n'entendra pas, je pense? Vous savez, il faudrait fermer en bas.

— Elle n'entendra rien. Et, si Chatoff vient, je vous cacherai dans l'autre chambre.

— Chatoff ne viendra pas; vous écrirez qu'à cause de sa trahison et de sa dénonciation, vous avez eu une querelle avec lui... ce soir... et que vous êtes l'auteur de sa mort.

— Il est mort! s'écria Kiriloff bondissant de surprise.

— Aujourd'hui, vers huit heures du soir, ou plutôt hier, car il est maintenant une heure du matin.

— C'est toi qui l'as tué!... Hier déjà je prévoyais cela!

— Comme c'était difficile à prévoir! Tenez, c'est avec ce revolver (il sortit l'arme de sa poche comme pour la montrer, mais il ne l'y remit plus et continua à la tenir dans sa main droite). Vous êtes étrange pourtant, Kiriloff, vous saviez bien vous-même qu'il fallait en finir ainsi avec cet homme stupide. Qu'y avait-il donc à prévoir là? Je vous ai plus d'une fois mis les points sur les i. Chatoff se préparait à dénoncer, j'avais l'œil sur lui, on ne pouvait pas le laisser faire. Vous étiez aussi chargé de le surveiller, vous me l'avez dit vous-même, il y a trois semaines...

— Tais-toi! Tu l'as assassiné, parce qu'à Genève il t'a craché au visage!

— Et pour cela, et pour autre chose encore. Pour bien autre chose; du reste, sans aucune animosité. Pourquoi donc sauter en l'air? Pourquoi ces grimaces? O-oh! Ainsi, voilà comme nous sommes!...

Il se leva brusquement et se couvrit avec son revolver. Le fait est que Kiriloff avait tout à coup saisi le sien chargé depuis le matin et posé sur l'appui de la fenêtre. Pierre Stépanovitch se mit en position et braqua son arme sur Kiriloff. Celui-ci eut un sourire haineux.

— Avoue, lâche, que tu as pris ton revolver parce que tu croyais que j'allais te brûler la cervelle... Mais je ne te tuerai pas... quoique... quoique...

Et de nouveau il fit mine de coucher en joue Pierre Stépanovitch : se figurer qu'il allait tirer sur son ennemi était un plaisir auquel il semblait n'avoir pas la force de renoncer. Toujours en position, Pierre Stépanovitch attendit jusqu'au dernier moment, sans presser la détente de son revolver, malgré le risque qu'il courait de recevoir lui-même auparavant une balle dans le front : de la part d'un « maniaque » on pouvait tout craindre. Mais à la fin le « maniaque » haletant, tremblant, hors d'état de proférer une parole, laissa retomber son bras.

A son tour, Pierre Stépanovitch abaissa son arme.

— Vous vous êtes un peu amusé, en voilà assez, dit-il. — Je savais bien que c'était un jeu; seulement, il n'était pas sans danger pour vous : j'aurais pu presser la détente.

Là-dessus, il se rassit assez tranquillement et, d'une main un peu tremblante, il est vrai, se versa du thé. Kiriloff, après avoir déposé son revolver sur la table, commença à se promener de long en large.

— Je n'écrirai pas que j'ai tué Chatoff, et... à présent je n'écrirai rien. Il n'y aura pas de papier!

— Il n'y en aura pas?

— Non.

— Quelle lâcheté et quelle bêtise! s'écria Pierre Stépanovitch blême de colère. — D'ailleurs, je le pressentais. Sachez que vous ne me surprenez pas. Comme vous voudrez, pourtant. Si je pouvais employer la force, je l'emploierais. Mais vous êtes un drôle, poursuivit-il avec une fureur croissante. — Jadis, vous nous avez demandé de l'argent, vous nous avez fait toutes sortes de promesses... seulement, je ne m'en irai pas d'ici sans avoir obtenu un résultat quelconque, je verrai du moins comment vous vous ferez sauter la cervelle.

— Je veux que tu sortes tout de suite, dit Kiriloff allant se placer résolûment vis-à-vis du visiteur.

— Non, je ne sortirai pas, répondit ce dernier qui saisit de nouveau son revolver, — maintenant peut-être, par colère et par poltronnerie, vous voulez différer l'accomplissement de votre projet, et demain vous irez nous dénoncer pour vous procurer encore un peu d'argent, car cette délation vous sera payée. Le diable m'emporte, les petites gens comme vous sont capables de tout! Seulement, soyez tranquille, j'ai tout prévu : si vous canez, si vous n'exécutez pas immédiatement votre résolution, je ne m'en irai pas d'ici sans vous avoir troué le crâne avec ce revolver, comme je l'ai fait au misérable Chatoff, que le diable vous écorche!

— Tu veux donc à toute force voir aussi mon sang?

— Ce n'est pas par haine, comprenez-le bien; personnellement, je n'y tiens pas. Je veux seulement sauvegarder notre œuvre. On ne peut pas compter sur l'homme, vous le voyez vous-même. Votre idée de vous donner la mort est une fantaisie à laquelle je ne comprends rien. Ce n'est pas moi qui vous l'ai fourrée dans la tête, vous aviez déjà formé ce projet avant d'entrer en rapport avec moi et, quand vous en avez parlé pour la première fois, ce n'est pas à moi, mais à nos coreligionnaires politiques réfugiés à l'étranger. Remarquez en outre qu'aucun d'eux n'a rien fait pour provoquer de votre part une semblable confidence ; aucun d'eux même ne vous connaissait. C'est vous-même qui, de votre propre mouvement, êtes allé leur faire part de la chose. Eh bien, que faire, si, prenant en considération votre offre spontanée, on a alors fondé là-dessus, avec votre consentement, — notez ce point ! — un certain plan d'action qu'il n'y a plus moyen maintenant de modifier ? La position que vous avez prise vis-à-vis de nous vous a mis en mesure d'apprendre beaucoup de nos secrets. Si vous vous dédisez, et que demain vous alliez nous dénoncer, il nous en cuira, qu'en pensez-vous ? Non, vous vous êtes engagé, vous avez donné votre parole, vous avez reçu de l'argent. Il vous est impossible de nier cela...

Pierre Stépanovitch parlait avec beaucoup de véhémence, mais depuis longtemps déjà Kiriloff ne l'écoutait plus. Il était devenu rêveur et marchait à grands pas dans la chambre.

— Je plains Chatoff, dit-il en s'arrêtant de nouveau en face de Pierre Stépanovitch.

— Eh bien, moi aussi, je le plains, est-il possible que...

— Tais-toi, infâme ! hurla l'ingénieur avec un geste dont la terrible signification n'était pas douteuse, — je vais te tuer !

Pierre Stépanovitch recula par un mouvement brusque en même temps qu'il avançait le bras pour se protéger.

— Allons, allons, j'ai menti, j'en conviens, je ne le plains pas du tout ; allons, assez donc, assez !

Kiriloff se calma soudain et reprit sa promenade dans la chambre.

— Je ne remettrai pas à plus tard ; c'est maintenant même que je veux me donner la mort : tous les hommes sont des coquins !

— Eh bien ! voilà, c'est une idée : sans doute tous les

hommes sont des coquins, et comme il répugne à un honnête homme de vivre dans un pareil milieu, alors...

— Imbécile, je suis un coquin comme toi, comme tout le monde, et non un honnête homme. Il n'y a d'honnêtes gens nulle part.

— Enfin il s'en est douté! Est-il possible, Kiriloff, qu'avec votre esprit vous ayez attendu si longtemps pour comprendre que tous les hommes sont les mêmes, que les différences qui les distinguent tiennent non au plus ou moins d'honnêteté, mais seulement au plus ou moins d'intelligence, et que si tous sont des coquins (ce qui, du reste, ne signifie rien), il est impossible, par conséquent, de n'être pas soi-même un coquin?

— Ah! mais est-ce que tu ne plaisantes pas? demanda Kiriloff en regardant son interlocuteur avec une certaine surprise. — Tu t'échauffes, tu as l'air de parler sérieusement... Se peut-il que des gens comme toi aient des convictions?

— Kiriloff, je n'ai jamais pu comprendre pourquoi vous voulez vous tuer. Je sais seulement que c'est par principe... par suite d'une conviction très-arrêtée. Mais si vous éprouvez le besoin, pour ainsi dire, de vous épancher, je suis à votre disposition... Seulement il ne faut pas oublier que le temps se passe...

— Quelle heure est-il?

— Juste deux heures, répondit Pierre Stépanovitch après avoir regardé sa montre, et il alluma une cigarette.

« On peut encore s'entendre, je crois », pensait-il à part soi.

— Je n'ai rien à te dire, grommela Kiriloff.

— Je me rappelle qu'une fois vous m'avez expliqué quelque chose à propos de Dieu; deux fois même. Si vous vous brûlez la cervelle, vous deviendrez dieu, c'est cela, je crois?

— Oui, je deviendrai dieu.

Pierre Stépanovitch ne sourit même pas : il attendait un éclaircissement. Kiriloff fixa sur lui un regard fin.

— Vous êtes un fourbe et un intrigant politique, votre but en m'attirant sur le terrain de la philosophie est de dissiper ma colère, d'amener une réconciliation entre nous et d'obtenir de moi, quand je mourrai, une lettre attestant que j'ai tué Chatoff.

— Eh bien, mettons que j'aie cette pensée canaille, répondit Pierre Stépanovitch avec une bonhomie qui ne semblait guère feinte, — qu'est-ce que tout cela peut vous faire à vos derniers moments, Kiriloff? Voyons, pourquoi nous disputons-nous, dites-le-moi, je vous prie? Chacun de nous est ce qu'il est : eh bien, après? De plus, nous sommes tous deux...

— Des vauriens.

— Oui, soit, des vauriens. Vous savez que ce ne sont là que des mots.

— Toute ma vie j'ai voulu que ce ne fussent pas seulement des mots. C'est pour cela que j'ai vécu. Et maintenant encore je désire chaque jour que ce ne soient pas des mots.

— Eh bien, quoi? chacun cherche à être le mieux possible. Le poisson... je veux dire que chacun cherche le confort à sa façon; voilà tout. C'est archiconnu depuis longtemps.

— Le confort, dis-tu?

— Allons, ce n'est pas la peine de discuter sur les mots.

— Non, tu as bien dit; va pour le confort. Dieu est nécessaire et par conséquent doit exister.

— Allons, très-bien.

— Mais je sais qu'il n'existe pas et ne peut exister.

— C'est encore plus vrai.

— Comment ne comprends-tu pas qu'avec ces deux idées-là il est impossible à l'homme de continuer à vivre?

— Il doit se brûler la cervelle, n'est-ce pas?

— Comment ne comprends-tu pas que c'est là une raison suffisante pour se tuer? Tu ne comprends pas que parmi des milliers de millions d'hommes il puisse s'en rencontrer un seul qui ne veuille pas, qui soit incapable de supporter cela?

— Tout ce que je comprends, c'est que vous hésitez, me semble-t-il... C'est ignoble.

Kiriloff ne parut pas avoir entendu ces mots.

— L'idée a aussi dévoré Stavroguine, observa-t-il d'un air morne en marchant dans la chambre.

Pierre Stépanovitch dressa l'oreille.

— Comment? Quelle idée? Il vous a lui-même dit quelque chose?

— Non, mais je l'ai deviné. Si Stavroguine croit, il ne croit pas qu'il croie. S'il ne croit pas, il ne croit pas qu'il ne croie pas.

— Il y a autre chose encore chez Stavroguine, quelque chose d'un peu plus intelligent que cela... bougonna Pierre Stépanovitch inquiet du tour qu'avait pris la conversation et de la pâleur de Kiriloff.

« Le diable m'emporte, il ne se tuera pas », songeait-il, « je l'avais toujours pressenti; c'est une extravagance cérébrale et rien de plus; quelles fripouilles que ces gens-là! »

— Tu es le dernier qui sers avec moi : je désire que nous ne nous séparions pas en mauvais termes, fit Kiriloff avec une sensibilité soudaine.

Pierre Stépanovitch ne répondit pas tout de suite. « Le diable m'emporte, qu'est-ce encore que cela? » se dit-il.

— Croyez, Kiriloff, que je n'ai rien contre vous comme homme privé, et que toujours...

— Tu es un vaurien et un esprit faux. Mais je suis tel que toi et je me tuerai, tandis que toi, tu continueras à vivre.

— Vous voulez dire que j'ai trop peu de cœur pour me donner la mort?

Était-il avantageux ou nuisible de continuer dans un pareil moment une conversation semblable? Pierre Stépanovitch n'avait pas encore pu décider cette question, et il avait résolu de « s'en remettre aux circonstances ». Mais le ton de supériorité pris par Kiriloff et le mépris nullement dissimulé avec lequel l'ingénieur ne cessait de lui parler l'irritaient maintenant plus encore qu'au début de leur entretien. Peut-être un homme qui n'avait plus qu'une heure à vivre (ainsi en jugeait, malgré tout, Pierre Stépanovitch) lui apparaissait-il déjà comme un demi-cadavre dont il était impossible de tolérer plus longtemps les impertinences.

— A ce qu'il semble, vous prétendez m'écraser de votre supériorité parce que vous allez vous tuer?

Kiriloff n'entendit pas cette observation.

— Ce qui m'a toujours étonné, c'est que tous les hommes consentent à vivre.

— Hum, soit, c'est une idée, mais...

— Singe, tu acquiesces à mes paroles pour m'amadouer. Tais-toi, tu ne comprendras rien. Si Dieu n'existe pas, je suis dieu.

— Vous m'avez déjà dit cela, mais je n'ai jamais pu le comprendre : pourquoi êtes-vous dieu?

— Si Dieu existe, tout dépend de lui, et je ne puis rien en dehors de sa volonté. S'il n'existe pas, tout dépend de moi, et je suis tenu d'affirmer mon indépendance.

— Votre indépendance? Et pourquoi êtes-vous tenu de l'affirmer?

— Parce que je suis devenu entièrement libre. Se peut-il que, sur toute l'étendue de la planète, personne, après avoir supprimé Dieu et acquis la certitude de son indépendance, n'ose se montrer indépendant dans le sens le plus complet du mot? C'est comme si un pauvre, ayant fait un héritage, n'osait s'approcher du sac et craignait d'être trop faible pour l'emporter. Je veux manifester mon indépendance. Dussé-je être le seul, je le ferai.

— Eh bien, faites-le.

— Je suis tenu de me brûler la cervelle, parce que c'est en me tuant que j'affirmerai mon indépendance de la façon la plus complète.

— Mais vous ne serez pas le premier qui se sera tué; bien des gens se sont suicidés.

— Ils avaient des raisons. Mais d'hommes qui se soient tués sans aucun motif et uniquement pour attester leur indépendance, il n'y en a pas encore eu : je serai le premier.

« Il ne se tuera pas », pensa de nouveau Pierre Stépanovitch.

— Savez-vous une chose? observa-t-il d'un ton agacé, —

à votre place, pour manifester mon indépendance, je tuerais un autre que moi. Vous pourriez de la sorte vous rendre utile. Je vous indiquerai quelqu'un, si vous n'avez pas peur. Alors, soit, ne vous brûlez pas la cervelle aujourd'hui. Il y a moyen de s'arranger.

— Tuer un autre, ce serait manifester mon indépendance sous la forme la plus basse, et tu es là tout entier. Je ne te ressemble pas : je veux atteindre le point culminant de l'indépendance et je me tuerai.

« Il a trouvé ça tout seul », grommela avec colère Pierre Stépanovitch.

— Je suis tenu d'affirmer mon incrédulité, poursuivit Kiriloff en marchant à grands pas dans la chambre. — A mes yeux, il n'y a pas de plus haute idée que la négation de Dieu. J'ai pour moi l'histoire de l'humanité. L'homme n'a fait qu'inventer Dieu, pour vivre sans se tuer : voilà le résumé de l'histoire universelle jusqu'à ce moment. Le premier, dans l'histoire du monde, j'ai repoussé la fiction de l'existence de Dieu. Qu'on le sache une fois pour toutes.

« Il ne se tuera pas », se dit Pierre Stépanovitch angoissé.

— Qui est-ce qui saura cela? demanda-t-il avec une nuance d'ironie. — Il n'y a ici que vous et moi; peut-être voulez-vous parler de Lipoutine?

— Tous le sauront. Il n'y a pas de secret qui ne se découvre. *Celui-là* l'a dit.

Et, dans un transport fébrile, il montra l'image du Sauveur, devant laquelle brûlait une lampe. Pierre Stépanovitch se fâcha pour tout de bon.

— Vous croyez donc toujours en Lui, et vous avez allumé une lampe; « à tout hasard », sans doute?

L'ingénieur ne répondit pas.

— Savez-vous que, selon moi, vous croyez encore plus qu'un pope?

— En qui? En *Lui?* Écoute, dit en s'arrêtant Kiriloff dont les yeux immobiles regardaient devant lui avec une expression extatique. — Écoute une grande idée : il y a eu un jour où trois croix se sont dressées au milieu de la terre. L'un des crucifiés avait une telle foi qu'il dit à l'autre : « Tu seras aujourd'hui avec moi dans le paradis. » La journée finit, tous deux moururent, et ils ne trouvèrent ni paradis, ni résurrection. La prophétie ne se réalisa pas. Écoute : cet homme était le plus grand de toute la terre, elle lui doit ce qui la fait vivre. La planète tout entière, avec tout ce qui la couvre, — sans cet homme, — n'est que folie. Ni avant, ni après lui, son pareil ne s'est jamais rencontré, et cela même tient du prodige. Oui, c'est un miracle que l'existence unique de cet homme dans la suite des siècles. S'il en est ainsi, si les lois de la nature n'ont pas même épargné *Celui-là*, si elles n'ont pas même eu pitié de leur chef-d'œuvre, mais l'ont fait vivre lui aussi au milieu du mensonge et mourir pour un mensonge, c'est donc que la planète est un mensonge et repose sur un mensonge, sur une sotte dérision. Par conséquent les lois de la nature sont elles-mêmes une imposture et une farce diabolique. Pourquoi donc vivre, réponds, si tu es un homme?

— C'est un autre point de vue. Il me semble que vous confondez ici deux causes différentes, et c'est très-fâcheux. Mais permettez, eh bien, mais si vous êtes dieu? Si vous êtes détrompé, vous avez compris que toute l'erreur est dans la croyance à l'ancien dieu.

— Enfin tu as compris! s'écria Kiriloff enthousiasmé. — On peut donc comprendre, si même un homme comme toi a compris! Tu comprends maintenant que le salut pour l'humanité consiste à lui prouver cette pensée. Qui la prouvera? Moi! Je ne comprends pas comment jusqu'à présent l'athée a pu savoir qu'il n'y a point de Dieu et ne pas se tuer tout de suite! Sentir que Dieu n'existe pas, et ne pas sentir du même coup qu'on est soi-même devenu dieu, c'est une absurdité, autrement on ne manquerait pas de se tuer. Si tu sens cela, tu es un tzar, et, loin de te tuer, tu vivras au comble de la gloire. Mais celui-là seul, qui est le premier, doit absolument se tuer; sans cela, qui donc commencera et prouvera? c'est moi qui me tuerai absolument, pour commencer et prouver. Je ne suis encore dieu que par force et je suis malheureux, car je suis *obligé* d'affirmer ma liberté. Tous sont malheureux parce que tous ont peur d'affirmer leur liberté. Si l'homme jusqu'à présent a été si malheureux et si pauvre, c'est parce qu'il n'osait pas se montrer libre dans la plus haute acception du mot, et qu'il se contentait d'une insubordination d'écolier. Je suis terriblement malheureux, car j'ai terriblement peur. La crainte est la malédiction de l'homme... Mais je manifesterai mon indépendance, je suis tenu de croire que je ne crois pas. Je commencerai, je finirai, et j'ouvrirai la porte. Et je sauverai. Cela seul sauvera tous les hommes et transformera physiquement la génération suivante; car, autant que j'en puis juger, sous sa forme physique actuelle il est impossible à l'homme de se passer de l'ancien dieu. J'ai cherché pendant trois ans l'attribut de ma divinité et je l'ai trouvé : l'attribut de ma divinité, c'est l'Indépendance! C'est tout ce par quoi je puis montrer au plus haut degré mon insubordination, ma nouvelle et terrible liberté. Car elle est terrible. Je me tuerai pour affirmer mon insubordination, ma nouvelle et terrible liberté.

Son visage était d'une pâleur étrange, et son regard avait une fixité impossible à supporter. Il semblait être dans un accès de fièvre chaude. Pierre Stépanovitch crut qu'il allait s'abattre sur le parquet.

Dans cet état d'exaltation, Kiriloff prit soudain la résolution la plus inattendue.

— Donne une plume! cria-t-il; — dicte, je signerai tout. J'écrirai même que j'ai tué Chatoff. Dicte pendant que cela m'amuse. Je ne crains pas les pensées d'esclaves arrogants! Tu verras toi-même que tout le mystère se découvrira! Et tu seras écrasé... Je crois! Je crois!

Pierre Stépanovitch, qui tremblait pour le succès de son entreprise, saisit l'occasion aux cheveux; quittant aussitôt sa place, il alla chercher de l'encre et du papier, puis se mit à dicter :

« Je soussigné, Alexis Kiriloff, déclare... »

— Attends! Je ne veux pas! A qui est-ce que je déclare?

Une sorte de frisson fiévreux agitait les membres de Kiriloff. Il était absorbé tout entier par cette déclaration et par une idée subite qui, au moment de l'écrire, venait de s'offrir à lui : c'était comme une issue vers laquelle s'élançait, pour un instant du moins, son esprit harassé.

— A qui est-ce que je déclare? Je veux savoir à qui!

— A personne, à tout le monde, au premier qui lira cela. A quoi bon préciser? A l'univers entier!

— A l'univers entier? Bravo! Et qu'il n'y ait pas de repentir. Je ne veux pas faire amende honorable; je ne veux pas m'adresser à l'autorité!

— Mais non, non, il ne s'agit pas de cela, au diable l'autorité! Eh bien, écrivez donc, si votre résolution est sérieuse!... répliqua vivement Pierre Stépanovitch impatienté.

— Arrête! Je veux dessiner d'abord une tête qui leur tire la langue.

— Eh! quelle niaiserie! Pas besoin de dessin, on peut exprimer tout cela rien que par le ton.

— Par le ton? C'est bien. Oui, par le ton, par le ton! Dicte par le ton!

« Je soussigné, Alexis Kiriloff, — commença d'une voix ferme et impérieuse Pierre Stépanovitch; en même temps, penché sur l'épaule de l'ingénieur, il suivait des yeux chaque lettre que celui-ci traçait d'une main frémissante, — je soussigné, Alexis Kiriloff, déclare qu'aujourd'hui, — octobre, entre sept et huit heures du soir, j'ai assassiné dans le parc l'étudiant Chatoff comme traître et auteur d'une dénonciation au sujet des proclamations et de Fedka, lequel a logé pendant dix jours chez nous, dans la maison Philippoff. Moi-même aujourd'hui je me brûle la cervelle, non que je me repente ou que j'aie peur de vous, mais parce que, déjà à l'étranger, j'avais formé le dessein de mettre fin à mes jours. »

— Rien que cela? s'écria Kiriloff étonné, indigné même.

— Pas un mot de plus! répondit Pierre Stépanovitch, et il voulut lui arracher le document.

— Attends! reprit l'ingénieur, appuyant avec force sa main sur le papier. — Attends! c'est absurde! Je veux dire avec qui j'ai tué. Pourquoi Fedka? Et l'incendie? Je veux tout, et j'ai envie de les insulter encore par le ton, par le ton!

— C'est assez, Kiriloff, je vous assure que cela suffit! dit d'une voix presque suppliante Pierre Stépanovitch tremblant que l'ingénieur ne déchirât le papier : — pour qu'ils ajoutent foi à la déclaration, elle doit être conçue en termes aussi vagues et aussi obscurs que possible. Il ne faut montrer qu'un petit coin de la vérité, juste assez pour mettre leur imagination en campagne. Ils se tromperont toujours mieux eux-mêmes que nous ne pourrions les tromper, et, naturellement, ils croiront plus à leurs erreurs qu'à nos mensonges. C'est pourquoi ceci est on ne peut mieux, on ne peut mieux! Donnez! il n'y a rien à ajouter, c'est admirable ainsi; donnez, donnez!

Il fit une nouvelle tentative pour prendre le papier. Kiriloff écoutait en écarquillant ses yeux; il avait l'air d'un homme qui tend tous les ressorts de son esprit, mais qui n'est plus en état de comprendre.

— Eh! diable! fit avec une irritation soudaine Pierre Stépanovitch, — mais il n'a pas encore signé! Qu'est-ce que vous avez à me regarder ainsi? Signez!

— Je veux les injurier... grommela Kiriloff, pourtant il prit la plume et signa.

— Mettez au-dessous : Vive la République! cela suffira.

— Bravo! s'écria l'ingénieur enthousiasmé. — Vive la République démocratique, sociale et universelle, ou la mort!... Non, non, pas cela. — Liberté, égalité, fraternité, ou la mort! Voilà, c'est mieux, c'est mieux.

Et il écrivit joyeusement cette devise au-dessous de sa signature.

— Assez, assez, ne cessait de répéter Pierre Stépanovitch.

— Attends, encore quelque chose... Tu sais, je vais signer une seconde fois, en français : « de Kiriloff, gentilhomme russe et citoyen du monde. » Ha, ha, ha! Non, non, non, attends! poursuivit-il quand son hilarité se fut calmée, — j'ai trouvé mieux que tout cela, *eurêka* : « Gentilhomme-séminariste russe et citoyen du monde civilisé! » Voilà qui vaut mieux que tout le reste...

Puis, quittant tout à coup le divan sur lequel il était assis, il courut prendre son revolver sur la fenêtre et s'élança dans la chambre voisine où il s'enferma. Pierre Stépanovitch, les yeux fixés sur la porte de cette pièce, resta songeur pendant une minute.

« Dans l'instant présent il peut se tuer, mais s'il se met à penser, c'est fini, il ne se tuera pas. »

En attendant, il prit un siége et examina le papier. Cette lecture faite à tête reposée le confirma dans l'idée que la rédaction du document était très-satisfaisante :

« Qu'est-ce qu'il faut pour le moment? Il faut les dérouter, les lancer sur une fausse piste. Le parc? Il n'y en a pas dans la ville; ils finiront par se douter qu'il s'agit du parc de Skvorechniki, mais il se passera du temps avant qu'ils arrivent à cette conclusion. Les recherches prendront aussi du temps. Voilà qu'ils découvrent le cadavre : c'est la preuve que la déclaration ne mentait pas. Mais si elle est vraie pour Chatoff, elle doit l'être aussi pour Fedka. Et qu'est-ce que Fedka? Fedka, c'est l'incendie, c'est l'assassinat des Lébiadkine; donc, tout est sorti d'ici, de la maison Philippoff, et ils ne s'étaient aperçus de rien, tout leur avait échappé — voilà qui va leur donner le vertige! Ils ne penseront même pas aux *nôtres;* ils ne verront que Chatoff, Kiriloff, Fedka, et Lébiadkine. Et pourquoi tous ces gens-là se sont-ils tués les uns les autres? — encore une petite question que je leur dédie. Eh! diable, mais on n'entend pas de détonation!... »

Tout en lisant, tout en admirant la beauté de son travail littéraire, il ne cessait d'écouter, en proie à des transes cruelles, et — tout à coup la colère s'empara de lui. Dévoré d'inquiétude, il regarda l'heure à sa montre : il se faisait tard; dix minutes s'étaient écoulées depuis que Kiriloff avait quitté la chambre... Il prit la bougie et se dirigea vers la porte de la pièce où l'ingénieur s'était enfermé. Au moment où il s'en approchait, l'idée lui vint que la bougie tirait à sa fin, que dans vingt minutes elle serait entièrement consumée, et qu'il n'y en avait pas d'autre. Il colla tout doucement son oreille à la serrure et ne perçut pas le moindre bruit. Tout à coup il ouvrit la porte et haussa un peu la bougie : quelqu'un s'élança vers lui en poussant une sorte de rugissement. Il claqua la porte de toute sa force et se remit aux écoutes, mais il n'entendit plus rien — de nouveau régnait un silence de mort.

Il resta longtemps dans cette position, ne sachant à quoi se résoudre et tenant toujours le chandelier à la main. La porte n'avait été ouverte que durant une seconde, aussi n'avait-il presque rien vu; pourtant le visage de Kiriloff qui se tenait debout au fond de la chambre, près de la fenêtre, et la fureur de bête fauve avec laquelle ce dernier avait bondi vers lui, — cela, Pierre Stépanovitch avait pu le remarquer. Un frisson le saisit, il déposa en toute hâte la bougie sur la table, prépara son revolver, et, marchant sur la pointe des pieds, alla vivement se poster dans le coin opposé, de façon à n'être pas surpris par Kiriloff, mais au contraire à le prévenir, si celui-ci, animé de sentiments hostiles, faisait brusquement irruption dans la chambre.

Quant au suicide, Pierre Stépanovitch à présent n'y croyait plus du tout! « Il était au milieu de la chambre et réfléchissait », pensait-il. « D'ailleurs, cette pièce sombre, terrible... Il a poussé un cri féroce et s'est précipité vers moi — cela peut s'expliquer de deux manières : ou bien je l'ai dérangé au moment où il allait presser la détente, ou... ou bien il était en train de se demander comment il me tuerait. Oui, c'est cela, voilà à quoi il songeait. Il sait que je ne m'en irai pas d'ici avant de lui avoir fait son affaire, si lui-même n'a pas le courage de se brûler la cervelle, — donc, pour ne pas être tué par moi, il faut qu'il me tue auparavant... Et le silence qui règne toujours là! C'est même effrayant : il ouvrira tout d'un coup la porte... Ce qu'il y a de dégoûtant, c'est qu'il croit en Dieu plus qu'un pope... Jamais de la vie il ne se suicidera!... Il y a beaucoup de ces esprits-là maintenant. Fripouille! Ah! diable, la bougie, la bougie! dans un quart d'heure elle sera entièrement consumée... Il faut en finir; coûte que coûte, il faut en finir... Eh bien, à présent je peux le tuer... Avec ce papier, on ne me soupçonnera jamais de l'avoir assassiné: je pourrai disposer convenablement le cadavre, l'étendre sur le parquet, lui mettre dans la main un revolver déchargé; tout le monde croira qu'il s'est lui-même... Ah! diable, comment donc le tuer? Quand j'ouvrirai la porte, il s'élancera encore et me tirera dessus avant que j'aie pu faire usage de mon arme. Eh, diable, il me manquera, cela va s'en dire! »

Sa situation était atroce, car il ne pouvait se résoudre à prendre un parti dont l'urgence, l'inéluctable nécessité s'imposait à son esprit. A la fin pourtant il saisit la bougie et de nouveau s'approcha de la porte, le revolver au poing. Sa main gauche se posa sur le bouton de la serrure; cette main tenait le chandelier; le bouton rendit un son aigre. « Il va tirer! » pensa Pierre Stépanovitch. Il poussa la porte d'un violent coup de pied, leva la bougie et tendit son revolver devant lui; mais ni détonation, ni cri... Il n'y avait personne dans la chambre.

Il frissonna. La pièce ne communiquait avec aucune autre, toute évasion était impossible. Il haussa davantage la bougie et regarda attentivement : personne. « Kiriloff! » fit-il, d'abord à demi-voix, puis plus haut; cet appel resta sans réponse.

« Est-ce qu'il se serait sauvé par la fenêtre? »

Le fait est qu'un vasistas était ouvert. « C'est absurde, il n'a pas pu s'esquiver par là. » Il traversa toute la chambre, alla jusqu'à la fenêtre : « Non, c'est impossible. » Il se retourna brusquement, et un spectacle inattendu le fit tressaillir.

Contre le mur opposé aux fenêtres, à droite de la porte, il y avait une armoire. A droite de cette armoire, dans l'angle qu'elle formait avec le mur se tenait debout Kiriloff, et son attitude était des plus étranges : roide, immobile, il avait les mains sur la couture du pantalon, la tête un peu relevée, la nuque collée au mur; on aurait dit qu'il voulait s'effacer, se dissimuler tout entier dans ce coin. D'après tous les indices, il se cachait, mais il n'était guère possible de s'en assurer. Se trouvant un peu sur le côté, Pierre Stépanovitch ne pouvait distinguer nettement que les parties saillantes de la figure. Il hésitait encore à s'approcher pour mieux examiner l'ingénieur et découvrir le mot de cette énigme. Son cœur battait avec force... Tout à coup à la stupeur succéda chez lui une véritable rage : il s'arracha de sa place, se mit à crier et courut furieux vers l'effrayante vision.

Mais quand il fut arrivé auprès d'elle, il s'arrêta plus terrifié encore que tout à l'heure. Une circonstance surtout l'épouvantait : il avait crié, il s'était élancé ivre de colère vers Kiriloff, et, malgré cela, ce dernier n'avait pas bougé, n'avait pas remué un seul membre, — une figure de cire n'aurait pas gardé une immobilité plus complète. La tête était d'une pâleur invraisemblable, les yeux noirs regardaient fixement un point dans l'espace. Baissant et relevant tour à tour la bougie, Pierre Stépanovitch promena la lumière sur le visage tout entier; soudain il s'aperçut que Kiriloff, tout en regardant devant lui, le voyait du coin de l'œil, peut-être même l'observait. Alors l'idée lui vint d'approcher la flamme de la frimousse du « coquin » et de le brûler pour voir ce qu'il ferait. Tout à coup il lui sembla que le menton de Kiriloff s'agitait et qu'un sourire moqueur glissait sur ses lèvres, comme si l'ingénieur avait deviné la pensée de son ennemi. Tremblant, ne se connaissant plus, celui-ci empoigna avec force l'épaule de Kiriloff.

La scène suivante fut si affreuse et se passa si rapidement qu'elle ne laissa qu'un souvenir confus et incertain dans l'esprit de Pierre Stépanovitch. Il n'avait pas plus tôt touché Kiriloff que l'ingénieur, se baissant par un mouvement brusque, lui appliqua sur les mains un coup de tête qui l'obligea à lâcher la bougie. Le chandelier tomba avec bruit sur le parquet, et la lumière s'éteignit. Au même instant un cri terrible fut poussé par Pierre Stépanovitch qui sentait une atroce douleur au petit doigt de sa main gauche. Hors de lui, il se servit de son revolver comme d'une massue et de toute sa force en asséna trois coups sur la tête de Kiriloff qui s'était serré contre lui et lui mordait le doigt. Voilà tout ce que put se rappeler plus tard le héros de cette aventure. A la fin, il dégagea son doigt et s'enfuit comme un perdu en cherchant à tâtons son chemin dans l'obscurité. Tandis qu'il se sauvait, de la chambre arrivaient à ses oreilles des cris effrayants :

— Tout de suite, tout de suite, tout de suite, tout de suite!...

Dix fois cette exclamation retentit, mais Pierre Stépanovitch courait toujours, et il était déjà dans le vestibule quand éclata une détonation formidable. Alors il s'arrêta, réfléchit pendant cinq minutes, puis rentra dans l'appartement. Il fallait en premier lieu se procurer de la lumière. Retrouver le chandelier n'était pas le difficile, il n'y avait qu'à chercher par terre, à droite de l'armoire; mais avec quoi rallumer le bout de bougie? Un vague souvenir s'offrit tout à coup à l'esprit de Pierre Stépanovitch : il se rappela que la veille, lorsqu'il s'était précipité dans la cuisine pour s'expliquer avec Fedka, il lui semblait avoir aperçu une grosse boîte d'allumettes chimiques placée sur une tablette dans un coin. S'orientant de son mieux à travers les ténèbres, il finit par trouver l'escalier qui conduisait à la cuisine. Sa mémoire ne l'avait pas trompé : la boîte d'allumettes était juste à l'endroit où il croyait l'avoir vue la veille; elle n'avait pas encore été entamée, il la découvrit en tâtonnant. Sans prendre le temps de s'éclairer, il remonta en toute hâte. Quand il fut de nouveau près de l'armoire, à la place même où il avait frappé Kiriloff avec son revolver pour lui faire lâcher prise, alors seulement il se rappela son doigt mordu, et au même instant il y sentit une douleur presque intolérable. Serrant les dents, il ralluma tant bien que mal le bout de bougie, le remit dans le chandelier et promena ses regards autour de lui : près du vasistas ouvert, les pieds tournés vers le coin droit de la chambre, gisait le cadavre de Kiriloff. L'ingénieur s'était tiré un coup de revolver dans la tempe droite, la balle avait traversé le crâne, et elle était sortie au-dessus de la tempe gauche. Çà et là on voyait des éclaboussures de sang et de cervelle. L'arme était restée dans la main du suicidé. La mort avait dû être instantanée. Quand il eut tout examiné avec le plus grand soin, Pierre Stépanovitch sortit sur la pointe des pieds, ferma la porte et, de retour dans la première pièce, déposa la bougie sur la table. Après réflexion, il se dit qu'elle ne pouvait causer d'incendie, et il se décida à ne pas la souffler. Une dernière fois il jeta les yeux sur la déclaration du défunt, et un sourire machinal lui vint aux lèvres. Ensuite, marchant toujours sur la pointe des pieds, il quitta l'appartement et se glissa hors de la maison par l'issue dérobée.

### III

A six heures moins dix, Pierre Stépanovitch et Erkel se promenaient sur le quai de la gare bordé en ce moment par une assez longue suite de wagons. Verkhovensky allait partir, et Erkel était venu lui dire adieu. Le voyageur avait fait enregistrer ses bagages et choisi son coin dans un compartiment de seconde classe où il avait déposé son sac. La sonnette avait déjà retenti une fois, on attendait le second coup. Pierre Stépanovitch regardait ostensiblement de côté et d'autre, observant les individus qui montaient dans le train. Presque tous lui étaient inconnus; il n'eut à saluer que deux personnes : un marchand qu'il connaissait vaguement et un jeune prêtre de campagne qui retournait à sa paroisse. Dans ces dernières minutes, Erkel aurait voulu évidemment s'entretenir avec son ami de quelque objet important, bien que peut-être lui-même ne sût pas au juste de quoi ; mais il n'osait pas entrer en matière. Il lui semblait toujours que Pierre Stépanovitch avait hâte d'être débarrassé de lui et attendait avec impatience le second coup de sonnette.

— Vous regardez bien hardiment tout le monde, observat-il d'une voix un peu timide et comme en manière d'avis.

— Pourquoi pas? Je n'ai pas encore lieu de me cacher, il est trop tôt. Ne vous inquiétez pas. Tout ce que je crains, c'est que le diable n'envoie ici Lipoutine; s'il se doute de quelque chose, nous allons le voir accourir.

— Pierre Stépanovitch, il n'y a pas à compter sur eux, n'hésita point à faire remarquer Erkel.

— Sur Lipoutine?

— Sur personne, Pierre Stépanovitch.

— Quelle niaiserie! A présent ils sont tous liés par ce qui s'est fait hier. Pas un ne trahira. Qui donc va au-devant d'une perte certaine, à moins d'avoir perdu la tête?

— Pierre Stépanovitch, mais c'est qu'ils perdront la tête.

Cette crainte était déjà venue évidemment à l'esprit de Pierre Stépanovitch lui-même, de là son mécontentement lorsqu'il en retrouva l'expression dans la bouche de l'enseigne.

— Est-ce que vous auriez peur aussi, Erkel? J'ai plus de confiance en vous qu'en aucun d'eux. Je vois maintenant ce que chacun vaut. Transmettez-leur tout de vive voix aujourd'hui même, je les remets entre vos mains. Passez chez eux dans la matinée. Quant à mon instruction écrite, vous la leur lirez demain ou après-demain, vous les réunirez pour leur en donner connaissance lorsqu'ils seront devenus capables de l'entendre... mais soyez sûr que vous n'aurez pas à attendre plus tard que demain, car la frayeur les rendra obéissants comme la cire... Surtout, vous, ne vous laissez pas abattre.

— Ah! Pierre Stépanovitch, vous feriez mieux de ne pas vous en aller!

— Mais je ne pars que pour quelques jours, mon absence sera très-courte.

— Et quand même vous iriez à Pétersbourg! répliqua Erkel d'un ton mesuré, mais ferme. — Est-ce que je ne sais pas que vous agissez exclusivement dans l'intérêt de l'œuvre commune?

— Je n'attendais pas moins de vous, Erkel. Si vous avez deviné que je vais à Pétersbourg, vous avez dû comprendre aussi que je ne pouvais le leur dire hier; dans un pareil moment ils auraient été épouvantés d'apprendre que j'allais me rendre si loin. Vous avez vu vous-même dans quel état ils se trouvaient. Mais vous comprenez que des motifs de la plus haute importance, que l'intérêt même de l'œuvre commune nécessitent mon départ, et qu'il n'est nullement une fuite, comme pourrait le supposer un Lipoutine.

— Pierre Stépanovitch, mais, voyons, lors même que vous iriez à l'étranger, je le comprendrais; je trouve parfaitement juste que vous mettiez votre personne en sûreté, attendu que vous êtes tout, et que nous ne sommes rien. Je comprends très-bien cela, Pierre Stépanovitch.

En parlant ainsi, le pauvre garçon était si ému que sa voix tremblait.

— Je vous remercie, Erkel... Aïe, vous avez oublié que j'ai mal au doigt. (Erkel venait de serrer avec une chaleur maladroite la main de Pierre Stépanovitch; le doigt mordu était proprement entouré d'un morceau de taffetas noir.) — Mais je vous le répète encore une fois, je ne vais à Pétersbourg que pour prendre le vent, peut-être même n'y resterai-je que vingt-quatre heures. De retour ici, j'irai, pour la forme, demeurer dans la maison de campagne de Gaganoff. S'ils se croient menacés d'un danger quelconque, je serai le premier à venir le partager avec eux. Dans le cas où, par impossible, mon séjour à Pétersbourg devrait se prolonger au delà de mes prévisions, je vous en informerais tout de suite... par la voie que vous savez, et vous leur en donneriez avis.

Le second coup de sonnette se fit entendre.

— Ah! le train va partir dans cinq minutes. Vous savez, je ne voudrais pas que le groupe formé ici vînt à se dissoudre. Je n'ai pas peur, ne vous inquiétez pas de moi : le réseau est déjà suffisamment étendu, une maille de plus ou de moins n'est pas une affaire, mais on n'en a jamais trop. Du reste, je ne crains rien pour vous, quoique je vous laisse presque seul avec ces monstres : soyez tranquille, ils ne dénonceront pas, ils n'oseront pas... A-ah! vous partez aussi aujourd'hui? cria-t-il soudain du ton le plus gai à un tout jeune homme qui s'approchait pour lui dire bonjour : — je ne savais pas que vous preniez aussi l'express. Où allez-vous? Vous retournez chez votre maman?

La maman en question était une dame fort riche, qui possédait des propriétés dans un gouvernement voisin; le jeune homme, parent éloigné de Julie Mikhaïlovna, venait de passer environ quinze jours dans notre ville.

— Non, je vais un peu plus loin, à R... C'est un voyage de huit heures. Et vous, vous allez à Pétersbourg? fit en riant le jeune homme.

— Qu'est-ce qui vous fait supposer que je vais à Pétersbourg? demanda de plus en plus gaiement Pierre Stépanovitch.

Le jeune homme leva en signe de menace le petit doigt de sa main finement gantée.

— Eh bien! oui, vous avez deviné juste, répondit d'un ton confidentiel Pierre Stépanovitch, — j'emporte des lettres de Julie Mikhaïlovna et je suis chargé d'aller voir là-bas trois ou quatre personnages, vous savez qui; pour dire la vérité, je les enverrais volontiers au diable. Fichue commission!

— Mais, dites-moi, de quoi a-t-elle donc peur? reprit le jeune homme en baissant aussi la voix: — je n'ai même pas été reçu hier par elle; à mon avis, elle n'a pas à être inquiète pour son mari; au contraire, il s'est si bien montré lors de l'incendie, on peut même dire qu'il a risqué sa vie.

Pierre Stépanovitch se mit à rire.

— Eh! il s'agit bien de cela! Vous n'y êtes pas! Voyez-vous, elle craint qu'on n'ait déjà écrit d'ici... Je veux parler de certains messieurs... En un mot, c'est surtout Stavroguine; c'est-à-dire le prince K... Eh! il y a ici toute une histoire; en route je vous raconterai peut-être quelque chose — autant, du moins, que les lois de la chevalerie le permettent... C'est mon parent, l'enseigne Erkel, qui habite dans le district...

Le jeune homme accorda à peine un regard à Erkel, il se contenta de porter la main à son chapeau sans se découvrir; l'enseigne s'inclina.

— Mais vous savez, Verkhovensky, huit heures à passer en wagon, c'est terrible. Nous avons là, dans notre compartiment de première, Bérestoff, un colonel fort drôle, mon voisin de campagne; il a épousé une demoiselle Garine, et, vous savez, c'est un homme comme il faut. Il a même des idées. Il n'est resté que quarante-huit heures ici. C'est un amateur enragé du whist; si nous organisions une petite partie, hein? J'ai déjà trouvé le quatrième — Pripoukhloff, un marchand de T..., barbu comme il sied à un homme de sa condition. C'est un millionnaire, j'entends un vrai millionnaire... Je vous ferai faire sa connaissance, il est très-intéressant, ce sac d'écus, nous rirons.

— J'aime beaucoup à jouer au whist en voyage, mais j'ai pris un billet de seconde.

— Eh! qu'est-ce que cela fait? Montez donc avec nous. Je vais tout de suite faire changer votre billet. Le chef du train n'a rien à me refuser. Qu'est-ce que vous avez? Un sac? Un plaid?

— Allons-y gaiement!

Pierre Stépanovitch prit son sac, son plaid, un livre, et se transporta aussitôt en première classe. Erkel l'aida à installer ses affaires dans le compartiment.

La sonnette se fit entendre pour la troisième fois.

— Eh bien, Erkel, dit Pierre Stépanovitch tendant la main à l'enseigne par la portière du wagon, — vous voyez, je vais jouer avec eux.

— Mais à quoi bon me donner des explications, Pierre Stépanovitch? Je comprends, je comprends tout, Pierre Stépanovitch.

— Allons, au plaisir... dit celui-ci.

Il se détourna brusquement, car le jeune homme l'appelait pour le présenter à leurs compagnons de route. Et Erkel ne vit plus son Pierre Stépanovitch!

L'enseigne retourna chez lui fort triste. Certes l'idée ne pouvait lui venir que Pierre Stépanovitch fût un lâcheur, mais... mais il lui avait si vite tourné le dos dès que ce jeune élégant l'avait appelé et... il aurait pu lui dire autre chose que ce « au plaisir... » ou... ou du moins lui serrer la main un peu plus fort.

Autre chose aussi commençait à déchirer le pauvre cœur d'Erkel, et, sans qu'il le comprît encore lui-même, l'événement de la soirée précédente n'était pas étranger à cette souffrance.

## CHAPITRE VII

LE DERNIER VOYAGE DE STÉPAN TROPHIMOVITCH[1].

I

Je suis convaincu que Stépan Trophimovitch eut grand'-peur en voyant arriver le moment qu'il avait fixé pour l'exécution de sa folle entreprise. Je suis sûr qu'il fut malade de frayeur, surtout dans la nuit qui précéda sa fuite. Nastenka a raconté depuis qu'il s'était couché tard et qu'il avait dormi. Mais cela ne prouve rien; les condamnés à mort dorment, dit-on, d'un sommeil très-profond la veille même de leur supplice. Quoiqu'il fît déjà clair quand il partit et que le grand jour remonte un peu le moral des gens nerveux (témoin le major, parent de Virguinsky, dont la religion s'évanouissait aux premiers rayons de l'aurore), je suis néanmoins persuadé que jamais auparavant il n'aurait pu se représenter sans épouvante la situation qui était maintenant la sienne. Sans doute, surexcité comme il l'était, il est probable qu'il ne sentit pas dès l'abord toute l'horreur de l'isolement auquel il se condamnait en quittant *Stasie* et la maison où il avait vécu au chaud durant vingt ans. Mais n'importe, lors même qu'il aurait eu la plus nette conscience de toutes les terreurs qui l'attendaient, il n'en aurait pas moins persisté dans sa résolution. Elle avait quelque chose de fier qui,

---

[1] Les mots soulignés dans ce chapitre sont en français dans le texte.

malgré tout, le séduisait. Oh! il aurait pu accepter les brillantes propositions de Barbara Pétrovna et rester à ses crochets « comme un simple parasite », mais non! Dédaigneux d'une aumône, il fuyait les bienfaits de la générale, il arborait « le drapeau d'une grande idée » et, pour ce drapeau, il s'en allait mourir sur un grand chemin! Tels durent être les sentiments de Stépan Trophimovitch; c'est à coup sûr sous cet aspect que lui apparut sa conduite.

Il y a encore une question que je me suis posée plus d'une fois : pourquoi s'enfuit-il à pied au lieu de partir en voiture, ce qui eût été beaucoup plus simple? A l'origine, je m'expliquais le fait par la fantastique tournure d'esprit de ce vieil idéaliste. Il est à supposer, me disais-je, que l'idée de prendre des chevaux de poste lui aura semblé trop banale et trop prosaïque : il a dû trouver beaucoup plus beau de voyager pédestrement comme un pèlerin. Mais maintenant je crois qu'il ne faut pas chercher si loin l'explication. La première raison qui empêcha Stépan Trophimovitch de prendre une voiture fut la crainte de donner l'éveil à Barbara Pétrovna : instruite de son dessein, elle l'aurait certainement retenu de force; lui, de son côté, se serait certainement soumis, et, dès lors, c'en eût été fait de la grande idée. Ensuite, pour prendre des chevaux de poste, il faut au moins savoir où l'on va. Or, la question du lieu où il allait constituait en ce moment la principale souffrance de notre voyageur. Pour rien au monde, il n'eût pu se résoudre à indiquer une localité quelconque, car s'il s'y était décidé, l'absurdité de son entreprise lui aurait immédiatement sauté aux yeux, et il pressentait très-bien cela. Pourquoi en effet se rendre dans telle ville plutôt que dans telle autre? Pour chercher *ce marchand?* Mais quel *marchand?* C'était là le second point qui inquiétait Stépan Trophimovitch. Au fond, il n'y avait rien de plus terrible pour lui que *ce marchand* à la recherche de qui il courait ainsi, tête baissée, et que, bien entendu, il avait une peur atroce de découvrir. Non, mieux valait marcher tout droit devant soi, prendre la grande route et la suivre sans penser à rien, aussi longtemps du moins qu'on pourrait ne pas penser. La grande route, c'est quelque chose de si long, si long qu'on n'en voit pas le bout — comme la vie humaine, comme le rêve humain. Dans la grande route il y a une idée, mais dans un passe-port de poste quelle idée y a-t-il?... *Vive la grande route!* advienne que pourra.

Après sa rencontre imprévue avec Élisabeth Nikolaïevna, Stépan Trophimovitch poursuivit son chemin en s'oubliant de plus en plus lui-même. La grande route passait à une demi-verste de Skvorechniki, et, chose étrange, il la prit sans s'en douter. Réfléchir, se rendre un compte quelque peu net de ses actions lui était insupportable en ce moment. La pluie tantôt cessait, tantôt recommençait, mais il ne la remarquait pas. Ce fut aussi par un geste machinal qu'il mit son sac sur son épaule, et il ne s'aperçut pas que de la sorte il marchait plus légèrement. Quand il eut fait une verste ou une verste et demie, il s'arrêta tout à coup et promena ses regards autour de lui. Devant ses yeux s'allongeait à perte de vue, comme un immense fil, la route noire, creusée d'ornières et bordée de saules blancs; à droite s'étendaient des terrains nus; la moisson avait été fauchée depuis longtemps; à gauche c'étaient des buissons et au delà un petit bois. Dans le lointain l'on devinait plutôt qu'on ne distinguait le chemin de fer, qui faisait un coude en cet endroit; une légère fumée au-dessus de la voie indiquait le passage d'un train, mais la distance ne permettait pas d'entendre le bruit. Durant un instant, le courage de Stépan Trophimovitch faillit l'abandonner. Il soupira vaguement, posa son sac à terre et s'assit afin de reprendre haleine. Au moment où il s'asseyait, il se sentit frissonner et s'enveloppa dans son plaid; alors aussi il s'aperçut qu'il pleuvait et déploya son parapluie au-dessus de lui. Pendant assez longtemps il resta dans cette position, remuant les lèvres de loin en loin, tandis que sa main serrait avec force le manche du parapluie. Diverses images, effet de la fièvre, flottaient dans son esprit, bientôt remplacées par d'autres. « *Lise, Lise,* songeait-il, et avec elle *ce Maurice...*

Étranges gens... Eh bien, mais cet incendie, n'était-il pas étrange aussi? Et de quoi parlaient-ils? Quelles sont ces victimes?... Je suppose que *Stasie* ignore encore mon départ et m'attend avec le café... En jouant aux cartes? Est-ce que j'ai perdu des gens aux cartes? Hum... chez nous en Russie, à l'époque du servage... Ah! mon Dieu, et Fedka? »

Il frémit de tout son corps et regarda autour de lui : « Si ce Fedka était caché là quelque part, derrière un buisson? On dit qu'il est à la tête d'une bande de brigands qui infestent la grande route. Oh! mon Dieu, alors je... alors je lui avouerai toute la vérité, je lui dirai que je suis coupable... que pendant dix ans son souvenir a déchiré mon cœur et m'a rendu plus malheureux qu'il ne l'a été au service et... et je lui donnerai mon porte-monnaie. Hum, *j'ai en tout quarante roubles; il prendra les roubles et il me tuera tout de même!* »

Dans sa frayeur il ferma, je ne sais pourquoi, son parapluie et le posa à côté de lui. Au loin sur la route se montrait un chariot venant de la ville ; Stépan Trophimovitch se mit à l'examiner avec inquiétude :

« *Grâce à Dieu*, c'est un chariot, et — il va au pas; cela ne peut être dangereux. Ces rosses efflanquées d'ici... J'ai toujours parlé de la race... Non, c'était Pierre Ilitch qui en parlait au club, et je lui ai alors fait faire la remise, *et puis,* mais il y a quelque chose derrière et... on dirait qu'une femme se trouve dans le chariot. Une paysanne et un moujik, — *cela commence à être rassurant.* La femme est sur le derrière et l'homme sur le devant, — *c'est très-rassurant.* Une vache est attachée par les cornes derrière le chariot, *c'est rassurant au plus haut degré.* »

A côté de lui passa le chariot, une télègue de paysan assez solidement construite et d'un aspect convenable. Un sac bourré à crever servait de siége à la femme, et l'homme était assis, les jambes pendantes, sur le rebord du véhicule, faisant face à Stépan Trophimovitch. A leur suite se traînait, en effet, une vache rousse attachée par les cornes. Le moujik et la paysanne regardèrent avec de grands yeux le voya-

geur qui leur rendit la pareille, mais, quand ils furent à
vingt pas de lui, il se leva brusquement et se mit en marche
pour les rejoindre. Il lui semblait qu'il serait plus en sûreté
près d'un chariot. Toutefois, dès qu'il eut rattrapé la télègue,
il oublia encore tout et retomba dans ses rêveries. Il marchait à grands pas, sans soupçonner assurément que, pour
les deux villageois, il était l'objet le plus bizarre et le plus
énigmatique que l'on pût rencontrer sur une grande route.
A la fin, la femme ne fut plus maîtresse de sa curiosité.

— Qui êtes-vous, s'il n'est pas impoli de vous demander
cela? commença-t-elle soudain, au moment où Stépan Trophimovitch la regardait d'un air distrait. C'était une robuste
paysanne de vingt-sept ans, aux sourcils noirs et au teint
vermeil; ses lèvres rouges entr'ouvertes par un sourire gracieux laissaient voir des dents blanches et bien rangées.

— Vous... c'est à moi que vous vous adressez? murmura
le voyageur désagréablement étonné.

— Vous devez être un marchand, dit avec assurance le
moujik; ce dernier, âgé de quarante ans, était un homme
de haute taille, porteur d'une barbe épaisse et rougeâtre; sa
large figure ne dénotait pas la bêtise.

— Non, ce n'est pas que je sois un marchand, je... je...
*moi, c'est autre chose,* fit entre ses dents Stépan Trophimovitch
qui, à tout hasard, laissa passer le chariot devant lui et se
mit à marcher derrière côte à côte avec la vache.

Les mots étrangers que le paysan venait d'entendre furent
pour lui un trait de lumière.

— Vous êtes sans doute un seigneur, reprit-il, et il activa
la marche de sa rosse.

— Vous êtes en promenade? questionna de nouveau la femme.

— C'est... c'est moi que vous interrogez?

— Le chemin de fer amène chez nous des voyageurs étrangers; à en juger d'après vos bottes, vous ne devez pas être
de ce pays-ci...

— Ce sont des bottes de militaire, déclara sans hésiter le
moujik.

— Non, ce n'est pas que je sois militaire, je...

« Quelle curieuse commère! maugréait à part soi Stépan Trophimovitch, et comme ils me regardent... *mais enfin...* En un mot, c'est étrange, on dirait que j'ai des comptes à leur rendre, et pourtant il n'en est rien. »

La femme s'entretenait tout bas avec le paysan.

— Si cela peut vous être agréable, nous vous conduirons.

La mauvaise humeur de Stépan Trophimovitch disparut aussitôt.

— Oui, oui, mes amis, j'accepte avec grand plaisir, car je suis bien fatigué, seulement comment vais-je m'introduire là?

« Que c'est singulier! se disait-il, je marche depuis si longtemps côte à côte avec cette vache, et l'idée ne m'était pas venue de leur demander une place dans leur chariot... Cette « vie réelle » a quelque chose de très-caractéristique... »

Pourtant le moujik n'arrêtait pas son cheval.

— Mais où? questionna-t-il avec une certaine défiance.

Stépan Trophimovitch ne comprit pas tout de suite.

— Vous allez sans doute jusqu'à Khatovo?

— A Khatovo? Non, ce n'est pas que j'aille à Khatovo... Je ne connais même pas du tout cet endroit; j'en ai entendu parler cependant.

— Khatovo est un village, à neuf verstes d'ici.

— Un village? *C'est charmant,* je crois bien en avoir entendu parler...

Stépan Trophimovitch marchait toujours, et les paysans ne se pressaient pas de le prendre dans leur chariot. Une heureuse inspiration lui vint tout à coup.

— Vous pensez peut-être que je... J'ai mon passe-port et je suis professeur, c'est-à-dire, si vous voulez, précepteur... mais principal. Je suis précepteur principal. *Oui, c'est comme ça qu'on peut traduire.* Je voudrais bien m'asseoir à côté de vous et je vous payerais... je vous payerais pour cela une demi-bouteille d'eau-de-vie.

— Donnez-nous cinquante kopeks, monsieur, le chemin est difficile.

— Nous ne pouvons pas vous demander moins sans nous faire tort, ajouta la femme.

— Cinquante kopeks? Allons, va pour cinquante kopeks. *C'est encore mieux, j'ai en tout quarante roubles, mais...*

Le moujik arrêta; aidé par les deux paysans, Stépan Trophimovitch parvint à grimper dans le chariot et s'assit sur le sac, à côté de la femme. Sa pensée continuait à vagabonder. Parfois lui-même s'apercevait avec étonnement qu'il était fort distrait et que ses idées manquaient totalement d'à-propos. Cette conscience de sa maladive faiblesse d'esprit lui était, par moments, très-pénible et même le fâchait.

— Comment donc cette vache est-elle ainsi attachée par derrière? demanda-t-il à la paysanne.

— On dirait que vous n'avez jamais vu cela, monsieur, fit-elle en riant.

— Nous avions acheté nos bêtes à cornes à la ville, observa l'homme, — et, va te promener, au printemps le typhus s'est déclaré parmi elles, et presque toutes ont succombé, il n'en est pas resté la moitié.

En achevant ces mots, il fouetta de nouveau son cheval qui avait mis le pied dans une ornière.

— Oui, cela arrive chez nous en Russie... et, en général, nous autres Russes... eh bien, oui, il arrive...

Stépan Trophimovitch ne finit pas sa phrase.

— Si vous êtes précepteur, qu'est-ce qui vous appelle à Khatovo? Vous allez peut-être plus loin?

— Je... c'est-à-dire, ce n'est pas que j'aille plus loin... Je vais chez un marchand.

— Alors c'est à Spassoff que vous allez?

— Oui, oui, justement, à Spassoff. Du reste, cela m'est égal.

— Si vous allez de pied à Spassoff avec vos bottes, vous mettrez huit jours pour y arriver, remarqua en riant la femme.

— Oui, oui, et cela m'est égal, *mes amis,* cela m'est égal, reprit impatiemment Stépan Trophimovitch.

« Ces gens-là sont terriblement curieux; la femme, du reste, parle mieux que le mari : je remarque que depuis le 19 février leur style s'est un peu modifié et... qu'importe que j'aille à Spassoff ou ailleurs? Du reste, je les payerai, pourquoi donc me persécutent-ils ainsi ? »

— Si vous allez à Spassoff, il faut prendre le bateau à vapeur, dit le moujik.

— Certainement, ajouta avec animation la paysanne : — en prenant une voiture et en suivant la rive, vous allongeriez votre route de trente verstes.

— De quarante.

— Demain, à deux heures, vous trouverez le bateau à Oustiévo, reprit la femme.

Mais Stépan Trophimovitch s'obstina à ne pas répondre, et ses compagnons finirent par le laisser tranquille. Le moujik était occupé avec son cheval de nouveau engagé dans une ornière; de loin en loin les deux époux échangeaient de courtes observations. Le voyageur commençait à sommeiller. Il fut fort étonné quand la paysanne le poussa en riant et qu'il se vit dans un assez gros village; le chariot était arrêté devant une izba à trois fenêtres.

— Vous dormiez, monsieur?

— Qu'est-ce que c'est? Où suis-je? Ah! Allons! Allons... cela m'est égal, soupira Stépan Trophimovitch, et il mit pied à terre.

Il regarda tristement autour de lui, se sentant tout désorienté dans ce milieu nouveau.

— Mais je vous dois cinquante kopeks, je n'y pensais plus! dit-il au paysan vers qui il s'avança avec un empressement extraordinaire; évidemment, il n'osait plus se séparer de ses compagnons de route.

— Vous réglerez dans la chambre, entrez, répondit le moujik.

— Oui, c'est cela, approuva la femme.

Stépan Trophimovitch monta un petit perron aux marches branlantes.

« Mais comment donc cela est-il possible? » murmurait-il non moins inquiet que surpris, pourtant il entra dans la maison. « *Elle l'a voulu* », se dit-il avec un déchirement de cœur, et soudain il oublia encore tout, même le lieu où il se trouvait.

C'était une cabane de paysan, claire, assez propre, et comprenant deux chambres. Elle ne méritait pas, à proprement parler, le nom d'auberge, mais les voyageurs connus des gens de la maison avaient depuis longtemps l'habitude d'y descendre. Sans penser à saluer personne, Stépan Trophimovitch alla délibérément s'asseoir dans le coin de devant, puis il s'abandonna à ses réflexions. Toutefois il ne laissa pas d'éprouver l'influence bienfaisante de la chaleur succédant à l'humidité dont il avait souffert pendant ses trois heures de voyage. Comme il arrive toujours aux hommes nerveux quand ils ont la fièvre, en passant brusquement du froid au chaud Stépan Trophimovitch sentit un léger frisson lui courir le long de l'épine dorsale, mais cette sensation même était accompagnée d'un étrange plaisir. Il leva la tête, et une délicieuse odeur chatouilla son nerf olfactif : la maîtresse du logis était en train de faire des blines. Il s'approcha d'elle avec un sourire d'enfant et se mit tout à coup à balbutier :

— Qu'est-ce que c'est? Ce sont des blines? *Mais... c'est charmant*.

— En désirez-vous, monsieur? demanda poliment la femme.

— Oui, justement, j'en désire, et... je vous prierais aussi de me donner du thé, répondit avec empressement Stépan Trophimovitch.

— Vous voulez un samovar? Très-volontiers.

On servit les blines sur une grande assiette ornée de dessins bleus. Ces savoureuses galettes de village qu'on fait avec de la farine de froment et qu'on arrose de beurre frais furent trouvées exquises par Stépan Trophimovitch.

— Que c'est bon! Que c'est onctueux! Si seulement o pouvait avoir *un doigt d'eau-de-vie?*

— Ne désirez-vous pas un peu de vodka, monsieur?

— Justement, justement, une larme, *un tout petit rien*.

— Pour cinq kopeks, alors?

— Pour cinq, pour cinq, pour cinq, pour cinq, *un tout petit rien*, acquiesça avec un sourire de béatitude Stépan Trophimovitch.

Demandez à un homme du peuple de faire quelque chose pour vous : s'il le peut et le veut, il vous servira de très-bonne grâce. Mais priez-le d'aller vous chercher de l'eau-de-vie, et à l'instant sa placide serviabilité accoutumée fera place à une sorte d'empressement joyeux : un parent ne montrerait pas plus de zèle pour vous être agréable. En allant chercher la vodka, il sait fort bien que c'est vous qui la boirez et non lui, — n'importe, il semble prendre sa part de votre futur plaisir. Au bout de trois ou quatre minutes (il y avait un cabaret à deux pas de la maison) le flacon demandé se trouva sur la table, ainsi qu'un grand verre à patte.

— Et c'est tout pour moi! s'exclama d'étonnement Stépan Trophimovitch — J'ai toujours eu de l'eau-de-vie chez moi, mais j'ignorais encore qu'on pouvait en avoir tant que cela pour cinq kopeks.

Il remplit le verre, se leva et se dirigea avec une certaine solennité vers l'autre coin de la chambre, où était assise sa compagne de voyage, la femme aux noirs sourcils, dont les questions l'avaient excédé pendant la route. Confuse, la paysanne commença par refuser, mais, après ce tribut payé aux convenances, elle se leva, but l'eau-de-vie à petits coups, comme boivent les femmes, et, tandis que son visage prenait une expression de souffrance extraordinaire, elle rendit le verre en faisant une révérence à Stépan Trophimovitch. Celui-ci, à son tour, la salua gravement et retourna non sans fierté à sa place.

Il avait agi ainsi par une sorte d'inspiration subite : une seconde auparavant il ne savait pas encore lui-même qu'il allait régaler la paysanne.

« Je sais à merveille comment il faut en user avec le

peuple », pensait-il tout en se versant le reste de l'eau-de-vie; il n'y en avait plus un verre, néanmoins la liqueur le réchauffa et l'entêta même un peu.

« *Je suis malade tout à fait, mais ce n'est pas trop mauvais d'être malade.* »

— Voulez-vous acheter?... fit près de lui une douce voix de femme.

Levant les yeux, il aperçut avec surprise devant lui une dame — *une dame, et elle en avait l'air* — déjà dans la trentaine et dont l'extérieur était fort modeste. Vêtue comme à la ville, elle portait une robe de couleur foncée, et un grand mouchoir gris couvrait ses épaules. Sa physionomie avait quelque chose de très-affable qui plut immédiatement à Stépan Trophimovitch. Elle venait de rentrer dans l'izba où ses affaires étaient restées sur un banc, près de la place occupée par le voyageur. Ce dernier se rappela que tout à l'heure, en pénétrant dans la chambre, il avait remarqué là, entre autres objets, un portefeuille et un sac en toile cirée. La jeune femme tira de ce sac deux petits livres élégamment reliés, avec des croix en relief sur les couvertures, et les offrit à Stépan Trophimovitch.

— Eh... *mais je crois que c'est l'Évangile;* avec le plus grand plaisir... Ah! maintenant je comprends... *Vous êtes ce qu'on appelle* une colporteuse de livres; j'ai lu à différentes reprises... C'est cinquante kopeks?

— Trente-cinq, répondit la colporteuse.

— Avec le plus grand plaisir. *Je n'ai rien contre l'Évangile, et...* Depuis longtemps je me proposais de le relire...

Il songea soudain que depuis trente ans au moins il n'avait pas lu l'Évangile et qu'une seule fois, sept ans auparavant, il avait eu un vague souvenir de ce livre, en lisant la *Vie de Jésus* de Renan. Comme il était sans monnaie, il prit dans sa poche ses quatre billets de dix roubles — tout son avoir. Naturellement, la maîtresse de la maison se chargea de les lui changer; alors seulement il s'aperçut, en jetant un coup d'œil dans l'izba, qu'il s'y trouvait un assez grand nombre de gens, lesquels depuis quelque temps déjà l'observaient et paraissaient s'entretenir de lui. Ils causaient aussi de l'incendie du Zariétchié; le propriétaire du chariot et de la vache, arrivant de la ville, parlait plus qu'aucun autre. On disait que le sinistre était dû à la malveillance, que les incendiaires étaient des ouvriers de l'usine Chpigouline.

« C'est singulier », pensa Stépan Trophimovitch, « il ne m'a pas soufflé mot de l'incendie pendant la route, et il a parlé de tout. »

— Batuchka, Stépan Trophimovitch, est-ce vous que je vois, monsieur? Voilà une surprise!... Est-ce que vous ne me reconnaissez pas? s'écria un homme âgé qui rappelait le type du domestique serf d'autrefois; il avait le visage rasé et portait un manteau à long collet. Stépan Trophimovitch eut peur en entendant prononcer son nom.

— Excusez-moi, balbutia-t-il, — je ne vous remets pas du tout...

— Vous ne vous souvenez pas de moi? Mais je suis Anisim Ivanoff. J'étais au service de feu M. Gaganoff, et que de fois, monsieur, je vous ai vu avec Barbara Pétrovna chez la défunte Avdotia Serguievna! Elle m'envoyait vous porter des livres, et deux fois je vous ai remis de sa part des bonbons de Pétersbourg...

— Ah! oui, je te reconnais, Anisim, fit en souriant Stépan Trophimovitch. — Tu demeures donc ici?

— Dans le voisinage de Spassoff, près du monastère de V..., chez Marfa Serguievna, la sœur d'Avdotia Serguievna, vous ne l'avez peut-être pas oubliée; elle s'est cassé la jambe en sautant à bas de sa voiture un jour qu'elle se rendait au bal. Maintenant elle habite près du monastère, et je reste chez elle. Voyez-vous, si je me trouve ici en ce moment, c'est que je suis venu voir des proches...

— Eh bien, oui, eh bien, oui.

— Je suis bien aise de vous rencontrer, vous étiez gentil pour moi, poursuivit avec un joyeux sourire Anisim. —

Mais où donc allez-vous ainsi tout seul, monsieur?... Il me semble que vous ne sortiez jamais seul?

Stépan Trophimovitch regarda son interlocuteur d'un air craintif.

— Ne comptez-vous pas venir nous voir à Spassoff?

— Oui, je vais à Spassoff. *Il me semble que tout le monde va à Spassoff...*

— Et n'irez-vous pas chez Fédor Matviévitch? Il sera charmé de votre visite. En quelle estime il vous tenait autrefois! Maintenant encore il parle souvent de vous...

— Oui, oui, j'irai aussi chez Fédor Matviévitch.

— Il faut y aller absolument. Il y a ici des moujiks qui s'étonnent : à les en croire, monsieur, on vous aurait rencontré sur la grande route voyageant à pied. Ce sont de sottes gens.

— Je... c'est que je... Tu sais, Anisim, j'avais parié, comme font les Anglais, que j'irais à pied, et je...

La sueur perlait sur son front et sur ses tempes.

— Sans doute, sans doute... allait continuer l'impitoyable Anisim; Stépan Trophimovitch ne put supporter plus longtemps ce supplice. Sa confusion était telle qu'il voulut se lever et quitter l'izba. Mais on apporta le samovar, et au même instant la colporteuse, qui était sortie, rentra dans la chambre. Voyant en elle une suprême ressource, Stépan Trophimovitch s'empressa de lui offrir du thé. Anisim se retira.

Le fait est que les paysans étaient fort intrigués. « Qu'est-ce que c'est que cet homme-là? » se demandaient-ils, « on l'a trouvé faisant route à pied, il se dit précepteur, il est vêtu comme un étranger, et son intelligence ne paraît pas plus développée que celle d'un petit enfant; il répond d'une façon si louche qu'on le prendrait pour un fugitif, et il a de l'argent! » On pensait déjà à prévenir la police — « attendu qu'avec tout cela la ville était loin d'être tranquille ». Mais Anisim ne tarda pas à calmer les esprits. En arrivant dans le vestibule, il raconta à qui voulut l'entendre que Stépan

Trophimovitch n'était pas, à vrai dire, un précepteur, mais « un grand savant, adonné aux hautes sciences et en même temps propriétaire dans le pays; depuis vingt-deux ans il demeurait chez la grosse générale Stavroguine dont il était l'homme de confiance, et tout le monde en ville avait pour lui une considération extraordinaire; au club de la noblesse il lui arrivait de perdre en une soirée des centaines de roubles; son rang dans le tchin était celui de secrétaire, titre correspondant au grade de lieutenant-colonel dans l'armée. Ce n'était pas étonnant qu'il eût de l'argent, car la grosse générale Stavroguine ne comptait pas avec lui », etc., etc.

« *Mais c'est une dame, et très comme il faut* », se disait Stépan Trophimovitch à peine remis du trouble que lui avait causé la rencontre d'Anisim, et il considérait d'un œil charmé sa voisine la colporteuse, qui pourtant avait sucré son thé à la façon des gens du peuple. « *Ce petit morceau de sucre, ce n'est rien...* Il y a en elle quelque chose de noble, d'indépendant et, en même temps, de doux. *Le comme il faut tout pur, seulement avec une nuance sui generis.* »

Elle lui apprit qu'elle s'appelait Sophie Matvievna Oulitine et qu'elle avait son domicile à K..., où habitait sa sœur, une veuve appartenant à la classe bourgeoise; elle-même était veuve aussi : son mari, ancien sergent-major promu sous-lieutenant, avait été tué à Sébastopol.

— Mais vous êtes encore si jeune, *vous n'avez pas trente ans.*

— J'en ai trente-quatre, répondit en souriant Sophie Matvievna.

— Comment, vous comprenez le français?

— Un peu; après la mort de mon mari, j'ai passé quatre ans dans une maison noble, et là j'ai appris quelques mots de français en causant avec les enfants.

Elle raconta que, restée veuve à l'âge de dix-huit ans, elle avait été quelque temps ambulancière à Sébastopol, qu'ensuite elle avait vécu dans différents endroits, et que maintenant elle allait çà et là vendre l'Évangile.

— *Mais, mon Dieu*, ce n'est pas à vous qu'est arrivée dans notre ville une histoire étrange, fort étrange même?

Elle rougit; c'était elle, en effet, qui avait été la triste héroïne de l'aventure à laquelle Stépan Trophimovitch faisait allusion.

— *Ces vauriens, ces malheureux!...* commença-t-il d'une voix tremblante d'indignation; cet odieux souvenir avait rouvert une plaie dans son âme. Pendant une minute il resta songeur.

« Tiens, mais elle est encore partie », fit-il à part soi en s'apercevant que Sophie Matvievna n'était plus à côté de lui. « Elle sort souvent, et quelque chose la préoccupe : je remarque qu'elle est même inquiète... *Bah! je deviens égoïste!* »

Il leva les yeux et aperçut de nouveau Anisim, mais cette fois la situation offrait l'aspect le plus critique. Toute l'izba était remplie de paysans qu'Anisim évidemment traînait à sa suite. Il y avait là le maître du logis, le propriétaire du chariot, deux autres moujiks (des cochers), et enfin un petit homme à moitié ivre qui parlait plus que personne; ce dernier, vêtu comme un paysan, mais rasé, semblait être un bourgeois ruiné par l'ivrognerie. Et tous s'entretenaient de Stépan Trophimovitch. Le propriétaire du chariot persistait dans son dire, à savoir qu'en suivant le rivage on allongeait la route de quarante verstes et qu'il fallait absolument prendre le bateau à vapeur. Le bourgeois à moitié ivre et le maître de la maison répliquaient avec vivacité :

— Sans doute, mon ami, Sa Haute Noblesse aurait plus court à traverser le lac à bord du bateau, mais maintenant le service de la navigation est suspendu.

— Non, le bateau fera encore son service pendant huit jours! criait Anisim plus échauffé qu'aucun autre.

— C'est possible, mais à cette saison-ci il n'arrive pas exactement, quelquefois on est obligé de l'attendre pendant trois jours à Oustiévo.

— Il viendra demain, il arrivera demain à deux heures

précises. Vous serez rendu à Spassoff avant le soir, monsieur! vociféra Anisim hors de lui.

— *Mais qu'est-ce qu'il a, cet homme?* gémit Stépan Trophimovitch qui tremblait de frayeur en attendant que son sort se décidât.

Ensuite les cochers prirent aussi la parole : pour conduire le voyageur jusqu'à Oustiévo, ils demandaient trois roubles. Les autres criaient que ce prix n'avait rien d'exagéré, et que pendant tout l'été tel était le tarif en vigueur pour ce parcours.

— Mais... il fait bon ici aussi.. Et je ne veux pas... articula faiblement Stépan Trophimovitch.

— Vous avez raison, monsieur, il fait bon maintenant chez nous à Spassoff, et Fédor Matviévitch sera si content de vous voir!

— *Mon Dieu, mes amis,* tout cela est si inattendu pour moi!

A la fin, Sophie Matvievna reparut, mais, quand elle revint s'asseoir sur le banc, son visage exprimait la désolation la plus profonde.

— Je ne puis pas aller à Spassoff! dit-elle à la maîtresse du logis.

Stépan Trophimovitch tressaillit.

— Comment, est-ce que vous deviez aussi aller à Spassoff? demanda-t-il.

La colporteuse raconta que la veille une propriétaire, Nadejda Égorovna Svietlitzine, lui avait donné rendez-vous à Khatovo, promettant de la conduire de là à Spassoff. Et voilà que cette dame n'était pas venue!

— Que ferai-je maintenant? répéta Sophie Matvievna.

— *Mais, ma chère et nouvelle amie,* voyez-vous, je viens de louer une voiture pour me rendre à ce village — comment l'appelle-t-on donc? je puis vous y conduire tout aussi bien que la propriétaire, et demain, — eh bien, demain nous partirons ensemble pour Spassoff.

— Mais est-ce que vous allez aussi à Spassoff?

— *Mais que faire? et je suis enchanté!* Je vous conduirai

avec la plus grande joie; voyez-vous, ils veulent... j'ai déjà loué... J'ai fait prix avec l'un de vous, ajouta Stépan Trophimovitch qui maintenant brûlait d'aller à Spassoff.

Un quart d'heure après, tous deux prenaient place dans une britchka couverte, lui très-animé et très-content, elle à côté de lui avec son sac et un reconnaissant sourire. Anisim les aida à monter en voiture.

— Bon voyage, monsieur, cria l'empressé personnage; — combien j'ai été heureux de vous rencontrer!

— Adieu, adieu, mon ami, adieu.

— Vous irez voir Fédor Matviéitch, monsieur...

— Oui, mon ami, oui... Fédor Matviéitch... seulement, adieu.

## II

— Voyez-vous, mon amie, vous me permettez de m'appeler votre ami, *n'est-ce pas?* commença précipitamment le voyageur, dès que la voiture se fut mise en marche. — Voyez-vous, je... *J'aime le peuple, c'est indispensable, mais il me semble que je ne l'avais jamais vu de près. Stasie... cela va sans dire qu'elle est aussi du peuple... mais le vrai peuple*, j'entends celui qu'on rencontre sur la grande route, celui-là n'a, à ce qu'il paraît, d'autre souci que de savoir où je vais... Mais, trêve de récriminations. Je divague un peu, dirait-on; cela tient sans doute à ce que je parle vite.

Sophie Matvievna fixa sur son interlocuteur un regard pénétrant, quoique respectueux.

— Vous êtes souffrant, je crois, observa-t-elle.

— Non, non, je n'ai qu'à m'emmitoufler; le vent est frais, il est même très-frais, mais laissons cela. *Chère et incomparable amie,* il me semble que je suis presque heureux, et la faute en est à vous. Le bonheur ne me vaut rien, parce que je me sens immédiatement porté à pardonner à tous mes ennemis...

— Eh bien! c'est ce qu'il faut.

— Pas toujours, *chère innocente. L'Évangile... Voyez-vous, désormais nous le prêcherons ensemble,* et je vendrai avec plaisir vos beaux livres. Oui, je sens que c'est une idée, *quelque chose de très-nouveau dans ce genre.* Le peuple est religieux, *c'est admis,* mais il ne connaît pas encore l'Évangile. Je le lui ferai connaître... Dans une exposition orale on peut corriger les erreurs de ce livre remarquable que je suis disposé, bien entendu, à traiter avec un respect extraordinaire. Je serai utile même sur la grande route. J'ai toujours été utile, je le leur ai toujours dit, *à eux et à cette chère ingrate...* Oh! pardonnons, pardonnons, avant tout pardonnons à tous et toujours... Nous pourrons espérer que l'on nous pardonnera aussi. Oui, car nous sommes tous coupables les uns envers les autres. *Nous sommes tous coupables!...*

Tenez, ce que vous venez de dire est fort bien, me semble-t-il.

— Oui, oui... Je sens que je parle très-bien. Je leur parlerai très-bien, mais, mais que voulais-je donc dire d'important? Je perds toujours le fil et je ne me rappelle plus... Me permettez-vous de ne pas vous quitter? Je sens que votre regard et... j'admire même vos façons : vous êtes naïve, votre langage est ingénu, et vous versez votre thé dans la soucoupe... avec ce vilain petit morceau de sucre; mais il y a en vous quelque chose de charmant, et je vois à vos traits... Oh! ne rougissez pas et n'ayez pas peur de moi parce que je suis un homme. *Chère et incomparable, pour moi une femme, c'est tout.* Il faut absolument que je vive à côté d'une femme, mais seulement à côté... Je sors complètement du sujet... Je ne sais plus du tout ce que je voulais dire. Oh! heureux celui à qui Dieu envoie toujours une femme et... je crois que je suis comme en extase. Dans la grande route même il y a une haute pensée! Voilà, voilà ce que je voulais dire, voilà l'idée que je cherchais et que je ne retrouvais plus. Et pourquoi nous ont-ils emmenés plus loin? Là aussi l'on était bien, ici *cela devient trop froid. A propos, j'ai en tout quarante roubles, et voilà cet argent,* prenez, prenez, je ne saurais pas le garder, je le perdrais, ou l'on me le volerait, et... Il me semble que j'ai envie de dormir, il y a quelque chose qui tourne dans ma tête. Oui, ça tourne, ça tourne, ça tourne. Oh! que vous êtes bonne! Avec quoi me couvrez-vous ainsi?

— Vous avez une forte fièvre, et j'ai mis sur vous ma couverture, mais, pour ce qui est de l'argent, je ne...

— Oh! de grâce, *n'en parlons plus, parce que cela me fait mal;* oh! que vous êtes bonne!

A ce flux de paroles succéda tout à coup un sommeil fiévreux, accompagné de frissons. Les voyageurs firent ces dix-sept verstes sur un chemin raboteux où la voiture cahotait fort. Stépan Trophimovitch s'éveillait souvent, il se soulevait brusquement de dessus le petit coussin que Sophie Matviévna lui avait placé sous la tête, saisissait la main de sa compagne et lui demandait : « Vous êtes ici? » comme s'il craignait qu'elle ne l'eût quitté. Il lui assurait aussi qu'il voyait en songe une mâchoire ouverte, et que cela l'impressionnait très-désagréablement. Son état inquiétait fort la colporteuse.

Les voituriers arrêtèrent devant une grande izba à quatre fenêtres, flanquée de bâtiments logeables. S'étant réveillé, Stépan Trophimovitch se hâta d'entrer et alla droit à la seconde pièce, la plus grande et la plus belle de la maison. Son visage ensommeillé avait pris une expression très-soucieuse. La maîtresse du logis était une grande et robuste paysanne de quarante ans, qui avait des cheveux très-noirs et un soupçon de moustache. Le voyageur lui déclara incontinent qu'il voulait avoir pour lui toute la chambre. « Fermez la porte », ajouta-t-il, « et ne laissez plus entrer personne ici, *parce que nous avons à parler. Oui, j'ai beaucoup à vous dire, chère amie. Je vous payerai, je payerai!* » acheva-t-il en s'adressant à la logeuse avec un geste de la main.

Quoiqu'il parlât précipitamment, il paraissait avoir quelque peine à remuer la langue. La femme l'écouta d'un air peu aimable; elle ne fit aucune objection, mais son acquiescement muet était gros de menaces. Stépan Trophimovitch ne le remarqua pas et, du ton le plus pressant, demanda qu'on lui servît tout de suite à dîner.

Cette fois la maîtresse de la maison rompit le silence.

— Vous n'êtes pas ici à l'auberge, monsieur, nous ne donnons pas à dîner aux voyageurs. On peut vous cuire des écrevisses ou vous faire du thé, mais c'est tout ce que nous avons. Il n'y aura pas de poisson frais avant demain.

Mais Stépan Trophimovitch ne voulut rien entendre. « Je payerai, seulement dépêchez-vous, dépêchez-vous! » répétait-il en gesticulant avec colère. Il demanda une soupe au poisson et une poule rôtie. La femme assura que dans tout le village il était impossible de se procurer une poule; elle consentit néanmoins à aller voir si elle n'en trouverait pas une, mais sa mine montrait qu'elle croyait par là faire preuve d'une complaisance extraordinaire.

Dès qu'elle fut sortie, Stépan Trophimovitch s'assit sur le divan et invita Sophie Matvievna à prendre place auprès de lui. Il y avait dans la chambre un divan et des fauteuils, mais ces meubles étaient en fort mauvais état. La pièce, assez spacieuse, était coupée en deux par une cloison derrière laquelle se trouvait un lit. Une vieille tapisserie jaune, très-délabrée, couvrait les murs. Avec son mobilier acheté d'occasion, ses affreuses lithographies mythologiques et ses icones rangés dans le coin de devant, cette chambre offrait un disgracieux mélange de la ville et de la campagne. Mais Stépan Trophimovitch ne donna pas un coup d'œil à tout cela et n'alla même pas à la fenêtre pour contempler l'immense lac qui commençait à dix sagènes de l'izba.

— Enfin nous voici seuls, et nous ne laisserons entrer personne! Je veux vous raconter tout, tout depuis le commencement...

Sophie Matvievna, qui paraissait fort inquiète, se hâta de l'interrompre :

— Savez-vous, Stépan Trophimovitch...

— *Comment, vous savez déjà mon nom?* fit-il avec un joyeux sourire.

— Tantôt j'ai entendu Anisim Ivanovitch vous nommer, pendant que vous causiez avec lui.

Et, après avoir regardé vers la porte pour s'assurer qu'elle était fermée et que personne ne pouvait entendre, la colporteuse, baissant soudain la voix, apprit à son interlocuteur quel danger l'on courait dans ce village. « Quoique, dit-elle, tous les paysans d'ici soient pêcheurs et vivent principalement de ce métier, cela ne les empêche pas chaque été de rançonner abominablement les voyageurs. Cette localité n'est pas un lieu de passage, on n'y vient que parce que le bateau à vapeur s'y arrête, mais celui-ci fait très-irrégulièrement son service : pour peu que le temps soit mauvais, on est obligé d'attendre plusieurs jours l'arrivée du bateau ; pendant ce temps-là le village se remplit de monde, toutes les maisons sont pleines, et les habitants profitent de la circonstance pour vendre chaque objet le triple de sa valeur. »

Tandis que Sophie Matvievna parlait avec une animation extrême, quelque chose comme un reproche se lisait dans le regard que Stépan Trophimovitch fixait sur elle ; plusieurs fois il essaya de la faire taire, mais la jeune femme n'en poursuivait pas moins le cours de ses récriminations contre l'avidité des gens d'Oustiévo : déjà précédemment elle était venue dans ce village avec une « dame très-noble », elles y avaient logé pendant deux jours en attendant l'arrivée du bateau à vapeur, et ce qu'on les avait écorchées ! C'était même terrible de se rappeler cela... « Voyez-vous, Stépan Trophimovitch, vous avez demandé cette chambre pour vous seul... moi, ce que je vous en dis, c'est uniquement pour vous prévenir... Là, dans l'autre pièce, il y a déjà des voyageurs : un vieillard, un jeune homme, une dame avec des enfants ; mais demain l'izba sera pleine jusqu'à deux heures, parce que le bateau à vapeur n'étant pas venu depuis deux jours arrivera certainement demain. Eh bien, pour la chambre particulière que vous avez louée et pour le dîner que vous avez commandé, ils vous demanderont un prix qui serait inouï même dans une capitale... »

Mais ce langage le faisait souffrir, il était vraiment affligé :

— *Assez, mon enfant,* je vous en supplie; *nous avons notre argent et après — et après le bon Dieu.* Je m'étonne même que vous, avec votre élévation d'idées... *Assez, assez, vous me tourmentez,* dit-il, pris d'une sorte d'impatience hystérique : — l'avenir est grand ouvert devant nous, et vous... vous m'inquiétez pour l'avenir...

Il se mit aussitôt à raconter toute son histoire, parlant si vite qu'au commencement il était même difficile de le comprendre. Ce récit dura fort longtemps. On servit la soupe au poisson, on servit la poule on apporta enfin le samovar, et Stépan Trophimovitch parlait toujours... Cette étrange loquacité avait quelque chose de morbide, et, en effet, le pauvre homme était malade. En l'écoutant, Sophie Matvievna prévoyait avec angoisse qu'à cette brusque tension des forces intellectuelles succéderait immédiatement un affaiblissement extraordinaire de l'organisme. Il narra d'abord ses premières années, ses « courses enfantines dans la campagne »; au bout d'une heure seulement, il arriva à ses deux mariages et à son séjour à Berlin. Du reste, je ne me permets pas de rire. Il y avait là réellement pour lui un intérêt supérieur en jeu, et, comme on dit aujourd'hui, presque une lutte pour l'existence. Il voyait devant lui celle dont il rêvait déjà de faire la compagne de sa route future, et il était pressé de l'initier, si l'on peut s'exprimer ainsi. Le génie de Stépan Trophimovitch ne devait plus être un secret pour Sophie Matvievna. Peut-être se faisait-il d'elle une opinion fort exagérée, toujours est-il qu'il l'avait choisie. Il ne pouvait se passer de femme. En considérant le visage de la colporteuse, force lui fut de s'avouer que nombre de ses paroles, des plus importantes même, restaient lettre close pour elle.

« *Ce n'est rien, nous attendrons;* maintenant déjà elle peut comprendre par la divination du sentiment. »

— Mon amie! fit-il avec élan, — il ne me faut que votre

cœur, et, tenez, ce charmant, cet adorable regard que vous fixez sur moi en ce moment! Oh! ne rougissez pas! Je vous ai déjà dit...

Ce qui parut surtout obscur à la pauvre Sophie Matvievna, ce fut une longue dissertation destinée à prouver que personne n'avait jamais compris Stépan Trophimovitch et que « chez nous, en Russie, les talents sont étouffés ». « C'était bien trop fort pour moi », disait-elle plus tard avec tristesse. Elle écoutait d'un air de compassion profonde, en écarquillant un peu les yeux. Lorsqu'il se répandit en mots piquants à l'adresse de nos « hommes d'avant-garde », elle essaya à deux reprises de sourire, mais son visage exprimait un tel chagrin que cela finit par déconcerter Stépan Trophimovitch. Changeant de thème, il tomba violemment sur les nihilistes et les « hommes nouveaux ». Alors son emportement effraya la colporteuse, et elle ne respira un peu que quand le narrateur aborda le chapitre de ses amours. La femme, fût-elle nonne, est toujours femme. Sophie Matvievna souriait, hochait la tête; parfois elle rougissait et baissait les yeux, ce qui réjouissait Stépan Trophimovitch, si bien qu'il ajouta à son histoire force enjolivements romanesques. Dans son récit, Barbara Pétrovna devint une délicieuse brune (« fort admirée à Pétersbourg et dans plusieurs capitales de l'Europe »), dont le mari « s'était fait tuer à Sébastopol », uniquement parce que, se sentant indigne de l'amour d'une telle femme, il voulait la laisser à son rival, lequel, bien entendu, n'était autre que Stépan Trophimovitch... « Ne vous scandalisez pas, ma douce chrétienne! » s'écria-t-il presque dupe lui-même de ses propres inventions, — « c'était quelque chose d'élevé, quelque chose de si platonique que pas une seule fois, durant toute notre vie, nous ne nous sommes avoué nos sentiments l'un à l'autre. » Comme la suite l'apprenait, la cause d'un pareil état de choses était une blonde (s'il ne s'agissait pas ici de Daria Pavlovna, — je ne sais à qui Stépan Trophimovitch faisait allusion). Cette blonde devait tout à la brune, qui, en qualité de parente éloignée, l'avait élevée chez elle. La brune, remarquant enfin l'amour de la blonde pour Stépan Trophimovitch, avait imposé silence à son cœur. La blonde, de son côté, en avait fait autant lorsque, à son tour, elle s'était aperçue qu'elle avait une rivale dans la brune. Et ces trois êtres, victimes chacun de sa magnanimité, s'étaient tus ainsi pendant vingt années, renfermant tout en eux-mêmes. « Oh! quelle passion c'était! quelle passion c'était! » sanglota-t-il, très-sincèrement ému. — « Je la voyais (la brune) dans le plein épanouissement de ses charmes; cachant ma blessure au fond de moi-même, je la voyais chaque jour passer à côté de moi, comme honteuse de sa beauté. » (Une fois il lui échappa de dire : « comme honteuse de son embonpoint. ») A la fin, il avait pris la fuite, s'arrachant à ce rêve, à ce délire qui avait duré vingt ans. — *Vingt ans!* Et voilà que maintenant, sur la grande route... Puis, en proie à une sorte de surexcitation cérébrale, il entreprit d'expliquer à Sophie Matvievna ce que devait signifier leur rencontre d'aujourd'hui, « cette rencontre si imprévue et si fatidique ». Extrêmement agitée, la colporteuse finit par se lever; il voulut se jeter à ses genoux, elle fondit en larmes. Les ténèbres s'épaississaient; tous deux avaient déjà passé plusieurs heures enfermés ensemble...

— Non, il vaut mieux que je loge dans cette pièce-là, balbutia-t-elle, — autrement, qu'est-ce que les gens penseraient?

Elle réussit enfin à s'échapper; il la laissa partir après lui avoir juré qu'il se coucherait tout de suite. En lui disant adieu, il se plaignit d'un violent mal de tête. Sophie Matvievna avait laissé son sac et ses affaires dans la première chambre; elle comptait passer la nuit là avec les maîtres de la maison, mais il lui fut impossible de reposer un instant.

A peine au lit, Stépan Trophimovitch eut une de ces cholérines que tous ses amis et moi nous connaissions si bien; ainsi que le lecteur le sait, cet accident se produisait presque régulièrement chez lui à la suite de toute tension nerveuse, de toute secousse morale. La pauvre Sophie Matvievna fut sur pied toute la nuit. Comme, pour donner ses soins au malade, elle était obligée de traverser assez souvent la pièce voisine où couchaient les voyageurs et les maîtres de l'izba, ceux-ci, troublés dans leur sommeil par ces allées et venues, manifestaient tout haut leur mécontentement; ils en vinrent même aux injures lorsque, vers le matin, la colporteuse s'avisa de faire chauffer du thé. Pendant toute la durée de son accès, Stépan Trophimovitch resta dans un état de demi-inconscience; parfois il lui semblait qu'on mettait le samovar sur le feu, qu'on lui faisait boire quelque chose (du sirop de framboises), qu'on lui frictionnait le ventre, la poitrine. Mais, presque à chaque instant, il sentait qu'*elle* était là, près de lui; que c'était elle qui entrait et qui sortait, elle qui l'aidait à se lever et ensuite à se recoucher. A trois heures du matin le malade se trouva mieux; il quitta son lit, et, par un mouvement tout spontané, se prosterna sur le parquet devant Sophie Matvievna. Ce n'était plus la génuflexion de tout à l'heure; il était tombé aux pieds de la colporteuse et il baisait le bas de sa robe.

— Cessez, je ne mérite pas tout cela, bégayait-elle, et en même temps elle s'efforçait d'obtenir de lui qu'il regagnât son lit.

— Vous êtes mon salut, dit-il en joignant pieusement les mains devant elle; — *vous êtes noble comme une marquise!* Moi, je suis un vaurien! oh! toute ma vie j'ai été un malhonnête homme!...

— Calmez-vous, suppliait Sophie Matvievna.

— Tantôt je ne vous ai dit que des mensonges, — pour la gloriole, pour le chic, par désœuvrement, — tout est faux, tout jusqu'au dernier mot, oh! vaurien, vaurien!

Comme on le voit, après la cholérine, Stépan Trophimovitch éprouvait un besoin hystérique de se condamner lui-même. J'ai déjà mentionné ce phénomène en parlant de ses lettres à Barbara Pétrovna. Il se souvint tout à coup de *Lise*, de sa rencontre avec elle le matin précédent : « C'était si terrible et — sûrement il y a eu là un malheur, mais je ne l'ai pas questionnée, je ne me suis pas informé! Je ne pensais qu'à moi! Oh! qu'est-ce qui lui est arrivé? Vous ne le savez pas? » demandait-il d'un ton suppliant à Sophie Matvievna.

Ensuite il jura qu' « il n'était pas un infidèle », qu'il reviendrait *à elle* (c'est-à-dire à Barbara Pétrovna). « Nous nous approcherons chaque jour de son perron (Sophie Matvievna était comprise dans ce « nous »); nous viendrons à l'heure où elle monte en voiture pour sa promenade du matin, et nous regarderons sans faire de bruit... Oh! je veux qu'elle me frappe sur l'autre joue; je le veux passionnément! Je lui tendrai mon autre joue *comme dans votre livre!* Maintenant, maintenant seulement j'ai compris ce que signifient ces mots : « tendre l'autre joue. » Jusqu'à ce moment je ne les avais jamais compris! »

Cette journée et la suivante comptent parmi les plus cruelles que Sophie Matvievna ait connues dans sa vie; à présent encore elle ne se les rappelle qu'en frissonnant. Stépan Trophimovitch était trop souffrant pour pouvoir prendre le bateau à vapeur qui, cette fois, arriva exactement à deux heures de l'après-midi. La colporteuse n'eut pas le courage de le laisser seul, et elle n'alla pas non plus à Spassoff. D'après ce qu'elle a raconté, le malade témoigna une grande joie quand il apprit que le bateau était parti :

— Allons, c'est parfait; allons, très-bien, murmura-t-il couché dans son lit; — j'avais toujours peur que nous ne nous en allassions. On est si bien ici, on est mieux ici que n'importe où... Vous ne me quitterez pas? Oh! vous ne m'avez pas quitté!

Pourtant on était loin d'être si bien « ici ». Stépan Trophimovitch ne voulait rien savoir des embarras de sa compagne; sa tête n'était pleine que de chimères. Quant à sa maladie, il la regardait comme une petite indisposition sans conséquence et il n'y songeait pas du tout. Sa seule idée, c'était d'aller vendre « ces petits livres » avec la colporteuse. Il la pria de lui lire l'Évangile :

— I' y a déjà longtemps que je l'ai lu... dans l'original. Si par hasard on me questionnait, je pourrais me tromper; il faut se mettre en mesure de répondre.

Elle s'assit à côté de lui et ouvrit le livre.

Il l'interrompit dès la première ligne :

— Vous lisez très-bien. Je vois, je vois, que je ne me suis pas trompé! ajouta-t-il. Ces derniers mots, obscurs en eux-mêmes, furent prononcés d'un ton enthousiaste. Du reste, l'exaltation était en ce moment la caractéristique de Stépan Trophimovitch.

Sophie Matvievna lut le sermon sur la montagne.

— *Assez, assez, mon enfant,* assez!... Pouvez-vous penser que *cela* ne suffit pas?

Et il ferma les yeux avec accablement. Il était très-faible, mais n'avait pas encore perdu connaissance. La colporteuse allait se lever, supposant qu'il avait envie de dormir; il la retint :

— Mon amie, j'ai menti toute ma vie. Même quand je disais des choses vraies. Je n'ai jamais parlé pour la vérité, mais pour moi; je le savais déjà autrefois, maintenant seulement je le vois... Oh! où sont les amis que, toute ma vie, j'ai blessés par mon amitié? Et tous, tous! *Savez-vous,* je mens peut-être encore maintenant; oui, à coup sûr, je mens encore. Le pire, c'est que moi-même je suis dupe de mes paroles quand je mens. Dans la vie il n'y a rien de plus difficile que de vivre sans mentir... et... et sans croire à son propre mensonge, oui, oui, justement! Mais attendez, nous parlerons de tout cela plus tard... Nous sommes ensemble, ensemble! acheva-t-il avec enthousiasme.

— Stépan Trophimovitch, demanda timidement Sophie Matvievna, — ne faudrait-il pas envoyer chercher un médecin au chef-lieu?

Ces mots firent sur lui une impression terrible.

— Pourquoi? *Est-ce que je suis si malade? Mais rien de sérieux.* Et quel besoin avons-nous des étrangers? On me reconnaîtra encore et — qu'arrivera-t-il alors? Non, non, pas d'étrangers, nous sommes ensemble, ensemble!

— Vous savez, dit-il après un silence, — lisez-moi encore quelque chose, n'importe quoi, ce qui vous tombera sous les yeux.

Sophie Matvievna ouvrit le livre et se mit en devoir de lire.

— Au hasard, le premier passage venu, répéta-t-il.

— « Écris aussi à l'ange de l'église de Laodicée... »

— Qu'est-ce que c'est? Quoi? Où cela se trouve-t-il?

— C'est dans l'Apocalypse.

— *Oh! je m'en souviens, oui, l'Apocalypse. Lisez, lisez,* je conjecturerai notre avenir d'après ce livre, je veux savoir ce qu'il en dit; lisez à partir de l'ange, à partir de l'ange...

— « Écris aussi à l'ange de l'église de Laodicée : voici ce que dit celui qui est la vérité même, le témoin fidèle et véritable, le principe des œuvres de Dieu. Je sais quelles sont tes œuvres; tu n'es ni froid ni chaud; oh! si tu étais froid ou chaud! Mais parce que tu es tiède et que tu n'es ni froid ni chaud, je te vomirai de ma bouche. Car tu dis : Je suis riche, je suis comblé de biens et je n'ai besoin de rien, et tu ne sais pas que tu es malheureux et misérable, et pauvre, et aveugle, et nu. »

Stépan Trophimovitch se souleva sur son oreiller, ses yeux étincelaient.

— C'est... et c'est dans votre livre? s'écria-t-il; — je ne connaissais pas encore ce beau passage! Écoutez : plutôt froid, oui, froid que tiède, que *seulement* tiède. Oh! je prouverai : seulement ne me quittez pas, ne me laissez pas seul! Nous prouverons, nous prouverons!

— Mais je ne vous quitterai pas, Stépan Trophimovitch, je ne vous abandonnerai jamais! répondit Sophie Matvievna.

Elle lui prit les mains, les serra dans les siennes et les posa sur son cœur en le regardant avec des yeux pleins de larmes. « Il me faisait vraiment pitié en ce moment-là! » a-t-elle raconté plus tard.

Un tremblement convulsif agita les lèvres du malade.

— Pourtant, Stépan Trophimovitch, qu'est-ce que nous

allons faire? Si l'on prévenait quelqu'un de vos amis ou de vos proches?

Mais il fut si effrayé que la colporteuse regretta de lui avoir parlé de la sorte. Il la supplia en tremblant de n'appeler personne, de ne rien entreprendre; il exigea d'elle une promesse formelle à cet égard. « Personne, personne! répétait-il, — nous deux, rien que nous deux! *Nous partirons ensemble.* »

Pour comble de disgrâce, les logeurs commençaient aussi à s'inquiéter; ils bougonnaient, harcelaient de leurs réclamations Sophie Matvievna. Elle les paya et s'arrangea de façon à leur prouver qu'elle avait de l'argent, ce qui lui procura un peu de répit. Toutefois le maître de l'izba demanda à voir les « papiers » de Stépan Trophimovitch. Avec un sourire hautain celui-ci indiqua du geste son petit sac où se trouvait un document qui lui avait toujours tenu lieu de passeport : c'était un certificat constatant sa sortie du service. Sophie Matvievna montra cette pièce au logeur, mais il ne s'humanisa guère : « Il faut, dit-il, transporter le malade ailleurs, car notre maison n'est pas un hôpital, et s'il venait à mourir ici, cela nous attirerait beaucoup de désagréments. » Sophie Matvievna lui parla aussi d'envoyer chercher un médecin au chef-lieu, mais c'eût été une trop grosse dépense, et force fut de renoncer à cette idée. La colporteuse angoissée revint auprès de Stépan Trophimovitch. Ce dernier s'affaiblissait à vue d'œil.

— Maintenant lisez-moi encore quelque chose... l'endroit où il est question des cochons, dit-il tout à coup.

— Quoi? fit avec épouvante Sophie Matvievna.

— L'endroit où l'on parle des cochons... C'est aussi dans votre livre... *ces cochons...* je me rappelle, des diables entrèrent dans des cochons, et tous se noyèrent. Lisez-moi cela, j'y tiens absolument; je vous dirai ensuite pourquoi. Je veux me remettre en mémoire le texte même.

Sophie Matvievna connaissait bien les évangiles; elle n'eut pas de peine à trouver dans celui de saint Luc le passage qui sert d'épigraphe à ma chronique. Je le transcris de nouveau ici :

« Or il y avait là un grand troupeau de pourceaux qui paissaient sur une montagne, et les démons Le priaient qu'Il leur permît d'entrer dans ces pourceaux, et Il le leur permit. Les démons étant donc sortis de cet homme entrèrent dans les pourceaux, et le troupeau se précipita de la montagne dans le lac, et y fut noyé. Et ceux qui les paissaient, voyant ce qui était arrivé, s'enfuirent et le racontèrent dans la ville et à la campagne. Alors les gens sortirent pour voir ce qui s'était passé, et, étant venus vers Jésus, ils trouvèrent l'homme, duquel les démons étaient sortis, assis aux pieds de Jésus, habillé et dans son bon sens, et ils furent saisis de frayeur. Et ceux qui avaient vu la chose leur racontèrent comment le démoniaque avait été délivré. »

— Mon amie, dit Stépan Trophimovitch fort agité, — *savez-vous*, ce passage merveilleux et... extraordinaire a été pour moi toute ma vie une pierre d'achoppement... aussi en avais-je gardé le souvenir depuis l'enfance. Mais maintenant il m'est venu une idée; *une comparaison.* J'ai à présent une quantité effrayante d'idées : voyez-vous, c'est trait pour trait l'image de notre Russie. Ces démons qui sortent du malade et qui entrent dans des cochons — ce sont tous les poisons, tous les miasmes, toutes les impuretés, tous les diables accumulés depuis des siècles dans notre grande et chère malade, dans notre Russie ! *Oui, cette Russie, que j'aimais toujours.* Mais sur elle, comme sur ce démoniaque insensé, veille d'en haut une grande pensée, une grande volonté qui expulsera tous ces démons, toutes ces impuretés, toute cette corruption suppurant à la surface... et eux-mêmes demanderont à entrer dans des cochons. Que dis-je ! peut-être y sont-ils déjà entrés! C'est nous, nous et eux, et Pétroucha... *et les autres avec lui,* et moi peut-être le premier : affolés, furieux, nous nous précipiterons du rocher dans la mer, nous nous noierons tous, et ce sera bien fait, car nous ne méritons que cela. Mais la malade sera sauvée, et « elle s'assiéra aux pieds de

Jésus... » et tous la contempleront avec étonnement... Chère, *vous comprendrez après*, maintenant cela m'agite trop... *Vous comprendrez après*... *Nous comprendrons ensemble.*

Le délire s'empara de lui, et à la fin il perdit connaissance. Toute la journée suivante se passa de même. Sophie Matvievna pleurait, assise auprès du malade; depuis trois nuits elle avait à peine pris un instant de repos, et elle évitait la présence des logeurs qui, elle le pressentait, songeaient déjà à les mettre tous deux à la porte. La délivrance n'arriva que le troisième jour. Le matin, Stépan Trophimovitch revint à lui, reconnut la colporteuse et lui tendit la main. Elle fit le signe de la croix avec confiance. Il voulut regarder par la fenêtre : « *Tiens, un lac*, dit-il; ah! mon Dieu, je ne l'avais pas encore vu... » En ce moment un équipage s'arrêta devant le perron de l'izba, et dans la maison se produisit un remue-ménage extraordinaire.

### III

C'était Barbara Pétrovna elle-même qui arrivait dans une voiture à quatre places, avec Daria Pavlovna et deux laquais. Cette apparition inattendue s'expliquait le plus naturellement du monde : Anisim, qui se mourait de curiosité, était allé chez la générale dès le lendemain de son arrivée à la ville et avait raconté aux domestiques qu'il avait rencontré Stépan Trophimovitch seul dans un village, que des paysans l'avaient vu voyageant seul à pied sur la grande route, qu'enfin il était parti en compagnie de Sophie Matvievna pour Oustiévo, d'où il devait se rendre à Spassoff. Comme, de son côté, Barbara Pétrovna était déjà fort inquiète et cherchait de son mieux le fugitif, on l'avertit immédiatement de la présence d'Anisim. Après que celui-ci l'eut mise au courant des faits rapportés plus haut, elle donna ordre d'atteler et partit en toute hâte pour Oustiévo. Quant à la maladie de son ami, elle n'en avait encore aucune connaissance.

Sa voix dure et impérieuse intimida les logeurs eux-mêmes. Elle ne s'était arrêtée que pour demander des renseignements, persuadée que Stépan Trophimovitch se trouvait depuis longtemps déjà à Spassoff; mais, en apprenant qu'il n'avait pas quitté la maison et qu'il était malade, elle entra fort agitée dans l'izba.

— Eh bien, où est-il? Ah! c'est toi! cria-t-elle à la vue de Sophie Matvievna, qui justement se montrait sur le seuil de la seconde pièce; — à ton air effronté, j'ai deviné que c'était toi! Arrière, coquine! Qu'elle ne reste pas une minute de plus ici! Chasse-la, ma mère, sinon je te ferai mettre en prison pour toute ta vie! Qu'on la garde pour le moment dans une autre maison! A la ville, elle a déjà été emprisonnée et elle le sera encore. Je te prie, logeur, de ne laisser entrer personne ici, tant que j'y serai. Je suis la générale Stavroguine, et je prends pour moi toute la maison. Mais toi, ma chère, tu me rendras compte de tout.

Le son de cette voix qu'il connaissait bien effraya Stépan Trophimovitch. Il se mit à trembler. Mais déjà Barbara Pétrovna était dans la chambre. Ses yeux lançaient des flammes; avec son pied elle attira à elle une chaise, se renversa sur le dossier et interpella violemment Daria Pavlovna :

— Retire-toi pour le moment, reste avec les logeurs. Qu'est-ce que cette curiosité? Aie soin de bien fermer la porte en t'en allant.

Pendant quelque temps elle garda le silence et attacha sur le visage effaré du malade un regard d'oiseau de proie.

— Eh bien, comment vous portez-vous, Stépan Trophimovitch? Vous faisiez un petit tour de promenade? commença-t-elle soudain avec une ironie pleine de colère.

— *Chère*, balbutia-t-il dans son émoi, — j'étudiais la vraie vie russe... *et je prêcherais l'Évangile*...

— O homme effronté, ingrat! vociféra-t-elle tout à coup en frappant ses mains l'une contre l'autre. — Ce n'était pas assez pour vous de me couvrir de honte, vous vous êtes lié... Oh! vieux libertin, homme sans vergogne!

— *Chère...*

La voix lui manqua, tandis qu'il considérait la générale avec des yeux dilatés par la frayeur.

— Qui est-*elle?*

— *C'est un ange... c'était plus qu'un ange pour moi, toute la nuit elle...* Oh! ne criez pas, ne lui faites pas peur, *chère, chère...*

Barbara Pétrovna se dressa brusquement sur ses pieds : «De l'eau, de l'eau!» fit-elle d'un ton d'épouvante; quoique Stépan Trophimovitch eût repris ses sens, elle continuait à regarder, pâle et tremblante, son visage défait; maintenant seulement elle se doutait de la gravité de sa maladie.

— Daria, dit-elle tout bas à la jeune fille, — il faut faire venir immédiatement le docteur Zaltzfisch; qu'Alexis Égoritch parte tout de suite; il prendra des chevaux ici, et il ramènera de la ville une autre voiture. Il faut que le docteur soit ici ce soir.

Dacha courut transmettre l'ordre de la générale. Le regard de Stépan Trophimovitch avait toujours la même expression d'effroi, ses lèvres blanches frémissaient, Barbara Pétrovna lui parlait comme à un enfant :

— Attends, Stépan Trophimovitch, attends, mon chéri! Eh bien, attends donc, attends, Daria Pavlovna va revenir et... Ah! mon Dieu, ajouta-t-elle, — logeuse, logeuse, mais viens donc, toi du moins, matouchka!

Dans son impatience, elle alla elle-même trouver la maîtresse de la maison.

— Fais revenir *celle-là* tout de suite, à l'instant. Ramène-la, ramène-la!

Par bonheur, Sophie Matviévna n'était pas encore sortie de la maison; elle allait franchir le seuil de la porte avec son sac et son petit paquet, quand on lui fit rebrousser chemin.

Sa frayeur fut telle qu'elle se mit à trembler de tous ses membres. Barbara Pétrovna la saisit par le bras comme un milan fond sur un poulet, et, d'un mouvement impétueux, l'entraîna auprès de Stépan Trophimovitch.

— Eh bien, tenez, la voilà. Je ne l'ai pas mangée. Vous pensiez que je l'avais mangée.

Stépan Trophimovitch prit la main de Barbara Pétrovna, la porta à ses yeux, puis, dans un accès d'attendrissement maladif, commença à pleurer et à sangloter.

— Allons, calme-toi, calme-toi, allons, mon cher, allons, batuchka! Ah! mon Dieu, mais calmez-vous donc! cria avec colère la générale. — Oh! bourreau, bourreau, mon éternel bourreau!

— Chère, balbutia enfin Stépan Trophimovitch en s'adressant à Sophie Matvievna, — restez là, chère, j'ai quelque chose à dire ici...

Sophie Matvievna se retira aussitôt.

— *Chérie... chérie...* fit-il d'une voix haletante.

— Ne parlez pas maintenant, Stépan Trophimovitch, attendez un peu, reposez-vous auparavant. Voici de l'eau. Mais attendez donc!

Barbara Pétrovna se rassit sur la chaise. Le malade lui serrait la main avec force. Pendant longtemps elle l'empêcha de parler. Il se mit à baiser la main de la générale tandis que celle-ci, les lèvres serrées, regardait dans le coin.

— *Je vous aimais!* laissa-t-il échapper à la fin. Jamais encore Barbara Pétrovna ne l'avait entendu proférer une telle parole.

— Hum, grommela-t-elle.

— *Je vous aimais toute ma vie... vingt ans!*

Elle se taisait toujours. Deux minutes, trois minutes s'écoulèrent ainsi.

— Et comme il s'était fait beau pour Dacha, comme il s'était parfumé!... dit-elle tout à coup d'une voix sourde mais menaçante, qui stupéfia Stépan Trophimovitch.

— Il avait mis une cravate neuve...

Il y eut de nouveau un silence pendant deux minutes.
— Vous vous rappelez le cigare?
— Mon amie, bégaya-t-il terrifié.
— Le cigare, le soir, près de la fenêtre... au clair de la lune... après notre entrevue sous la charmille... à Skvorechniki? T'en souviens-tu? T'en souviens-tu?

En même temps, Barbara Pétrovna se levait d'un bond, saisissait l'oreiller par les deux coins et le secouait sans égards pour la tête qui reposait dessus.

— T'en souviens-tu, homme vain, homme sans gloire, homme pusillanime, être éternellement futile? poursuivit-elle d'un ton bas, mais où perçait l'irritation la plus violente. A la fin elle lâcha l'oreiller, se laissa tomber sur sa chaise et couvrit son visage de ses mains. — Assez! acheva-t-elle en se redressant. — Ces vingt ans sont passés, ils ne reviendront plus; moi aussi je suis une sotte.

— *Je vous aimais,* répéta en joignant les mains Stépan Trophimovitch.

De nouveau, la générale se leva brusquement.

— « *Je vous aimais... je vous aimais...* » pourquoi me chanter toujours cette antienne? Assez! répliqua-t-elle. — Et si maintenant vous ne vous endormez pas tout de suite, je... Vous avez besoin de repos; dormez, dormez tout de suite, fermez les yeux. Ah! mon Dieu, il veut peut-être déjeuner! Qu'est-ce que vous mangez? Qu'est-ce qu'il mange? Ah! mon Dieu, où est celle-là? Où est-elle?

Elle allait se mettre en quête de Sophie Matvievna, quand Stépan Trophimovitch balbutia d'une voix à peine distincte qu'il dormirait en effet *une heure,* et ensuite — *un bouillon, un thé... enfin il est si heureux!* Il s'endormit, comme il l'avait dit, ou plutôt il feignit de dormir. Après avoir attendu un moment, Barbara Pétrovna sortit sur la pointe du pied.

Elle s'installa dans la chambre des logeurs, mit ces derniers à la porte et ordonna à Dacha d'aller lui chercher *celle-là.* Alors commença un interrogatoire sérieux.

— A présent, matouchka, raconte-moi tout en détail; assieds-toi près de moi, c'est cela. Eh bien?

— J'ai rencontré Stépan Trophimovitch...

— Un instant, tais-toi. Je t'avertis que si tu mens ou si tu caches quelque chose, tu auras beau ensuite te réfugier dans les entrailles de la terre, tu n'échapperas pas à ma vengeance. Eh bien?

— J'ai rencontré Stépan Trophimovitch... dès mon arrivée à Khatovo... déclara Sophie Matvievna presque suffoquée par l'émotion...

— Attends un peu, une minute, pourquoi te presses-tu ainsi? D'abord, toi-même, quelle espèce d'oiseau es-tu?

La colporteuse donna, du reste, aussi brièvement que possible, quelques renseignements sur sa vie passée, à partir de son séjour à Sébastopol. Barbara Pétrovna écouta en silence, se redressant sur sa chaise et tenant ses yeux fixés avec une expression sévère sur le visage de la jeune femme.

— Pourquoi es-tu si effrayée? Pourquoi regardes-tu à terre? J'aime les gens qui me regardent en face et qui disputent avec moi. Continue.

Sophie Matvievna fit le récit détaillé de la rencontre, parla des livres, raconta comme quoi Stépan Trophimovitch avait offert de l'eau-de-vie à une paysanne...

— Bien, bien, approuva Barbara Pétrovna, — n'omets pas le moindre détail.

— Quand nous sommes arrivés ici, poursuivit la colporteuse, — il était déjà très-malade et parlait toujours; il m'a raconté toute sa vie depuis le commencement, cela a duré plusieurs heures.

— Raconte-moi ce qu'il t'a dit de sa vie.

Cette exigence mit Sophie Matvievna dans un grand embarras.

— Je ne saurais pas reproduire ce récit, fit-elle les larmes aux yeux, — je n'y ai presque rien compris.

— Tu mens; il est impossible que tu n'y aies pas compris quelque chose.

— Il m'a longuement parlé d'une dame de la haute société, qui avait les cheveux noirs, reprit Sophie Matvievna, rouge comme une pivoine; du reste, elle avait remarqué que Barbara Pétrovna était blonde et n'offrait aucune ressemblance avec la « brune ».

— Une dame qui avait les cheveux noirs? — Qu'est-ce que c'est bien que cela? Allons, parle!

— Il m'a dit que cette dame l'avait passionnément aimé pendant toute sa vie, pendant vingt années entières; mais que jamais elle n'avait osé lui avouer son amour et qu'elle se sentait honteuse devant lui, parce qu'elle était trop grosse...

— L'imbécile! déclara sèchement Barbara Pétrovna qui cependant paraissait songeuse.

Sophie Matvievna n'était plus en état de retenir ses larmes.

— Je ne saurais pas bien raconter, car, pendant qu'il parlait, j'étais moi-même fort inquiète pour lui, et puis je ne pouvais pas comprendre, parce que c'est un homme si spirituel...

— Ce n'est pas une corneille comme toi qui peut juger de son esprit. Il t'a offert sa main?

La narratrice se mit à trembler.

— Il s'est amouraché de toi? — Parle! Il t'a proposé le mariage? cria Barbara Pétrovna.

— A peu près, répondit en pleurant Sophie Matvievna. — Mais j'ai pris tout cela pour l'effet de la maladie et n'y ai attaché aucune importance, ajouta-t-elle en relevant hardiment les yeux.

— Comment t'appelle-t-on : ton prénom et ta dénomination patronymique?

— Sophie Matvievna.

— Eh bien, sache, Sophie Matvievna, que c'est l'homme le plus vain, le plus mauvais... Seigneur! Seigneur! Me prends-tu pour une vaurienne?

La colporteuse ouvrit de grands yeux.

— Pour une vaurienne, pour un tyran? Crois-tu que j'aie fait le malheur de sa vie?

— Comment cela serait-il possible, alors que vous-même pleurez?

Des larmes mouillaient, en effet, les paupières de Barbara Pétrovna.

— Eh bien, assieds-toi, assieds-toi, n'aie pas peur. — Regarde-moi encore une fois en face, entre les deux yeux; pourquoi rougis-tu? Dacha, viens ici, regarde-la : qu'en penses-tu? son cœur est pur...

Et soudain la générale tapota la joue de Sophie Matvievna, chose qui effraya celle-ci plus encore peut-être qu'elle ne l'étonna.

— C'est dommage seulement que tu sois sotte. — On n'est pas sotte comme cela à ton âge. C'est bien, ma chère, je m'occuperai de toi. Je vois que tout cela ne signifie rien. Pour le moment reste ici, je me charge de ton logement et de ta nourriture; tu seras défrayée de tout... en attendant, je prendrai des informations.

La colporteuse fit remarquer timidement qu'elle était forcée de partir au plus tôt.

— Rien ne te force à partir. — J'achète en bloc tous tes livres, mais je veux que tu restes ici. Tais-toi, je n'admets aucune observation. Voyons, si je n'étais pas venue, tu ne l'aurais pas quitté, n'est-ce pas?

— Pour rien au monde je ne l'aurais quitté, répondit d'une voix douce, mais ferme, Sophie Matvievna qui s'essuyait les yeux.

Le docteur Zaltzfisch n'arriva qu'à une heure avancée de la nuit. C'était un vieillard qui jouissait d'une grande considération, et un praticien expérimenté. Peu de temps auparavant, une disgrâce administrative lui avait valu la perte de sa position dans le service, et, depuis lors, Barbara Pétrovna s'était mise à le « protéger » de tout son pouvoir. Il examina longuement Stépan Trophimovitch, questionna, puis déclara avec ménagement à la générale que, par suite d'une complication survenue dans l'état du malade, celui-ci se trouvait en grand danger : « Il faut, dit-il, s'attendre au pire. » Durant ces vingt ans Barbara Pétrovna avait insensiblement perdu l'habitude de prendre au sérieux quoi que ce fût qui concernât Stépan Trophimovitch; les paroles du médecin la bouleversèrent.

— Se peut-il qu'il n'y ait plus aucun espoir? demanda-t-elle en pâlissant.

— Il n'en reste plus guère, mais...

Elle ne se coucha pas de la nuit et attendit impatiemment le lever du jour. Dès que le malade eut ouvert les yeux (il avait toujours sa connaissance, quoiqu'il s'affaiblît d'heure en heure), elle l'interpella du ton le plus résolu :

— Stépan Trophimovitch, il faut tout prévoir. — J'ai envoyé chercher un prêtre. Vous êtes tenu d'accomplir le devoir...

Connaissant les convictions de celui à qui elle s'adressait, la générale craignait fort que sa demande ne fût repoussée. Il la regarda d'un air surpris.

— C'est absurde, c'est absurde! vociféra-t-elle, croyant déjà à un refus; — à présent il ne s'agit plus de jouer à l'esprit fort, le temps de ces gamineries est passé.

— Mais... est-ce que je suis si malade?

Il devint pensif et consentit. Je fus fort étonné quand plus tard Barbara Pétrovna m'apprit que la mort ne l'avait nullement effrayé. Peut-être ne la croyait-il pas si prochaine, et continuait-il à regarder sa maladie comme une bagatelle.

Il se confessa et communia de très-bonne grâce. Tout le monde, y compris Sophie Matvievna et les domestiques eux-mêmes, vint le féliciter d'avoir reçu les sacrements. Tous, jusqu'au dernier, avaient peine à retenir leurs larmes en voyant le visage décharné, les lèvres blêmes et tremblantes du moribond.

— *Oui, mes amis*, et je m'étonne seulement que vous soyez si... préoccupés. Demain sans doute je me lèverai, et nous...

partirons... *Toute cette cérémonie...* que je considère, cela va sans dire, avec tout le respect voulu... était...

Le pope s'était déjà dépouillé de ses ornements sacerdotaux, Barbara Pétrovna le retint :

— Je vous prie instamment, batuchka, de rester avec le malade; on va servir le thé; parlez-lui, s'il vous plaît, des choses divines pour l'affermir dans la foi.

L'ecclésiastique prit la parole; tous étaient assis ou debout autour du lit de Stépan Trophimovitch.

— A notre époque de péché, commença le pope en tenant à la main sa tasse de thé, — la foi au Très-Haut est l'unique refuge du genre humain dans toutes les épreuves et tribulations de la vie, aussi bien que dans l'espoir du bonheur éternel promis aux justes...

Stépan Trophimovitch parut tout ranimé; un fin sourire glissa sur ses lèvres.

— *Mon père, je vous remercie, et vous êtes bien bon, mais...*

— Pas de *mais*, pas de *mais*! s'écria Barbara Pétrovna bondissant de dessus son siège. — Batuchka, dit-elle au pope, — c'est un homme qui... dans une heure il faudra encore le confesser! Voilà quel homme il est!

Le malade eut un sourire contenu.

— Mes amis, déclara-t-il, — Dieu m'est nécessaire, parce que c'est le seul être qu'on puisse aimer éternellement...

Croyait-il réellement, ou bien l'imposante solennité du sacrement qui venait de lui être administré agissait-elle sur sa nature artistique? Quoi qu'il en soit, il prononça d'une voix ferme et, dit-on, avec beaucoup de sentiment quelques mots qui étaient la négation formelle de ses anciens principes.

— Mon immortalité est nécessaire, parce que Dieu ne voudrait pas commettre une iniquité, éteindre à tout jamais la flamme de l'amour divin, une fois qu'elle s'est allumée dans mon cœur. Et qu'y a-t-il de plus précieux que l'amour? L'amour est supérieur à l'existence, l'amour est la couronne de la vie, et comment se pourrait-il que la vie ne lui fût pas soumise? Si j'ai aimé Dieu, si je me suis réjoui de mon amour, est-il possible qu'il nous éteigne, moi et ma joie, qu'il nous fasse rentrer l'un et l'autre dans le néant? Si Dieu existe, je suis immortel! *Voilà ma profession de foi.*

— Dieu existe, Stépan Trophimovitch, je vous assure qu'il existe, fit d'un ton suppliant Barbara Pétrovna, — rétractez-vous, renoncez à toutes vos sottises au moins une fois dans votre vie! (Évidemment elle n'avait pas du tout compris la « profession de foi » du malade.)

— Mon amie, reprit-il avec une animation croissante, quoique sa voix s'arrêtât souvent dans son gosier, — mon amie, quand j'ai compris... cette joue tendue... alors aussi j'ai compris plusieurs autres choses... *J'ai menti toute ma vie, toute, toute ma vie!* Je voudrais... du reste demain... Demain nous partirons tous.

Barbara Pétrovna fondit en larmes. Stépan Trophimovitch cherchait des yeux quelqu'un.

— La voilà, elle est ici! dit la générale qui, prenant Sophie Matvievna par la main, l'amena auprès du lit. Le malade eut un sourire attendri.

— Oh! je voudrais vivre encore! s'écria-t-il avec une énergie extraordinaire. — Chaque minute, chaque instant de la vie doit être un bonheur pour l'homme... oui, cela doit être! C'est le devoir de l'homme même d'organiser ainsi son existence; c'est sa loi — loi cachée, mais qui n'en existe pas moins... Oh! je voudrais voir Pétroucha... et tous les autres... et Chatoff!

Je note que ni Daria Pavlovna, ni Barbara Pétrovna, ni même Zaltzfisch, arrivé le dernier de la ville, ne savaient encore rien au sujet de Chatoff.

L'agitation fébrile de Stépan Trophimovitch allait toujours en augmentant et achevait d'épuiser ses forces.

— La seule pensée qu'il existe un être infiniment plus juste, infiniment plus heureux que moi, me remplit tout entier d'un attendrissement immense, et, qui que je sois, quoi que j'aie fait, cette idée me rend glorieux! Son propre bonheur est pour l'homme un besoin bien moindre que celui de savoir, de croire à chaque instant qu'il y a quelque part un bonheur parfait et calme, pour tous et pour tout. Toute la loi de l'existence humaine consiste à pouvoir toujours s'incliner devant l'infiniment grand. Otez aux hommes la grandeur infinie, ils cesseront de vivre et mourront dans le désespoir. L'immense, l'infini est aussi nécessaire à l'homme que la petite planète sur laquelle il habite... Mes amis, tous, tous : vive la Grande Pensée! L'immense, l'éternelle Pensée! Tout homme, quel qu'il soit, a besoin de s'incliner devant elle. Quelque chose de grand est nécessaire même à l'homme le plus bête. Pétroucha... Oh! que je voudrais les voir tous encore une fois! Ils ne savent pas, ils ne savent pas qu'en eux aussi réside cette grande, cette éternelle Pensée!

Le docteur Zaltzfisch qui n'avait pas assisté à la cérémonie entra à l'improviste et fut épouvanté de trouver là tant de monde. Il mit aussitôt cette foule à la porte, insistant pour qu'on épargnât toute agitation au malade.

Stépan Trophimovitch expira trois jours après, mais la connaissance l'avait déjà complétement abandonné lorsqu'il mourut. Il s'éteignit doucement, comme une bougie consumée. Barbara Pétrovna fit célébrer un service funèbre à Oustiévo, puis elle ramena à Skvorechniki les restes de son pauvre ami. Le défunt repose maintenant dans le cimetière qui avoisine l'église; une dalle de marbre a déjà été placée sur sa tombe; au printemps prochain, on mettra une inscription et un grillage.

L'absence de Barbara Pétrovna dura huit jours. La générale revint ensuite à la ville, ramenant dans sa voiture Sophie Matvievna qui, sans doute, restera désormais chez elle. Détail à noter, dès que Stépan Trophimovitch eut perdu l'usage de ses sens, Barbara Pétrovna ordonna de nouveau à la colporteuse de quitter l'izba et demeura seule auprès du malade pour lui donner des soins. Mais sitôt qu'il eut rendu le dernier soupir, elle se hâta de rappeler Sophie Matvievna et lui proposa ou plutôt la somma de venir se fixer à Skvorechniki. En vain la jeune femme effrayée balbutia un timide refus, la générale ne voulut rien entendre.

— Tout cela ne signifie rien ! J'irai moi-même vendre l'Évangile avec toi. Maintenant, je n'ai plus personne sur la terre.

— Pourtant vous avez un fils, observa Zaltztisch.

— Je n'ai plus de fils, répondit Barbara Pétrovna.

L'événement allait bientôt lui donner raison.

## CHAPITRE VIII

### CONCLUSION.

Toutes les vilenies et tous les crimes dont on a lu le récit se découvrirent fort vite, beaucoup plus vite que ne l'avait prévu Pierre Stépanovitch. La nuit où son mari fut assassiné, la malheureuse Marie Ignatievna s'éveilla avant l'aurore, le chercha à ses côtés, et, ne le trouvant pas, fut prise d'une inquiétude indicible. Dans la chambre couchait la garde envoyée par Arina Prokhorovna. Elle essaya vainement de calmer la jeune femme, et, dès qu'il commença à faire jour, elle courut chercher l'accoucheuse après avoir assuré à la malade que madame Virguinsky savait où était son mari et quand il reviendrait. En ce moment, Arina Prokhorovna était elle-même fort soucieuse, car elle venait d'apprendre de la bouche de son mari ce qui s'était passé cette nuit-là à Skvorechniki. Il était rentré chez lui entre dix et onze heures du soir dans un état d'agitation effrayant. Se tordant les mains, il s'était jeté à plat ventre sur son lit et ne cessait de répéter à travers les sanglots qui secouaient convulsivement tout son corps : « Ce n'est pas cela, pas cela; ce n'est pas du tout cela! » A la fin, naturellement, pressé de questions par sa femme, il lui avoua tout, mais il ne révéla rien à aucune autre personne de la maison. Lorsque Arina Prokhorovna eut décidé son mari à se mettre au lit, elle le quitta en lui disant d'un ton sévère : « Si tu veux braire, brais du moins dans ton oreiller pour qu'on ne t'entende pas, et demain, si tu n'es pas un imbécile, ne fais semblant de rien. » Puis, en prévision d'une descente de police, elle cacha ou détruisit tout ce qui pouvait être compromettant : des papiers, des livres, des proclamations peut-être. Cela fait, madame Virguinsky se dit que personnellement elle n'avait pas grand'chose à craindre, pas plus que sa sœur, sa tante, l'étudiante et peut-être aussi son frère, l'homme aux longues oreilles. Le matin, quand la garde-malade vint la trouver, elle ne se fit pas prier pour aller voir Marie Ignatievna. D'ailleurs, un motif particulier la décida à se rendre à la maison Philippoff : la veille son mari lui avait parlé des calculs fondés par Pierre Stépanovitch sur le suicide de Kiriloff; or, n'ajoutant qu'une foi médiocre aux propos d'un homme que la terreur semblait avoir affolé, elle était pressée de s'assurer s'il y avait là autre chose que les rêves d'un esprit en délire.

Mais quand elle arriva chez Marie Ignatievna, il était trop tard : après le départ de la garde-malade, la jeune femme restée seule n'avait pu y tenir, elle avait quitté son lit, avait jeté sur elle les premières nippes venues, — des vêtements fort légers pour la saison, — et s'était rendue au pavillon de Kiriloff, pensant que l'ingénieur pouvait mieux que personne lui donner des nouvelles de son mari.

Il est facile de se représenter l'effet que produisit sur l'accouchée le spectacle qui s'offrit à ses yeux. Chose à remarquer, elle ne lut pas la lettre laissée en évidence sur la table par le suicidé, sans doute son trouble ne lui permit pas de l'apercevoir. Elle revint en courant à sa chambrette, prit l'enfant et sortit de la maison. La matinée était humide, il faisait du brouillard. Dans cette rue écartée, on ne rencontrait aucun passant. Marie Ignatievna s'essoufflait à courir dans la boue froide; à la fin elle alla frapper de porte en porte; la première resta inexorablement fermée; la seconde tardant à s'ouvrir, l'impatience la prit, et elle s'en fut cogner à la suivante. Là demeurait notre marchand Titoff. Les lamentations incohérentes de Marie Ignatievna jetèrent l'émoi dans cette maison; elle assurait qu'« on avait tué son mari », mais sans fournir aucun détail précis à ce sujet. Les Titoff connaissaient un peu Chatoff et son histoire : ils furent saisis à la vue de cette femme accouchée, disait-elle, depuis vingt-quatre heures seulement, qui, par un froid pareil, courait les rues à peine vêtue, avec un baby presque nu sur les bras. Leur première idée fut qu'elle avait le délire, d'autant plus qu'ils ne pouvaient s'expliquer, d'après ses paroles, qui avait été tué : si c'était son mari ou Kiriloff. S'apercevant qu'ils ne la croyaient pas, elle voulut s'en aller, mais ils la retinrent de force ; elle cria, dit-on, et se débattit d'une façon terrible. On se rendit à la maison Philippoff ; au bout de deux heures le suicide de Kiriloff et son écrit posthume furent connus de toute la ville. La police interrogea l'accouchée, qui n'avait pas encore perdu l'usage de ses sens ; ses réponses prouvèrent qu'elle n'avait pas lu la lettre de Kiriloff, mais alors d'où concluait-elle que son mari était tué aussi ? — A cet égard, on ne put tirer d'elle aucun éclaircissement. Elle ne savait que répéter : « Puisque celui-là est tué, mon mari doit l'être aussi ; ils étaient ensemble ! » Vers midi elle eut une syncope et ne recouvra plus sa connaissance, trois jours après elle expira. L'enfant, victime du froid, était mort avant sa mère. Ne trouvant plus à la maison Philippoff ni Marie Ignatievna, ni le baby, Arina Prokhorovna comprit que c'était mauvais signe et songea à retourner chez elle au plus vite ; mais, avant de s'éloigner, elle envoya la garde-malade « demander au monsieur du pavillon si Marie Ignatievna était chez lui et s'il savait quelque chose d'elle ». Cette femme revint en poussant des cris épouvantables. Après lui avoir persuadé de se taire au moyen du fameux argument : « On vous appellera devant la justice », madame Virguinsky s'esquiva sans bruit.

Il va de soi que ce matin même elle fut invitée à fournir des renseignements, comme ayant donné ses soins à l'accouchée ; mais sa déposition se réduisit à fort peu de chose : elle raconta très-nettement et avec beaucoup de sang-froid tout ce qu'elle-même avait vu et entendu chez Chatoff ;

quant au reste, elle déclara n'en avoir aucune connaissance et n'y rien comprendre.

On peut se figurer quel vacarme ce fut dans la ville. Une nouvelle « histoire », encore un meurtre ! Mais ici il y avait autre chose : on commençait à s'apercevoir qu'il existait réellement une société secrète d'assassins, de boute-feu révolutionnaires, d'émeutiers. La mort terrible de Lisa, l'assassinat de la femme de Stavroguine, la fuite de Stavroguine lui-même, l'incendie, le bal au profit des institutrices, la licence qui régnait dans l'entourage de Julie Mikhaïlovna... Il n'y eut pas jusqu'à la disparition de Stépan Trophimovitch où l'on ne voulût absolument voir une énigme. Dans les propos qu'on échangeait à voix basse, le nom de Nicolas Vsévolodovitch revenait sans cesse. A la fin de la journée, on apprit aussi le départ de Pierre Stépanovitch et, chose singulière, ce fut de lui qu'on parla le moins. En revanche on s'entretint beaucoup, ce jour-là, du « sénateur ». Pendant presque toute la matinée, une foule nombreuse stationna devant la maison Philippoff. La lettre de Kiriloff trompa effectivement l'autorité. On crut et à l'assassinat de Chatoff par l'ingénieur, et au suicide de l'« assassin ». Toutefois l'erreur ne fut pas de longue durée. Par exemple, le « parc » dont il était parlé en termes si vagues dans la lettre de Kiriloff ne dérouta personne, contrairement aux prévisions de Pierre Stépanovitch. La police se transporta aussitôt à Skvorechniki. Outre qu'il n'y avait pas d'autre parc que celui-là dans nos environs, une sorte d'instinct fit diriger les investigations de ce côté : Skvorechniki était, en effet, mêlé directement ou indirectement à toutes les horreurs des derniers jours. C'est ainsi, du moins, que je m'explique le fait. (Je note que, dès le matin, Barbara Pétrovna ne sachant rien encore était partie à la recherche de Stépan Trophimovitch.) Grâce à certains indices, le soir du même jour, le corps fut découvert dans l'étang; on avait trouvé sur le lieu du crime la casquette de Chatoff, oubliée avec une étourderie singulière par les assassins. L'examen médical du cadavre et différentes présomptions donnèrent à penser, dès le premier moment, que Kiriloff devait avoir eu des complices. Il était hors de doute que Chatoff et Kiriloff avaient fait partie d'une société secrète non étrangère aux proclamations. Mais quels étaient ces complices? Personne, ce jour-là, ne songea à soupçonner quelqu'un des *nôtres*. On savait que Kiriloff vivait en reclus et dans une solitude telle que, comme le disait la lettre, Fedka, si activement recherché partout, avait pu loger chez lui pendant dix jours... Ce qui surtout énervait l'esprit public, c'était l'impossibilité de tirer au clair ce sinistre imbroglio. Il serait difficile d'imaginer à quelles conclusions fantastiques serait arrivée notre société en proie à l'affolement de la peur, si tout ne s'était brusquement expliqué le lendemain, grâce à Liamchine.

Il ne put y tenir et donna raison au pressentiment qui, dans les derniers temps, avait fini par inquiéter Pierre Stépanovitch lui-même. Placé sous la surveillance de Tolkatchenko, le Juif passa dans son lit toute la journée qui suivit le crime et, en apparence, il fut très-calme : le visage tourné du côté du mur, il ne disait pas un mot et répondait à peine, si on lui adressait la parole. De la sorte, il ne sut rien de ce qui avait eu lieu ce jour-là en ville. Mais ces événements parvinrent à la connaissance de Tolkatchenko; en conséquence, le soir venu, il renonça au rôle que Pierre Stépanovitch lui avait confié auprès de Liamchine, et quitta la ville pour se rendre dans le district; autrement dit, il prit la fuite. Comme l'avait prédit Erkel, tous perdirent la tête. Je note en passant que, dans l'après-midi de ce même jour, Lipoutine disparut aussi. Toutefois, le départ de celui-ci ne fut connu de l'autorité que le lendemain soir; on alla interroger sa famille qui, fort inquiète de cette fugue, n'avait pas osé en parler dans la crainte de le compromettre.

Mais je reviens à Liamchine. A peine eut-il été laissé seul qu'il s'élança hors de chez lui et, naturellement, ne tarda pas à apprendre l'état des choses. Sans même repasser à son domicile, il se mit à fuir en courant tout droit devant lui.

Mais l'obscurité était si épaisse et l'entreprise offrait tant de difficultés, qu'après avoir enfilé successivement deux ou trois rues, il regagna sa demeure, où il s'enferma pour la nuit. Le matin, paraît-il, il essaya de se tuer, mais cette tentative ne réussit pas. Jusqu'à midi il resta chez lui, portes closes; puis tout d'un coup il alla se dénoncer. Ce fut, dit-on, en se traînant sur ses genoux qu'il se présenta à la police; il sanglotait, poussait des cris, baisait le parquet et se déclarait indigne même de baiser les bottes des hauts fonctionnaires qu'il avait devant lui. On le calma, on fit plus, on lui prodigua les caresses. Son interrogatoire dura trois heures. Il avoua tout, révéla le dessous des événements, ne cacha rien de ce qu'il savait, devançant les questions et entrant même dans des détails inutiles. Bref, sa déposition montra les choses sous leur vrai jour : le meurtre de Chatoff, le suicide de Kiriloff, l'incendie, la mort des Lébiadkine, etc., passèrent au second plan, tandis qu'au premier apparurent Pierre Stépanovitch, la société secrète, l'organisation, le réseau. Quand on demanda à Liamchine quel avait été le mobile de tant d'assassinats, de scandales et d'abominations, il s'empressa de répondre que « le but était l'ébranlement systématique des bases, la décomposition sociale, la ruine de tous les principes : quand on aurait semé l'inquiétude dans les esprits, jeté le trouble partout, amené la société vacillante et sceptique à un état de malaise, d'affaiblissement et d'impuissance qui lui fît désirer de toutes ses forces une idée dirigeante, alors on devait lever l'étendard de la révolte en s'appuyant sur l'ensemble des sections déjà instruites de tous les points faibles sur lesquels il y avait lieu de porter l'attaque ». Il acheva en disant que Pierre Stépanovitch n'avait fait dans notre ville qu'un essai de ce désordre systématique et comme une *répétition* d'un programme d'action ultérieure, c'était son opinion personnelle (à lui, Liamchine), et il priait qu'on lui tînt compte de la franchise de ses déclarations : elle prouvait qu'il pouvait rendre dans l'avenir des services à l'autorité. A la question :

Y a-t-il beaucoup de sections? il répondit qu'il y en avait une multitude innombrable, que leur réseau couvrait toute la Russie, et, quoiqu'il ne fournît aucune preuve à l'appui de son dire, je pense qu'il parlait en toute sincérité. Seulement il ne faisait que citer le programme de la société imprimé à l'étranger et le projet d'action ultérieure dont Pierre Stépanovitch avait rédigé le brouillon. Le passage de la déposition de Liamchine concernant l'« ébranlement des bases » était emprunté mot pour mot à cet écrit, quoique le Juif prétendît n'émettre que des considérations personnelles. Sans attendre qu'on l'interrogeât au sujet de Julie Mikhaïlovna, il déclara avec un empressement comique « qu'elle était innocente et qu'on s'était seulement joué d'elle ». Mais il est à noter qu'il ne négligea rien pour disculper Nicolas Vsévolodovitch de toute participation à la société secrète, de toute entente avec Pierre Stépanovitch. (Les mystérieuses et fort ridicules espérances que ce dernier avait fondées sur Stavroguine, Liamchine était bien loin de les soupçonner.) A l'en croire, Pierre Stépanovitch seul avait fait périr les Lébiadkine, dans le but machiavélique d'asseoir sa domination sur Nicolas Vsévolodovitch en le mêlant à un crime. Mais, au lieu de la reconnaissance sur laquelle il comptait, Pierre Stépanovitch n'avait provoqué que l'indignation et même le désespoir dans l'âme du « noble » Nicolas Vsévolodovitch. Toujours sans qu'on le questionnât, Liamchine laissa entendre, évidemment à dessein, que Stavroguine était probablement un oiseau de très-haute volée, mais qu'il y avait là un secret; « il a vécu chez nous, pour ainsi dire, incognito », observa le Juif, « et il est fort possible qu'il vienne encore de Pétersbourg ici (Liamchine était sûr que Stavroguine se trouvait à Pétersbourg), seulement ce sera dans de tout autres conditions et à la suite de personnages dont on entendra peut-être bientôt parler chez nous ». Il ajouta qu'il tenait ces renseignements de Pierre Stépanovitch, « l'ennemi secret de Nicolas Vsévolodovitch ».

(*N. B.* Deux mois après, Liamchine avoua que c'était en

vue de s'assurer la protection de Stavroguine qu'il avait mis tous ses soins à le disculper : il espérait qu'à Pétersbourg Nicolas Vsévolodovitch lui obtiendrait une commutation de peine, et qu'il ne le laisserait pas partir pour la Sibérie sans lui donner de l'argent et des lettres de recommandation. On voit par là combien Liamchine s'exagérait l'importance de Stavroguine.)

Le même jour, naturellement, on arrêta Virguinsky et avec lui toutes les personnes de sa famille. (Arina Prokhorovna, sa sœur, sa tante et l'étudiante ont été mises en liberté depuis longtemps; on dit même que Chigaleff ne tardera pas à être relâché, lui aussi, attendu qu'aucun des chefs d'accusation ne le vise; du reste, ce n'est encore qu'un bruit.) Virguinsky fit immédiatement les aveux les plus complets; il était au lit avec la fièvre lorsque la police pénétra dans son domicile, et on prétend qu'il la vit arriver avec une sorte de plaisir : « Cela me soulage le cœur », aurait-il dit. Dans les interrogatoires, il paraît qu'il répond franchement et non sans une certaine dignité. Il ne renonce à aucune de ses « lumineuses espérances », tout en maudissant le fatal « concours de circonstances », qui lui a fait déserter la voie du socialisme pour celle de la politique. L'enquête semble démontrer qu'il n'a pris au crime qu'une part fort restreinte, aussi peut-il s'attendre à une condamnation relativement légère. Voilà du moins ce qu'on assure chez nous.

Quant à Erkel, il est peu probable que le bénéfice des circonstances atténuantes lui soit accordé. Depuis son arrestation, il se renferme dans un mutisme absolu, on ne parle que pour altérer la vérité. Jusqu'à présent on n'a pas pu obtenir de lui un seul mot de repentir. Et pourtant il inspire une certaine sympathie même aux magistrats les plus sévères; sans parler de l'intérêt qu'éveillent sa jeunesse et son malheur, on sait qu'il n'a été que la victime d'un suborneur politique. Mais c'est surtout sa piété filiale, aujourd'hui connue, qui dispose les esprits en sa faveur. Sa mère est maintenant dans notre ville. C'est une femme faible, malade, vieillie avant l'âge; elle pleure et se roule littéralement aux pieds des juges en implorant la pitié pour son fils. Il en adviendra ce qu'il pourra, mais chez nous beaucoup de gens plaignent Erkel.

Lipoutine séjournait depuis deux semaines à Pétersbourg, quand il y fut arrêté. Sa conduite est difficile à expliquer. Il s'était muni, dit-on, d'un faux passe-port et d'une somme d'argent considérable; rien ne lui aurait été plus aisé que de filer à l'étranger. Cependant il resta à Pétersbourg. Après avoir cherché pendant quelque temps Stavroguine et Pierre Stépanovitch, il s'adonna soudain à la débauche la plus effrénée, comme un homme qui a perdu tout bon sens et n'a plus aucune idée de sa situation. On l'arrêta dans une maison de tolérance, où il fut trouvé en état d'ivresse. Maintenant, s'il faut en croire les on dit, Lipoutine n'est nullement abattu. Il prodigue les mensonges dans ses interrogatoires, et se prépare avec une certaine solennité à passer en jugement; l'issue du procès ne paraît pas l'inquiéter; il a l'intention de prendre la parole au cours des débats. Infiniment plus convenable est l'attitude de Tolkatchenko, qui a été arrêté dans le district dix jours après son départ de notre ville : il ne ment pas, ne biaise pas, dit tout ce qu'il sait, ne cherche pas à se justifier et reconnaît ses torts en toute humilité. Seulement il aime aussi à poser pour l'orateur, il parle beaucoup et s'écoute parler; sa grande prétention est de connaître le peuple et les éléments révolutionnaires(?) qu'il contient; sur ce chapitre il est intarissable; lui aussi compte, dit-on, prononcer un discours à l'audience. De même que Lipoutine, Tolkatchenko semble espérer un acquittement, et cela ne laisse pas d'être étrange.

Je le répète, cette affaire n'est pas encore finie. Maintenant que trois mois se sont écoulés, notre société, remise de ses alarmes, envisage les choses avec beaucoup plus de sang-froid. C'est à ce point qu'aujourd'hui plusieurs considèrent Pierre Stépanovitch sinon tout à fait comme un génie, du moins comme un homme « doué de facultés géniales ». « Une organisation ! » disent-ils au club, en levant le doigt en l'air. Du reste, tout cela est fort innocent, et ceux qui parlent ainsi sont le petit nombre. Au contraire, les autres, sans nier l'intelligence de Pierre Stépanovitch, voient en lui un esprit totalement ignorant de la réalité, féru d'abstractions, développé dans un sens exclusif et, par suite, extrêmement léger.

Je ne sais vraiment de qui parler encore pour n'oublier personne. Maurice Nikolaïévitch nous a quittés définitivement. La vieille générale Drozdoff est tombée en enfance... Mais il me reste à raconter une histoire très-sombre. Je m'en tiendrai aux faits.

En arrivant d'Oustiévo, Barbara Pétrovna descendit à sa maison de ville. Elle apprit brusquement tout ce qui s'était passé chez nous en son absence, et ces nouvelles la bouleversèrent. Elle s'enferma seule dans sa chambre. Il était tard, tout le monde était fatigué, on alla bientôt se coucher.

Le lendemain matin, la femme de chambre remit d'un air mystérieux à Daria Pavlovna une lettre qui, dit-elle, était arrivée dans la soirée de la veille, mais, comme mademoiselle était déjà couchée, elle n'avait pas osé l'éveiller. Cette lettre n'était pas venue par la poste, un inconnu l'avait apportée à Skvorechniki et donnée à Alexis Égoritch ; celui-ci s'était aussitôt rendu à la ville, avait remis le pli à la femme de chambre, et immédiatement après était retourné à Skvorechniki.

Daria Pavlovna, dont le cœur battait avec force, regarda longtemps la lettre sans pouvoir se résoudre à la décacheter. Elle en avait deviné l'expéditeur : c'était Nicolas Stavroguine. Sur l'enveloppe la jeune fille lut l'adresse suivante : « A Alexis Égoritch, pour remettre en secret à Daria Pavlovna ».

Voici cette lettre :

« CHÈRE DARIA PAVLOVNA,

« Jadis vous vouliez être ma « garde-malade », et vous m'avez fait promettre que je vous appellerais quand il le faudrait. Je pars dans deux jours et je ne reviendrai plus. Voulez-vous venir avec moi?

« L'an dernier, comme Hertzen, je me suis fait naturaliser citoyen du canton d'Uri, et personne ne le sait. J'ai acheté dans ce pays une petite maison. Je possède encore douze mille roubles; nous nous transporterons là-bas et nous y resterons éternellement. Je ne veux plus aller nulle part désormais.

« Le lieu est ?... ennuyeux; c'est un vallon resserré entre des montagnes qui gênent la vue et la pensée; il y fait fort sombre. Je me suis décidé pour cet endroit parce qu'il s'y trouvait une maisonnette à vendre. Si elle ne vous plaît pas, je m'en déferai et j'en achèterai une autre ailleurs.

« Je ne me porte pas bien, mais j'espère que l'air de la Suisse me guérira de mes hallucinations. Voilà pour le physique; quant au moral, vous savez tout; seulement, est-ce bien tout?

« Je vous ai raconté beaucoup de ma vie, mais pas tout. Même à vous je n'ai pas tout dit! A propos, je vous certifie qu'en conscience je suis coupable de la mort de ma femme. Je ne vous ai pas vue depuis lors, c'est pourquoi je vous déclare cela. Du reste, j'ai été coupable aussi envers Élisabeth Nikolaïevna, mais sur ce point je n'ai rien à vous apprendre; tout ce qui est arrivé, vous l'aviez en quelque sorte prédit.

« Il vaut mieux que vous ne veniez pas. C'est une terrible bassesse que je fais en vous appelant auprès de moi. Et pourquoi enseveliriez-vous votre vie dans ma tombe? Vous êtes gentille pour moi et, dans mes accès d'hypochondrie, j'étais bien aise de vous avoir à mes côtés : devant vous, devant vous seule je pouvais parler tout haut de moi-même. Mais ce n'est pas une raison. Vous vous êtes définie vous-même une « garde-malade », — tel est le mot dont vous vous êtes servie; pourquoi vous immoler ainsi? Remarquez encore qu'il faut n'avoir pas pitié de vous pour vous appeler, et ne pas vous estimer pour vous attendre. Cependant je vous appelle et je vous attends. En tout cas il me tarde d'avoir votre réponse, car je dois partir très-prochainement. Si vous ne me répondez pas, je partirai seul.

« Je n'espère rien de l'Uri; je m'en vais tout bonnement. Je n'ai pas choisi exprès un site maussade. Rien ne m'attache à la Russie où, comme partout, je suis un étranger. A la vérité, ici plus qu'en un autre endroit j'ai trouvé la vie insupportable; mais, même ici, je n'ai rien pu détester!

« J'ai mis partout ma force à l'épreuve. Vous m'aviez conseillé de faire cela, « pour apprendre à me connaître ». Dans ces expériences, comme dans toute ma vie précédente, je me suis révélé immensément fort. Vous m'avez vu recevoir impassible le soufflet de votre frère; j'ai rendu mon mariage public. Mais à quoi appliquer cette force, — voilà ce que je n'ai jamais vu, ce que je ne vois pas encore, malgré les encouragements que vous m'avez donnés en Suisse et auxquels j'ai prêté l'oreille. Je puis, comme je l'ai toujours pu, éprouver le désir de faire une bonne action et j'en ressens du plaisir; à côté de cela je désire aussi faire du mal et j'en ressens également de la satisfaction. Mais ces impressions, quand elles se produisent, ce qui arrive fort rarement, sont, comme toujours, très-légères. Mes désirs n'ont pas assez de force pour me diriger. On peut traverser une rivière sur une poutre et non sur un copeau. Ceci pour que vous ne croyiez pas que j'aille dans l'Uri avec des espérances quelconques.

« Selon ma coutume, je n'accuse personne. J'ai expérimenté la débauche sur une grande échelle et j'y ai épuisé mes forces, mais je ne l'aime pas et elle n'était pas mon but. Vous m'avez suivi dans ces derniers temps. Savez-vous que j'avais pris en grippe nos négateurs eux-mêmes, jaloux que j'étais de leurs espérances? Mais vous vous alarmiez à tort : ne partageant aucune de leurs idées, je ne pouvais être leur associé. Une autre raison encore m'empêchait de me joindre à eux, ce n'était pas la peur du ridicule, — je suis au-dessus de cela, — mais la haine et le mépris qu'ils m'inspiraient :

j'ai, malgré tout, les habitudes d'un homme comme il faut, et leur commerce me répugnait. Mais si j'avais éprouvé à leur égard plus de haine et de jalousie, peut-être me serais-je mis avec eux. Jugez si j'en ai pris à mon aise !

« Chère amie, créature tendre et magnanime que j'ai devinée ! Peut-être attendez-vous de votre amour un miracle, peut-être vous flattez-vous qu'à force de répandre sur moi les trésors de votre belle âme, vous finirez par devenir vous-même le but qui manque à ma vie ? Non, mieux vaut ne pas vous bercer de cette illusion : mon amour sera aussi mesquin que je le suis moi-même, et vous n'avez pas de chance. Quand on n'a plus d'attache à son pays, m'a dit votre frère, on n'a plus de dieux, c'est-à-dire plus de buts dans l'existence. On peut discuter indéfiniment sur tout, mais de moi il n'est sorti qu'une négation sans grandeur et sans force. Encore me vanté-je en parlant ainsi. Tout est toujours faible et mou. Le magnanime Kiriloff a été vaincu par une idée, et — il s'est brûlé la cervelle ; mais je vois sa magnanimité dans ce fait qu'il a perdu la tête. Jamais je ne pourrai en faire autant. Jamais je ne pourrai croire aussi passionnément à une idée. Bien plus, il m'est impossible de m'occuper d'idées à un tel point. Jamais, jamais je ne pourrai me brûler la cervelle !

« Je sais que je devrais me tuer, me balayer de la surface de la terre comme un misérable insecte ; mais j'ai peur du suicide, car je crains de montrer de la grandeur d'âme. Je vois que ce serait encore une tromperie, — un dernier mensonge venant s'ajouter à une infinité d'autres. Quel avantage y a-t-il donc à se tromper soi-même, uniquement pour jouer à l'homme magnanime ? Devant toujours rester étranger à l'indignation et à la honte, jamais non plus je ne pourrai connaître le désespoir.

« Pardonnez-moi de vous écrire si longuement. Dix lignes suffisaient pour appeler ma « garde-malade ».

« Après avoir pris le train l'autre jour, je suis descendu à la sixième station, et j'habite là incognito chez un employé dont j'ai fait la connaissance il y a cinq ans, au temps de mes folies pétersbourgeoises. Écrivez-moi à l'adresse de mon hôte, vous la trouverez ci-jointe.

« Nicolas STAVROGUINE. »

Daria Pavlovna alla aussitôt montrer cette lettre à Barbara Pétrovna. La générale en prit connaissance et, voulant être seule pour la relire, pria Dacha de se retirer, mais un instant après elle rappela la jeune fille.

— Tu pars? demanda-t-elle presque timidement.

— Oui.

— Va tout préparer pour le voyage, nous partons ensemble!

Dacha regarda avec étonnement sa bienfaitrice.

— Mais que ferais-je ici maintenant? N'est-ce pas la même chose? Je vais aussi élire domicile dans le canton d'Uri et habiter au milieu de ces montagnes... Sois tranquille, je ne serai pas gênante.

On se mit à hâter les préparatifs de départ afin d'être prêts pour le train de midi. Mais une demi-heure ne s'était pas encore écoulée, quand parut Alexis Égoritch. Le domestique venait de Skvorechniki, où, dit-il, Nicolas Vsévolodovitch était arrivé « brusquement » par un train du matin; le barine avait un air qui ne donnait pas envie de l'interroger, il avait tout de suite passé dans son appartement, où il s'était enfermé.

— Quoiqu'il ne m'en ait pas donné l'ordre, j'ai cru devoir vous informer de la chose, ajouta Alexis Égoritch, dont le visage était très-sérieux.

Sa maîtresse s'abstint de le questionner et se contenta de fixer sur lui un regard pénétrant. En un clin d'œil la voiture fut attelée. Barbara Pétrovna partit avec Dacha. Pendant la route, elle fit souvent, dit-on, le signe de la croix.

On eut beau chercher Nicolas Vsévolodovitch dans toutes les pièces de son appartement, on ne le trouva nulle part.

— Est-ce qu'il ne serait pas dans la mezzanine? observa avec réserve Fomouchka.

Il est à noter que plusieurs domestiques avaient pénétré à la suite de Barbara Pétrovna dans l'appartement de son fils; les autres attendaient dans la salle. Jamais auparavant ils ne se seraient permis une telle violation de l'étiquette. La générale voyait cela et ne disait rien.

On monta à la mezzanine; il y avait là trois chambres, on ne trouva personne dans aucune.

— Mais est-ce qu'il n'est pas allé là? hasarda quelqu'un en montrant la porte d'une petite pièce au haut d'un escalier de bois long, étroit et excessivement roide. Le fait est que cette porte toujours fermée était maintenant grande ouverte.

— Je n'irai pas là. Pourquoi aurait-il grimpé là-haut? dit Barbara Pétrovna, qui, affreusement pâle, semblait interroger des yeux les domestiques. Ceux-ci la considéraient en silence. Dacha tremblait.

Barbara Pétrovna monta vivement l'escalier; Dacha la suivit, mais la générale ne fut pas plutôt entrée dans la chambre qu'elle poussa un cri et tomba sans connaissance.

Le citoyen du canton d'Uri était pendu là derrière la porte. Sur la table se trouvait un petit bout de papier contenant ces mots écrits au crayon : « Qu'on n'accuse personne de ma mort, c'est moi qui me suis tué ». A côté de ce billet il y avait un marteau, un morceau de savon et un gros clou, dont sans doute le défunt s'était muni pour être prêt à tout événement. Le solide lacet de soie, évidemment choisi d'avance, que Nicolas Vsévolodovitch s'était passé au cou, avait été au préalable savonné avec soin. Tout indiquait que la préméditation et la conscience avaient présidé jusqu'à la dernière minute à l'accomplissement du suicide.

Après l'autopsie du cadavre, nos médecins ont complètement écarté l'hypothèse de l'aliénation mentale.

FIN.

www.ingramcontent.com/pod-product-compliance
Lightning Source LLC
Chambersburg PA
CBHW052138230426
43671CB00009B/1291